U0129378

依違於傳統現代、中西
—— 晚清小說新詮

陳俊啓 著

文史哲學集成
文史哲出版社印行

國家圖書館出版品預行編目資料

依違於傳統現代、中西：晚清小說新詮 / 陳俊啓著.
-- 初版. -- 臺北市：文史哲，民 108.11
頁；　公分（文史哲學集成；727）
ISBN 978-986-314-496-0（平裝）

1.晚清小說　2.文學評論

820.9707　　　　　　　　　　108019285

文史哲學集成　　727

依違於傳統現代、中西
── 晚清小說新詮

著　　者：陳　　俊　　啓
出　版　者：文　史　哲　出　版　社
　　　　　　http://www.lapen.com.tw
　　　　　　e-mail:lapen@ms74.hinet.net
登記證字號：行政院新聞局版臺業字五三三七號
發　行　人：彭　　正　　雄
發　行　所：文　史　哲　出　版　社
印　刷　者：文　史　哲　出　版　社
　　　　　　臺北市羅斯福路一段七十二巷四號
　　　　　　郵政劃撥帳號：一六一八〇一七五
　　　　　　電話886-2-23511028・傳真886-2-23965656

定價新臺幣五六〇元

二〇一九年（民一〇八）十一月初版

自 序

　　從事晚清小說及思想研究，已超過 20 年。最早在大學時期，上李定一教授的「中國近代史」，首先感受到中國在晚清民初時期所遭遇到的種種屈辱及回應。原來念的是英美文學，然後因個人家庭因素，轉進到思想史及中國文學的領域，尤其是以近代思想及文學為關注。選擇了以梁啟超的思想及其與小說發展的關係為重點，和早年對中國近代史的關注，以及業師勞延煊教授以及張灝老師的引領似乎是有意無意間的一種冥契。對於中國近代知識分子，包括晚清及民國，如何在「救亡圖存」的氛圍下，對其個人以及時代作出怎樣的回應，他們的思想、在文學中的表述，以及其所顯現的小說史、文學史意涵，成了我這些年來的首要關切。原本沒有特別留意，後來發覺自己所關心所從事的議題竟與 1980 年代晚清小說重新被詮釋省思的時期恰好是合轍的。於是我也就成了研究晚清小說「團隊」的一份子了。

　　由於個人的背景及關注面，我對晚清小說的研究進路與大部分中文學界略有不同。由於受到文學以及思想史的訓練，我大致上是由兩個面向來切入處理晚清小說，一是「社會動力」（social motion），另一則是「現代性的追求」（modernity）。前者是借用美國學者 Jonathan Arac 研究 19 世紀英美國作家狄更斯 （Charles Dickens），卡萊爾（Thomas Carlyle），梅爾維爾

（Herman Melville），霍桑（Nathaniel Hawthorne）的作品後得出的觀察，認為這幾位大師都胸懷一種「社會使命感」（commissioned spirit），此一社會使命感乃是一種「想像的使命感，希冀運用知識的力量及其靈視，來揭發、改變他們與讀者所居處的變遷社會中的惡劣環境。」我認為晚清的知識分子基本上在救亡圖存的歷史情境中，不只是對他們所處的環境作出回應（Benjamin Schwartz 的說法），更是希冀利用他們作為知識分子所擁有的最有力武器——知識——來推動救亡與啟蒙（李澤厚的觀點），而小說即是梁啟超等晚清知識分子認為最能發揮功效的工具。晚清時期提倡小說者基本上都是知識分子，而且他們所提倡的小說除了和傳統載道教化的呼應外，又和當代的政治社會關注相配合。社會使命感形成一種社會動力，展現知識分子在社會及時代中扮演的角色。由此一角度來詮釋晚清小說的本質及特質，一方面照顧到小說的發展演進及其可能發揮的功效，同時也把小說與思想、實際社會、政治關切之密切關係含攝在內。也就是將文學、政治、社會、思想等種種視為言談話語（discourses），進而考察這些話語之間如何相互呼應、作用、影響，促使了整個社會的推衍前行，進入另一歷史及文學史階段。而此一社會使命感、社會動力又和中國在現實歷史境況中的歷經屈辱，轉而逐漸離棄中國傳統，朝向追求西方（羅志田所謂的「趨西追新」），也就是對於現代性（modernity）的追求不可分。這兩方面的思路都貫穿於本書各章節中。其實兩者是相互關聯，不可率爾分離討論的。也就是說，晚清文學因為社會時代的特殊氛圍正好例示了文學與思想，與時代的不可須臾分離的狀況。這樣的認知並非是筆者個人的獨創，但是將之做更細緻的詮釋分析及論述，用文化人類學家

Clifford Geertz 的「細描/深描」（thick description）的觀念，筆者試圖也希望能讓表象下的軌跡及脈絡能更清晰凸顯。

　　細描/深描要求的是深入到研究對象，獲致一種對在地社會、文化的深刻掌握（Geertz 的「地方知識」local knowledge）外，要能掌握這些知識，獲致其中的軌跡脈絡，對於當地文化（我們這裡研究的對象則是——文本），細緻的文本閱讀是絕對不可缺乏的。因而文本的細讀（close reading）是本書中最不可或缺的要素。

　　筆者在處理這些相關的材料或文獻時，嘗試對於一些前賢在討論時曾觸及到，但是也許並未充分開展的一些觀念或術語也進一步加以審視，並提出解釋。比方說第二章中對於梁啟超的「二德四力」即是一例。此外對於中國小說史的發展，本書也提出一些新詮釋。比方說小說在傳統社會中的地位往往因為是「街談巷語道聽塗說」，而被視作不入流，後來又因種種政治社會因素而被標示為「誨盜誨淫」而遭到禁燬，筆者試著用「文化研究」的觀點，提出了一些不同於傳統的觀察及解釋。此外，筆者在第五章中處理晚清報刊雜誌中小說讀者群概念的構建與消融的現象。由於缺乏足夠的檔案資料（archive），讀者問題一向是處理中國小說時較少被涉獵的領域。筆者嘗試由序跋以及文章所針對/建構的「預期讀者」（intended reader）做了討論，希望能釐清晚清小說讀者的屬性，以及讀者群在晚清小說理念的建構中所扮演的可能角色。同時，對於明清小說中日益明顯的具有個別個性的創作主體（creative subject with individual personality），筆者也借用普實克（Jaroslav Průšek）的「個人主觀主義」（individualism/subjectivism）討論劉鶚的《老殘遊記》，除了解釋現象本身外，也希望釐清小說史上的發展脈絡。

　　本書中還包括晚清文人劉鶚以及陳季同的個案討論。劉鶚除了是晚清譴責小說《老殘遊記》的作者外，也是晚清的非主流知識分子。劉鶚身處在晚清困厄的處境，其「身世之感情，家國之感情，社會之感情」，有其作為知識分子對於其所處的環境所作出的有意識的回應。除了此一知識分子的回應的探索外，筆者也考察劉鶚身為清代太谷學派的門徒，如何將其所承繼的傳統與現實的關懷結合。除了著重在文學與思想的相互交融影響外，我們更可由之進窺處於晚清轉折時期的文人如何思考傳統與現代、中與西的折衝調適。陳季同則是中西文化交流中另一有趣的例子。身為外交官，深諳外語，並親身處於歐洲政治與文化環境中，陳季同不僅在外交上有出色的表現，在中西文學文化的傳播交流上，他也扮演了舉足輕重的角色，既以法文著作翻譯介紹中國文學，同時也將歐洲當時的文學思潮及著作介紹入中國。陳季同又是一位非主流的知識分子，但是在文學文化的傳播交流上，卻展現了折衝於中西的時代特質。

　　質言之，本書的主要關鍵議題其實就是藉由晚清小說及思想的研究，希望更清晰底將晚清時期的知識份子如何依違折衝於傳統與現代、中與西的歷史糾結，試圖找到一種秩序、意義的樣貌呈現。這不僅是思想史的思考，同時也是其在小說上的反應及表現的考察。

　　本書的各章節，原來都在不同的學術刊物上刊發過，各篇原來刊發的刊物臚列如下：

　　第一章〈從「街談巷語」到「文學之最上乘」——由文化研究觀點探討晚清小說觀念的演變〉原發表於 1998 年中興大學中文系主辦「第一屆通俗與雅正文學學術研討會」並收入《第一屆通俗與雅正文學學術研討會論文集》（1998 年），頁

181-209。

　　二章〈晚清小說與「社會動力」：梁啟超小說觀的再詮釋及重估〉原以〈重估梁啟超小說觀及其在小說史上的意義〉發表於《漢學研究》20 卷 1 期（2002 年），頁 309-338。

　　第三章〈晚清小說的現代性追求：以公案／偵探／推理小說為探討中心〉原在中央研究院文哲所「經典轉化與明清敘事文學」會議中發表，後收入王璦玲、胡曉真（編），《經典轉化與明清敘事文學》（台北：聯經，2009 年），頁 389-425。

　　第四章〈梁啟超政治小說《新中國未來記》——一個文學類型的考察〉原發表於國立中央大學中文系主辦「第六屆近代中國學術研討會」，後收入國立中央大學中文系主編《第六屆近代中國學術研討會論文集》（2000 年），頁 1-23。

　　第五章〈晚清報刊雜誌中小說讀者群概念的形塑與消解〉原刊載於《漢學研究》，28 卷 4 期（2010 年），頁 201-232。

　　第六章〈徘徊於傳統與現代之間——晚清文人劉鶚的一個思想史個案考察〉原刊載在《國立編譯館館刊》30 卷 1、2 期合刊本（2001 年），頁 305-328。

　　第七章〈《老殘遊記》中的個人主觀主義及其在小說史上的意涵〉原刊載在《文與哲》，12 期（2008 年），頁 579-629。

　　第八章〈晚清現代性開展中首開風氣的先鋒：陳季同（1852-1907）〉原刊載於《成大中文學報》，36 期（2012 年），頁 75-106。

　　在重新梳理匯集成書的過程中，筆者對於各篇都加以不同程度的修訂、調整，謀求更清晰一貫的主題，以及在文字及風格上的統一。

　　在學術路上的積累及表現，處處充滿了師長、朋友，以及

相關學術同行的引領、鼓勵、催促及攻錯，無法一一表達謝忱。
此處只能感謝已故業師勞延煊教授（1934-2016）在各方面對我
的啟發及照顧，在我取得學位回到台灣教書後，仍然處處關心。
除了學術上的提攜外，勞先生耿直的道德風範尤其永志心中，
是我做人處世未敢絲毫或忘的楷式。也感謝引領我進入近代思
想史（尤其是梁啟超的思想世界）的張灝教授，他在學術上的
嚴謹態度、廣博的知識，以及將各式各樣知識融會一貫的的胸
襟及功力，是我佩服追摹的楷模。師恩的深厚實在無法以言詞
言謝。最後感謝家人對我默默的寬容及期許，讓我毫無後顧之
憂地購置書籍，在假日獨自安靜地在書齋中或閱讀或趕論文或
沈思。這是極其奢華，卻是學術道途上不可或缺的「閒暇時光」
及關懷。

陳俊啓　謹識於 2019 年 10 月 5 日

依違於傳統現代、中西

── 晚清小說新詮

目　次

第一章　從「街談巷語」到「文學之最上乘」

由文化研究觀點探討晚清小說觀念的演變

　　當梁啟超高舉「小說界革命」旗幟，宣稱小說為「文學之最上乘」時，他同時也宣告了中國文學史上小說時代的來臨。小說在晚清時期以一種前無先例的方式蓬勃發展，成了最受當時人矚目、關切、討論，同時也是最多作者嘗試的文類。[1] 梁啟超在 1915 年的一篇文章中提到過去十年間小說盛行之狀況：「試一瀏覽書肆，其出版品，除教科書外，什九皆小說也。手報紙而讀之，除蕪雜猥屑之記事外，皆小說及遊戲文也。」[2] 阿英曾估計，從 1875 至 1911 年，含創作及翻譯作品，至少有一千本小說出版，此一數字可作為任公文章之註腳。[3] 小說批評方面，除了傳統作者常用來表達個人意見的序、跋、評點形式

1　有關晚清時期小說蓬勃發展之情形及其原因的探討，請參考阿英：《晚清小說史》（台北：商務印書館，1996 台二版），頁 1-9；Shu-ying Tsau, "The Rise of New Fiction," in Milena Dolezelová-Velingerová, ed. *Chinese Novel at the Turn of the Century*（Toronto: Toronto University Press, 1980）, pp 18-37.

2　梁啟超，〈告小說家〉，收於阿英，〈晚清文學叢刊：小說戲曲研究卷〉（台北：新文豐出版社，1989 台一版），頁 20。爾後簡稱《研究卷》。

3　阿英，《晚清小說史》，頁 1；阿英，《晚清戲曲小說目》（上海：上海文藝，1954），頁 1。依日本學者樽本照雄的統計，此一數量更多，見樽本照雄，《新編增補清末民初小說目錄》（濟南：齊魯書社，2002）。

外，以論文或叢話形式撰寫的文章亦如雨後春筍，專力於小說本質、功用以及敘事文體面面觀的探索。然而，綜覽這些批評的文章，我們察覺到這些晚清小說批評家對於小說懷抱著一種模擬兩可、矛盾的態度。一方面他們又要肯定小說有其高超之處，異於傳統中的「誨盜誨淫」形象，甚至如梁啟超所宣稱的，是「文學之最上乘」；但是在另一方面，他們又似乎不遺餘力地攻訐小說在讀者身上所可能產生的「不良效果」。到底廿世紀轉折時期的晚清文人對於小說有著怎樣的看法？他們的看法和前人有何區別？於後來的時代又有怎樣的影響？他們對通俗的小說又如何由「俗」進到既有文化論述的結構之中？

一、晚清前的「小說」及其社會文化意涵

小說在中國一向被認為是不登大雅之堂的文類，因此從來不被文人嚴肅看待，入不了文學之殿堂。可是這並不意味小說就沒有其地位。「小說」一詞最早見於《莊子・外物》，指的是與大達（大道）相對的非關經國治世的瑣碎之言。班固在《漢書藝文志》〈諸子略〉中認為

> 小說家者流，蓋出於稗官，街談巷語，道聽途說者之所造也。孔子曰：「雖小道，必有可觀者焉，致遠恐泥。」是以君子弗為也，然亦弗滅也，閭里小知者之所及，亦使綴而不忘，如獲一言之可采，此亦芻蕘狂夫之議也。

但是「諸子十家，其可觀者，九家而已」，所以仍將小說納入十家但不入九流。一般解釋小說為什麼不入流，通常都從小說出

於稗官（小官），而小說的作者又大部分都是所謂的「閭里小知者」因「街談巷語，道聽途說者」而作，所以他們所關切的是與治國平天下的大道相對的個人一身之事，因而從治理國家社會的立場來看，就顯得不是那麼重要。[4] 小說既然是如此的瑣碎，不入流，而作為史家的班固卻又要將之納入藝文志中的現象，如果從文化研究的大小傳統觀點來討論的話，就比較可解了。根據學者的一般分法，文化可分為大傳統（great tradition）以及小傳統（little tradition），大傳統大致上等同於所謂的「菁英文化」（elite culture），而小傳統則接近「通俗文化」（popular culture）。[5]

> 一般說來，大傳統與小傳統之間一方面固然相互獨立，另一方面也不斷地相互交流。所以大傳統中的偉大思想或優美詩歌往往起於民間；而大傳統既形成之後也通過種種管道再回到民間，並且在意義上發生種種始料未及的改變。[6]

小傳統何以會受到重視，很大的程度是因為它能反映一些民間各階層人民的思想與情感。漢武帝設立樂府之官，有系統地在各地收集民間歌謠，是眾所週知的史實。至於何以要大費周章

---

4 有關中國傳統的小說觀的討論可參看黃錦珠，《晚清小說觀念之轉變》（台北：文史哲出版社，1995），頁 48-60。
5 這是 Robert Redfield 的分法，見 Robert Redfield, *Peasant Society and Culture* (Chicago: University of Chicago Press, 1956)，第三章。也請參看余英時，〈漢代循吏與文化傳播〉，《中國思想傳統的現代詮釋》（台北：聯經出版事業公司，1987）。
6 余英時，〈漢代循吏與文化傳播〉，頁 170。

地「采詩」、「采歌謠」，《漢書藝文志》〈詩賦家〉之末的論述有
言：

> 自孝武立樂府而采歌謠，於是有代、趙之謳，秦楚之風。
> 皆感於哀樂，緣事而發，亦可以觀風俗，知厚薄云。

觀風俗、知厚薄是為儒家「禮樂教化」中的「移風易俗」做準
備的。所謂的「移風易俗」便是用大傳統來改造小傳統，以收
所謂「道一風同」之效。「移風易俗不能訴諸政治強力，只有通
過長時期的教化才可望有成。但『百里不同風，千里不同俗』，
倘不先深知各地小傳統之異，而加以疏導，否則大傳統的教化
亦終無所施。所以『觀風俗』在漢代是一項極重要的政治措施，
樂府采詩不過是其中一個環節而已。」[7] 小說雖是「小道」，卻
也是整個社會政經不可或缺的一環！

　　除了「禮樂教化」之功效外，小說作為小傳統的一部分亦
有其批判約制的功效。《漢書》卷五十一〈賈山傳〉記載他在文
帝時上的〈至言〉有云：

> 古者聖王之制，史在前書過失，工誦箴諫，瞽誦詩諫，
> 公卿比諫，士傳言諫，庶人謗於道，商旅議於市，然後
> 君得聞其過失也。

根據〈毛詩序〉，詩經采詩的一大目的即是「言之者無罪，聞之
者足以戒。」[8] 所以，大小傳統交流互動在文化史上有兩大意

---

7 余英時，〈漢代循吏與文化傳播〉，頁 173-174。
8 郭紹虞（主編）:〈毛詩序〉，《中國歷代文論選》（上海：上海古籍出版社，

義：「一是由禮樂教化而移風易俗，一是根據『天視自我民視，天聽自我民聽』的理論來限制大一統時代的皇權。」「觀風采謠」在兩方面均發揮關鍵性的作用。[9]一直到唐朝我們仍然可以看到身為小傳統一部分的小說，因為可以提供民情輿論，並發揮諷諫批評的功效，而受到大傳統某個程度上的包容。在《隋書經籍志》上我們看到和班固言論幾乎沒有多大差別的文字：

> 小說者，街談巷語之說也，《傳》載輿人之誦，《詩》美詢於芻蕘，古者聖人在上，史為書，瞽為詩，工誦箴諫，大夫規誨，士傳言而庶人謗；孟春，徇木鐸以求歌謠，巡省，觀人詩以知風俗，過則正之，失則改之，道聽塗說，靡不畢記，周官誦訓掌道方志以詔觀事，道方慝以詔避忌，而職方氏掌道四方之政事與其上下之治，誦四方之傳道而觀其衣物是也。孔子曰：「雖小道，必有可觀焉，致遠恐泥。」

甚至到了清朝，紀昀（1724-1805）在《四庫全書總目提要》中對小說的看法，認為小說是「敘述雜事、紀錄異聞、綴集瑣事」，基本上可以視作是典型的中國傳統儒家士大夫對於小說所秉持的看法。[10]也就是說，從西元一世紀班固的《漢書藝文志》到十八世紀紀昀的《四庫全書總目提要》，士大夫對於小說的觀念，似乎沒有太大的區別：小說可以移風易俗、反應輿情、諷諫批判。

1979-1980），第一冊，頁63。

9　余英時：〈漢代循吏與文化傳播〉，頁175。

10　紀昀，〈四庫全書總目提要〉（台北：藝文印書館，1979），頁2733。

　　但是，自從西元前二世紀起，儒家的經典以及文人對於正統史學的高度重視，已逐漸定型，成為官方認可而為大部分知識分子遵循的意識形態。縱使如余英時所言，在漢代大小傳統相互作用仍頻繁；縱使到了《隋志》長孫無忌仍在討論小說的譎諫功能；縱使到了清朝紀昀仍承認小說有「寓懲戒」、「廣見聞」及「資考證」的功用，可是大傳統與小傳統的密切凝聚關係已然大為改變了。我們知道後來形成的「四部」──經、史、子、集──在中國的文化體系中佔據著不可撼動的地位，成為文化層級的象徵性結構（symbolic cultural hierarchical structure）。由現存文獻的記載，我們知道小說從來就不被納入此一文化論述（cultural discourses）的結構體系中。然而，由較早的六朝志怪、志人小說到唐傳奇，宋話本小說，一直到元明的章回體白話小說，不管是在文體抑或是小說的本質上，小說很明顯地已有長足的遞變演進，尤其是白話小說的興起對於整個文化論述有新的衝擊；然而正統文人所秉持的小說觀念，卻依然一成不變。職是，《三國志演義》、《水滸傳》、《金瓶梅》，以及《西遊記》等通俗白話小說在紀昀的《四庫全書總目提要》中均不見著錄。[11] 也就是說，作為小傳統的小說已經產生變化，讓大傳統只能有選擇性地容納少數可以接受的作品，而把另外大多數的作品，尤其是白話的小說排除在外。紀昀仍然承認那些有「寓懲戒」、「廣見聞」及「字考證」的功用的作品為小說。在此一層次，我們可以說紀昀對於那些有裨益於大傳統的小說，

---

11 雖然〈四庫全書總目〉所列小說僅限於文言小說，但通俗小說不被接納登錄，本身已是一種態度的表白。有關歷代小說觀念的演變，可參看葉慶炳，〈從我國古代小說觀念的演變談古代小說的歸類問題〉，《晚鳴軒論文集》（台北：大安出版社，1996），頁 185-197。

他是接受的；但是對於另外一些大傳統無法掌控的白話小說，他則是有意無意地加以漠視或排擠。換句話說，士大夫對於小說，尤其是以白話為主流的小說，所可能產生的顛覆社會的力量的實際考量，很可能是促使他們將小說排除於文化論述結構外的一大原因。

在中國文化結構中最能體現「文化真精神」的文類，在傳統思考模式中一向是「詩」、是「史」、是「古文」，但從來就不是「小說」。可是，若說小說在中國文學發展是中一點都沒有地位，這是不公平也是不確的，因為正統史家及士大夫雖然鄙夷小說（至少在表面上是如此，私下他們卻仍樂於閱讀小說），小說在一般平民的生活中卻佔了很重要的地位。小說成為一種相當有趣的文類——人人喜歡，但是由於對於實際政治及社會的特殊關切，士大夫對於小說總持鄙視的態度。從這個層面來考察的話，小說除了可以由所謂的小傳統的角度來觀察外，事實上也可以視作是一個「次文化」（sub-culture）文類：「次文化論述將它們的特殊性具體成形於風格、表象、態度，以及其他層面上，藉此可以讓它們本身成為一個主流文化不可或缺的補助物，因而達成涵括整個社會層級的功用。」[12] 此類的「補助性」（complementariness）當然有時候也會變成顛覆社會的一個力量，但是普遍來說，只要這種次文化論述能不逾越相當的限制，則是可以忍受的，甚至有時候還可以是支配統治陣營的一大助力。[13]

---

12 見 Yiheng Zhao（趙毅衡），”The Uneasy Narrator, Fiction and Culture in Early Twentieth-Century China.” Ph. D. dissertation（UC, Berkeley, 1988），p. 277. 中文是筆者的翻譯。

13 趙毅衡在他的博士論文中將此一顛覆力量劃歸為「反文化論述」（counter-culture discourses）。事實上，作為解釋的分類，「次文化」及「反

　　當小說依然產生變化，成為一種通俗的文類，在中國傳統
社會中發生影響力的時候，具領導地位，且掌握權力的士大夫
於是必須有所抉擇。小說顯然有某些特殊的質性可以吸引讀者，
也許是人類的好奇心，也許是一種替代心理（vicariousness），
但是小說吸引人的力量卻是沒有人可以否認的。另外，白話小
說的語言恐怕也是士大夫不能不掛心的事。雖然白話可以幫助
小說的通俗化，但是相對的白話也衍生出其他的問題。由於一
般平民在閱讀白話小說時大致上沒有任何語言上的困難（至少
不像在閱讀儒家經典需要借助詮釋），小說因而成為社會上精英
統治階級無法控制的一環。從此角度來看，小說就無形中成為
一股顛覆的力量，足以威脅社會與政治秩序。比方說，梁啟超
在〈論小說與群治之關係〉（1902）一文中曾呼籲讀者要模擬小
說中的典範人物，如華盛頓、釋迦摩尼、孔子等，進而提升自
己，化身為華盛頓等人，達到他們的道德境況。但是我們也知
道在這樣的邏輯推論中，隱含著另一可能的危險，也就是讀者
可能模擬的不是典範人物，而是次等的，甚至是反面的人物。
不可否認的，有些小說確實富含有道德意涵，可以引領讀者向
上；在這種情形下，當然讀者「可能」就受到了感召，進而達
到「自我提升」的效果。但是，這樣的思考其實只是一廂情願
的想法。小說批評家其實很明白這個道理，因為他們知道許多
通俗小說中的人物都可以是讀者的壞榜樣。小說在中國傳統社
會中，尤其是宋代白話小說通行後，被指責為「誨盜誨淫」並
不是憑空生出來的。考慮到小說在此一面向上可能呈現的踰越
甚至顛覆社會道德秩序的力量的可能性，一向被視作不入流的

文化」之區分雖然對我們理解文化現象有所幫助，但其區別有時候實在
很模糊。

小說在整個社會的運作機制中引起了一些漣漪。這些反響可分為兩個面向來考察。

首先，我們可以看看統治階級的反應。我們前面提到小說之所以能被納入史家的論述中（雖然仍只是不入流），主要是它以小傳統的立場，提供輿情風俗，以供移風易俗之參考，所以「如獲一言之可采，此亦芻蕘狂夫之議也」。如果此一作為參考客體的芻蕘狂夫之議喧賓奪主成為主體，而且當小說的批判諷諫變為銳利的箭頭直指當政，並威脅到整個體制的時候，小說的「合法性」就堪虞了。這種擔憂其實隱含著統治階級對於讀者是否能免於小說中的「不良影響」沒有信心。在王利器所編的《元明清三代禁燬小說戲曲史料》一書中，我們可以很清楚的看到許多諸如此類對於小說的譴責。[14]

簡而言之，這種對於小說的疑懼和禁止，事實上是基於社會功用的立場，而其中統治階級的意識形態貫穿突顯於其中。安東尼·紀丁斯（Anthony Giddens）曾經說過，意識形態「就是佔優勢的群體或階級，讓其他人將優勢群體的利益視做理所當然、天經地義的能力」。[15] 相當有趣地，早期對於小說的禁絕幾乎是與小說的日益通行是平行的，小說愈通行，對於小說的禁絕也愈強烈，而這兩者之間的不一致表現在幾個不同的形式上。在晚清之前，幾乎所有的白話通俗小說作者——在其序、跋、評點、評註，甚至在故事的情節裡，總要為自己辯護，宣稱它們不是（虛構）小說，而是有史實根據的事件的記載，或

---

14 王利器（編）：《元明清三代禁燬小說戲曲史料》（上海：上海古籍出版社，1981），頁 204-368。

15 Anthony Giddens, *General Problems in Social Theory: Action, Structure and Contradiction in Social Analysis*（Berkeley: University of California Press, 1979），p. 6.

告訴讀者，這作品不僅是作為「街談巷語」、「娛樂消遣」的小說而已，而且更是具有道德教誨、教育性，能表現真實等等的功用。這種在序跋等處辯護時地宣示小說的道德至上的功用，但是在故事本身卻充溢著「不道德」的思想或越界露骨的描述的情形，在傳統小說中是屢見不鮮的。那麼，整個問題的關鍵就得從統治思想或統治意識形態如何處理、看待小說的「腐化思想、靡毒人心」的效果了。

中國傳統社會中對於小說的普遍性禁制，其實已經相當有力地證明了小說本身所呈現出來的思想已經被視作是一種「意識形態」，而且是一種可能挑戰、顛覆既有統治意識形態的「意識形態」。如果小說不被視作有潛在顛覆社會的力量的話，對於小說的攻擊就顯得師出無名了；如果小說不是被認為是對現有社會秩序有所威脅的話，小說及序跋的作者也就不必費盡苦心地來為小說辯護，或者是警告熱切的讀者當他們沈迷於小說時，要留意其中可能產生的害處。

甚至，在某些較為極端的例子裡，當小說危害之力量對於現有統治政權有所威脅時，粗暴蠻橫的統治意識形態會高漲。在王利器書中所輯的有關小說與戲曲的禁燬資料中，我們可以很清楚讀看到，統治階層如何上由朝廷下至地方政府地攻擊、禁絕小說。其中一個最嚴厲的例子即是郎坤因引用通俗白話小說而遭到嚴厲處分的例子。清雍正六年（1728 年）郎坤「將《三國志》小說之言，援引陳奏」，結果雍正下諭「革職，枷號三個月，鞭一百發落」。[16] 如同王利器在其書的導論中所明白宣示的，這一類對於小說與戲曲的嚴厲態度，是單方面的，是「只

---

16 王利器：《禁燬史料》，頁 36。

許州官放火，不許百姓點燈」的行為，也就是說其實在宮廷裡小說及戲劇是不可或缺的娛樂；[17] 但是當小說或戲曲中夾雜有可能挑戰顛覆現有制度的因子在其中時，禁令就勢在必行了。[18] 佔支配地位的統治階級有時候不僅禁制小說的流傳，在某些情況下他們對於小說的翻譯及改寫亦加以干涉控制，如此一來，小說中可能產生的顛覆破壞力量可以加以改易利用，來達到他們支配控制的目的，《三國志演義》的翻譯入滿文即是一個例子。[19] 即以乾隆朝的編纂《四庫全書》一事而言，基本上就是藉編纂名義對書籍施加社會暨政治控制的一種手法。[20]

從另外角度看，儒家菁英份子對於小說的態度亦相當值得我們注意。對於現代的讀者而言，這些對於小說可能產生的效果的關切似乎只是些瑣碎不足掛懷的雞毛蒜皮事，但是我們不可忘記，對傳統社會中攻擊小說的這些衛道之士而言，他們所做的不僅僅是攻擊小說而已，而是捍衛一種他們認為是井然有序、值得捍衛的應有的社會景象（vision）。移風易俗、禮樂教化、諷諫批判本來就是一種儒家對於整個社會的理想，也是一套運作的機制。當這套安定的機制受到了顛覆挑戰之時，他們立刻義不容辭地挺身而出。很弔詭地，他們的關切往往和統治階級合流，共同為維護一個安定的社會現況（status quo）而禁絕小說；只是雙方的出發點和立場在本質上往往有很大的差異

---

17 王利器，《禁燬史料》，頁 3-16.書中有一條記載皇帝自己在一齣戲中粉墨登場，扮演戲中角色。見頁 12-13。

18 王利器：《禁燬史料》中《水滸傳》被提報為禁絕對象的頻率最高，由此可見其對統治階級的顛覆潛力最大。

19 王利器：《禁燬史料》，頁 17-22。

20 關於《四庫全書》的編纂，可參看郭伯恭：《四庫全書纂修考》（台北：商務印書館，1957）以及 Luther Carrington Goodrich, *The Literary Inquisition of Ch'ien-lung*（New York: Paragon, 1966）.

存在。[21]

　　在許多的情況裡，菁英階層試圖維繫社會秩序的立場，往往是一種優越者因他人的閱讀習慣不如人意，因此覺得自己有義務去警告這些人閱讀小說可能產生的不良後果，並導正其習慣的心態。也就是不經意的讀者仍然可以經由批評家善意寬容的干預得到解救，免於不必要發生的後果。但在另一方面，他們亦會認為，對於小說的譴責是一位心智健全的人，在公民、宗教，及教育上不可或缺的義務。不管小說歸屬於所謂的「小傳統」、「次文化」或是「反文化」，它都是整個社會，也是整個文化的一部分。對於傳統社會的發言人而言，任何偏離文學文化（literary culture）的形式均意味著偏離整個社會的大結構。如同一些晚清小說評家所害怕的，讀者如果過度沈溺於小說的閱讀，必然會日愈相信之並於小說中人物想法動作趨同。[22] 劣等小說會把好的小說排擠到一旁，因為大部分的通俗小說對一般百姓而言，只在提供娛樂而不在教誨，小說的教化功能似乎蕩然無存。小說最令人害怕的一面在於：它不僅僅威脅著要與菁英文學平起平坐，在某些情況下小說甚至有取而代之之嫌。社會及政治領袖當然很清楚地看到小說文類中所隱含的挑釁及威脅力量。當儒家所提倡的諸如忠、孝、節、義等德行在《水滸傳》中被盜匪奉為至高的美德之時，或是戲曲中的教忠教孝成為反當權的政府的利器時，統治階級不禁會警覺，因為這些儒家美德在很大層次上已經成為反政府的盜匪用來挑戰、顛覆政治意識形態的「意識形態」了。因此，每當「次文化」或是

---

21 在這裏我們不禁會聯想到曾國藩為維護「儒家文化」起而抗太平軍，但是此舉恰好符合了滿清統治階級的需求。

22 松岑，〈論寫情小說與新社會之關係〉，《研究卷》，頁 33。

「反文化」有意識或無意識地要取代主流文化的主導性時,此一主流文化的代言人勢必要挺身而出來面對挑戰,更別提當此一挑戰已然形成氣候,具體成形,成為正面與統治政權拮抗的反對力量了。職是,整個問題的重心不再單純是一般市井小民在休閒時可用何種閱讀來排遣時間,而更在於整個社會為了維持此運作機制的順暢,如何來實施安置其威權。到了這地步,對於小說的「控制」已不再是「移風易俗」「禮樂教化」而已,它更且是一種國家機器的運作的考量了。[23]

對菁英份子而言,小說的通俗適眾是一種雙重威脅。在公共場域中,小說的閱讀是不是會讓窮人不願辛勤工作而婦女不能成為盡責的主婦?在個人層面上,是不是過度入迷的閱讀「不良作品」會造成沈迷忘我的情形?陶祐曾(1886-1927)在1907 年對此有所思所:

> 試調查吾支那人之群,對於小說界之觀念,今人成人以上,智識幼稚,思想胚胎,丁斯時代,愛之尤篤。閱之未久,嗜之既深,或往往為野蠻官吏之所燬禁,頑固父兄之所呵責,道學先生之所指斥,然反動力愈漲,而原動力愈高,戀愛之性質,勃勃而莫能過。於是多方百計以覓得之,潛訪轉懇以搜羅之,未得則耿耿於心胸,縈縈於夢寐,既得則茶之餘,酒之後,不惜靡腦力,勞心神而探索之,研求之,至其價值之優劣,經濟之低昂,

---

23 參看 Louis Althusser, tr. Ben Brewster, "Ideology and Ideological State Apparatuses," In his *Lenin and Philosophy and Other Essays* (London: Verso, 1971).

　　固不計及也。[24]

在菁英份子眼中，此種入迷的讀者當然對國家社會是有潛伏的
危險。

　　失名（吳沃堯，1866-1910）在《月月小說‧序》亦討論到
小說與道德之關係：「小說能具此二大能力（引按：輔助記憶及
富含興味），則凡著小說者、譯小說者，當如何其審慎耶……吾
人丁此道德淪亡之時會，亦思所以挽此澆風耶？則當自小說始。」
他又繼續詳加解釋：「善教育者，德育與智育本相輔，不善教育
者，德育與智育轉相妨。此無他，譎與正之別而已。吾既欲持
此小說以分教員之一席，則不敢不慎審以出之。歷史小說而外，
如社會小說、家庭小說及科學、冒險等，或奇言之，或正言之，
務使導之以入於道德範圍之內。即豔情小說一種，亦必軌於正
道乃入選焉。庶幾借小說之趣味之情感，為德育之一助云爾。」[25]
在晚清批評家的論述中，此種強烈的道德傾向到處可見。這些，
在很大程度上都是傳統儒家教化觀的體現和承繼。

　　另一值得我們留意的是在這些通常出身小康且受過相當教
育的晚清小說批評家的論述中，常常顯現出一種對於另一階級
讀者的特殊關切，認為他們雖然熱切於小說的閱讀，但並不具
備有閱讀小說的能力，因此極其容易受到小說的蠱惑。別士（夏
曾佑，1863-1924）在〈小說原理〉中提到，中國人的思想嗜好
有學士大夫及婦女粗人兩派。所以他認為中國小說應該

　　　分二派，一以應學士大夫之用，一以應婦女與粗人之中，

---

24 陶祐曾，〈論小說之勢力及其影響〉，《研究卷》，頁 41。
25 《研究卷》，頁 153-154。

體裁各異，而原理則同。今值學界展寬，（注：西學流入）
士大夫正日不暇給之時，不必再以小說耗其目力，惟婦
女與粗人，無書可讀，欲求輸入文化，除小說更無他
途。[26]

在士大夫對待婦女及未受教育階層的閱讀的態度中，我們可以
很清晰地看到典型的統治菁英份子的意識形態。平子（狄葆賢，
1873-？）亦有同樣論調：「美妙之小說，必非婦女粗人所喜讀，
觀《水滸》之與《三國》，《紅樓》之與《封神》，其孰受歡迎與
否，可以見矣。……夫欲導國民於高尚，則其小說不可以不高
尚，必限於士大夫以外之社會，則求高尚之小說亦難矣。」[27]
　　胡適對於士大夫看待白話文的態度的精闢見解，於我們理
解傳統儒家知識分子看待小說的意識形態，不僅有關聯而且頗
具啟發性。

二十多年以來，有提倡白話報的，有提倡白話書的，有
提倡官話字母的，有提倡簡字字母的……這些人可以說
是「有意的主張白話」，但不可以說是「有意的主張白話
文學」。他們的最大缺點是把社會分成兩部分：一邊是
「他們」，一邊是「我們」，一邊是應該用白話的「他
們」，一邊是應該做古文古詩的「我們」。我們不妨仍
舊吃肉，但他們下等社會不配吃肉，只好拋塊骨頭給他
們去吃罷。[28]

26　《研究卷》，頁 27。
27　《研究卷·小說叢話》，頁 309-310。
28　胡適：〈五十年來中國之文學〉，《胡適文存》第二集（台北：遠東圖書，

我們知道所謂的「菁英文化」及「通俗文化」的分野其實並非是涇渭分明、互不糾結的，而是如余英時所論的，是彼此作用、相互沾濡的。根據甘斯（Herbert J. Gans），這兩者的區分是硬性的、誇張的，而且因為論者要強調其衝突部分，往往有意無意地忽略或壓抑兩者之間的相似點。[29] 但是，菁英份子對於一般大眾的態度恐怕不能一廂情願地用馬克思主義的「階級衝突」觀念來解釋，而應該從菁英份子（在這兒包括晚清小說批評家）身處的社會狀況、他們為了維繫國家社會秩序（甚至為了國家的生存，如晚清知識分子的救亡圖存心態）而採取的運作機制、他們思想中對於一般大眾所負有的儒家「教化」，引領百姓向前向上的「使命感」等等面向來考量。

二、晚清「小說」意涵的變動

也就是這種對於現實的關切，讓菁英份子對小說的態度因不同脈絡境況（contexts）而不同。小說，在過去被視作街談巷語，但是有提供資訊、反映風俗、批判時局的小傳統，逐漸地流演為傳播誨盜誨淫思想的媒介，成為統治階級的眼中釘。可是，到了晚清同樣地對於現實的關切又把小說推到所有文類中的最上層，梁啟超所謂的「文學之最上乘」，但是這一回對於現實的關注，本質上及幅度上，均和以往傳統社會中的關切面不

1971），頁 246。亦見余英時：《中國近代思想史上的胡適》（台北：聯經，1984），頁 29-34。

29 Herbert J. Gans, *Popular Culture and High Culture: An Analysis and Evaluation of Taste*（New York: Basics Books, Inc., 1974），p. x and chapter 2.

同了。小說地位的起伏是如此的巨大，其中的變化需要有更進
一步的釐清。

　　小說由誨盜誨淫進而為文學之最上乘，當然和晚清的政治
情勢有密不可分的關係，尤其與維新運動中的大將梁啟超不可
分。由 1840 年的鴉片戰爭起，歷經自強運動，到 1894 年的甲
午戰爭，中國屢遭戰敗屈辱，一時變法維新氛圍洋溢。梁的維
新政策基本上有兩個途徑：由上而下的政治改革以及由下而上
的教育改革。在 1898 年戊戌政變之後，由於藉由朝廷來推動政
治改革之管道已不復存在，任公更感受到另一管道的重要性及
迫切性，所以把重點集中在傳播新知、開啟民智的教化工作，
此時在日本的任公，受到日本政治小說在傳播新知，推動明治
維新運動中所扮演的重要角色的啟發，加上他原本對於小說
「通俗適眾」、「易傳行遠」特性的理解，小說於是成為改革最
理想的工具。但是從元明清以來已經被標示為誨盜誨淫的小說
如何能擔當救亡啟智的大任呢？任公因此提出所謂「新小說」
的觀念。梁啟超在詩界革命中曾提出「能鎔鑄新理想以入舊風
俗」的看法，[30] 在處理「新小說」上他也有類似傾向，在形式
上新小說和傳統白話小說幾乎沒有區別，但是在內容上則完全
是與維新內容思想有關的「新德行」：如「吐露其所懷抱之政治
思想」、「發明哲學及格致學」、「關切於今日中國時局者」、「養
成國民尚武精神」、「激勵國民遠遊冒險精神」、「發揮自由精
神」、「發揚愛國心」、「開到中國文明進步」等等。[31] 很明顯的，

---

30 梁啟超，《飲冰室詩話》（北京：人民文學出版社，1982），頁 2。

31 請參考黃錦珠在《晚清時期小說觀念之演變》種對於新小說內容的精闢
　　說明，見頁 66-116。筆者從梁啟超的思想發展來分析其小說觀念的演變，
　　請見本書第二章：「晚清小說與『社會動力』：梁啟超小說觀的再詮釋與
　　重估」。

這些內容不管是從傳統載道觀點或是由當時晚清人士觀點來看，當然是和文人學士所譴責的誨盜誨淫小說有天壤之別，而可以毫不羞愧地視為「經國之大業」。小說之為「文學之最上乘」，小說之「從文學結構的邊緣向中心移動」[32] 的態勢於焉成形，而小說地位之確立大致已無疑義。

　　然而，小說的發展固然有其思想、社會、政治層面的脈絡可循，但是若從一個轉折過渡時代的晚清文化角度來考察晚清小說地位的變異，可以提供我們另一觀察的視角。

　　首先，讓我們回過頭來看看晚清時期極度充滿政治意涵的小說功用觀。綜覽晚清有關小說的批評著作，我們會發覺處處充溢道德意涵（上面已論及）。在此一層面上，晚清知識分子對於小說的看法與傳統小說觀似乎並無大異。馬漢茂（Helmut Martin，1940-1999）就認為梁啟超的「新道德主義」或「新載道主義（new didacticism）事實上「和傳統正統儒家小說批評者視小說為改變人民的工具的立場無絲毫區別，他甚至用的也是同樣的術語。」不錯，如馬漢茂所指出的，傳統上小說常被用來作為工具、為政治服務：「中國的政治觀往往鼓勵富含政治宣傳功用的文學。小說社會功用的模式很明顯的是傳統文學理論中儒家載道道德主義的傳承。梁啟超對於文學的要求與毛澤東延安文藝講話中要求文學為政治服務的論調，兩者之間的密切關聯是極其明顯的。」[33] 然而，當小說中的道德關懷與對當時的晚清救亡圖存、開啟民智的社會政治關懷會合一起時，我

---

32 陳平原：《中國小說敘事模式的轉變》（台北：久大文化，1990），頁 154。
33 Helmut Martin, "A Transitional Concept of Chinese Literature 1899-1917: Liang Ch'i-ch'ao on Poetry-Reform, Historical Drama and the Political Novel," *Oriens Extremus* 20（1973）: 189, 207.

們不能不視之為一新小說觀，新的話語（new discourse），因應社會的當刻需要而產生了。晚清人士對小說的看法和態度與當時中國社會中的其他層面的元素同時都發生了變化。

也就是說，「新小說」的興起（以及對小說的正負面反應）與晚清社會中其他層面的變化是同時產生的。小說在晚清時期的興起從來就不是一個孤立的現象，而是晚清時期重估「新民」角色、對於轉變時期舉凡政治、社會甚至文化威權的質疑、評估及重新建構的運動的一部分。雖然如此，這種自覺既非來自一般「大眾」，亦非來自既得利益的統治菁英份子，而是很反諷地來自像梁啓超一般的有充分自覺和使命感（commissioned spirit），掌控公共輿論和大眾媒體，卻或多或少被主流掌權的菁英階級排擠在外的邊緣知識分子。[34]

在經歷過李鴻章所謂的「三千年未有之變局」，這些知識分子理解到有一股社會動力（social motion）「正在動搖原本存在許久的一切事物，同時也在促成許多新奇的事物」。[35] 但是這些「新奇的事物」卻和十九世紀英國詩人／學者阿諾德（Matthew Arnold，1822-1888）著名的詩篇〈多佛海岸〉所描述的類似，隸屬於一個「世界，似乎／橫於吾人眼前彷彿夢境，／如此多姿，如此美好，如此新奇，／帶來的卻非喜樂，或愛悅，或光

---

34 雖然梁啟超通過舉人考試，可以被視作是屬於「士大夫」階級，不過其後他並未通過進士考試；更甚者，他在1898年之後被逼迫離開政治舞台，因而成為主流菁英階級的邊緣人，其影響力主要來自其所主辦或主編的報刊雜誌。參看汪榮祖：〈論晚清變法思想之淵源與發展〉中對於「邊緣人」的討論，收於其所著，《晚清變法思想論叢》（台北：聯經，1983），頁83-84。

35 Jonathan Arac, *Commissioned Spirit: The Shaping of Social Motion in Dickens, Carlyle, Melville and Hawthorne*（New York: Columbia University Press, 1989），p. 3.

明，／亦非篤定，或平靜，或痛苦的紓解」。[36] 在 1894 年中日甲午戰爭的慘敗以及 1895 年屈辱的馬關條約後，知識份子經歷了張灝教授所謂的「秩序取向的危機」（the crisis of orientational order）[37]——舊的已消逝，但是新的卻未誕生或是前景尚未明瞭，因此在心態上的重新調適是必要而且是刻不容緩的。個人的政治立場容或有異——或是贊同革命、或是維新、或是兩者均不苟同——但是這些知識分子均「希冀運用知識的力量及其靈視，來揭發、改變他們與讀者所居處的變遷社會中的惡劣環境」，都「明白他們的職責乃是一種塑造的過程、一種賦予社會動力方向、形式，進而創造出行動可以憑依的遠景來。」[38] 或者用胡志德（Theodore Huters）的話來理解：

> 尤其是文學，成為一個場域，在其中烏托邦理想主義，與脫離往昔的一切、脫離在思想環境中仍然根深蒂固的傳統思想模式的期盼，形成一股張力。也就是說，文學對願意去思索的人提供了富含潛力的範疇，在其中傳統中所關切的事物可以或多或少地依每個人的觀點，重新加以定位、轉換（至少當事人可以如此想望）。[39]

在如此的脈絡中，小說因為其文類特有的重現（representational）

36　Matthew Arnold, "Dover Beach," in *Poems*, 2nd ed. ed. by Kenneth and Mariam Allot（London: Longman, 1979）. 阿諾德這首被視作是知識分子表達其糾結於新舊交替的矛盾心態的代表作。

37　Hao Chang, *Chinese Intellectuals in Crisis: Search for Order and Meaning, 1890-1911*（Berkeley: University of California Press, 1987）, p.8.

38　Arac, pp. xvii and p. 4.

39　Theodore Huters, "A New Way of Writing: The Possibilities for Literature in Late Qing China, 1895-1908," *Modern China* 14:3（July 1988）: 246.

及想象（imaginative）特質，更是一種尋求新秩序及新視界
（vision）的絕佳工具，不僅適合用來宣揚政治綱領，還可以塑
造想像出一個理想中的社會，並揣想出其可能的面貌及可發展
的途徑。胡志德的另一段討論「文學」的話同樣也適用於小說
的討論：

> 新的文學觀所蘊含的實用要求，乃是對於運用文學來滿
> 足各式各樣需求的一種回應。他們需要一種強有力的理
> 論來統合，同時也凸顯那些依然分崩離析的文學類型，
> 有關書寫的實用性的老舊思想需要加以考慮，在艱難的
> 時代中文學尤其是需要具有威權來提供文化意義。[40]

也就是說，由於傳統中小說的提供知識與批判制約的功用，小
說與時代脈動的密切關係，加上小說所可能展現的前瞻性建構、
想像的特性，讓小說在統合有待重整的舊傳統、舊思想上，發
揮了舉足輕重的力量。為了要達到此一統合的目標，必須有一
種新的自覺，新的意識的存在。

> 在這些[具有使命感的]作家身上會發現，他們對於現有
> 的表現的形式勢必會有一種不自在及不耐煩。縱使他們
> 嘗試運用較有效的技巧將周遭的世界寫入書中，他們還
> 是得批判將這個世界塑造成假現實（mock-reality）的舊
> 技巧，得承認他們的作為也只不過是暫時性的。[41]

---

40 Huters, p. 247.
41 Arac, p. 4.

梁啟超及其他有自覺意識的知識分子很明顯的呈現出這樣的批判意識。他們討論「詩界革命」，推崇一種可以舊風格融新名詞，新思想，表達新意境以及呈現新世界的詩；他們提倡「小說界革命」；在散文的寫作上，梁啟超也是扭轉發展方向的主要角色。梁在《清代學術概論》中以第三人稱語氣評估自己在散文風格發展上的巨大影響，基本上相當公允。[42]

也就是說，不管在詩歌、小說、散文各個範疇甚至是歐西思想的輸入引進，梁啟超均相當有自覺地在尋求一種可以描述時代脈動的表達形式，並賦予混亂時代一種秩序。

> 光緒間所謂「新學家」者，欲求知識於域外，則以此為枕中鴻秘，蓋「學問飢餓」至是而極矣。甲午喪師，舉國震動，年少氣盛之士，疾首扼腕言「維新變法」，而疆吏若李鴻章張之洞輩亦稍稍和之，而其流行語，則有所謂「中學為體西學為用」者，張之洞最樂道之，而舉國以為至言。……康有為梁啟超譚嗣同輩，即生育於此種「學問飢荒」之環境中，冥思苦索，欲以構成一種「不中不西即中即西」之新學派，而已為時代所不容，又來源淺穀，汲而易竭，其支絀滅裂，固宜然矣。[43]

我們在此可以很清楚地看到梁啟超的「追尋探索精神」。不管是

---

42 梁啟超：《清代學術概論》（台北：五南，2012），頁 110：「啟超夙不喜桐城派古文，幼年為文，學晚漢魏晉，頗尚矜煉。至是自解放，務為平易暢達，時雜以俚語、韻語及外國語法，縱筆所至不檢束，學者競效之，號新文體。老輩則痛恨，詆為野狐。然其文條理清晰，筆鋒常帶感情，對於讀者，別有一種魔力。」

43 《清代學術概論》，頁 127-128。

在追尋時代需求的敏銳度上，還是在揣摩時代應遵循的走向上，梁毫無疑問是晚清最重要的人物。他不僅追求周遭所發生的這一切的意義所在，如果我們用上面艾瑞克（Jonathan Arac）的話來形容的話，他同時也是有意識地在嘗試「建構一個行動可以憑依的遠景」。

梁在文章中說「在昔歐洲各國變革之始，其魁儒碩學，仁人志士，往往以其身之經歷，及胸中所懷政治之議論，一寄之於小說」，「往往每一書出而全國之議論為之一變。」這即是為何他「特採外國名儒所撰述，而有關切於今日中國時局者，次第譯之」的理由。[44] 梁啟超對於小說功用的極度誇張的語氣也就是奠基在這基礎上：「欲新一國之民，不可不先新一國之小說。故欲新道德必新小說，欲新宗教必新小說，欲新政治必新小說……。」梁最後的結論是「故今日欲改良群治，必自小說界革命始，欲新民，必自新小說始。」[45] 對梁啟超而言，小說不僅是整套救亡圖存方案的一部分，其實更是一種重估傳統文化，建構塑造一個未來的國家願景的策略。[46]

天僇生（王鍾麒，1880-1913）與梁啟超有同樣的看法：「吾以為吾儕今日，不欲救國也則已，今日誠欲救國，不可不自小說始，不可不自改良小說始」。其方法則是「宜確定宗旨，宜劃一程度，宜釐定體裁，宜選擇事實之於國事有關者而譯之、著之」，因為「夫欲救亡圖存，非僅恃一二才士所能為也，必使愛國思想，普及於最大多數之國民而後可。求其能普及而收速效

---

44 《研究卷·譯印政治小說序》，頁 14。

45 《研究卷·論小說與群治之關係》，頁 15。

46 Anderson 提出西方的 print-capitalism 促成一種以想像的方式來建構一「國族」概念，參看 Benedict Anderson, *Imagined Communities*, rev. ed.(London: Verso, 1991）.

者，莫小說若？」[47] 陶祐曾也表達了同樣的熱切：「自小說之名詞出現，而膨脹東西劇烈之風潮，握覽古今利害之界線者，惟此小說；影響世界普遍之好尚，變遷民族運動之方針者，亦惟此小說。小說！小說！誠文學界中之占最上乘者也。」在文章最後，陶祐曾也同樣呼應梁啟超的論調：「欲革新支那一切腐敗之現象，盍開小說界之幕乎？欲擴張政法，必先擴張小說；欲提倡教育，必先提倡小說；欲振興實業，必先振興小說；欲組織軍事，必先組織小說；欲改良風俗，必先改良小說。」[48]

甚至對覺我（徐念慈，1875-1908）——晚清時期少數強調美學意識的批評家之一——而言，以小說來寄託實現社會願景亦是勢在必行的。他提供了幾點未來如何改善小說的建議。其建議相當具有綱領性：對學生社會而言，小說要能「取積極的，毋取消極的，以足以鼓舞兒童之興趣，啟發兒童之智識，培養兒童之德行為主」；對軍人社會而言，小說之「旨趣，則積極、消極兼取。死敵之可容，降敵之可恥；勇往之可貴，退縮之可鄙……足供軍人前車之鑑，後事之師者」；於實業社會，則「略示以世界商業之關係、之趨勢、之競爭、之信用諸端之不可忽」；於女子社會，則「教之以治家瑣務，處事大綱」等。[49]

另外一個例子即是林紓（1852-1924）。根據估計，他將一百八十四部西洋小說翻譯成中文，其中最有名的是《巴黎茶花女遺事》及《黑奴籲天錄》。[50] 出生在紛擾動盪的時代，林紓對於中國的前途及命運滿懷著關切。[51] 在他翻譯的小說的序言

---

47 《研究卷‧論小說與改良社會之關係》，頁 38、39。
48 《研究卷‧論小說之勢力及其影響》，頁 39、41。
49 《研究卷‧余之小說觀》，頁 47-49。
50 黃霖：《近代文學批評史》（上海：上海古籍出版社，1993），頁 626。
51 Leo Ou-fan Lee（李歐梵），"Lin Shu and His Translations: Western Fiction in

中，呈現出極為強烈的維新思想傾向。他曾自言其翻譯目的乃在藉小說來「震動愛國之志氣」，並自詡為「畏廬實業」。[52] 在《黑奴籲天錄》序言中，林琴南說明他翻譯此書之緣由，主要是因為在美國的華工受到不平等的歧視。[53] 在《賊史》序中，林紓慨嘆「所恨無迭更司其人，如有能舉社會中積弊著為小說，用告當事，或庶幾也。嗚呼！李伯元已矣，今日健者，惟孟樸及老殘二君，苟能出其餘緒，效吳道子之寫地獄變相，社會之受益寧有窮耶！」[54] 如同胡志德所指出的，林紓雖然被視作是保守份子，可是在其言論文字中我們可以看到他已了然於心，並深深體會到小說文類本身所具有的眾多可能性。[55]

艾瑞克對於英美小說中的的所謂「社會動力」（social motion）的觀察，我們也可以拿來形容晚清小說：

> 對於許多讀者，不管是熱切或是敵對的讀者，當代強有力、且以新形式出現的新聞媒體、雜誌，或是小說，已經與改變世界頗鉅的革命力量聯繫一起，而且常威脅著不讓經濟、政體，或社會保持原狀。甚至連作家駕馭文章的手法，都好像是一個試圖切斷維繫著舊寫作及生活方式的規則及成規運動的一部分。[56]

此種現象也許是我們在任何轉折過渡時期常見的現象，梁啟超

Chinese Perspective," *Papers on China* 19（Dec., 1965）: 161-162.
52　《研究卷·〈愛國二童子傳〉達旨》，頁 245。
53　《研究卷·》，頁 197。
54　《研究卷·賊史序》，頁 257。
55 Huters, p. 261.
56 Arac, p. 7.

在〈過渡時代論〉勾抉出三樣過渡時期的美德，其中的一項即為「別擇性」——抉擇的美德——知道何者對於國家民族是有益或有害的：

> 別擇性是過渡時代之末期所不可或缺者也。凡國民所貴乎，過渡者不徒在能去所厭離之舊界而已，而更在能達所希望之新界焉。故冒萬險忍萬辱而不辭，為其將來所得之幸福，足以相償而有餘也，故倡率國民以就此途者，苟不為之擇一最良合宜之歸宿地，則其負國民也實甚……。[57]

若由此面向來省察，晚清時期諸如梁啟超等的批評家無疑地是有意識地賦予並強調小說的重要性。藉由使用小說，使成為影響公眾輿論的工具，晚清批評家將小說帶入公共場域（public sphere）。也就是說，小說與詩界、文界革命結合一塊，成為晚清思想、文化領域中重評、重估整個舊文化，並塑造新文化的一股力量。小說也就成為為中國描繪藍圖的論壇中各式各樣的論述（discourses）之一。如同王德威所說的，小說可以反映中國的境況，但是小說亦可以是小說家「思考文學與國家、神話與史話互動的起點之一」，「其虛構模式，往往是我們想像、敘述『中國』的開端。」[58] 職是，晚清有識之士之所以要如此強調小說的重要性的緣由，也就一目瞭然了，而小說何以是「文學之最上乘」也就昭然可解了。

---

57 梁啟超，《飲冰室文集》冊三，6: 31-32。
58 王德威：〈序；小說中國〉，《小說中國——晚清到當代的中文小說》（台北：麥田出版，1993），頁 3-4。

三、教化啟智 VS 娛樂消遣

　　雖然如此,「一莖草能負載多少真理?」[59] 當小說被賦予、加諸如此沈重、高尚、甚至崇高的「大任」時,讀者的反應如何呢?「救亡圖存」意識無疑地是普遍存在大部分晚清知識分子的腦海意識中,成為這時期的主要關切。這正是他們為什麼要用小說來啟民智、喚醒「無知」百姓的最主要原因。可是我們別忘掉梁啟超在 1915 年提醒警告讀者,充斥市肆的通俗小說對社會是有害,他說:

> 故今日小說之勢力,視十年前增加倍蓰什百,此事實之無能為諱者也。然則今後社會之命脈,操於小說家之手者泰半,抑章章明甚也。而還觀今之所謂小說文學者何如?嗚呼!吾安忍言!吾安忍言!其什九則誨盜與誨淫而已,或則尖酸輕薄毫無取義之遊戲文也,於以煽誘舉國青年子弟,使其桀黠者濡染於險詖鉤距作奸犯科,而模擬某種偵探小說中之一節目。其柔靡者浸淫於目成魂與踰牆鑽穴,而自比於某種豔情小說之主人者。於是其思想習於污賤齷齪,其行誼習於邪曲放蕩,其言論習於詭隨尖刻。近十年來,社會風習,一落千丈,何一非所謂新小說者階之屬?循此橫流,更閱數年,中國殆不陸沈焉不止也。[60]

---

59 瘂弦:〈巴黎〉,《深淵》(台北:晨鐘,1971),頁 105。
60 《研究卷·告小說家》,頁 20-21。

梁啟超從知識分子的觀點出發，認為小說回到誨盜誨淫，是小說發展的一股逆流；但是對這些知識分子希望改造成「新民」的「無知」「粗鄙」的百姓而言他們的看法則又是天壤之別了。在前面的討論中，筆者主要的關注是放在梁啟超及其他有相當自覺的知識分子所提倡的「新小說」，試圖去省察並理解他們如何運用小說這一種通俗的文學類型來推動、完成其社會願景暨社會使命，進而使小說一躍而為「文學之最上乘」。然而，一般百姓事實上閱讀的卻是與「新小說」南轅北轍的通俗小說。如同林培瑞（Perry Link）所說的：「儘管這些維新人士理想主義式的呼籲與推動，傳統的小說觀念對『新小說』仍然發揮出其緩慢，但是無可抗拒的影響力，並在十多年之間，將小說帶入鴛鴦蝴蝶派的時代。」[61] 因為研究者往往將焦點放在維新與革命相關聯的事物上，尤其是所謂的「小說界革命」，而「忽略娛樂事業亦和政治界一樣，有它輝煌燦爛的繁榮期。」[62] 林培瑞進一步指出一項常被忽視的現象，就是在十九世紀最後十年，以及二十世紀最初十年之間，嚴肅小說——梁啟超及其追隨者所提倡的「新小說」——和與其南轅北轍的通俗小說卻經常「在出版物上同時雜然並存」。比方說，以福爾摩斯（Sherlock Holmes）為主角的偵探小說的首度引薦入中國，即是在梁啟超擔任編輯主筆的《時務報》上。而在當時最富革命氣息的《蘇報》，在其附頁上亦闢有專供文人閒士娛樂消遣的專欄。[63]

　　另一個值得我們留意的人物是晚清有名的小說家，吳沃堯。

---

61 Perry Link, *Mandarin Ducks and Butterflies: Popular Fiction in Early Twentieth-Century Chinese Cities*（Berkeley: University of California Press, 1981）, p. 141.

62 Link, pp. 142-143.

63 Link, p. 148.

同是出生於廣東省，吳沃堯首先在梁啟超創刊主編的《新小說》上初試啼聲，發表了他有名的兩部小說：《二十年目睹之怪現狀》及《九命奇冤》。在吳沃堯的評論文章及小說的序跋文字中，有相當顯著的維新傾向；他所主編的《月月小說》中，亦往往有聲援維新事業文章的出現。眾所週知的，吳沃堯的小說涵括了各式各樣的題材及關照面：除了著名的譴責小說外，他寫立憲，寫上海的商界，寫反迷信，寫女權，寫偵探小說，也寫愛情小說、歷史小說、筆記小說等等。由於他作品中廣泛的涵括面，要將之歸屬於特定一類的小說家實屬不易。此一事實，加上他的維新傾向，使得吳沃堯身為一位小說家，試圖以小說來支持維新的角色變得很曖昧。他之強調小說要具有「興味」和「趣味」，顯示出他深深浸淫在白話通俗小說的傳統，理解其中重要的質素。[64] 根據阿英的看法，吳沃堯的寫情小說「實際上不外是舊的才子佳人小說的變相」，而有此類寫情小說的產生，「在幾年之後，就形成了『鴛鴦蝴蝶派』的狂焰。」[65]

　　吳沃堯很明顯地地支持梁啟超提倡的「小說界革命」，強調小說應當擔負起開啟民智、教育百姓的重大責任，進而達到救亡圖存的最終目的。[66] 然而，在他的實際小說創作中，他卻提

---

64 吳沃堯有關「興味」或「趣味」的文字，可參看《小說叢話》及〈歷史小說總序〉，分別見〈研究卷〉，頁 334 及 182-183。

65 阿英，〈晚清小說史〉，頁 229。阿英的看法當然是粗疏了些，未能抉發出吳沃堯「寫情小說」承先啟後的樞紐地位。這方面的探討當以黃錦珠的研究較為精闢，請參看黃錦珠：〈論吳趼人寫情小說的演變〉，《國立中正大學學報：人文分冊》八卷一期（1997），頁 139-164。

66 比如，在〈兩晉演義序〉中，吳提到：「余向以滑稽自喜，年來更從事小說，蓋改良社會之心，無一息敢自已焉。」在〈月月小說序〉中，他有提到：「吾感乎飲冰子《小說與群治之關係》之說出，提倡改良小說」，故「隨聲附和」等等。

供讀者某些為梁啟超所譴責的消遣、有趣的小說。吳的例子最能告訴我們文學現象的錯綜複雜及弔詭。

　　林培瑞的研究指出晚清小說如何「由國族建構到消遣到利益至上」（from nation-building to time-killing to profit）的三點原因。第一、梁啟超主編的《時務報》引介的偵探小說大大地促成了通俗文類因刊登在嚴肅刊物而普遍為人所接受的現象。第二、上面我們所提到的，吳沃堯欲藉小說來鼓吹維新，卻因重小說的趣味性而導致具嚴肅改革意蘊的小說夾雜通俗質素，間接地促成了「新小說」的通俗化。第三、此舉吸引了具有改革意識，飢渴地閱讀任何有關改良的文字的年輕一代，但同時也在同一份報紙上提供他們消遣娛樂的園地。如同林培瑞所說的：

> 在此我們又碰到了一個反諷，也就是說，我們提出來解釋為何新小說會逐漸移轉到消遣娛樂的小說的三個元素，都是由所謂的進步份子所掌控的媒體發起的。偵探小說、愛情小說，及消閒園地，分別是由梁啟超的實驗性引介、吳沃堯對於都會中眾生眾相的關注，以及《時報》的前進傾向所衍生。在一個像晚清時期一樣，滿懷著創造潛力卻同時是不確定的過渡時代中，任何革新幾乎都無法預期可能發生的後果到底為何。但是，單以文學的影響，似乎無法令人滿意地解釋上海小說如何移轉到消閒娛樂的道上去。[67]

此一小說如何由「嚴肅」轉移到「通俗」的現象，以及其背後

67　Link, pp. 148-149.

可能的運作力量，在在都提醒我們文學現象的複雜及奧妙。

　　雖然梁啟超一廂情願地希冀以小說來襄助其社會政治理念及理想，其結果當然是令人失望的，這點我們可以由梁啟超在1915 年的〈告小說家〉一文中的嚴厲口氣很清楚地感受到。雖然如此，我們仍然得承認梁所提倡的小說對於後代小說有相當的影響，五四時代小說中的「感時憂國」意識及更晚的毛澤東的「延安文藝座談會講話」都可作為佐證。也就是說，以文學作為工具來支持社會政治目的的悠久傳統從來未曾消失，抑或消減其力量。[68] 換句話說，胡志德所稱的「道德美學」（moral aesthetics）——中國文學傳統中融合作品的道德政治實用性及美學質素的傾向——一向深深地刻印在知識分子的意識中。在晚清時期，通俗娛樂要素與傳統裡強調小說中應具有道德社會意涵的兩股力量，配合當時救亡啟蒙的政治社會氛圍，相互作用的弔詭情狀造成了小說地位的變異，讓小說上升到「最上乘」，也讓我們對小說本質及功能有更進一步的理解。

四、小　結

　　本章簡要地由廣義的文化研究觀點考察了小說如何從早

---

68 有關五四小說中的「感時憂國」精神，請參看 C. T. Hsia, "Obsession With China: The Moral Burden of Modern Chinese Literature," Appendix to C. T. Hsia's *A History of Modern Chinese Fiction,* 2nd ed.（New Haven: Yale University Press, 1971）。有關毛澤東「延安講話」，可參看 Bonnie McDougall, *Mao Zedong's Talk at the Yan'an Conference on Literature and Art: A Translation of the 1943 Text with Commentary*（Michigan: Center for Chinese Studies, 1980）, pp. 1-54. 亦可參看 T. A. Hsia（夏濟安）, "Twenty Years after the Yenan Forum," in *The Gate of Darkness: Studies on the Leftist Literary Movement in China*（Seattle: University of Washington Press, 1968）, pp. 234-262.

期的輔佐禮樂教化的「街談巷語」，逐漸因政治社會的實際考量而被標示為「誨盜誨淫」，到了晚清時期又因有識之士響應救亡啟蒙之號召，以及在轉折時期為文學文化尋求一出路的使命感，再度因實際的考量，將小說的地位重新加以評估。文章最後又對晚清「新小說」由國族建構的高尚志業，日漸為商業娛樂的通俗小說侵襲的現象略加爬梳，說明新小說與通俗娛樂小說之間的複雜糾結情形。在這些轉變中，我們看到的不只是小說本質的呈現、小說本身的發展演變，我們同時也看到文化機制的運作，而其中的權力傾軋鬥爭（power struggle），在相當大幅度上，掌控支配了小說文類的地位。由文類政治性（politics of genre）的面向來省察中國小說的發展應是一值得開拓的領域。

　　以上我們將小說如何由「街談巷語道聽塗說」的位置，到後來因為政治社會因素而成為「誨盜誨淫」的負面形象，然後到了晚清又如何因為政治大業的改革需求，又被知識分子拉高去進入文化重要核心位置，成為梁啟超所說的「文學之最上乘」。梁啟超在此一過程中所扮演的角色是舉足輕重的。我們接著要來省察梁對於小說的看法，一再以小說推動政治改革時的種種考量及其意涵。

第二章　晚清小說與「社會動力」

梁啓超小說觀的再詮釋及重估

　　第一章我們針對小說在傳統社會中的位置以及其所扮演的政治社會文化功能做了一些梳理，試著由「文化研究」的觀點，將小說如何由早期的「街談巷語、道聽塗說」「不入流」，作為「次文化」的輔助功能，因為後來的政治社會考量，質變出「批判譎諫」，甚或是「反文化」的尷尬情境，而成為所謂的「誨盜誨淫」禁燬的作品。但是在晚清，則因為政治上的發展，小說在梁啟超等人的手裡，因為其「通俗適眾」，可以拿來教育百姓、宣傳政治改革理念。由於小說可以扮演如此重要的角色及功能，因而由邊緣位置進入中心，成為「文學之最上乘」。這一章筆者則要由梁啟超有關的小說理念來梳理其發展的脈絡，並對其中的文學意涵，尤其是所謂的「二德四力」（「理想派小說／寫實派小說」、「熏浸刺提」）提出新的詮釋觀點。

一、前　言

　　中國在晚清時期進入李鴻章所謂的「三千年未有之變局」，無論是在政治、經濟、社會各方面，以至於歷千年屹立

搖的傳統世界觀及價值觀，皆受到空前未有的衝擊。[1] 面臨此一社會、政治以及思想意識上的危機，晚清文學的發展亦相對地有所回應，而呈現出蓬勃的氣象，而其中又以小說為翹首，不論是在小說創作和小說批評的質量和幅面之廣闊，小說地位的提升，以及小說和時代動脈息息相關之程度，都能超越前人而開啟新局，為中國現代小說奠下基礎。

要探究晚清小說如何發展，如何由傳統的「誨盜誨淫」一舉提升為「救亡圖存」的文類，如前章所論，梁啟超（1873-1929）顯然是一位樞紐性的重要人物。梁氏不僅在思想上為晚清時期最有影響力的知識份子之一，在中國小說發展史上亦發揮了舉足輕重的力量。梁啟超的提倡「新小說」，在當時可以說是登高一呼四方響應，一時間小說的創作及評論文章充斥報刊雜誌。新興的職業作家諸如李伯元、吳沃堯等人，試圖在小說作品中探討揭露時代及社會的弊病，同時也嘗試各種不同的小說體裁。晚清人士對於小說的討論也新舊紛陳，或是探討小說的實用功能及價值，或是鑽研小說的美學及藝術層面，更普遍的是借小說以傳播新知，鼓吹革命維新，真是百家爭鳴，各擅勝場，蔚為奇觀，為中國小說史上首見之現象。我們不能說此一現象是梁氏一手獨立造成，但是其開創之功，其影響之深且廣，則是不爭之事實。

中國小說發展到晚清，因為時代的變遷，已到了不得不變，而且不得不接受外來思潮影響的時候。由於梁氏感受敏銳，吸收新知能力特強，因此在提倡小說時往往採擷扶桑泰西之說，以為議論之根本；加上梁氏浸淫於中國傳統極為深厚，所以在

---

1 請參看張灝，〈晚清思想發展試論：幾個基本論點的提出與檢討〉《中央研究院近代史研究所集刊》第七卷（1978 年），頁 475-84。

其論小說的文字中，可謂中西雜陳、古今交映，正是晚清過渡
轉變時期最具代表性的文字——既傳統又現代，既中又西，時
而可見對小說又喜又懼的傳統看法，時而又見標榜宣揚之言論。
大體而言，梁啟超的小說觀可以說是繼承了中國傳統小說的道
德實用功利觀，但是基於時代的需求，梁氏賦與小說更神聖的
使命——小說不僅要移風易俗，更要經國濟世、救國救民。為
履行此一目標，梁氏明白表示識者應該利用小說特有的普遍適
眾性及其吸引讀者的魔力，來傳播諸如「新民」、「自由精神」、
「冒險犯難精神」、「愛國心」、「關切於今日中國時局者」、「吐
露其所懷抱之政治思想」、「開導中國文明進步」等社會政治思
想。此舉顯然為中國傳統小說開拓了一個新的領域，將政治思
想融入中國傳統小說的內容範疇中，同時也為夏志清教授所謂
的五四作家的「感時憂國」傳統開啟了先聲。[2] 此一傳統可以
說是任公一手奠下基石，而且經過五四、三十年代作家，一直
延續到毛澤東的「延安講話」，甚至到了臺灣 50、60 年代的反
共懷鄉文學，持續不衰，稱之為中國現代小說的主流應可當之
無愧。

　　任公這種政治傾向的小說觀，自然有其政治、社會的背景
所在，大致而言，大部分討論任公小說觀的的學者專家們也都
是由此入手。這一面向的討論對於了解梁啟超的小說觀當然是
極為重要且不可或缺的，不過相對而言，他們對於任公小說觀
中的幾個觀念的本體性意涵的討論就略嫌簡單。比方說夏志清
先生在討論嚴復與梁啟超作為新小說的提倡者時，他說，「到了

---

2 C. T. Hsia, "Obsession With China: The Moral Burden of modern Chinese Literature." Appendix to his *A History of Modern Chinese Fiction*, 2nd ed.（New Haven: Yale University Press, 1971）.

一九〇二年，他〔任公〕對小說已經有了較好的瞭解，他用了四個比喻來說明小說的力量：一為『熏』，小說在讀者四週散佈煙霧，使他的五官和判斷能力都受影響；二為『浸』，讀者浸在故事的情景和問題中，讀後數日或數週尚不能免於憂愁、憤怒或別的感觸。三為『刺』，讀者被故事中大力描寫的情景刺激得異常興奮、四為『提』，小說能把讀者提升至書中主人翁的層次，或促使其模倣之。」[3] 夏曉虹在其研究梁啟超的專著《覺世與傳世——梁啟超的文學道路》中對於梁啟超的此「四力」也只是提出

> 梁啟超之所以選中小說做改良社會最銳利的武器，也是因為他看到了小說具有「易感人」的偉大力量……他專門分析了小說的四種感染力。一曰「熏」，即是熏陶，「如入雲煙中而為其所烘，如近墨朱者而為其所染」，從而產生潛移默化、連鎖反應式的普遍影響。二曰「浸」，即是「入而與之俱化」，長久沈浸在作品所帶來的情感氛圍中不能自拔，達到與作品情境的交融。三曰「刺」，即「刺激之義也」，「刺之力，在使感受者驟覺」，受到突然的震動。四曰「提」，即是情感的昇華，「提之力，自內而脫之使出」，讀者達到一種忘我的境界，「自化其身焉，入於書中，而為其書之主人翁」，引出模倣書中人物行動的強烈慾望。[4]

---

3 夏志清〈新小說的提倡者：嚴復與梁啟超〉收於林明德（編）《晚清小說研究》（臺北：聯經出版，1986），頁 69-70。
4 夏曉虹《覺世與傳世——梁啟超的文學道路》（上海：上海人民出版社，

雖然兩位夏先生都提到任公小說觀的外緣意涵，也提及了其中
重要的理念，但卻未能進一步深入討論這幾個概念及其意涵。[5]
到了 2001 年，日本學者齋藤希史在〈近代文學觀念形成期的梁
啟超〉，以及山田敬三在〈圍繞《新中國未來記》所見梁啟超革
命與變革的思想〉兩篇論文中也討論了梁啟超的小說觀，不過
齋藤文章的重點在梁啟超小說觀在近代文學觀念形成期所扮演
的角色，因此偏重的是中日文學觀念交流史上的重要議題，而
未申論個別觀念的意涵。山田先生則以日本當代政治小說中所
呈現的革命與變革思想來對照勾勒任公在《新中國未來記》中
的思想，於個別觀念的意涵也未做深論。兩位學者的論文各有
其中心議題，但對於如「二德四力」的觀念，不是視作不證自
明的觀念，就是語焉不詳。[6]

　　大致而言，處理的較為詳細的只有康來新《晚清小說理論
研究》及黃錦珠的《晚清時期小說觀念之演變》中的討論。康
來新以「小說移情作用的心理學分析」來含括梁氏的小說觀念，
並加以分梳解釋。[7] 黃錦珠大致也討論了「小說有不可思議之
力支配人道」的這幾個力量，並將任公的「二德四力」歸納為：
「均屬於閱讀心理學分析」。[8] 兩位學者均提出極為敏銳的觀察，

1991），頁 20。
5 另請參看林明德〈梁啟超與晚清文學革命〉（政治大學博士論文， 1988），
　頁 174-178；邱茂生〈晚清小說理論發展試論〉（文化大學碩士論文，1987）
　等論文的討論。
6 兩位日本學者的論文見狹間直樹（編）《梁啟超‧明治日本‧西方──日本
　京都大學人文科學研究所共同研究報告》（北京：社會科學文獻出版社，
　2001），頁 289-320 及 321-346。
7 康來新《晚清小說理論研究》（臺北；大安出版社，1986）頁 189-195。
8 黃錦珠，《晚清時期小說觀念之演變》（臺北；文史哲出版社，1995），頁
　97-101。

但是對於「四力」中的「刺」和「提」，兩位先生的分析似乎也未能超脫其他學者的說法。

因此在本章中，我將藉由梁氏幾篇討論小說的重要文章，從比較研究的觀點，勾勒出其對小說的看法：任公所謂「新小說」為何？「新」新在那裏？「小說界革命」又是什麼？若有「革命」，到底是在內容上或是形式上的變革？還是在觀念態度上的改易？是就中國舊有傳統推陳出新，還是由西方小說傳統擷取移植以供其用？任公所謂的「熏」、「浸」、「刺」、「提」四大功用，到底何所指？對當時人以及我們理解晚清小說有何裨益？所謂的小說與群治的關係又是如何？更進者，本文還要考察任公如何把小說由傳統消遣娛樂，兼帶有道德實用意涵的文類，一舉提升到救國救民，足可與六經並列、藏諸名山之盛業。最後，本章將任公小說觀之重要性及其影響作一總結性的評估。

二、梁啓超的小說觀

梁啟超的幾個口號，諸如「小說界革命」、「小說為文學之最上乘」、「二種德四種力」、「小說與群治之關係」都是大家耳熟能詳的，但是任公討論小說的文字，其實篇幅並不多，如果按照年代排列的話，它們包括了：

(一)《變法通議》〈論幼學〉中論「說部書」的一段文字（1896）；

(二)〈蒙學報、演義報合敘〉（1897）；

(三)〈譯印政治小說序〉（1898）；

(四)《飲冰室自由書》〈傳播文明三利器〉（1899）；

(五)〈論小說與群治之關係〉（1902）；

(六)《新中國未來記》〈緒言〉（1902）；

(七)〈新小說第一號〉（刊於《新民叢報》）（1902）；

(八)〈中國唯一之文學報 —— 新小說〉（刊於《新民叢報》）（1902）；

(九)〈告小說家〉（1915）。[9]

在《變法通議》〈論幼學〉論「說部書」的文字中，梁啟超在深入探究何以中國落後於西方諸國後，提出他對教育改革的建議，其中的一個要項即是提倡小說。他首先探討小說何以受一般平民鍾愛之原因，結論是小說的語言明白易解。但是由於士大夫一向鄙視小說，以至以小說來教化百姓的最佳途徑，淪落到「小有才之人」，「因而游戲恣肆以出之，誨盜誨淫，不出二者。」梁氏因而呼籲自俗儒陋士手中收回此一最佳工具，並用以教育平民，裨益國家社會。

> 今宜專用俚語，廣著群書，上之可以闡聖教，下之可以雜述史事；近之可以激發國恥，遠之可以旁及彝情；乃至官途醜態、試場惡趣、鴉片頑癖、纏足虐刑，皆可窮

9　《變法通議》〈論幼學〉見《飲冰室文集》第一冊一卷，頁 44-60；〈蒙學報、演義報合敘〉見《飲冰室文集》第二冊二卷，頁 56；〈譯印政治小說序〉、〈論小說與群治之關係〉、〈告小說家〉均收於阿英（編）《晚清文學叢鈔：小說戲曲研究卷》（以下簡稱《研究卷》）；《飲冰室自由書》收於《飲冰室專集》第三冊；《新中國未來記》〈緒言〉見《晚清文學叢鈔：小說卷》第一冊上卷；〈新小說第一號〉及〈中國唯一之文學報－新小說〉刊於《新民叢報》（1902）。

　　極異形，振厲末俗，其為補益，豈有量哉。[10]

　　本段引文有兩點值得注意。其一，任公指出為教育大眾，小說應採俚語。其二，任公提出小說功能有三：1.教導讀者，2.提供知識，3.揭發惡習時弊。小說之教化功能是傳統小說一貫的功能，前章已詳細討論過，此處毋庸再談。提供知識在此卻和當時社會政治大環境息息相關，可以說是擴大了小說所能關切的範疇。至於惡習時弊的揭露，恰是數年後所謂「譴責小說」作者所致力的方向。特別要留意的是：以上種種的小說功能歸根究底總要落實到為維新事業服務 ── 任公不僅要讀者明瞭社會中非人道的陋習，更要大家體會到中國目前的政治困境與民族危機。不過小說「如何」才能獲致以上種種功效，梁氏在此並未縷述。

　　〈譯印政治小說序〉一文於一八九八年初刊於橫濱出版的《清議報》，後來被用於任公所譯日本柴四郎（東海）《佳人奇遇記》一書之譯序。何謂「政治小說」？任公並未賦與清晰的界說，不過文中仍可略見端倪：「在昔歐洲變革之始，其魁儒碩學、仁人志士，往往以其身之經歷，及胸中所懷政治之議論，一寄之於小說。」[11] 簡言之，政治小說乃是魁儒碩學藉以表達其政治理念、政治關切，並進而傳播新知、教化百姓的媒介。若僅以其中教化功能而言，此處所指之「政治小說」實在與傳統小說無大差異。但是，任公之說有三點值得注意：（一）梁氏提出讀者喜歡閱讀容易接受且具吸引力的作品，是一種人類的通性：「凡人之情，莫不憚莊嚴而喜諧謔，故聽古樂，則唯恐臥，

10　《飲冰室文集》第一冊一卷頁 54。
11　《研究卷》頁 14。

聽鄭衛之音，則靡靡而忘倦焉。此實有生之大例，雖聖人無可如何者也。」（二）在《變法通議》〈論幼學〉中梁氏只提出小說可以有教化、播知、揭露等功用，但未觸及小說之作用力及其對讀者的影響力。在此，他提及了經驗、思想、及政治議論可以影響讀者：「魁儒碩學、仁人志士，往往以其身之經歷，及胸中所懷政治之議論，一寄之於小說。……往往每一書出而全國之議論為之一變。」也就是說他逐步地走向小說閱讀的技巧層面和心理過程的探討，雖然我們在此還看不到具體的討論，但其發展的脈絡已漸漸成形。（三）任公至此正式把政治思想言論帶入中國小說的領域中。此點他在一八九六年已略觸及，但在此有所發揮，並成為稍後「小說界革命」的一大重點。也就是說，以往小說被視作「不入流」、「小道」、「街談巷語、道聽途說者」，現在丕然一變，「殆可增《七略》而為八，蔚四部而為五者也。」而他引康南海論小說一段，更是把小說與經史相提並論了：

> 僅識字之人，有不讀經，無有不讀小說者，故六經不能教，當以小說教之；正史不能入，當以小說入之；語錄不能喻，當以小說喻之；律例不能治，當以小說治之。天下通人少而愚人多，深於文學之人少而粗識之無之人多，六經雖美，不通其義，不識其字，則如明珠夜投，按劍而怒矣。[12]

任公在一八九九年於所辦的《清議報》上推出一系列評論

---

12 同上註。

短文，以《自由書》之名行世，其中有一篇名為〈傳播文明三利器〉亦談及小說。任公首先介紹了日本作家犬養毅（1855-1932）的觀點，略謂學校、報紙及演說三者為普及文明之途徑。在此三項之外，任公加上「小說」一項。在此，梁氏並未討論小說之本質或功用，而是強調小說在協助日本大眾熟悉自由、民主等觀念上所發揮的功用。在文中，任公羅列了一些歐洲政治小說的日譯本，諸如織田純一郎（1851-1919）的《花柳春話》以及其他受歐洲政治小說影響而著作的諸如柴四郎（1853-1922）、矢野龍溪（1851-1931）、末廣鐵腸（1849-1896）的政治小說。任公並謂：「著書之人，皆一時之大政論家，寄託書中之人物，以寫自己之政見，固不得專以小說目之。」[13] 梁氏提倡「政治小說」之緣由在此處清晰浮現出來：小說和學校、報紙及演說，都是促進中國現代化的重要工具。換言之，小說背後的思想暨意圖遠比小說此一藝術媒介重要；其「文學救國論」的功利思想在此表露無遺。[14] 而他日後撰寫《新中國未來記》之動機亦可在此略見端倪。

　　總之，把梁氏截至此際的有關小說的文字略作分梳，我們大致可以說：小說對任公而言並非獨立自主的美學本體，而是用來表達作者思想，進而影響其讀者，使他們理解社會國家之現況與需求，並進而改進之的一種工具。

　　但是到了一九零二年，梁啟超似乎對於小說有更廣泛而且深入的理解，這可由〈小說與群治之關係〉及《新民叢報》中的〈紹介新刊──新小說第一號〉兩文中得悉。在這篇簡介即

13　《飲冰室自由書》，頁 41。
14　夏曉虹也認為任公早年的理念是所謂的「文學救國」，到了晚年則是「情感中心」。參看夏曉虹，《覺世與傳世──梁啟超的文學道路》，頁 13-39。

將出刊的《新小說》雜誌的短文中，有幾個要點。其一，賡續〈譯印政治小說序〉的思路，梁啟超重覆「新小說」有別於傳統「誨盜誨淫」的舊小說：「蓋今日提倡小說之目的，務以振國民精神，開國民知識，非前此誨盜誨淫諸作可比，必須具一副熱腸，一副淨眼，然後其言有裨於用。」其二，任公再度強調「小說之作，以感人為主。若用著書演說窠臼，則雖有精理名言，使人厭厭欲睡，曾何足貴。」[15] 小說訴諸人類情感的特性，再度受到肯定與重視。其三，任公深入討論中國小說撰寫的技巧暨技術問題上的五難。

> 蓋今日提倡小說之目的，務以振國民精神，開國民知識，非前此誨盜誨淫諸作可比，必須具一副熱腸，一副淨眼，然後其言有裨於用。名為小說，實則當以藏山之文，經世之筆行之，其難一也。小說之作，以感人為主。若用著書演說窠臼，則雖有精理名言，使人厭厭欲睡，曾何足貴？故新小說之意境，與舊小說之體裁，往往不能相容，其難二也。一部小說數十回，其全體結構，首尾相應，煞費苦心，故前此作者，往往幾經易稿，始得一稱意之作。今依報章體例，月出一回，無從顛倒損益，艱於出色，其難三也。尋常小說一部中，最為精采者，亦不過十數回，其餘雖稍間以懈筆，讀者亦無暇苛責。此編既按月續出，雖一回不能苟簡，稍有弱點，全書皆為減色，其難四也。尋常小說，篇首數回，每用淡筆晦筆，為下文作勢。此編若用此例，則令讀者徬徨於五里霧中，

---

15 〈紹介新刊──新小說第一號〉，《新民叢報》20（1902），頁99。

> 毫無趣味，故不得不於發端處，刻意求工，其難五也。
> 此五難非親歷其中甘苦者，殆難共喻。[16]

此段有關書寫小說的「五難」文字，論者一般少有關注，但在了解梁啟超的小說觀上卻極為重要。大體而言，我們必須承認任公對於中國的敘事文及小說的傳統有相當的體會和掌握。他明瞭小說必須訴諸讀者的情感、想像及理性；他也明白小說要達到這種訴求，必須借重一些技術層面上的技巧，諸如製造高潮、懸疑、修辭手法等。他也可以很清楚地分辨傳統章回小說與當代新興的連載小說之分野。但是這些技巧手法之最終目的仍在以與水滸紅樓不相上下的「風格筆調」「開導中國文明進步」，「務以振國民精神，開國民知識。」也就是說，任公強調新小說應以水滸紅樓的普遍適眾的風格筆調及技巧手法，來達到「欲維新我國，必先維新我民」的標的。正因為小說有此特性，所以在諸文類中，足可當「文學之最上乘」而不愧。

　　一月後，任公最重要的論小說文章〈論小說與群治之關係〉在《新小說》雜誌刊載。在此文中，梁氏提出了他對小說更嚴肅、更詳盡具體，同時也是較具文學觀點的看法。任公首先以其一貫的誇張修辭語氣，宣稱小說可以用來新道德、新宗教、新政治、新風格、新學藝、新人格、新人心。但是除了告訴讀者小說可以做什麼，應該做什麼之外，他在本文中同時以一種文學及心理學的角度，來探究小說「如何」可以達到這些目標。不過在此我們可以很明顯地看到任公雖然是從另一個角度來看小說，可是他的討論仍然還是落實在以小說作為工具的實用論

---

16 同上註，頁 99-100。

架構中，這是我們應該要留意的。

　　首先，如果小說可以用來興群治，那麼任公就得解釋小說如何可以達到此功用。要解釋小說如何可以達到此功用，當然得討論何以人們喜歡閱讀小說。一般的看法認為是：「以其淺而易解故，以其樂而多趣故。」任公認為事實並非如此。以士人階級而言，他們能閱讀典籍，但也往往是小說的嗜好者，語言之深淺顯然不是小說吸引讀者的必要條件。至於小說帶給讀者「賞心樂事」一說，任公則認為小說中往往呈現的是「可驚、可愕、可悲、可感」等各種複雜的情感，並非只侷限在愉悅一端。然則，何以解釋小說之廣受歡迎呢？任公所提出的看法是前所未有的，值得我們注意。

　　為了解釋小說之力，任公提出了他對小說的第一個重要論點：「小說者，常導人遊於他境界，而變換其常觸常受之空氣者也。」此一看法雖然只有短短一句話，但是對我們研究任公的小說論點卻極重要。稍後在同篇文章中任公稱呼此類小說為「理想派小說」，其所指涉的好像就是我們今天所謂的「烏托邦小說」。將梁的「理想派小說」解釋為「烏托邦小說」其實是不合適的。我們知道梁氏於西方的「烏托邦小說」有某種程度的了解，至少他對於美國貝勒米氏的（Edward Bellamy, 1850-1898）的「百年一覺」（*Looking Backward. 2000-1887*）以及日本末廣腸鐵氏的《雪中梅》是相當熟悉的，而且梁氏的小說《新中國未來記》亦是屬於所謂的「理想派政治小說」。[17] 雖

---

17 夏志清在他討論嚴復與梁啟超的文章中曾指出 Bellamy 的《百年一覺》很可能啟發梁氏《新中國未來記》的撰寫，因為李提摩太（Timothy Richard, 1845-1919）在 1884 年將貝氏的小說翻譯成中文，而任公在 1895-96 期間曾擔任李提摩太的祕書。此外，我們亦知任公在《西學書目表》（1896）中寫道：「本書（貝勒米的《百年一覺》）亦是西方說部，論及百年後情

然如此，由文章的上下文看來，也許我們可以較妥當地說任公在此所指的毋寧是我們今天心理學上常說的「轉移」（transference or displacement）或是美學上的「神入」、「悟入」或「移情作用」（empathy）。[18] 也就是說，小說可以引導讀者脫離其生存的世界而進入另一環境，在那兒他可以探索一個全然不同的世界中的景物及人物，進而忘記其原本世俗世界的不堪。這樣的小說觀已然觸及到當前小說研究者所關切的課題，尤其是「通俗小說」研究的重點。[19] 不過我們得馬上指出，許

事……」；譚嗣同在《仁學》中將《百年一覺》與禮運大同篇的大同思想相比較；康有為則在《萬木草堂演說》中說：「百年一覺，美國作家所作，乃是烏托邦小說。」維新派人士受李提摩太影響應是無可置疑的。有關任公與李提摩太之交往，可參看張朋園《梁啟超與清季革命》（臺北：中央研究院，1964），頁 35-36 及 Ch'en Ch'i-yun, "Liang Ch'i-ch'ao's Missionary Education: A Case Study of Missionary Influence on the Reformers," *Papers on China* 16（1962）: 66-125。

18 在佛洛依德的心理分析理論中，「轉移」主要指的是在心理分析的過程中，病患通常有把為他作分析的醫生視作是其幼年時期或過去生命中的重要人物的替代者，進而把其情感及反應投射至該醫生身上。請參看 Sigmund Freud, *The Dynamics of Transference,* in *The Standard Edition of the Complete Psychological Works of Sigmund Freud,* vol.xll. Ed. and trans. James Strachey(London: The Hogarth Press, 1958). 不過，我們這兒的「轉移」應該比較接近另一佛氏亦討論到的「思想轉移」(thought transference) 觀念：一個人的心理過程、想法、興奮的狀態、意志均可無須藉由一般的溝通方式，而在時空中轉移至另一人，參見 Freud, *New Introductory Lectures on Psychoanalysis,* ch.2. 若採文學意味的立場，所謂的「轉移」即是在「一個文本的分析過程中，分析者很錯綜複雜地與他或她分析的物品[文本]混揉成一體，以至無法分辨「文本中之意」與詮釋者在分析過程中所投射進去之意。See Jeremy Hawthorn, *A Glossary of Contemporary Literary Theory*（London: Edward Arnold, 1992），pp. 262-3。

19 廣義的說，中國傳統小說均可以視作是通俗小說，而所謂的「轉移」亦存在其中。縱然在藝術性上最為中西學者所異口同聲稱譽的《紅樓夢》，亦為雅俗所共賞。對於所謂「通俗小說」及其中所蘊含的讀者「逃避」、「移轉」心理之研究可參看 Janice A. Radway, *Reading the Romance: Women, Patriarchy, and Popular Literature*（Chapel Hill: University of

多通俗小說，尤其是現代的通俗小說中極為突顯的「逃避」心態（escapist tendency）在任公的思想架構中是不重要的，他所關切的仍然是小說如何將讀者引入作品之中，進而提升其德性情操的正面功用。無可置疑地，任公在近百年前的時空文化環境中，對於小說複雜本質的認識，勢必不可能像我們一般的周全與深入，但不可否認地任公已顯現其對小說本質的敏銳觀察。

任公解釋小說之力的第二要點亦值得我們留意：人們常常習於其所居住之環境以至於感情逐漸遲鈍，因此無法敏銳地體會或表達其情感及感受。這是為什麼小說很容易就攫取讀者的注意力。這個觀點敏說地觀察到人們閱讀小說（以及書籍）的心理層面的傾向。但是此處比較特別的在於任公使用了「寫實派小說」來解釋此一文學現象，進而開啟了晚清小說分類的風氣。[20] 不過，此一名詞很容易和我們今天常用的「寫實小說」

North Carolina Press, 1984），尤其是第三章: "The Act of Reading the Romance: Escape and Instruction"。 有關通俗文學與菁英文學之區分可以參見 Herbert J. Gans, *Popular Culture and High Culture: An Analysis and Evaluation of Taste* 及鄭明娳《通俗文學》（臺北：揚智，1993）。 我對通俗文學與菁英文學之分野和鄭明娳的看法有很大的出入。鄭先生以「準實用正文／虛構正文」、「直指式語言／文學語言」、「表面結構／深層結構」、「寫實／象徵」、「單義／歧義」來區分這兩種文化。但是中國的《三國志演義》、《西游記》到底是「通俗」作品還是菁英作品？這中間的分際恐怕還值得我們深思。在西洋文學中，十八、九世紀的通俗小說如 *Robinson Crusoe*（1719）, *Tom Jones*（1749）, *Clarissa*（1748）, Dickens 的小說，現在都是文學史上重要的「經典作品」；當代英國小說家 John Fowles 的作品既是學院派學者鑽研的「嚴肅」對象，同時也是市場暢銷書的寵兒。如果以鄭先生的標準來衡量，顯然無法對此一中西文學共有的文學現象有令人滿意的解釋。

20 夏志清指出梁啟超此一論文「為晚清小說標示分類之始。」各種不同的小說分類包括了「歷史小說」、「政治小說」、「哲理小說」等等。參看 C. T. Hsia, "Yen Fu and Liang Ch'i-ch'ao as Advocates of New Fiction," in

混淆。[21] 我們到目前尚無資料可以顯示梁啟超此一名詞是否是借用自日本批評家坪內逍遙（1859-1935）《小說神隨》（1885-86）中的「寫實小說」一詞，[22] 但是，任公在文章中所描繪的似乎只是小說作者有特出的能力見人所未見、描繪一般人所不能描繪之事：

> 人之恆情，於所懷抱之想像，所經閱之境界，往往有行之不知，習矣不查者，無論為哀、為樂、為怨、為怒、為戀、為駭、為憂、為慚，常若知其然而不知其所以然。欲摹寫其情狀，而心不能自喻，口不能自宣，筆不能自傳。有人焉，和盤托出，澈底而發露之，則拍案叫絕曰：善哉！善哉！如是！如是！所謂：「夫子言之，於我心有戚戚焉。」感人之深，莫此為甚。[23]

Chinese Approaches to Literature from Confucius to Liang Ch'i-ch'ao, ed. Adele Rickett（Princeton: Princeton University Press, 1978），p. 243.

21 「寫實主義」是一個很複雜，不好處理，而且眾說紛紜的文學名詞。根據 Raymond Williams，通常它是用來形容在文學或藝術上的一種方法或態度——早先是一種相當精確的 [物像的] 重現，後來就逐漸成為一種信念，試圖把「真實」的事件描繪出來，同時把事物依照它們存在的真實情狀呈現出來。See Raymond Williams, *Keywords: A Vocabulary of Culture and Society*（New York: Oxford University Press, 1976），p. 217.

22 夏志清在 ”Yen Fu and Liang Ch'i-ch'ao” 一文注 22 中指出，坪內逍遙的美學信念是一種純藝術上的追求，這和梁啟超把小說視作是為政治服務之工具，因而重其道德教誨意味的看法是很不相同的。不過，梁氏借用坪內氏之術語而不襲用其原意的可能性也是有的。若果是此一情況，則更可看出任公在借用外來觀念文字時，往往是依其實際需要而作取捨改變。有關梁與坪內逍遙及日本小說可能關係，請參看筆者近著：陳俊啟，〈新小說、政治小說，或現代小說？——晚清時期「中國小說現代化」的考察〉即將在《文與哲》35 期（2019 年 12 月）刊出。

23 阿英，《研究卷》，頁 15。

所以，任公的「寫實派小說」事實上是用來描述小說本質中的某一層面，或者是在凸顯出大部分小說讀者的「習以為常感」的態度（taken-for-grantedness），[24] 而不必一定如夏志清所提示的，和任何文學學派、運動、或信念相關連。[25] 總之，任公在此用了兩個今日習見的名詞「理想派小說」及「寫實派小說」，不過都沒有我們今天所意味的複雜意蘊。

除了讀者本身的主觀心態和環境可以讓他們樂於接受小說的新奇觀點及世界外，小說本身到底有何「力量」來攫取讀者的注意力？除了上述兩個名詞外，梁啟超又介紹了幾個可以用來吸引讀者注意力及參與感的小說要素，那就是所謂的「四種力」：熏、浸、刺、提。「熏」字面義指的是煙或香的釋出，進而縈繞附著在某物上。用在小說的討論上即是小說具有的吸引讀者，使其融入敘事行文中，並在當相程度上影響讀者觀感及判斷的力量。小說所具有的此種吸引人的力量早在綠天館主人的〈古今小說序〉中一覽無遺：

---

24 Mary F. Rogers 在 *Novels, Novelists, and Readers: Toward a Phenomenological Sociology of Literature*（Albany, NY: State University of New York Press, 1991），p. 53 中所謂的「習以為常感」指的是用來處世、待人接物、解讀事物的一種文化上的語言及詮釋策略，一旦此一「習以為常感」因新的事物或想法的出現（如在閱讀小說時現實世界的假象遭受揭穿）而瓦解崩潰時，或是一個嶄新世界的形成，都會在讀者心中激發一種驚歎感（a sense of awe）。See also Mary F. Rogers, "Taken-for-grantedness," *Current Perspectives in Social Theory: A Research Annual*, 2（1981）: 133-151。

25 夏先生認為「梁啟超可以確定是中國第一位使用「寫實派小說」者，而此一寫實派終將主宰爾後，甚至至今天，中國小說之發展。」See Hsia, "Yen Fu and Liang Ch'i-ch'ao," p. 251. 不錯，梁氏確實是中國第一位提出此一術語者，但如上所言，任公的「寫實派小說」和五四時期由西方引進的「寫實主義小說」是有很大區別的，而後者才是主宰日後中國小說發展的主流。

> 試令說話人當場描寫，可喜可愕，可悲可涕，可歌可舞；再欲捉刀，再欲下拜，再欲決脰，再欲捐金；怯者勇，淫者貞，薄者敦，頑鈍者汗下。雖小誦《孝經》、《論語》，其感人未必如是之捷且深也。噫，不通俗而能之乎？[26]

不過任公在文中則是以佛教術語「熏」來描繪此一力量：

> 熏也者，如入雲煙中而為其所烘，如近墨朱處而為其所染，《楞伽經》所謂迷智為識，轉識成智者，皆恃此力。人之讀一小說也，不知不覺之間，而眼識為之迷漾，而腦筋為之搖颺，而神經為之營注。今日變一二焉，明日變一二焉，剎那剎那，相斷相續，久之，而此小說之境界，遂入其靈臺而據之，成為一特別之原質之種子。有此種子故，他日又更有所觸所受者，旦旦而熏之，種子愈盛，而又以之熏他人，故此種子遂可以遍世界，一切器世間有情世間之所以成、所以住，皆此為因緣也。而小說則巍巍焉具此威德以操縱眾生者也。[27]

任公「熏」的觀念來自佛教唯識宗（Yogacara），和「種子」、「熏習」（vasana）等觀念有相當密切關係。根據玄奘《成唯識論》：

> 初能變識，大小乘教，名阿賴耶。此識具有能藏所藏執藏義故，謂與雜染互為緣故，有情執為自內我故。……

---

26 見黃霖、韓同文選注，《中國歷代小說論注選》（南昌：江西人民出版社，1990），頁224。
27 《研究卷》，頁16。

此是能引諸界趣生善不善業異熟果故，說名異熟。……
此能執持諸法種子令不失故，名一切種。[28]

我們可以看得出任公對於「種子」的說法，基本上是和玄奘無
太大區別的，但是當任公述及「熏」的觀念時，兩者便有顯著
的差異。在玄奘的《成唯識論》中：

如是能熏與所熏識，俱生俱滅，熏習義成。令所熏中種
子生長，如熏苣勝，故名熏習。能熏識等，從種生時，
即能為因，復熏成種。三法展轉，因果同時。如炷生
焰，焰生燋炷。亦如蘆束，更互相依。因果俱時，理
不傾動。[29]

在玄奘看法中，在阿賴耶中有諸法種子，有些是原本就有：「皆
本性有，不從熏生，由熏習力，俱可增長。」有些則是受熏習
而成：「種子皆熏故生。所熏能熏，俱無始有故，諸種子無始成
就。種子既是習氣異名，習氣必由熏習而有，如麻香氣，華熏
故生。」種子又可分有漏無漏，有漏種子即世間諸法之因，無
漏種子，即出世間諸法之因。

但是根據日本佛教學者鈴木大拙，所謂的「熏習」
（vasana），可以指「藏」、「住」、「熏（香）」，而且通常用來
指的是「一種熏染的力量，在其作用發揮之後，往往將其本質
永遠地遺留在該物（或人）之上。」鈴木將此種力量比擬作現
代心理學上廣義的「記憶」。不過，鈴木認為，「當熏習創造出

---

28 參看馮友蘭《中國哲學史》（香港：三聯書店，1992），下冊，頁175。
29 同上，頁176。

一個外在的世界，使得我們將其視為最終之真實時，它在道德上是邪惡的，在邏輯上則是錯誤的。」[30]

在這裡我們可以很清楚地看到，對玄奘而言，因為種子可以是漏或不漏，熏習的力量也因此可以是善或惡的；然而對鈴木大拙而言，此一熏習的最後效果往往是邪惡或是錯誤的。但是很有趣地，梁啟超在本篇文章中詮釋種子時，並未賦予任何負面的意涵。他甚至更進一步認為熏習之力是好的、有益的，如此一來，他可以更加強調小說感染人之力的重要，以及強調小說有被稱為「文學的最上乘」的條件。我們也應該指出，在玄奘的《成唯識論》及任公文章中，種子均是內在本有的，而且是整個世界運行操作的因果之基本力量。把小說之力與佛教重要的觀念等同起來，任公可以說在相當程度上把小說提升到極為崇高的地位。

「浸」在本質上是和「熏」分不開的，因為兩者都是形容將讀者融入敘事文中，進而讓他受到各種情感及思緒的涵泳感染。任公對於這兩者之區別在於前者以空間言，而後者係以時間言。根據我們上頭的討論，「熏」在唯識宗中涵括了被熏習的種子以及再熏習其他種子之力，它無疑地可以視作是空間的；「浸」則包括的是浸泡的過程，因此可以說是時間的。不管如何，「熏」、「浸」都是用來形容在經過一段時間後，可以產生一股影響他人或物的感應力量。事實上我們可以將這兩種力量視做是形容同一現象的兩個不同的比喻，因為兩者都是在描繪一種侵入影響讀者的過程；就像水浸潤海綿一般，時間愈久，浸潤幅度愈廣，則影響也愈大。在這兒，我們也看到任公實用理

---

30 D. T. Suzuki, *Studies in the Lankavatara Sutra*（London: George Routledge & Sons, Ltd., 1930），pp. 178-179.

論的強烈傾向：他關懷的並不是作者在作品中所要表達的思想內涵（這是無可置疑的假設：種子是好的、有益的，如我們上頭所示），而是這些內涵如何傳達給讀者，進而產生正面的過程及效果。

任公的第三種力是所謂的「刺」，一種「刺戳」、「刺激」、「煽動」、或「啟發」的力量。和「熏」、「浸」兩種遲緩漸進之力比較起來，「刺」的力量在本質上是有很明顯的不同。「刺」的力量可以瞬時之間把讀者的情感推揚至極其強烈的程度，而且往往是超乎理性的控制。梁氏所舉的例子是當我們讀到《紅樓夢》中黛玉死瀟湘館、晴雯出大觀園、林沖飛雲蒲厄時，讀者倏然起異感，或淚流、或髮指，此皆「刺」之為力也。任公在此處所強調的重點當然是讀者本人情感的突然被激揚的現象。此一情感被激揚的強度則視讀者個人感性的深厚而定：如果他在理性上極為捷迅、在感性上極為敏銳，則對於事件的反應將會更強烈，更迅疾。

嚴格說來，所謂的「刺」之力，並非盡如梁啟超所言那般，有如「禪宗之一棒一喝」完全由外在之刺激力量而來。事實上，我們閱讀文學作品時所產生的反應，遠比此複雜多了。如果用現代美學觀念去看此一現象，「刺」之力之所以能激揚讀者強烈情感，也許有更多部分應歸屬於作者如何在作品中經營構築一個情境或氛圍，使讀者融入參與之，進而激發揚溢其強烈之情感反應，終以達到一種情感的高潮，而非僅僅是因外來之助力才能產生「刺」的反應。

梁氏小說觀中的第四種力是「提」。相對於「前三者之力，自外而灌之使入，提之力，自內而脫之使出，實佛法之最上乘也。」也就是說，任公認為所謂「提」者，即因「熏」、「浸」、

「刺」三者之由外作用，灌輸進入讀者，經過內省作用後所產生的反應。這種內在的啟示，對任公而言，是人類本性的最高理想和德性，也就是一種自覺的，內在的自我啟悟，類似禪宗的「頓悟」。讀者如何才能到達此一心境？任公的答案很簡單：「入於書中，而為其書之主人翁。」他舉了幾個例子：讀者通常將自己比擬為賈寶玉、李逵、魯智深；他甚至宣稱當讀者閱讀孔子、釋迦摩尼、華盛頓時，他亦會化身為孔子、釋迦摩尼、華盛頓。藉由如此化身為故事的主人翁，任公認為讀者便可自我提升，不管是在道德上、倫理上、或是在其他方面，到達與這些人物一樣的境界：

> 夫既化其身以入書中矣，則當其讀此書時，此身已非我有，截然去此界以入於彼界，所謂華嚴樓閣，帝網重重，一毛孔中萬億蓮花，一彈指頃百千浩劫，文字移人，至此而極。然則吾書中主人翁而華盛頓，則讀者將化身為華盛頓，主人翁而拿破崙，則讀者將化身為拿破崙，主人翁而釋迦、孔子，則讀者將化身為釋迦、孔子，有斷然也。度世之不二法門，豈有過此？[31]

如果我們對於任公的理解沒有偏離的話，他想要釐清的似乎是：道德的提升是小說，以至於所有文學作品的最高理想。為要達到此一境界，「神入」、「悟入」或「移情作用」（empathy）的過程是必要的（「化身」是任公所用的詞）。首先，讀者很自然地被敘事文字所吸引，然後他將心比心、設身處地，一時間與書

---

31 《研究卷》，頁 17。

中主人翁所思、所感、所想、所為均一致。經由此一途徑，讀者在閱讀作品後，受到了其感染影響，而在現實生活中道德上更為精進。當然，任公在此是在發抒其理想的期嚮，因而把極其複雜的現象簡單化了。

在我們的美感接受經驗及心理過程中，與書中主人翁認同的現象是極其複雜的。一般認為在閱讀過程中，讀者總是會和書中人物有認同的情形，這樣的看法是有把認同經驗太過化約的傾向。心理分析批評家賀嵐（Norman Holland, 1927-2017）便不得不承認：「事實是，不管是在文學內或在文學外，認同過程是個極其複雜的現象，縱使是心理學家也仍然所知有限。」[32]賀嵐曾經檢視從新古典主義到現代的文學批評著作中，論及人物的部分，他的結論是：「文學作品中的人物，追根究底，還是存在於設計虛構的一種日常現實中。」[33]然則，批評家如何可以把一個不真實、虛構的人物，當作是真實的人物來討論呢？更甭提與這樣一個不存在的人物認同了。經由心理分析的角度，賀嵐告訴我們「所謂的與人物認同，事實上是外在投射與內在投射的複雜混合體，由人物中萃取某些內心驅力（drives）及心理防衛辯護機制（defenses），然後把我們真正的情感置於此一人物之上。」[34]我們不必一定要全然接受心理分析理論的觀點，或是諸如「內心驅力」、「辯護機制」等名詞，但是賀嵐在此處描繪了一個由心理分析角度來看待認同過程的梗概。另外，雷瑟（Simon O. Lesser）在其著作 *Fiction and the Unconscious*

---

32 Norman Holland, *The Dynamics of Literary Response*（New York: W. W. Norton, 1968; 1975）, p. 262.
33 Holland, p. 266.
34 Holland, p. 278.

中引了一個非常複雜的臨床個案，亦可幫助我們更進一步了解，在與文學作品中的人物認同的過程中，可能展現的幅度、多樣性、以及複雜性：

> Edith Baxbaum 對於一個十二歲、病態的偵探小說迷的分析顯示出，這個小孩不僅如我們所預期地和故事中神勇無敵的主人翁認同而已，同時也和故事中被冷漠描寫的壞蛋認同，甚至在其恐怖、痛苦、或死亡之時與之認同。這小孩從故事裏每一個人物的角色，獲得了全然的滿足，不管是表面上的或是暗地裏的。除了故事本身所引發的憂慮外，和偵探認同的心態，讓他在面對真實生活中的恐懼情境時，心理更有安全保障，更可以抗拒其內心的各種衝動。和壞蛋的認同則是可以滿足他壓抑下來的，對他叔父、母親和其他人的強烈敵對情感；而和（故事中）被欺凌者的認同，則是更深埋於內心的壓抑期盼，希望被其叔父所蹂躪，成為性愛虐待中的被動的對象。[35]

不管是由心理分析或是文學的角度來看，和作品中人物認同的問題，在許多方面都遠較梁啟超所呈現的，或是所願意相信的更加複雜細膩。

　　大體而言，當讀者在閱讀時，他有時會和故事的主角認同，有時則會拒絕之。事實上，在全然地接受和全然拒絕主角之間，存在有類似光譜般的大空間。由另一角度來看，縱使讀者有全

---

35 Simon O. Lesser, *Fiction and the Unconscious*(Boston: Beacon Press, 1957), pp. 201-202.

盤接受故事人物的情形，其接受過程本身恐怕也不會是任公所說的那麼簡單、清楚地截然二分。德國接受美學批評家堯斯（Hans Robert Jauss, 1921-1997）曾經就此問題有精闢的解說：「在接受的過程中，觀眾或讀者會經歷一連串態度上的變動。驚愕、贊揚、被撼動或感動、同情的眼淚或笑聲、疏離感，這種種的反應構成了在表演或閱讀時，讀者所帶入的美感經驗的主要層面。」[36] 為了要探究此種美感經驗的複雜性及細微處，堯斯把認同分為五種不同層次的模式：1.聯想認同（associative identification）：「一種美學舉動，最清楚地體現於封閉、不實有的遊戲行為中，讀者所扮演的角色上」；2.贊揚認同（admiring identification）：「依完美的模式而定義的美學態度，但是尚遠離進入到悲劇或喜劇的程度」；3.同情認同（sympathetic identification）：「美學的感染力，可以將自己投射到異於自己的本體（alien self）上，這過程會泯滅贊揚的距離，引發觀眾或讀者的情感，進而引導他與受苦的主角結合一體」；4.淨化認同（cathartic identification）：「一種美感態度，使得觀眾可以擺脫其所處世界中的實際利益和糾葛，置身處地地站在受苦的主角的立場，經由悲劇情感或喜劇舒解（tragic emotion or comic relief）而獲得解放」；5.反諷認同（ironic identification）：「美學接受的一個層面，預期中的認同已然傳遞予觀眾或讀者，然而隨之被拒絕或嘲諷」。[37]

　　不可否認地，堯斯的前提有強烈的亞理斯多德（Aristotle）

---

36 Hans Robert Jauss, "Interaction Patterns of Identification with the Hero," in his *Aesthetic Experience and Literary Hermeneutics*（Minneapolis: The University of Minnesota Press, 1982）, p. 153.

37 關於這些模式的觀念及功用的詳細說明，請參看 Jauss, *Aesthetic Experience and Literary Hermeneutics*, pp. 164-188.

理論的蘊涵，同時他的例子也都是取擷自西洋文學作品中，和中國的文化背景不盡相同，但是他的論點告訴我們，在這看起來似乎很簡單的認同現象中，其實蘊含著極為繁複的過程。如果試著用堯斯的模式來看梁啟超四種力中的後二力，我們也許可以更深入地了解閱讀小說的經驗，以及梁任公對小說的想法。我們上頭提到任公的第三種力「刺」，事實上並非如他所言地是來自外力，而是作者處心積慮地安排構築，將讀者一步一步帶到一個情感或情境的高潮，以及讀者對於作者在文本中的種種努力的反應。梁氏的例子很恰如其分地描述了讀者的閱讀過程：「我本愉然樂也，乃讀晴雯出大觀園，黛玉死瀟湘館，何以忽然淚流？」 如果以堯斯的認同模式而言，這應該屬於所謂的「同情認同」，讀者充滿了同情之心，經由此類的認同過程，與不完美的凡人主角認同。[38] 當讀者從事於此類互動的過程時，他會滿懷道德關切（比方說，隨時預備起而行動、和主角站立一塊、用任何可行的方式幫忙他等等），而且往往無法保持平靜的心態；他事實上已經把自己「投射」到另一個體上去了，經由作者的引導和此一「受苦的主角結合為一體」。這也許可以解釋為何大部分的讀者喜歡閱讀哀傷的故事。但是情感之所以被激揚起的原因應該是來自認同的過程中，而非任公所認為的是由外力而來得。

　　第四種力「提」如果也用認同模式來看的話，亦可使我們對作品影響讀者的力量有更深入的理解。對梁啟超而言，「提」

---

38 Jauss 在這裡基本上是踵隨 Northrop Frye 在 *The Anatomy of Criticism* 中對於英雄主角的分類。Frye 根據主角「行動的力量」（power of action）把他們區分為五個不同的類別：神、傳奇中的半神人物、領袖人物、凡夫俗子，以及反諷角色。至於 Jauss 和 Frye 兩人對於主角人物的不同處，請參看 Jauss, "Interaction Pattern," pp. 154-155.

是經由和具高尚道德的主人翁認同，最終則和這位道德楷模的人物平起平坐，地位一樣。他在這兒的關切當然是讀者道德質性的提升。所以，任公所舉的人物均是諸如孔子、釋迦摩尼、華盛頓等的實有其人的道德典範人物。堯斯的模式在此可以幫助我們了解認同的態度。此一認同的模式應是所謂「讚揚認同」。堯斯解釋道：

> 讚揚的要求是，美學客體因其自身的完美而能超越一般的期盼，傾向於理想的層面，因而引發一種不會因不再新奇而隨之消失的驚愕感。因此，讚揚並非僅是對於新奇或完美的事物驚歎而已，而且更是一種保持適當距離的舉動（the distancing act），在其中讀者的意識會衡量自身與產生驚愕感的物品之間的距離，進而使得讚揚成為一種美學上的影響力，促使個別讀者承認並且接納這些楷範人物及其行為的模式。[39]

因為讀者在閱讀時會把自己和主人翁作一衡量，美學距離於焉產生；由於有這樣的距離的存在，讚揚便可以在受制的模仿（unfree imitation）和自由的景從（free emulation）之間有區分。受制的模仿經由精確的觀察，亦步亦趨地模擬所見的模式，受到模仿的人或物無形的箝制，而無法區別它所模擬的對象的真正內涵。景從則是一種靈魂的提昇，因為所見之物的美及德而在內心形成一種衷心讚揚，見其賢而思與之齊的心境。[40]
　　考任公的語意，他所指的「提」應該是一種「靈魂的提昇」，

---

39 Jauss, p. 168.
40 Jauss, p. 168.

因某物足以引發其贊揚而產生。這是為甚麼他要訴諸超乎凡夫俗子的聖賢——孔子、華盛頓、釋迦摩尼——這些都是在德性上無懈可擊的道德典範人物，因為這些理想人物的道德、倫理、政治、或社會方面的特質，讀者可以去模仿他們，進而提昇自我，到達一個有自覺的、較高的水平。

　　提昇自我至與典範人物相齊的地位，最終也成為典範人物，事實上是與梁啟超希望在小說中提倡的新思想是相契合的。如前所提，一個「新」的中國是任公努力的最終目標。任公相信，為了要達到此一目標，小說——因為其通俗適眾的性質——是最佳的工具。作為傳播維新思想的管道，小說首先就要把維新思想作為其內容，而此恰是傳統小說所最缺乏的內容層面。因此「小說界革命」的最重要提綱，當然就是要強調新內容和新思想。[41] 何謂 「新思想」？當然就是有關改革的思想，或是所謂「新民」的思想。更具體的說，就是：「關切於今日中國時局者」，[42] 「借小說家言以發起國民政治思想，激厲其愛國精神」，「吐露其所懷抱之政治思想」、「發明哲學及格致學」、「養成國民尚武精神」、「激勵國民遠遊冒險精神」，[43] 「發揮自由精神」、「發揚愛國心」，[44] 「寓愛國之意」、「描寫現今社會情狀，藉以警醒時流，矯正弊俗」[45]，「言今日社會問題之學理而

41　梁啟超在《夏威夷遊記》所提出的「詩界革命」 的提綱也可以拿來印證他在小說上的看法：「欲為詩界之哥倫布、瑪賽郎，不可不備三長：第一要新意境，第二要新語句，而又須以古人之風格入之，然後成其為詩。」新內容、新語句優先，但是形式還是沿襲舊有。

42　〈譯印政治小說序〉，《研究卷》，頁 14。

43　〈中國唯一之文學報－新小說〉，《新民叢報》第 14 號。

44　〈新小說第一號要目豫告〉，《新民叢報》第 17 號。

45　〈新小說社徵文啟〉，《新民叢報》第 18 號。

歸結於政治上關係」[46] 等等。總而言之，小說的內容應該就是有關社會、政治改革的思想。這些思想即所謂的「小說之政治層面」，在傳統小說中可以說是未曾見的，經由任公的提倡才被引入所謂的新小說中，希望經由它們來開啟民智。典範型的人物是供人瞻仰學習的；新思想亦是要讀者學習、熟悉，並加以關切的。兩者都在告訴讀者怎樣的性格和德性是他們應該要俱備的、怎樣的人物是他們應該景仰並勉力學習的。對梁啟超而言，小說之所以為「最上乘」，就是因為它有藍圖的功用，可以引導並呈顯上述的種種正面的德性。如果由這個角度來考察，我們必須承認小說已不再是「小道」或是「小說」（相對於「大說」而言），而被賦予了改革社會、拯救國家的嚴肅重大責任。小說已然成為「大道」了。

　　梁任公的第四種力「提」，依據我們上面的討論，也許從文學或心理學角度看，漏洞最多，立論最不堅實，但是此一小瑕疵不應該被拿來做指責或是詬病任公之理由，而更應該是一種提醒，告訴我們所有的詮釋、論證都有其歷史、意識形態的限制。不管是在人類行為的深度或是廣度，閱讀過程的心理、對於人類的本質及需求等方面，我們大致上是比前人認識更多，更能以複雜的眼光來看待之。也許我們可以像夏志清一樣地說梁啟超的思緒是不邏輯的，[47] 或者我們也可以批判任公的議論有太過明顯強烈的社會政治取向，但是要公正地了解評斷任公的小說觀，我們還是得明白他所設立的最終目標何在、他採取

46　〈新小說第二號之內容〉，《新民叢報》第 20 號。

47　夏先生在 "Yen Fu and Liang Ch'i-ch'ao" 一文中，引梁文中有關小說作為中國迷信及陳腐思想的來源之文字後，評論道：「後來的評論家，縱使是為《新小說》撰稿者，亦會質疑梁在此處的邏輯」（頁 238）。

了怎樣的途徑來達到他的目標，以及他所處的環境及所承繼的傳統。

「熏」「浸」「刺」「提」乃是梁啟超在小說裏發現的四種力，可以用來「盧牟一世，亭毒群倫」，但是，如同梁氏所說的，這四種力在某個程度上也是雙面刃：如果「用之於善，則可以福億兆人」，「用之於惡，則可以毒萬千載」。任公的實用文學觀，視小說為整個社會運作機制系統中的一關節，在此表露無遺。任公認為可惜的是，作為社會公器，小說在傳統社會中卻沒能被妥善利用。相反地，小說往往被用來傳播錯誤扭曲的思想，迷信，甚至支配了一般百姓的意識型態：

> 吾中國人狀元宰相之思想何自來乎？小說也。吾中國人佳人才子之思想何自來乎？小說也。吾中國江湖盜賊之思想何自來乎？小說也。吾中國人妖巫狐兔之思想何自來乎？小說也。[48]

「大聖鴻哲數萬言諄誨之而不足者，華士坊賈一二書敗壞之而有餘」，均是由於小說的被濫用所致。對梁啟超而言，小說要為國家社會的衰敗負責任：若果小說以正確思想為內容，則其產生的效果必定是好的；若內容不正，則其於傳統中國社會之危害將是不可計數。小說因此是雙面刃：雖然其對社會有不良的負面效果（誨盜誨淫），它亦可以加強忠孝節義等傳統價值觀。在這之上，任公又要求知識份子善用小說的四種力，來參與教育百姓開啟民智的大業。在這方面，梁啟超和儒家的前輩是站

在一塊，沒有很大的差別：他們都強調士大夫在道德上較為高超，因此有教化百姓的使命。雖然如此，此一要求菁英階級的知識份子參與提倡通俗文學的意義，應該還是要由大的社會歷史環境來考察，尤其當小說被賦予了維繫「群治」，或是履行李澤厚所謂的「救亡圖存」的重任時，這和傳統小說僅強調小說對於個別讀者的道德效果是有很大的不同的。

在這篇論小說及社會國家之關係的重要文章之後，梁啟超繼續考量有關小說的社會功能，並探索把社會政治議題帶入小說中的可能性，這個嘗試具體地表現在《新中國未來記》的寫作：

> 此編今初成兩三回，一覆讀之，似說部非說部，似稗史非稗史，似論著非論著，不知成何種文體，自顧良自失笑。雖然，既欲發表政見，商榷國計，則其體自不能不與尋常說部稍殊。編中往往多載法律、章程、演說、論文等，連篇累牘，毫無趣味，知無以饜讀者之望矣。……其有不喜政談者乎？則以茲覆瓿焉可也。[49]

有關《新中國未來記》，請見本書第四章的討論，在此只想指出，許多現代批評家對於任公此一未完的小說，往往認為是失敗的「小說」，[50] 筆者也不能否認其藝術性不高，只不過還有一點

---

49 《新中國未來記》〈緒言〉

50 比方說，阿英就認為《新中國》只是「政論」而已。見《晚清小說史》，頁 100。夏志清則認為梁氏到了第四回時靈感已枯竭，無以為繼了。見〈新小說的提倡者：嚴復與梁啟超〉，收於林明德（編）《晚清小說研究》，頁 80。林明德也認為「作為小說，它也許禁不住藝術觀點的檢驗」，見

不能忽略——這是一本未完成的著作。但是如果我們從任公試圖把政見、國計、法律、章程、演說、論文等融入到小說中來的嘗試的觀點來看的話，任公實在是開啟新局的先鋒。這些政治的層面（political dimension），如我在上面所論及的，在傳統的小說中是絕無僅有的。

　　現在，讓我們檢視一下梁啟超有關小說的最後一篇文章，〈告小說家〉。首先，我們得留意這篇文章發表的時間是 1915 年，離上一篇文章（1902）年已隔了 13 年的時間。在這十多年的漫長光陰中，任公對於小說的看法有何改變？我們知道在這些日子裡，中國經歷了許多巨大的變動。比方說，科舉制度廢止於 1905 年；滿清帝國在 1911 年被推翻，由中華民國所取代。但是在這段期間梁啟超沒有任何討論小說的文章產生。任公這篇文章仍然承繼一貫的看法，顯現出極為濃厚的社會政治意味。在文章啟始，梁氏還是重複早先文章中的主題：小說地位的低落但是卻能廣受百姓歡迎的矛盾。他又進一步討論背後的原因，思路和往昔並無二致：蓋小說有熏習之力的緣故。早期小說誨盜誨淫、傳播陳腐思想的情形，因「憂世之士，睹其險狀，乃思執柯伐柯為補救之計，於是提倡小說之譯著以躋諸文學之林」，一時之間小說甚至凌駕古文詩歌等其他文類，成為文學之最上乘。「故今日小說之勢力，視十年前增加倍蓰什百」。然而任公及其他維新人士十多年前所提倡，以開啟民智、救亡圖存為職志的「新小說」卻日漸為腐化人心的通俗小說，諸如「鴛鴦蝴蝶派」小說，所取代。[51] 任公自言：「試一流覽書肆，其出版

〈論晚清的立憲小說〉亦收於《晚清小說研究》，頁 133。

51 任公並未明言他所指責的是哪些小說，但是我們知道「鴛鴦蝴蝶派」和
　「禮拜六」派小說在 1910 年代極為流行。陳平原在他所編的《二十世紀

物,除教科書外,什九皆小說也。手報紙而讀之,除蕪雜猥瑣
之記事外,皆小說及遊戲文也。」在任公眼中,現在充斥書肆
及報紙的小說,甚至比十多年前他所抨擊的誨盜誨淫的小說更
為低下不堪:

> 其什九則誨盜與誨淫而已,或則尖酸輕薄毫無取義之遊
> 戲文也,於以煽誘舉國青年弟子,使其桀黠者濡染於險
> 詖鉤距作奸犯科,而摹擬某種偵探小說之一節目。其柔
> 靡者浸淫於目成魂與踰牆鑽穴,而自比於某種艷情小說
> 之主人者。於是其思想習於污賤齷齪,其行誼習於邪曲
> 放蕩,其言論習於詭隨尖刻。近十年來,社會風習,一
> 落千丈,何一非所謂新小說者階之屬?[52]

最後,任公以極為情緒的用語,懇請「世之自命小說家者」多
造福少造孽,勿「為妖言以迎合社會,直接阬陷全國青年子弟
使墮無間地獄,而間接戕害吾國惟使萬劫不復」,否則會墜入地
獄,遺禍子孫。

　　這篇文章,由於其刊載的時刻及其中嚴厲、富挑鬥意味的
語氣,更值得我們留意。大體而言,梁啟超的小說觀無什麼變
動:他還是提及小說在文學史上的地位;小說可使善可使惡的
雙面力量;他也籲請知識份子為改善社會正人心而努力。我們
知道在 1915 年時,政治氛圍已然改變,遠不同於 1902 年之際:

中國小說理論資料》中所收的 1914 年前後的序跋或宣言的作者大部分均
和此二派別有干系,比如說:徐枕亞、吳雙熱、徐天嘯、陳梅溪等人。
徐枕亞的《玉梨魂》出版於 1912 年;《禮拜六》雜誌初刊於 1913。
52 《研究卷》,頁 20-21。

此時軍閥割據、政府腐敗、人心仍然未開、社會仍然腐敗不振。
雖然在此時已沒有必要再提倡用小說來「救亡圖存」，然而小說
的效應卻無法與社會的變遷同遞進，甚且更推波助瀾，使得情
況更惡化。這種種因素促使任公再度起而呼籲懇請大家正視此
一問題，重新再強調小說的社會政治功能。根據林培瑞（Perry
Link）的研究，當時最流行的通俗小說大致可以區分為：（1）
愛情小說，（2）俠義小說，（3）譴責小說，及（4）偵探小說。
所有這些在本世紀初流行的小說均可追溯其源流至中國的傳統
小說，如《紅樓夢》、《水滸傳》、《儒林外史》、公案小說等。[53]
這個由「建國到消遣到營利」（"from nation-building to
time-killing to profit"）的趨勢，[54] 很明顯地忽略了任公十多年
來所強調的小說的道德政治意涵。

三、梁啓超小說觀的新評估

在把梁啟超有關小說的文章檢視過後，我們大致上對任公
的小說觀有較清晰的理解。因為任公的小說觀和他思想的發展，
以及當時的社會政治現實有相當密切的關聯，我下面的討論將
試圖用一個理論架構，來考察文學事件如何與歷史變遷相互作
用。更具體的說，我們將嘗試看梁啟超的思想發展如何受到特
定的歷史情狀的衝擊和影響，進而形成艾瑞克（Jonathan Arac）

---

53 Perry Link, *Mandarin Ducks and Butterflies: Popular Fiction in Early
Twentieth-Century Chinese Cities*（Berkeley: University of California Press,
1981）, p. 9.

54 "From Nation-building to Time-killing to Profit" 是林培瑞書中第四章的
標題。小說如何由任公「救亡圖存」的「工具論」逐漸轉到消遣娛樂，
可參看林培瑞在此此章中的討論。

所謂的社會動力（social motion）。[55]

　　在仔細檢視十九世紀英美小說大家及歷史家，諸如狄更生（Charles Dickens, 1812-1870）、卡萊爾（Thomas Carlyle, 1795-1881）、梅爾維爾（Herman Melville, 1919-1891）、及霍桑（Nathaniel Hawthorne, 1804-1864）等人的作品後，艾瑞克認為這幾位大師都胸懷一種社會使命感（commissioned spirit），此一社會使命感乃是一種「想像的使命感，希冀運用知識的力量及其靈視，來揭發、改變他們與讀者所居處的變遷社會中的惡劣環境。」[56] 不同於馬克思決定論者將文學作品視做是歷史環境的必然產物的看法，也不同於模擬論者視文學作品僅是現實生活的忠實重現的觀點，艾瑞克主張我們應該有更複雜周全的看法，把文學作品和其週遭的大環境（milieu）的關係視作是一種折衝協調（negotiation）的過程，在這過程中兩者既又是促發的力量，同時也是此力量的承受者。換言之，作家，不管在精神上或是物質上，都無可避免地受到其所處文化環境的制約和影響，但是，就如同艾瑞克試圖在他書中所闡釋地，作家所共享的想像及信念，往往也能發揮一股巨大，不可測的力量來左右歷史的發展。文本（texts）是大環境（context）的產物，但是大環境也是由各種不同的文本所構成，因此也會受到個別文本不同屬性的影響。這樣的關係並非是前定的，而且更是不停消長而變動不居的。此種過程和關係即是艾瑞克所謂的「社會動力」。

---

55 Jonathan Arac, *Commissioned Spirits: The Shaping of Social Motion in Dickens, Carlyle, Melville, and Hawthorne*（New York: Columbia University Press, 1989）, p. xv.

56 Arac, p. xvii.

　　事實上梁啟超的小說觀是和他的社會政治關切不可分的。要了解梁啟超的小說觀的真正意義，我們必須把他的思想背景和發展過程列入考量，而這一切又與當時歷史社會環境密不可分。1898 年戊戌變法失敗任公逃亡去國抵達日本，此乃他政治思想及個人心路歷程中最重要的一年，我們可以用來作為一個分界點。1911 年的推翻滿清政權是另一明顯的分界點。以此兩點作區分，我們可以把任公論小說的文字分為三期，進一步考量其意涵。

　　不過我們要討論及理解梁啟超實用的小說觀之前，有件事還是得切記在心：對梁啟超而言，藝術家的首要關切是他一己瞬間的情感及此一情感的行諸筆端，之後他則必須十二萬分的謹慎小心其可能產生的後果，因為文字的終究目的還是與人溝通。

> 藝術的權威，是把那霎時間便過去的情感，抓住他令他隨時可以再現；是把藝術家自己「箇性」的情感，打進別人們的「情閾」裡頭，在若干期間內占領了「他心」的位置。因為他有恁麼大的權威，所以藝術家的責任很重，為功為罪，間不容髮。[57]

這種講求文學的功用、影響及實際性，到最後與當時迫切的社會政治情境結合一塊：凡事均應以救亡圖存、傳播新知、教育國民為首要職志。事實上除了我們上頭所討論的文章外，梁氏在 1920 年代的著作亦可支持我們這兒的論點。舉例說，任公的

57　參見梁啟超，《中國韻文裏頭所表現的感情》，收於《飲冰室專集》，第五冊，頁 1-2。

討論陶淵明、傳統韻文中的感情等，都觸及到情感及其表達的問題，但是到最後，此一感情及其表達，終須臣屬在社會責任之下。任公的主要關切仍是歸根到儒家的傳統，從實用的觀點來考量所有的事物。和大部分的儒家學者一樣，雖然對於事物的美學層面極為熟悉，他還是要強調凸顯其社會層次的涵義。

1898 年之前，梁啟超僅有一篇討論小說的文字，而且此篇是從小說的周邊枝節處著手，僅僅是任公《變法通議》中教育改革的一小節目而已。他當時所關切的重心在維新變法事業。思想史學者張灝曾經指出，梁氏的維新改革思想，是以所謂的經世思想為基礎發展出來的。[58] 不過，梁啟超的經世思想有其來自當時流通的經世思想，也有參加入任公自己的想法者：「對梁氏而言，經世的理想並不僅僅是一種政治行動主義的信念，或只是廣義的社會責任而已，它同時更具體地意味著政體的改革是實踐經世理想不可或缺的一環。」[59] 正是這個對政體改革的信念促使梁啟超從事於《變法通議》的撰寫。科舉及教育改革是《變法通議》中兩個重要的項目，任公論小說的文字則首見於教育改革之中。在政治改革上，任公認為有兩個管道可以採行：由上而下的政治改革或是由下而上的教育改革。在此時期，任公很明顯地是傾向於前者。[60] 但是張灝也指出，「百姓的教育問題一向就是儒家所重視的，這可於 『教化』一詞見之」；而「梁氏觀念裏學習的最終目標是經世，經世則必須由人

---

58 對於經世思想在晚清時的影響力及其意涵，請參看張灝，〈宋明以來儒家經世思想試論〉，《近世中國經世思想研討會論文集》（臺北：中央研究院，1984），頁 3-19。

59 Hao Chang（張灝）, *Liang Ch'i-ch'ao and Intellectual Transition in China, 1890-1907*（Cambridge: Harvard University Press, 1971），p. 73。

60 Hao Chang, Liang Ch'i-ch'ao, pp. 77-80。

格的發展開始。」[61] 要講人格的發展，則個人的教育是不可或
缺的。因此，任公很清楚地是在儒家「內在世界的政治行動主
義」[62] 的理想上撰寫《變法通議》，同時也在儒家的教化理想
下來討論小說在教育改革中所占有的地位。這兒我們可以體察
到一種極為強烈的儒家道德菁英主義的意味，將教育百姓視作
是知識份子必要的責任。梁啟超與其前輩不同之處，則在於晚
清時期的政治社會局勢所要求的，已不僅僅是道德上的改革而
已，而是規模更為龐大、更全面的政治、經濟、社會倫理以及
各個層面的改革了。任公因此逐漸理解到小說以及新體的報章
體文字可以結合起來，為維新事業盡一份心力。從這個面向來
考量的話，我們可以說任公亦是胸懷一種社會使命感
（commissioned spirit），「希冀運用知識的力量及其靈視，來揭
發、改變他們與讀者所居處的變遷社會中的惡劣環境。」[63]

　　任公的下一篇文章，〈譯印政治小說序〉發表於 1898 年，
政治情勢和整個環境已經有很顯著的大改變。他現在是居住在
日本的政治流亡者。在政治上梁啟超已如龍困淺灘，遠離政治
舞臺的聚光燈，不易有大作為了；但是在思想的發展上他倒是
如魚得水，能有機會廣為接觸吸收日本的文學及琳瑯滿目、美
不勝收的西方著作的日譯本。我們上頭提到任公的維新思想有
二個管道，即從上的政治改革及從基層開始的傳播新知、開啟
民智的教化工作。現在，從政治上改革的路已然走不通了，任
公更深刻感受到另一管道的重要性和迫切性。　因此在〈傳播

---

61 Hao Chang, Liang Ch'i-ch'ao, pp. 80, 81。

62 「內在世界的行動主義」（inner-worldly activism）是張灝先生在授課時所
　　用的詞語，用來形容儒家「內聖」及「外王」兩者之間唇齒相依不可須
　　臾分離的關係。

63 op.cit.

文明三利器〉一文中引犬養毅文章，歸納出學校、報紙、演說及小說為普及文明的途徑。[64] 在任公此時期的著作中，當時日本的學術思想潮流，以及梁氏日益發展遞進的新思想，都有很具體的流露。因此，要明白任公此一時期論小說的文字，我們不能不考量檢視任公在日本流亡時期的思想發展。

　　流亡日本之前，梁啟超的思想中已有一個重要的發展——「群」的觀念。[65] 此時，任公「所關切地是如何把中國人民組織結合起來，成為一個凝聚一塊、井然有序的政治體」，[66] 而此一觀念「是他道德思想中的中心，因為我們可以由他把群定義為道德體系的中心功用上得知」，其原因則是「群」乃是「道德的精髓，可用來強化團體的凝聚力並促進團體的利益。」[67]

---

64 梁啟超所編輯或創立的七個重要報紙雜誌中，有五個是在日本出版的：清議報（Nov.1898 - Nov.1901）、 新民叢報（Jan. 1902 - Oct. 1907）、新小說（Oct. 1902 - Sep. 1905）、政論（Oct. 1907 - Jun. 1908）、國風報（Jan. 1910 - Jun. 1911）。請參看張朋園，《梁啟超與清季革命》，頁 253-321。另外我們應該留意的是，任公的此處「文明」指的是「現代性」（modernity）或「現代化」（modernization）而不是我們今天所意味的「文明」（civilization）。此點請參看 Philip Huang, *Liang Ch'i-ch'ao and Modern Chinese Liberalism*（Seattle: University of Washington Press, 1972）, pp. 53-56.

65 根據張灝教授的精闢研究，梁啟超「群」的觀念不能簡單地視作是傳統思想中 「和諧」（organic harmony）及「道德結合體」（moral solidarity）的承繼而已，事實上任公的「群」已受到西方社團組織和政治凝聚結合的觀念的啟發。因此，任公的「群」涵括的意義有；（1） 人民的結合一體（integration of people）；（2）社團政治體系的組織（the organization of the community's political system）；及（3）新社團所含容的範疇（the new community's scope）。這幾點之下所隱含的則是中國所最關切的政體問題（the overall concern the polity that China should need）。見 *Liang Ch'i-ch'ao*, pp. 95-96.

66 Hao Chang, *Liang Ch'i-ch'ao*, p. 96. 若欲更深入理解梁啟超的「群」的觀念，請參看同書頁 95-100。任公在 1896 年的〈說群序〉中首先揭櫫他對「群」的討論，見《飲冰室文集》，冊 2，卷 2，頁 3-6。

67 Hao Chang, *Liang Ch'i-ch'ao*, p. 151。

「群」的觀念，猶有進者，應該和「新民」的觀念一起考量，因為這是任公在此時期小說觀中的另一重要觀念。

　　和「群」的觀念一樣，任公的「新民」思想也是在尋求一個既合適又有效的方法、可以用來因應西方勢力的蠶食鯨吞。歷經「自強運動」和「百日維新」的潰敗，任公終於明白政治上的體制內改革，實在不足以應付擔當救亡圖存的大業。體制內的政治改革縱然不可或缺，可是另一管道的儒家傳統教化觀顯然也有不足。流亡日本給予任公一個機會去接觸各式各樣的思想，進而深入思考以儒家為中心的傳統思想的價值。對於加藤弘之（ 1836-1916 ）、福澤諭吉（ 835-1901 ）、中村正直（ 1832-1891）等思想家的作品的涉獵，讓任公可以由另外的參考體系來思索一些他想要解決的問題。[68] 比方說，加藤弘之的一些看法，就促使梁啟超用社會達爾文主義（ social Darwinism ）的觀點來思考中國的現況，認為中國已然處於危亡存滅的關頭，如果國民不起而奮發圖強，中國在優勝劣敗、適者生存的競爭世界裏將無法生存下去。另外，中村正直提出的「西方國家之所以能凌駕他國之原因，乃在於其道德」的看法，也讓任公試圖把道德和國家的存亡興廢連繫在一塊。[69] 至於要使中國可以

---

68 任公由此三位日本思想家所獲得的啟發，請參看 Hao Chang, *Liang Ch'i-ch'ao*, p. 144，以及 Philip Huang, "Liang Ch'i-ch'ao : The Idea of the New Citizen and the Influence of Meiji Japan," in *Tradition and Permanance: Chinese History and Culture: A Festschrift in Honor of Dr. Hsiao Kung-ch'uan,* ed. David Buxbaum & Frederick W. Mote(Hong Kong: Cathay Press, Ltd., 1972）, pp. 87-93.

69 任公此處所強調的西方德性，並非中國「儒家傳統所肯定的個人修身的觀念，以及私人與私人交往的德性，如孝悌與朋友之義等」，而是中國所欠缺的「公德」，諸如「結合權利與義務思想而有的自由、自治、合群觀念與國家思想，以及進取冒險和尚武精神」等德性。 見黃克武，《一個被放棄的選擇》，頁 44 及 Philip Huang, p. 91.

和其他國家競爭所需要的各個國民的「獨立自尊」感，則是福澤諭吉道德準則裏的基本理念，因為「提升吾國人民的道德規範，讓他們不愧為文明國家之一分子」乃是福澤諭吉的最高理想。[70] 總而言之，梁啟超把他的「群」的理念和明治三大思想家的思想結合起來，獲致一個結論，就是：要想和世界其他國家相競爭，中國必須培育具有新的德性的國民。這就是任公的「新民」。

這種新的理想人格有它來自傳統的傳承。梁啟超經由日本思想的中介，把中國傳統的儒家德性與西方的公德結合一起。不過在這裡，由於討論的主題與篇幅的限制，我們無法深入的探討理想的新民所應具備有的各種德性。[71] 更值得我們注意的是理想人格的建立和國家存亡的命運被連繫在一塊，以及任公的思欲經由小說來促使達成此一目標。這正是任公為何要提倡政治小說的理由；這也是 1898 及 1902 發表的論小說的文章背後的主要思想。

> 在昔歐洲各國變革之始，其魁儒碩學，仁人志士，往往以其身之經歷，及胸中所懷政治之議論，一寄於小說。於是彼中綴學之子，簧塾之暇，手之口之，下而兵丁、而市儈，而農氓、而工匠、而車夫馬卒、而婦女、而童孺，靡不手之口之，往往每一書出而全國之議論為之一變。彼美、英、德、法、奧、意、日本各國政界之日進，

---

70 Philip Huang, p. 92.
71 請有興趣者參看 Hao Chang, *Liang Ch'i-ch'ao*, pp. 149-219. 亦可參看黃克武，《一個被放棄的選擇：梁啟超調適思想之研究》，（臺北：中央研究院，1994），頁 41-61。

則政治小說為功最高焉。[72]。

如果我們用「教化」、「群」、及「新民」的觀念來看待檢視這篇文章，就可以看出要了解任公的小說觀，絕對不可能不去了解他思想的發展以及當時的社會政治環境。當然，如果我們從文學的角度來考量的話，梁啟超似乎只是把文學當作是一種提倡政治思想及理想的工具而已。雖然如此，我們還是不應該忘記，如我們上頭討論過的，儘管任公對於中國小說的傳統有相當深邃的認識，他的主要關切從來就是非文學的：文學，儘管有其內在的美學藝術價值，仍然需要參預到救亡圖存的救國大業之中。任公在此一文章中亦明白告訴我們所謂的「社會動力」是怎樣的作用。在面臨中國前所未有的存亡危機，我們可以說任公試圖運用包括文學在內的各種方法來凸顯境況的危急，並試圖為未來的理想國民及國家畫出一個藍圖來。這也是王德威在他著作中所謂的「小說中國」──小說可以「記載中國現代化歷程」，「國家的建立與成長，少不了鮮血兵戎或常態的政治律動。但談到國魂的召喚、國體的凝聚、國格的塑造，乃至國史的編纂，我們不能不說敘述之必要，想像之必要，小說（虛構！）之必要。」[73] 王德威以一種後設的立場，指出小說除了有反映現實的功能外，其虛構性亦足以構築出一個想像的中國來。但是對梁啟超而言，這並不是一個理論的課題，而是一種信念、一種使命感。

在〈論小說與群治之關係〉一文中，此一使命則是以更明

---

72 《研究卷》，頁 14。
73 王德威，《小說中國：晚清到當代的中文小說》（臺北：麥田，1993），pp. 3-4.

顯、甚至誇張的語氣在首段中表達了出來。任公首先解釋小說與道德的更新是不可分的，同時小說具有「不可思議之力」來改變惡劣的環境。

> 欲新一國之民，不可不先新一國之小說。故欲新道德必新小說，欲新宗教必新小說，欲新政治必新小說，欲新風俗必新小說，欲新學藝必新小說，乃至欲新人心，欲新人格，必新小說。　何以故？小說有不可思議之力支配人道故。[74]

如上所討論地，此篇文章特出之處當然是任公提出一個詮釋的架構試圖來解釋小說之所以能吸引人，影響讀者的地方。但是我們也不可見樹不見林，忽略了任公整體的視界以及這篇文章的最終目標，乃是傾向於本諸社會使命感，來教育百姓，達到新民救國，最後建設一個新中國的職志。1902 年的〈新小說第一號〉也應該由此角度來衡量。

　　1915 年的〈告小說家〉，我們上面提到，整個大環境，以至於梁啟超本人強調的重點，都已經產生變化，不過任公的政治社會傾向大體上仍然存在。1915 年時救亡圖存已經不再是切身急迫的課題（或者我們可以說是以另外一種面貌出現，不再是過去的外力入侵瓜分的情況了），但是任公改變國民性來建設現代新中國的理想仍然存在，甚且更強烈急迫了。這麼多年來希冀利用小說的通俗適眾特性來改變國民性的想望似乎是徒勞無功，面對這樣的處境，任公不得不挺身而出，再度譴責——他

---

74 《研究卷》，頁 14。

用了大心力試圖將之導入正途，但似乎不成功的──通俗小說
中誨盜誨淫的怪行異狀。[75]

　　中國的傳統小說自來就是極為通俗地流傳在士大夫及一般
的百姓之中。其通俗性其實是來自小說此一文類本身吸引讀者，
訴諸人類情感及理性的能力。晚清時，由於不尋常的政治社會
情境，使得一般知識份子對於小說的看法產生了前所未有的巨
大變化。在一方面，這些知識分子（任公可以說是其中最具代
表性的人物）仍然承認小說本身的娛樂及教育功能，一方面又
想改變小說的本質，利用此一通俗的文類來為救中國的神聖使
命服務。如此高蹈的企圖，與傳統文以載道的觀念結合起來，
不可避免地就把小說的方向轉移，發展出夏志清所謂的「感時
憂國」的現代小說傳統來了。不可否認地那些不必擔負救亡圖
存的重責，既通俗又富娛樂性，同時又為知識份子所鄙夷的「誨
盜誨淫」的小說，仍然存在而且勢力龐大。雖然如此，我們卻
不得不承認中國小說中的一股反映社會現實以及要求社會行動
的主流已然產生，而梁啟超即是為此一潮流奠下基礎的領頭人
物。

四、小　結

　　梁啟超的言論在晚清時發揮了既深且廣的影響力，他的小
說觀不管是對當時的小說創作者、或是評論者，以至於後來者
如魯迅、胡適、郭沫若等都有極為深遠的影響。儘管我在本章
中試圖引用一些現代的觀點來批判評估梁啟超的小說觀，我同

---

[75] 這兒我們也可以將魯迅有關改革「國民性」的觀點聯繫在一塊思考。

時也嘗試用思想史的觀點，將任公的小說觀放置到他思想發展以及社會政治的大環境中來省察，希望能看出文本（texts）及大環境（contexts）之間的相互作用的微妙複雜關係，進而將梁啟超在中國小說發展史上的地位略作釐清。最後我們大致可以說，梁啟超的社會政治取向的小說觀，承繼了中國的載道傳統，並揉雜了扶桑歐西的政治小說觀點，將政治層面帶入中國小說中，既「普及」也「提高」了小說的地位，對當代及後來的作家、評論家有深遠的影響，並左右了後來中國小說的發展，建立了中國小說的一個傳統。從梁啟超的小說觀，我們可以追溯出中國小說在晚清時期如何化合傳統與現代、中國與西方，如何與其他的歷史、社會、思想言談（discourses）相互作用構成了整個晚清的大面貌，並發展出新的小說傳統。雖然由我們今天較為複雜的文學研究立場來看，梁啟超的一些觀點可能不盡令人滿意，但是梁啟超在中國小說從傳統邁進現代的發展過程中，其貢獻是不容置疑的。

　　第一章我們先處理了小說如何由「街談巷語」一路經歷種種政治社會的收編以及禁止，而被標示為「誨盜誨淫」的文類，但在晚清時又因為不同的社會政治需求，而被拉升至「文學之最上乘」的位置。本章則以最具代表性，而且是晚清小說界革命的核心人物梁啟超的小說觀念為研究對象，將其小說觀的提出、演變，以及這些小說觀念的細部考察（Clifford Geertz 的「深描」thick description），最後闡明晚清小說觀的意涵。但是我們也提到，晚清小說是與政治、社會、時代不可分的，那麼晚清小說如何關切、描述並展現向西方學習的心態及立場？這裡就牽涉到晚清民國時期的「現代性追求」的重大議題。

第三章　晚清小說的現代性追求

以公案／偵探／推理小說爲探討中心

　　晚清是一個由傳統進入現代的轉折時期，在這段期間中國由原來自成系統的政治社會文化體不得不與西方文化碰撞接觸，產生衝突與調適。在整體的政經社會層面，我們看到大致而言是一種朝向西方，追求「現代」的過程，因此不管是在較早的科技、政治制度、國體，民族，以致於後來的科學、民主、法律等文化精神層面的追求，大致都朝著此趨勢邁進。基本上這是一種所謂「現代性」（modernity）的追求。這種現代性的追求也有意識無意識地反映在文學上，在小說中尤其明顯。也就是說，小說不再是以往通俗娛樂，街談巷語的文類，而更參與到開啟民智、宣播新知，建構家國論述的大業中。然而在此一社會文化氛圍中，有些小說次文類，如偵探小說，卻扮演了極為弔詭有趣的角色，一方面它們引進一些西方現代社會中的某些現代性質素，來共謀現代性追求，但另一方面又因應一般讀者的閱讀需求，在技巧層面上追索興味上的滿足。整體而言，在此矛盾弔詭的發展過程中，中國文學經歷一番蛻變，邁入到「現代」。本章以晚清時期公案小說、偵探小說／推理小說的發展為例來考察在一個救亡圖存，追求現代的時代中，小說如何因應時代的要求，參與、反映並建構出一個「現代」的論述。

一、何謂「現代性」？

　　現代性（modernity）的討論在最近 30 年來已成為歐美學界的研究重點，也是海峽兩岸學術界關注的議題。[1] 早期歷史界及社會科學界原就有不少有關「現代化」（modernization）的討論。「現代化」基本上就是非西方的未開發（underdeveloped）或開發中（developing）國家向歐美（尤其是美國）在社會、經濟以及文化面的學習過程。然而在近年來，學界更進一步的追尋：如果現代的歐美代表的是現代、進步的，值得其他國家學習的楷模，那麼到底所謂的「現代」，或是現代化所要追求的境界或狀態為何？也就是這種可以代表現代西方文明的質性或狀態（「現代性」modernity）到底為何？如何形成的？其發展的過程又是如何？對整體人類文明有何衝擊？會把人類帶往何處？等等。更廣泛的說，學者希望瞭解到底我們今天所謂的「現代社會」是如何形成的，如何塑成今天的我們。

　　何謂「現代性」？根據社會學者黃瑞祺的看法，

> 「現代性」具有特定的時空屬性，可以簡單說是「近代西方文明的特性」。「現代性」在個人層次而言指一種感覺、思維、態度及行為的方式（所謂「個人現代性」），在結構層次而言是指社會制度、組織、文化以及世界秩序的一種特性。所以從歷史上來說，「現代性」是一種新的全貌（new constellation），包括生活中的重要層面，

1　中西方學界對現代性研究的成果多不勝舉，請參考書目中羅列的中英文相關著作。

而以「西方理性」為其核心⋯⋯。[2]

對於現代性的探討，首先一個歷史的瞭解與掌握是必要的。社會學家認為從社會發展的角度來看現代性的形成與歐洲的興起和擴張有密切的關係。[3] 一般的認知中，認為現代社會的形成是由十九世紀的工業化（industrialization）肇始，但是今天社會學家則認為現代社會的形成應該可以追溯到西歐封建制度崩解後，因為社會經濟層面全面而急速發展而產生的。[4] 大致而言，從歐洲中古末期，西方的一些歷史事件及相關的運動（包括了政治、經濟、社會以及文化層面）相互糾結影響，最後形成一個我們今天所瞭解的「現代性」。[5] 通常我們討論歐洲現代性的淵源都會包含歐洲中古後期城市的興起（11-13 世紀）、文藝復興運動（14-15 世紀）、海外探險及殖民主義（15-19 世紀）、資本主義（14-19 世紀）、宗教改革（16 世紀）、民族國家（15-17 世紀）、民主革命（17 世紀）、科學革命（17 世紀）、啟蒙運動（18 世紀）、工業革命（18-19 世紀）等，而在這背後可以說是一種西方理性精神的高度發揮。[6]

在歷經黑暗時期（Dark Ages）之後，西方進入到另一歷史的階段，與此一歷史進程同時，人們對於他們自己的處境有另

2 黃瑞祺，〈現代性的省察—歷史社會學的一種詮釋〉，《台灣社會學刊》19（1996.3），頁 170。

3 黃瑞祺，〈現代性的考察〉，頁 173-174。

4 見 Stuart Hall, "Introduction" to Stuart Hall, David Held, Don Hubert & Kenneth Thompson, eds. *Modernity: An Introduction to Modern Societies* （Cambridge: Polity Press, 1995）, p. 3.

5 有關「現代性」的形成以及這幾股脈絡相互之間的糾結關係，可參看 Stuart Hall, et al., "Introduction" To *Modernity*, pp. 3-7.

6 黃瑞祺，〈現代性的考察〉，頁 176-192。尤其頁 189、190 的表對於掌握「現代性」的形塑有相當幫助。

一不同的感受，認為現在已進入到另一有別於過去的「現代」階段，只要憑藉「理性」，人類可以克服一切，朝前邁進，走入一「新」的、光明的、美好的、進步的的時代。[7]　在文藝復興的開展中，對於希臘羅馬文化有重新重視的趨勢，宗教文化有逐漸走向世俗化及平民化，形成以「人」為中心的「人文主義」（humanism）。[8] 由於對於人的重視，同時也強調了自希臘文化以降的人的理性，認為憑藉人的理性，人類可以克服自然，掌握一切。馬羅（Christopher Marlow, 1564-1593）的 *The Tragedy of Doctor Faustus* 中的浮士德博士即是一個代表性的人物，為了獲取更多的知識及權力，不惜將靈魂賣給魔鬼。此一脈絡發展到了十八世紀的啟蒙運動，更是具體形成了啟蒙論述，強調了「進步」（progress）、「科學」（science）、「理性」（reason）及「自然」（nature），也開啟了無止境地追求物質進步及繁榮，消除偏見與迷信（馬克斯·韋伯的「去魅」disenchantment），並由於人類知識及理解的增進進而掌握自然。[9] 後來思想史家史華慈 （Benjamin I. Schwartz, 1916-1999）曾以普羅米修斯—浮

---

7 參看 Matei Calinescu, *Five Faces of Modernity: Modernism, Avant-garde, Decadence, Kitsch, Postmodernism*（Durham: Duke UP, 1987）；亦請參看本書中譯本，馬泰・卡林內斯基，《現代性的五副面孔：現代主義、先鋒派、頹廢、媚俗藝術、後現代主義》（北京；商務印書館，2003），頁 9-10，27-28。

8 有關「文藝復興」的界定眾說紛紜，M. H. Abrams 曾臚列幾項一般的看法：由黑暗時期灰燼中所誕生的「現代」；新世界以及人的新理解；在生活、思想、宗教以及藝術等面向未受踐踏的個人主義的出現。Abrams 最後總結「文藝復興」不管在知識上、宗教上、西方世界的拓展、以及宇宙觀上都有新的展現。見 Abrams, *A Glossary of Literary Terms*, 7th ed.（Fort Worth: Harcourt Brace College Publishers, 1999）, "Renaissance"條，頁 264-268。

9 *Modernity*, p. 4. Peter Hamilton 在 "The Enlightenment and the Birth of Social Science," 中對於「啟蒙運動」有深入的討論，參看 *Modernity*，頁 19-54，尤其是頁 23-24 對於啟蒙理念的歸納。

士德精神（Promethean-Faustian spirit）來描述嚴復對於西方文化的理解。[10]

　　對於人的重視，對人的理性的肯定，在宗教上則具體表現在宗教改革上。以往人與上帝的溝通往往要經過教會的中介；現在一方面由於中古世紀以來教會的腐敗（如販賣贖罪券等），另一方面則是上述所言對於人及理性的重視，馬丁路德（Martin Luther, 1483-1546）於是進行了宗教改革，認為人與神之間原來就是聖經中所說是一種契約（covenant），是人神之間的溝通，而不需要教會的中介。此即所謂的新教。路德的追隨者喀爾文（John Calvin, 1509-1564）更將新教的主張組成一完整的神學體系。如何達到神的旨意，重要的是體認我們是神的選民（the select; the predestined），所有一切神的旨意都在神的安排中，我們能做的就是時時敬謹，不管在信仰上、態度上，以及行為行事上都要以聖經上的理念及言辭為圭臬。新教後來發展為荷蘭英國的清教徒（The Puritans），影響了英國的民族及民主發展，更造就了後來美國的民主制度。[11] 根據韋伯（Max Weber, 1864-1920）在《新教倫理與資本主義精神》一書中所提出的看法，由於新教徒試圖在世俗世界中為顯現神的旨意而抱持的敬謹態度，以及他們在世俗世界的成功可視為上帝旨意的充分顯現，新教倫理與資本主義之間有密切不可分之關係。[12] 因此，人，理性、宗教改革以及個人主義、資本主義之間存在有錯綜複雜的關係。

10　請參看 Benjamin I. Schwartz, *In Search of Wealth and Power: Yen Fu and the West*（Cambridge: Harvard UP, 1964）.

11　參看黃瑞祺，〈現代性的省察〉，頁 180-182。

12　Max Weber, *The Protestant Ethic and the Spirit of Capitalism*（New York: Charles Scribners, 1958）.

　　在科學研究方面，亦有類似的發展。原來歐洲人對於宇宙的觀念是由亞理斯多德、托勒密（Claudius Ptolemy, 100-?）以及基督教神學混合而成的看法，基本上認為宇宙是由上帝所創造出來，以地球為中心，其他星球環繞的井然有序的宇宙。哥白尼（Nicolaus Corpenicus, 1473-1543）則對托勒密的地球中心說提出質疑，後來的開普勒（J. Kepler, 1571-1630）進一步證實了哥白尼的理論。伽利略（G. Galileo, 1564-1642）以實驗證明了「靜者恆靜、動者恆動」的慣性現象。牛頓（Isaac Newton, 1642-1727）則提出三大運動定律及萬有引力定律。從此科學進入一新境界，數學成為處理萬物的典範。在天文學及物理學的發展之下，整個宇宙對於歐洲人而言是一部機器，一個可以研究的對象，人類憑藉其理性可以觀察之、研究之，「現代」科學及方法於是焉產生。由於科學觀念及方法的改變，不管是在天文學、物理學、化學等領域均突飛猛進。如瓦特（James Watt, 1736-1819）的發明蒸氣機以及其他科學家試圖將自然科學運用到日常生活上，於工業技術（technology）及工業（industry）均產生重大衝擊，導致了後來的「工業革命」。[13]

　　科學的革命使得思想家對於人類的「理性」有極高的期望，認為透過理性，人類對於自然界的掌握有明顯地成績，在社會及其他領域也可發揮類似的功效。到了啟蒙時期，這樣的認知更為突出。整體而言，啟蒙時期的主要理念，首先是「理性」（reason）。啟蒙思想家肯定理性的重要，認為理性是可以獨立於經驗的內在思考能力，如狄卡爾（René Descartes, 1596-1650）所說的「我思故我在」。其次，啟蒙思想強調實證

13　參看黃瑞祺，〈現代性的考察〉，頁 185-187。

主義（empiricism），認為不管是自然界或是社會層面，人們的知識應該以實證的事實為基礎。他們也強調科學（science），因為科學乃是奠基在理性及實證的基礎之上，同時也是擴展人類知識的鑰匙。因此，理性及科學可以運用到任何情境，其原理原則不會有所變更，可以放諸四海皆準，於是一種普遍主義（universalism）隨之而生。「進步」（progress）的觀念也是啟蒙時期極突出的理念，認為人類的自然和社會狀況，藉由科學及理性的輔翼，可以獲得改善，最後達到日益快樂及幸福的境地。此外，如「個人主義」（individualism），「容忍」（toleration），「自由」（freedom），「人性的一致性」，以及「世俗化」（secularization）都是啟蒙思想的重要理念。[14] 除此之外，Hamilton 也指出如反教會、相信實證和物質知識，對於科技及醫學發展的熱衷，以及對於法律及憲政的改革等也都是啟蒙時期的關注。[15]

由於科學研究的急速進步，觀念技術均改變，於是工業革命蓬勃進展。英國是工業革命發展的主要國家。所謂工業革命含括有技術、社會經濟以及文化等面向。在技術上主要有（1）新材料的使用，如鋼鐵；（2）新能源如燃料及動力的使用，如煤、蒸氣機、內燃機、電力、石油等；（3）新機器的發明，如紡織機，可以較低成本產生較大工能；（4）工會組織的產生，連帶也造成分工的更為精細；（5）傳輸及交通系統的重大發展，

---

14 Peter Hamilton, "The Enlightenment and the Birth of Social Science," in *Modernity*, pp. 23-24. 另外請參看 Robert Anchor, *The Enlightenment Tradition*（Berkeley: University of California Press, 1984）以及 Peter Gay, *The Enlightenment: An Interpretation*, 2vols.（New York: Alfred A. Knopf, 1966）.

15 *Modernity*, 頁 36。

如蒸汽火車頭、汽船、汽車、飛機以及收音機；以及（6）進步科學成果應用到技術層面。這些技術面的長足發展對於天然資源的使用以及商品的大量製造（mass production）產生極大衝擊。[16]

工業革命的開展在相當大程度上不僅改變了生產方式，對於商業行為也產生巨大衝擊，於是資本主義（capitalism）有了不同的動能，展現不同的樣貌。資本主義又稱為自由市場經濟（free market economy），指的是資本及生產方式私人擁有，市場機制決定生產方式，收入亦經由市場機制分配。古典資本主義可以亞當斯密（Adam Smith, 1723-90）的《國富論》（*Inquiry Into the Nature and Causes of the Wealth of Nations*, 1776）為代表，提出以市場自我節制機制的充分發揮來決定經濟發展的方向。雖然廣義的資本主義可以回溯到上古世界，在中古世紀我們亦可以看到資本及市場的蓬勃活絡，但是基本上現代意味的資本主義係在十六到十八世紀，因為英國紡織工業蓬勃發展而衍發出的新發展。也就是將消費後剩餘的產品作為擴大產能的再運用，而非投資在如建教堂等經濟上沒有產能沒有效應之處。這是一個很大的轉變，「資本主義這種無休止的擴張或累積的性格形成了現代西方文明的一個特徵。近代西方國家不斷向外擴張，尋找市場、原料、廉價勞力、及金銀財寶等，構成十五世紀以降在海外探險、拓殖、劫掠、貿易等方面的活動，馬克斯稱之為『原始累積』」。[17]

工業革命與資本主義的興盛，不僅對於社會的工商業的運

---

16 *Encyclopedia Britannica*, 2004 Deluxe Edition CD-Rom, "Industrial Revolution."

17 黃瑞祺，〈現代性的考察〉，頁 180。

作及型態有重大衝擊，對於社會結構以及其中成員的生活形態也有舉足輕重的改變。封建社會中階級森嚴，一般民眾大致從事傳統農業及手工業，基本上是一種行之長久的莊園經濟以及較為粗糙的工商業。隨著新型態工商業的興起，城市成為中心，提供眾多工作機會及美好生活的遠景，民眾往城市集結，進入到資本主義運作的大機器中。城鄉差距愈形明顯，人口分佈也經歷改變，這些進入都市的民眾因有較一致的願景及類似的工作環境，於是形成所謂的「中產階級」（bourgeoisie）。[18] 由於以往的社會結構及生活狀況未能提供他們一個有利的環境，現在城市及新興供商業提供他們美好未來的願景，他們也相對希望提昇自己層次，力爭上游，中產階級顯現出一股蓬勃的朝氣，力圖參與到現代社會發展的進程中。同時因為新的工商業的特殊型態，比方說相對固定的工作時程及制度，中產階級也擁有較多的閒暇，於是小說（the novel）因應此一需求而產生。[19] 然而這些中產階級參與到資本主義工業大機器的運作中，固然獲取了一種新機會，但同時也陷入到現代社會殘酷的另一面。由於工業革命所帶來的改變，大規模生產以及高度的分工，使得勞工成為整個生產過程中的一個部分，也就是扮演大機器運作中的一小部分。在這樣的過程中，勞工逐漸喪失作為完整個體的人，而成為整個「大機器」的一顆螺絲，因而「物化」、「異化」（reification）、而且「疏離」（alienation）了，展現出馬克斯所說的資本主義社會的徵候來。

---

18 有關「中產階級」，尤其是其心態方面的表現，美國耶魯大學史學家 Peter Gay 有經典之作：Peter Gay, *The Bourgeois Experience: Victorian to Freud*, 2vols.（New York: Oxford UP, 1984; 1986）.

19 請參看 Ian Watt, *The Rise of the Novel: Studies in Defoe, Richardson, and Fielding*（Berkeley: University of California Press, 1963）.

　　另一方面，這些中產階級彼此之間因有一種休戚與共的感覺，也要為自己爭取在社會上的一種權利，與歐洲進展中的民主化過程（democratization）又合輻匯流。民主化過程一般均以英國的光榮革命（Glorious Revolution, 1688-89）、美國獨立（1776）以及法國革命（1789）為里程碑。光榮革命中英國國會簽署了權利法案（Bill of Rights,1689），確立議員言論自由，對國王權力限制，國王不得否決國會法律及法案，國會成為最高立法機構。美國獨立戰爭則建立聯邦共和國，制訂成文憲法，採孟德斯鳩（Montesquieu, 1689-1755）三權分立制，民主法治規模確立。法國革命則是另一波民主發展的重要過程。在巴斯底獄事件後，全國人民起而驅逐官吏，組織自治政府，成立國民軍，推翻專制體系，以國民會議掌權，封建制度因而廢除、貴族封號及特權取消。人權宣言發表，保障人民自由、平等權利等。法國革命的「自由、平等、博愛」口號成為政治體制及民主變革的重要精神，現代的民主化基本上確立。我們看到中產階級在此一波的民主化過程中扮演重要角色。他們除了在上述爭取民主化的過程中扮演了重要角色外，對於民主制度的參與與推動，他們也有舉足輕重的位置。如何更進一步藉由參與到民主運作機制中來保障自己的權利，同時在參與中（participating in）又對其運作有一種批判（detach from）可以說是今天民主的重要精神。[20]

　　民主制度之運作又必須在一個主權國家中方能有所發揮。自近代封建帝國型態解體之後，新興的民族國家（nation-sate）

---

20 黃瑞祺，〈現代性的考察〉，頁 182-185。並參考余英時，《近代文明的新趨勢—十九世紀以來的民主發展》（無出版年月地點，1953 年自序）頁 57-78。

體制成為歐洲國家的主要型態，民族觀念也愈形濃厚。十五世紀後英國、法國、西班牙、葡萄牙、俄國、丹麥都成為民族國家。但是這些民族國家早期都是極權國家，在上述民主化（democratization）的過程中方才成為現代意義的民族國家。[21] 一個現代意義的民族國家，要具備有領土疆域（territoriality），有控制暴力方法（control of means of violence）──也就是備有武力，非個人的權力結構（impersonal structure of power），以及合法性（legitimacy）。[22] 這也就是現代獨立主權國家的概念。

　　在工商發達，產品大量生產，資本主義蓬勃發展，中產階級參與其中，民主制度逐漸運作，整體社會展現出一種活力，充溢樂觀進步的氛圍，一時之間「現代」社會之勢已是不可擋的了。但是史家指出資本主義的「質」已然產生變化，自由經濟變成「不自由經濟」；工廠成為普遍制度，帶來大量工人，但其生活保障卻逐漸消失。資本愈集中在資本家及銀行家手中，造成上述馬克斯所提出的社會問題。同時工業化及生產過量的產品則導致殖民主義及帝國主義的擴張。[23] 大量生產的結果是產品過剩，如何解決此一問題及成為工商業發達國家的重大議題。很顯然地，純以民間力量是無法解決此一問題的，於是獨立主權國家的國家機器成為一個重要的出路，國家主義因應而

---

21 有關「民族國家」或「民族主義」，請參看 Eric J. Hobsbawm, *Nations and Nationalism Since 1870: Programme, Myth, Reality*（Cambridge: Cambridge UP, 1990）； Liah Greenfeld, *Nationalism: Five Roads to Modernity*（Cambridge: Harvard UP, 1992）； Montserrat Guibernau & John Hutchson, eds. Understanding Nationalism（Cambridge: Polity press, 2001）。

22 David Held, "The Development of the Modern State," in *Modernity*, p. 71.

23 余英時，《近代文明的新趨勢》，頁 51-55。

產生。以國家政治軍事力量，在海外強力施加壓力或干涉外國的工商業或政治活動，來達到自己政治軍事及經濟的利益，即是帝國主義。中國在十九世紀中葉所面臨的便是這一由啟蒙時期一路發衍到十九世紀末葉的「現代」西方。

根據霍爾（Stuart Hall, 1932-2014），我們可以將以上錯綜複雜的「現代」現象歸納為四點：

1. 世俗型態的政治力量及權威，主權及合法性觀念成為強勢，而這些都在領土範疇中施行。這是現代民族國家龐大、複雜的結構特徵。
2. 依市場需求而產生的大規模商品生產及消費以及貨幣交換經濟；私有財產的擁有，長期有系統的資本累積。
3. 傳統根深蒂固階級以及重疊效忠的社會秩序崩解，代之以活絡的社會及性別勞力分工。在現代資本主義社會中，這些係以新的社會階級組成，以及男女之間的父權關係呈現。
4. 傳統社會典型的宗教世界觀消退，一種新的世俗的、物質的文化取而代之，展現出我們所熟悉的個人主義、理性主義、以及工具主義。[24]

如果我們再加以整理，所謂「現代」的質素包括了：理性、進步、科學、民主、憲政、法律、個人主義、自由、平等、民族

---

24 Stuart Hall, "Introduction," *Modernity*, p. 8. Hall 的歸納中有些因素我們在晚清見不到，一方面是他討論的範疇含括二十世紀末，另一方面，晚清吸收接受西方現代性亦有其自我選擇的部分，如資本主義在當時就不可能出現，個人主義則要到五四時期才逐漸出現。

國家、資本主義、物質文明、都市化、反宗教、反傳統等等。由於晚清當時特殊的社會文化氛圍，這裡面和「救亡圖存」國家論述相關的部分，如民族國家、民主、憲政、理性、進步、反宗教、反傳統等面向，以及如何達到這些目的的德行，尤其是受到中國的關注。

不過，當我們花了一些篇幅來描述西方「現代性」的開展過程時，我們也得指出，這樣的發展，固然展現了一種西方歷史、社會以及思想發展的一種朝前、樂觀、進步、似乎往一個美好未來前進的願景，這面向我們通常稱之為社會現代性。但是與之相隨的，「現代性」開展過程中也有其負面的情景，如上面所述的，工業化及資本主義高度發展時，對於人類有負面的影響。另外，現代性之成形與推動與中產階級有密切關聯，但是中產階級的文化往往有其通俗性及庸俗化的趨勢。馬克斯、韋伯（Max Weber），以及後來德國法蘭克福學派如 Theodor Adorno（1903-1969），Max Horkheimer（1895-1973），Herbert Marcuse（1898-1979）等均曾對西方的「現代性」提出許多批判。這面向我們通常稱為美學現代性。[25]

當 1840 年中國首度與西方接觸，我們所接觸到的即是上面所描述的西方帝國主義以及其背後的「現代性」。中國如何與西方的現代性接觸，產生了甚麼樣的反應？作了甚麼樣的回應？造成了甚麼樣的影響？我們下面作一點梳理。

25　有關法蘭克福學派及其「批判理論」（critical theory），可參看 Martin Jay, *A History of the Frankfurt School and the Institute of Social Research, 1923-1950*（Boston: Little Brown, 1973）；David Held, *Introduction to Critical Theory: Horkheimer to Habermas*（Berkeley: University of California Press, 1980）。另外，Calinescu 對於美學現代性有詳盡的討論，請參看 Matei Calinescu, *Five Faces of Modernity*。

二、晚清思潮與晚清小說

　　自從 1840 年中英鴉片戰爭中國遭到西方的「船堅炮利」入侵而潰敗，繼而在 1842 年簽訂南京條約，賠款、五口通商後，中國進入到一個「三千年未有之變局」，不管是在思想、社會、文化以及文學層面都逐漸面臨一新的局面。在整體政治社會思想面上，中國持有以中國為中心的「天朝心態」，認為只要「師夷長技以制夷」，中國即可補足科技物質面的不足，保有原有的政治文化優越態勢；然而接二連三與西方軍事武力的對抗及失敗，讓中國知識份子經歷了漫長而痛苦的學習過程。原來的「師夷長技以制夷」的想法，在 1858，1860 年的英法聯軍與其後的天津、北京條約，讓中國知識份子理解到「船堅炮利」背後有一些非物質面的社會制度上的因素在主導，因而在 1860 年代清朝政府設置了「總理各國事務衙門」（1861）、「同文館」（1862）、「廣方言館」（1863）、「江南製造局」（1865）等機構，一方面與西方正面交接，另一方面也試圖學習西方的知識，希冀在「西學」的引導下，帶領中國脫離居於弱勢的局面。因而所謂的「自強運動」如火如荼的展開。[26]

　　然而，1894 年的中日甲午戰爭，將中國多年來的努力及信心打敗了。中國由 1840 年代開始向西方學習，歷經了約五十年的努力，卻不敵「蕞爾小國」的日本「倭寇」由 1868 年明治維新開始，僅歷三十年左右的西化及現代化。在思想史上，這可

---

26 有關中國近代歷史發展的著作汗牛充棟，不勝枚舉，可參看李定一，《中國近代史》（台北：中華書局，1964）；張玉法，《中國近代現代史》（台北：東華，1983）以及郭廷以，《中國近代史綱》（香港：香港中文大學，1980）。

以說是中國最關鍵性的轉折，中國知識份子不得不去思索中國文化本身是否如他們一向所相信的那麼美好燦爛？如果真是如此，為何同樣在向西方學習過程中，中國已經有將近半世紀的努力學習，卻還會敗在一向向中國文化取經模仿的日本？中國不僅敗在西方來的夷人，甚且敗在東方的倭奴手中，是不是中國文化本身的問題？由 1894-95 年間起，中國知識份子歷千年來賴以安身立命的世界觀（what it is）、價值觀（what it should be）面臨重大的衝擊及挑戰。[27] 我們看到有識之士起而重新省思中國文化的問題，比方說，當譚嗣同提出「衝決網羅」時，他所面臨，所攻擊的即是維護中國社會倫常秩序的「三綱五倫」。這種對綱常倫理的攻擊事實上標示了晚清知識份子開始對中國的文化傳統產生質疑及挑戰：他們已然無法再對自己的傳統有信心。賴以安身立命的世界觀及價值觀面臨挑戰崩潰，使得晚清中國知識份子萌生一種何去何從的徬徨心態，普遍有思想史家張灝所說的「追尋秩序與意義」的危機意識。[28] 既然對中國原本的文化傳統已然產生懷疑，無法再對之有充分信心，一個最可能的出路便是向西方學習。因此我們看到在晚清時期的維新份子，如康有為、梁啟超、譚嗣同、黃遵憲、嚴復等人，大致而言可以說是在從 1840 年以來的向西方學習的路徑上，更進一步的發展，只是此一 1890 年代的發展在心態上、認知上的複雜、深刻遠非前此的西學追求所可比擬了。這也是為何學者張

---

27 有關晚清思想的發展，請參看張灝，〈晚清思想發展試論：幾個基本論點的提出與檢討〉，《中央研究院近代史研究所集刊》7（1978），後亦收於張灝等著，《近代中國思想人物論：晚清思想》（台北；時報文化出版，1980），頁 19-33。

28　Chang Hao, *Chinese Intellectuals in Crisis: Search of Order and Meaning, 1890-1911*（Berkeley: University of California Press, 1987）.

立文以「新學」來描述中國近代哲學的發展，認為：「中國近代哲學思潮的主流是試圖融會中國傳統文化、西方文化中的優秀成分，而建構其新學體系的。在新學體系中，不僅使用西方概念來闡發自己思想，而且要用西方制度、價值觀來改革中國社會、改造人格或國民性。」[29]

　　儘管我們指出，在晚清思想發展的過程中，有此內在理路的發展，我們大致還是可以將此一歷史發展過程以「西化」（westernization）或「現代化」（modernization）來形容。易言之，雖然我們清楚地理解到，如同張灝所指出的，中國與西方接觸碰撞的過程充滿了「複雜性」（complexity）及「精微性」（subtlety），無法，也不應該，以簡單化約的理念如「衝擊與回應」（impact and response）、「近代化」（modernization）、「傳統／現代」（tradition vs. modernity）、「進步／落伍」（progress vs. conservatism）、或是「民主／封建」（democracy vs. feudalism）等來理解，因為西力東漸的「西方文化」是一個極為複雜的概念，以「近代化」概念絕不能含括多樣的西方文化；而被衝擊的「中國文化」本身也是一個包含多層面的龐大複雜文化體，也不能簡單地以儒家思想就代表了整個中國文化。[30] 但是整體而言，晚清的思想發展是一種向西方學習的過程，藉由向西方學習，試圖尋求一「救亡圖存」的方式及策略。[31] 此一趨勢在晚清時期是很清楚的，到了五四時期也大致是如此，甚至到了今天，不管是中國大陸還是臺灣大致上還是在此一框架中學習及調適。因此要理解晚清思想的發展，我們不得不掌握此一歷

---

29 張立文，《中國近代新學的開展》（台北：東大圖書公司，1991），頁2。
30 張灝的精闢見解，請參看張灝，〈晚清思想發展試論〉一文。
31 張灝，〈晚清思想發展試論〉。

史發展的脈動以及其中的複雜處。而要理解晚清文學、晚清小說，我們也不得不掌握到時代的脈動，因為此一時期的文學是與時代息息相關密不可分的。

　　以晚清小說的發展為例我們很清楚就可以看到此一趨勢。筆者在幾篇文章中針對此一面向的發展有討論，此處僅簡單擇其中重要處略加說明。[32] 中國小說，尤其是白話小說往往被視為「誨盜誨淫」，但是到了晚清，梁啟超竟然可以將之推到前景，而且宣稱小說乃文學之最上乘，和晚清的政治情勢有密不可分的關係。由 1840 年的鴉片戰爭起，歷經自強運動，一直到 1894 年的中日甲午戰爭，中國屢戰屢敗，於是改革氛圍洋溢。中日甲午戰後，嚴復見中國現況凋蔽，如不奮發圖強，勢必亡國，而有〈論世變之亟〉、〈原強〉、〈闢韓〉、〈救亡決論〉（光緒 21 年，1895），而維新派康梁等則戮力推動維新事業。列強見中國積弱不振，欲加以瓜分，劃定勢力範圍，於是梁啟超在光緒 25 年（1899）有〈瓜分危言〉一文之作。大致而言，整個時代充滿一種「救亡圖存」氛圍。梁啟超的維新政策基本上有兩個途徑：一是由上而下，經由朝廷明主的認同，推動政治改革，這是康梁的主要改革途徑；另一管道則是藉由大眾傳媒來教育百姓、宣揚理念，這是康梁辦《強學報》（1895-96）、《時務報》

---

32 有關晚清小說的觀念可參看康來新，《晚清小說理論研究》（台北；大安出版社，1986）；賴芳伶，《清末小說與社會政治變遷（1895-1911）（台北；大安出版社，1994）；黃錦珠，《晚清時期小說觀念之轉變》（台北：文史哲出版社，1995）。另請參看陳俊啟，〈從「街談巷語」到「文學之最上乘」— 由文化研究觀點探討晚清小說觀念的演變〉，《通俗與雅正文學：第一屆全國學術研討會論文集》（台中：國立中興大學，2001），頁 181-210，收入本書第一章；〈重估梁啟超小說觀及其在小說史上的意義〉，《漢學研究》20：1（2002.6）：309-338，見本書第二章。

（1896-98）的緣由。[33] 在這樣「救亡圖存」氛圍的考量之下，不管是在政治、社會思想的引進考量，基本上都以救國為關注，在文學上也一樣。[34] 梁啟超的小說觀最能看出其中關節。梁啟超在 1896 年的《變法通議》提出要用俚語「廣著群書」，可以用來「闡聖教」、「雜述史事」、「激發國恥」、「旁及彝情」，提出小說與現實環境的關係，以及小說的社會功效。[35] 在 1897 年康有為〈《日本書目志》識語〉中言：

> 易逮於民治，善入於愚俗，可增七略為八、四部為五，
> 蔚為大國，直隸王風者，今日急務，其小說乎！僅識字
> 之人，有不讀經，無有不讀小說者。故六經不能教，當
> 以小說教之；正史不能入，當以小說入之；語錄不能喻，
> 當以小說喻之；律例不能治，當以小說治之。天下通人
> 少而愚人多，深於文學之人少，而粗識之、無之人多。
> 六經雖美，不通其義，不識其字，則如明珠夜投、按劍
> 而怒矣。……今中國識字人寡，深通文學之人尤寡，經

---

33 請參看戈公振，《中國報學史》（插圖整理本）（上海；上海古籍出版社，2003），頁 155-157；171-178；徐松榮，《維新派與近代報刊》（太原：山西古籍出版社，1998），頁 62-63；64-90。《時務報》原來是因《強學報》遭到清廷禁行，因此在廣州的康有為聯絡上海的汪康年黃遵憲等人籌辦，由梁啟超、徐勤等人主筆政，汪康年任總理，後來 1897 年梁至湖南主《時務學堂》，1898 年戊戌政變後，汪康年則另創《時務日報》。

34 夏曉虹也認為任公早年的理念是「文學救國」，到了晚年則漸轉入「情感中心」。見夏曉虹，《覺世與傳世——梁啟超的文學道路》（上海：上海人民出版社，1991），頁 13-39。

35 梁啟超，《變法通議‧論幼學》《飲冰室文集》第一冊第一卷（台北：中華書局，1983 台三版），頁 44-60。

　　義史故，盃宜譯小說而講通之。[36]

　　提出小說可發揮極大之功效，六經、正史、語錄、律例作不到的，小說都作得到。小說固有其教化之功用，然於其所欲傳達之質素則康梁等人並未清楚說出。到了 1898 在〈譯印政治小說序〉中梁啟超提出了「政治小說」一詞，不過還是語焉未詳，僅指出歐洲「魁儒碩學、仁人志士，往往以其身之經歷，及胸中所懷政治之議論，一寄之於小說。」[37] 在 1899 年的〈傳播文明三利器〉一文中，梁啟超介紹犬養毅的觀點，認為學校、報紙及演說三者為普及文明之途徑，梁啟超再加上小說一端，進而強調小說在協助日本大眾熟悉自由、民主等觀念所發揮的巨大功效。[38] 梁氏提倡政治小說之緣由已清晰的浮現出來：小說（以及報紙、學校、演說）都是促進中國現代化的重要工具。這裡我們特別要注意的是，根據黃宗智的研究，任公所謂的「文明」在當時日本文化氛圍中的意義，並不是我們今天意味的 civilization，而是 modernity。[39] 換句話說，新小說與現代性之間的關連正式被建立起來了。

　　到了 1902 年，梁啟超對於小說有更清晰的理念，我們可以在〈小說與群治之關係〉及《新民叢報》上的〈紹介新刊──新小說第一號〉兩文中看到。在〈紹介新刊〉中，梁啟超較為精

---

36 收於陳平原、夏曉虹編，《二十世紀中國小說理論資料（第一卷）1897-1916》（北京：北京大學出版社，1989），頁 29。

37 收於陳平原、夏曉虹編，《二十世紀中國小說理論資料》，頁 37。

38 梁啟超，《飲冰室自由書》《飲冰室專集》（三）（台北：中華書局，1986 台三版）。

39 Philip Huang, *Liang Ch'i-ch'ao and Modern Chinese Liberalism*（Seattle: University of Washington Press, 19720, pp. 53-56.

彩的地方在提出小說若要感人，要傳達理念，得懂得訴諸人類感情的特性；同時也深入討論中國小說撰寫的技巧暨技術上的問題。但是我們更要注意到在文中他賡續〈譯印政治小說序〉思路，提出「蓋今日提倡小說之目的，務以振國民精神，開國民知識，非前此誨盜誨淫諸作可比」。[40]「振國民精神、開國民風氣」已正式將新小說的目的標舉出來。至於〈論小說與群治之關係〉較為突出的是梁啟超「除了告訴讀者小說可以作甚麼，應該作甚麼之外，他在本文中同時以一種文學及心理學的角度，來探究小說『如何』可以達到這些目標。」[41]但是我們千萬不能忽略掉文中第一段表面誇張修辭語氣下的現代性追求，梁啟超很明顯地將政治現代性與小說結合在一起了：

> 欲新一國之民，不可不新一國之小說，故欲新道德，必新小說；欲新宗教，必新小說，欲新政治，必新小說；欲新風俗，必新小說；欲新學藝，必新小說；乃至欲新人心、欲新人格，必新小說。[42]

如果我們注意到此文中充溢的「新」字及背後可能的意涵，那麼梁啟超，以及大部分的晚清小說的「現代性追求」也就昭然若揭了。因此筆者提出：

---

40 此文較少人注意到，原刊於《新民叢報》20（1902），頁 99。筆者在〈重估梁啟超小說觀及其在小說史上的意義〉一文中有討論，請參見《漢學研究》20：1（2002.6）：309-338。亦見本書第二章。

41 筆者在上注的文章中特別探討了梁啟超對於小說的看法，一路發展到了此文時，已達到較為成熟的小說美學觀（「二德四力」的提出以及它們的意涵及侷限）。

42 陳平原、夏曉虹編，《二十世紀中國小說理論資料》，頁 50。

一個「新」的中國是任公努力的最終目標。任公相信，為了要達到此一目標，小說——因為其通俗適眾的性質——是最佳的工具。作為傳播維新思想的管道，小說首先就要把維新思想作為其內容，而此恰是傳統小說所最缺乏的內容層面。因此「小說界」革命的最重要題綱，當然就是要強調新內容和新思想。何謂「新思想」？當然就是有關改革的思想，或是所謂「新民」的思想。更具體的說，就是：「關切於今日中國時局者」、「發揮自由精神」、「發揚愛國心」、「寓愛國之義」、「描寫現今社會情狀、藉以警醒時流、矯正弊俗」、「借小說家言以發起國民政治思想，激勵其愛國精神」、「吐露其所懷抱之政治思想」、「發明哲學及格治學」、「養成國民尚武精神」、「激勵國民遠遊冒險精神」、「言今日社會問題之學理而歸結於政治上關係」等。總而言之，小說的內容應該是有關社會、政治改革的思想。這些思想即筆者所謂的「小說之政治層面」，在傳統小說中可以說是未曾見的，經由任公的提倡才被引入所謂的新小說中，希望經由它們來開啟民智。[43]

也就是說其實梁啟超以及當時晚清「新小說」的提倡者，一方面是針對所謂的「誨盜誨淫」的舊小說提出攻擊，當然另一方面的目的是要將小說納入到他們的維新改革事業中，借小說來「開國民風氣」「振國民精神」，借小說來宣揚理念。而他們所欲宣揚的理念，其實即是政治上、思想上晚清中國所欲追求的

---

43 〈重估梁啟超小說觀及其在小說史上的意義〉：326。

「現代」西方理念，如「新」、「關心時局」、「自由精神」、「愛國心」、「政治思想」、「哲學」、「格致」、「國民尚武精神」、「冒險精神」、「社會思想」等。[44] 在此一層面上，我們必須承認晚清小說（尤其是所謂的「新小說」）其實是晚清追求「現代性」的整體論述中的一部分。如上所述，我們在新小說中固然看到相當強烈的現代性追求的表現，但是在其他類型的小說中，如一般被視為傳統的公案小說，或是後來的消閒的偵探推理小說等次文類中，是不是也有所謂的「現代性追求」呢？若有的話，它是以甚麼型態出現？，它們與「現代」文學之間的關係又是如何？

三、公案小說在晚清的轉折

有關公案小說的定義有不同的說法，眾說紛紜，很難有一致的共識，[45] 我們關注的不是文類的定義及範疇，因此我們就

---

44 當然我們所舉的這些「現代」質素，有些看來似乎與傳統的某些思想無異，如「愛國思想」、「政治思想」、「社會思想」等，但我們應該瞭解，這些術語或思想其實已有其「現代」的意涵在其中了，如政治思想指的已經是西方的民主思想，而非傳統的中國政治思想了；道德指的是西方的「公德」，而非中國傳統儒家的「道德」。這部分在思想史上已有許多專著處理，比方梁啟超對於這些思想的看法 Hao Chang [張灝], *Liang Ch'i-ch'ao and Intellectual Transition in China, 1890-1907*（Cambridge; Harvard UP, 1971）以及黃克武，《一個被放棄的選擇：梁啟超調適思想之研究》（台北：中央研究院近代史研究所，1994）著作中均有相當詳盡的討論，此處就不贅言了。

45 比方說曹亦冰在其討論俠義與公案小說的專著中就沒為公案小說下定義，見《俠義公案小說史》（杭州：浙江古籍出版社，1998）。黃岩柏則簡要地定義為：「中國古代小說史上特有的概念。它必須具備這兩部分內容，即案情的描寫和斷案的描寫；斷案包含破案和判案兩部分，至少要寫其中的一部分。」見黃岩柏，《公案小說史話》（瀋陽：遼寧教育出版社，1992）。到了 2004 年呂小蓬在其專著中，根本就認為公案小說本身

簡單認為公案小說大致上是與民刑事案件有關的小說，其中往往包括了作案、報案、審案、判案幾個過程，而以「摘奸發伏、雪洗冤枉」為高潮。[46] 有關辦案，其實在先秦兩漢有刑法和獄訟制度之建立，也就有了早期公案小說的雛形了。不過一般學者還是認為大約到了宋代，所謂「公案小說」方能成得上是獨立成熟的類型。[47] 其一，公案作品遽增，僅就文言小說部分就有近三百篇，大大超過了宋代以前作品的總和。其二，以「公案」為名的小說出現，如洪邁《夷堅志》中有〈何村公案〉、〈艾大中公案〉；蘇軾《東坡志林》有〈高麗公案〉等名稱。有作品，且有特定稱呼，名實相符，表示此一類型小說已為當代人所接受。名稱固然只是一標號，但是它代表某種事物的本質，是區別於其他事物的標識，特別是小說流派的名稱，大致上要到某種題材或體裁、樣式已發展到一定程度才會產生的，如「志人」「志怪」、「傳奇」「話本」等均是。其三，無論是灌園耐得翁《都城記勝》中的四種分法，或是羅燁《醉翁談錄》中的八種分法，都將「公案」列為一類，可見公案題材在宋代的重要性。其四，公案小說在結構上也已成熟完備，許多作品都具備了作案、報案、審案、判案的要素，甚至我們大致可以描摹出其典型結構來：（1）罪犯犯罪；（2）罪行被告發或發現；（3）誤捕無辜者；（4）某官吏前來調查（有時從神異來源得到線索）；（5）官吏

有其「含糊性」，定義有困難，其書則以小說中的「公案文化」為探討的對象。見呂小蓬，《古代小說公案文化研究》（北京：中央編譯出版社，2004）。

46　王德威，〈「老殘遊記」與公案小說〉，《從劉鶚到王禎和：中國現代寫實小說散論》（台北：時報文化，1986），頁 56。

47　黃岩柏認為宋元時期是公案小說一大轉折，但是到明代才成熟，見《公案小說史話》，頁 55-56。

查獲真正罪犯（有時借神異之助）；（6）懲罰罪犯；（7）蒙冤者得到補償；（8）敘述者頌揚辦案官吏之明斷，並提出道德上的勸誡。[48]

到了明代，有《百家公案》、《廉明公案》、《諸司公案》、《龍圖公案》等公案小說專集的出現，[49]另外則是清官形象的出現，如包公、海公等。[50]不過到了清代，公案小說有了新的發展。基本上，清朝的公案小說如黃岩柏所說的，可以視作是公案小說發展中的一個高潮，因為不管在內容上作者利用公案小說來批評時政、反映民情，或是在故事的曲折懸疑上，清代小說都有傑出表現。但是以《施公案》作為一標識點，公案小說走向章回化，同時也和武俠結合。和武俠結合這部分尤其和公案小說的發展有密切關係。黃岩柏指出，由於「武俠的作用越來越大，最終架空，取代了清官的主導地位，情節也由案情、斷案為主演變成以打鬥為主，從而喪失了公案小說的本質。」[51]

《施公案》、《彭公案》、《三俠五義》等清代的公案小說中，我們不僅看到清官破案的份量逐漸減少，武俠部分逐漸增多，而且「重點轉向對付『謀反』。蕩平了反叛，武俠都受了御封，清官得升高官。」[52]王德威則更進一步指出其中的微妙：

新一輩自命不凡的俠客／復仇者，竟然與朝廷委派的清

---

48 吉爾伯特 [Gilbert Fang]〉，〈《九命奇冤》中的時間：西方影響和本國傳統〉，收於米琳娜（Milena Dolezelová-Velingerová,）編，《從傳統到現代：19 至 20 世紀轉折時期的中國小說》（北京：北京大學出版社，1991），頁 127。
49 黃岩柏，《公案小說史話》，頁 56-60。
50 王德威，〈「老殘遊記」與公案小說〉，頁 56-57。
51 黃岩柏，《公案小說史話》，頁 73-88。
52 黃岩柏，《公案小說史話》，頁 90。

官／探案者互通聲氣，甚至融為一體。它所演義的情節排比以往不能相容、甚至無法想像的事件，並讓來路不同角色齊聚一堂。法律的顛覆者與法律的捍衛者聯合起來，而一心為朝廷效力的大內高手，竟然可出身於江湖綠林。這樣一來，原本是俠義小說與公案小說相互有別的活動場景，即廟堂與江湖這兩種時空型，在晚清小說家和說書人那裡，卻僭越了各自的界線。只不過晚清俠義公案小說的核心處，仍舊保留著對皇權的稱頌，並以之為人間正義的最終裁判。[53]

清代公案小說大盛於嘉慶道光，一直延續到光緒年間，與當時政治社會腐壞、民生日漸艱困，同時與秘密組織如白蓮教、天理教之為亂有關係。從《施公案》開始，公案小說已經不只專注於各類刑案獄訟，也加入綠林人士為其懷柔所用的主題。一方面書中像黃天霸、七俠五義等豪傑志士的出生入死的英雄行徑，成為膾炙人口的焦點，移轉了以清官為中心的公案焦點，也間接立下了以英雄人物為中心，破解案件，為社會除害的偵探人物的初胚。公案小說中角色扮演的份量及重心移轉了，甚且其本質也改變了。這改變不可謂不大。另一方面公案小說確有陷入歌功頌德的窠臼，甚或有被政治化利用的情形。在這方面王德威對於《蕩寇誌》的討論可以做為我們的參考。

　　《蕩寇誌》並不屬於所謂公案小說的系統，但是如同王德威所說的，俞萬春（1794-1849）在小說中係出於「忠君保國」的動機，將小說視為一媒介，來發抒胸臆，因此可視為嚴復和

---

53 王德威，《被壓抑的現代性：晚清小說新論》（台北：麥田， 2003），頁164。

梁啟超「借小說敘述國是的先聲」。[54] 藉由將梁山泊 108 好漢
誅伏，俞萬春借此肯定君主極權；然而故事表面的亟欲恢復君
權，其實正顯現君權的動搖不穩定，否則也就不必詞費去維護。
因此全書發展了一種「政治危機感」：「足本《水滸傳》中，叛
逆者從未曾肯定是否願意歸順宋朝等級森嚴的制度，而政府的
合法性也從未曾被褫奪；但《蕩寇誌》一書，梁山泊群盜公然
摒棄對合法性的顧忌，而政府對自己是否有能力剷除顛覆性建
制，也不無憂慮。」[55] 如我們上面所述，公案小說中清官是其
中一重要要素，他不僅是清廉的表記，更是公理正義的象徵，
有時候為了達到伸張公理正義的目的，清官往往要與現有體制
及權威對抗。但是當清官必須與綠林豪傑結合，最後要收服謀
反的盜賊，以此來肯定朝廷政權的合法性及權威性時，其實公
案小說已被政治化，成為一種宣揚假象的工具，而其背後的真
實政治現況已昭然若揭，呼之欲出了。

　　至於清官的日漸失掉在公案小說中的位置，從《施公案》
已啟其端，除了上述所言，英雄俠士已逐漸奪去清官的光芒外，
小說中清官的人物描述也透露出消息。小說中的施公係以真實
歷史人物，施琅的次子施世綸為原形，基本上是一位「清廉、
勤奮、睿智、能幹」的人物。但是在《施公案》中，他卻是麻
臉、缺耳、歪嘴等「施不全」的形象。在此一面向上，其作為
一個清官的形象已大大打了折扣，已遠無法與包公莊嚴、凜然

---

54 王德威，〈重讀《蕩寇誌》〉，收於陳平原、王德威、商偉編，《晚明與晚
　　清：歷史傳承與文化創新》（武漢：湖北教育出版社，2002），頁 424。
55 王德威，〈重讀《蕩寇誌》〉，頁 425。王德威此文更進一步討論《蕩寇誌》
　　敘事的企圖與現實弔詭的關係，由此帶入俞萬春書中的引介新武器及其
　　所顯現的現代與傳統話語並存的狀態。但這部分已超出我們在此處對「公
　　案小說」的關注了。

正義的形象相比較。[56] 而清官形象的貶抑到了劉鶚（1857-1909）
的《老殘遊記》則到達一波高潮。這方面王德威的精闢見解值
得我們參考。《老殘遊記》中最常為論者津津樂道者之一，即是
劉鶚（1857-1909）對於玉賢、剛弼等自恃清廉而草菅人命所謂
清官的抨擊。王德威提出，藉由批判清官，劉鶚「針對深入民
心已久的公案文學及潛藏其後的意識型態，嚴加批判。」[57] 清
官在公案小說傳統中已是文類成規的一部分，而且是維繫公案
小說不可或缺的要素，「不論案情多麼奇詭錯綜、一位清官總能
（也應該）加以平反以昭雪冤情。藉著清官的斷案，故事中的
倫理道德模式得以再見，而其所代表的政治安定力量也重獲肯
定。」但是我們看到在《老殘遊記》中，原本應是重建道德秩
序、安定社會力量的清官，其殘酷的作為事實上與贓官無大分
別，甚至危害更大時，劉鶚事實上在某個層次上已對於公案小
說文類提出質疑，並已產生顛覆的效應。而其背後的道德及時
代意涵更值得我們留意。

> 劉鶚藉著清官不仁的主題以抒發個人反對政治現況的塊
> 壘；但尤令我們矚目的是，一旦清官所代表的政治安定
> 力量消弭於無形，則其所應維繫的道德秩序亦無從施
> 展。而這正是「老殘遊記」一書所面臨之問題的癥結所
> 在。以往公案小說裡所鋪陳的倫常善惡關係多有賴清官
> 的斡旋支持而得不墜，但是在「老殘遊記」中清官的所

---

56 黃岩柏，《公案小說史話》頁，86-87。
57 王德威，〈「老殘遊記」與公案小說〉，頁 58。

作所為卻造成一種道德混沌的狀態（moral ambiguity）。[58]

而此一「道德混沌」又與晚清的整體思想發展不可分離。我們上面已提出從 1840 到 1894、5 年間，基本上是中國面臨全面性的「世界觀」、「價值觀」動搖，產生一種追尋意義與秩序的時代。要理解《老殘遊記》以及公案小說之轉變，我們得將之置於此一架構下來瞭解，方能掌握到它們的意涵。換句話說，在公案小說中，除了表面的文類表現，如辦案、審案、斷案等公案成規外，由其發展的軌跡、人物重心的移轉、背後可能的政治性等，我們看到了一種反應時代現況及心態的文學呈現。也就是說，公案小說在晚清的發展與整體晚清追求現代性的大趨勢是不可分的。與梁啟超等人的正面以「新小說」來追求現代性不同，我們看到在傳統的「公案小說」，在其文類發展的歷史中，有其「內在理路」，但是到了嘉慶道光當清朝不得不與外在文化碰撞，致使整體思想界逐漸產生變化時，公案小說因小說本身與外在現實世界的密切關聯，也以一種不同的方式參與到整體社會文化氛圍中。在《施公案》中我們已看到清朝在尚未面臨西力的衝擊時，其實內在政治社會面已逐漸崩解難控，因此以清官的結合俠士，最後弭平盜賊，來塑構（或掩飾）政權的穩當合法。但同時它展現出清朝自身的法律制度已然無法產生效應，連清官也無力回天，需要借用體制外的力量來協助維持社會秩序及道德倫常，但當體制外的力量被徵召時，其中的道德體系及價值隨即變為渾沌曖昧，此正鮮明地體現出晚清時期的種種弔詭樣貌。此一情形自《施公案》已啟其端，但到了

---

58 王德威，〈「老殘遊記」與公案小說〉，頁 60-61。

《老殘遊記》則更進一步呈顯出來。然而公案小說縱有揭露浮現晚清社會、道德困境的效應，我們發覺基本上公案小說中的人物，以及小說本身並不能提供一條出路。正如王德威所指出的，當老殘獨力闖公堂，嚴斥剛弼，其顯現的是一種唐吉訶德式精神的呈現，黃天霸及老殘等固然可以以他們個別的方式解決一些個別的社會、法律問題，但是當面臨整體、巨大的社會變革時，其實他們是無力的，也不知如何面對解決這些問題。他們所處的處境以及作品所呈現的是一個「山雨欲來風滿樓」的時代。「這一文類對皇權表面奉承，固然受到保守派的歡迎，卻也迂迴指出主流意識型態即將遭遇的崩潰。俠義公案小說既不全心全意的擁護舊制度，也不承諾法外英雄必然帶來新制度。它以形形色色的方式置換並替代了權力的話語，從而提供了有關事變及維新的舞台。」[59] 公案小說對於現況似乎是無力的，它負面地展演出中國在面臨巨變時的政治及道德困境，但是在本質上屬於中國傳統思考的公案小說顯然無法因應新時代的要求，無法參與到中國追尋現代性的時代話語中。俠義公案小說中的某些部分則以另外的形式化入到現代的話語中，其中的一個支流就是偵探／推理小說。[60]

四、偵探／推理小說與現代性追求

偵探／推理小說（下面僅以偵探小說代之）是屬於晚清翻

---

59 王德威，《被壓抑的現代性》，頁 167。
60 王德威認為俠義公案小說有兩個支流，一個是偵探小說，「試圖恢復就派公案懲奸摘惡的精神」，另一派則是俠情與幻想結合的小說，見王德威，《被壓抑的現代性》，頁 168。

譯文學中的一大宗，而翻譯在晚清就是引進西學的一大管道。
依我們前面對於晚清時期歷史及思想發展的敘述，當時一方面
清朝知識份子對於中國文化懷有強烈信心，因此「師夷長技以
制夷」，成為因應的辦法，不管是同文館、廣方言館、江南製造
局等均大量翻譯西學書籍，藉以補足中國之「不足」。甲午戰爭
前後，對於中學西學的理解有了不同的看法，翻譯成為向西方
學習的重要管道，也是引進「西方現代性」的最重要的途徑。
梁啟超等人即不遺餘力的引進介紹西方的民族思想、政治思想、
社會思想等，希望向西方取徑，來現代化中國，讓中國免於淪
為殖民地。對於翻譯小說的掌握要在這樣的脈絡裡來理解。孔
慧怡指出

> 對於倡議改革者來說，西方小說是引進當時西方先進知
> 識的來源，而這個時期的翻譯小說大部分為當代作品，
> 亦正好顯示出改革者尋求的西方知識是何性質。從這個
> 角度來看，晚清小說翻譯跟 19 世紀中葉國人翻譯西方歷
> 史、法律、政治、自然科學等書籍並沒有什麼分別。[61]

換句話說，翻譯小說與「新小說」本質上是相同的，是改革者
希望利用小說來介紹新知、傳播新觀念，借以贊助推動改革，
因此在翻譯小說中我們也應該注意到它們如何在小說中引進現
代性，以及在引進過程中因為小說特殊文類性質而引發的種種
變異，也就是說，小說原本就是一種消閒文類，是一種文學，

61　孔慧怡，〈還以背景，還以公道─論晚清民初英語偵探小說中譯〉，收於
　　王宏志編，《翻譯與創作：中國近代翻譯小說論》（北京：北京大學出版
　　社，2000），頁 88。

小說固然具有其社會教育功能，但是作為一種文學，它亦有自己發展，在此面向上它又不可以僅以實用觀點來侷限的文類。

　　從 1896 年梁啟超主編的《時務報》上刊出了張坤德翻譯的四篇柯南道爾（Arthur Conan Doyle, 1859-1930）作品開始，偵探小說在晚清文壇就廣為讀者歡迎，發揮了極大的影響力。[62] 在清末民初的文壇，翻譯作品佔了全部作品的三分之二，而偵探小說又佔了其中的三分之二。[63] 偵探小說何以受到這般歡迎，阿英認為「偵探小說，與中國的公案和武俠小說有許多脈搏互通的地方，同時也迎合了在季世的人民鏟奸去惡的心理。」[64] 在這方面，我們知道中國傳統公案小說中原本就有「摘奸發伏，雪洗冤屈」，其中有作案、報案、偵案、審案、判案等過程，其中因為清官的作為，最後罪行得到了懲罰，此中又有清楚的道德勸誡在。以其中善有善報，惡有惡報的心理而言，偵探小說與公案小說有其共通處。然而偵探小說在晚清民初之所以受到歡迎恐怕要由另外面向來觀察較為貼近現實。

　　首先，如我們上面所言，翻譯小說的引進要在更大的「西化」、「現代化」的脈絡中來審視方能掌握其何以受到重視。換句話說，偵探小說的翻譯引進有很大成分是要推廣新知識及新

---

62 這四篇分別為：〈英包探勘盜密約案〉（The Naval Treaty）、〈記傴者復仇事〉（The Crooked Man）、〈繼父誑女案〉（A Case of Identity）及〈呵爾晤斯緝案被戕〉（The Final Problem）。它們分別刊於 1896-97 年《時務報》6-12 冊，24-30 冊。

63 范伯群（主編），《中國近現代通俗文學史》（上海：江蘇教育出版社，2000），頁 758。阿英則說在一千種翻譯小說中，偵探小說佔了一半，見《晚清小說史》（台北：商務印書館，1996 台二版），頁 242。不管確實數量多少，其佔大宗是事實。

64 阿英，《晚清小說史》，頁 242。澤田瑞穗意見與阿英差不多，只把鏟奸去惡心理用「社會小說」解釋，見澤田瑞穗，〈晚清小說概觀〉，收於林明德編，《晚清小說研究》（台北：聯經，1988），頁 56。

觀念。王德威在討論晚清俠義公案小說時指出俞萬春在《蕩寇誌》中已帶入西方奇器淫術，但是在作者筆下這些都被納入傳統思考模式中的一部分；在《三俠五義》中也有銅網陣的機關，但視之為個人與政治機器的對抗更為恰當。[65] 因此兩者恐怕都不能視作是用來引入推廣「新」知。但是到了偵探小說，不論其形式及內容都是新奇的，「偵探故事中經常提及新科技 —— 火車、地鐵、電報等 —— 全是十九世紀中國人羨慕的事物；偵探小說這個品種是和現代生活緊密結合在一起的，故事主人翁以邏輯推理和有規律的行動屢破奇案，表現出當時國人被視為欠缺的質素 —— 堅強的體能和智能。」[66] 現代性的引進，我們可以由兩個面向來考察：一方面是識者有意識的介紹引進，如梁啟超等有識之士體認到中國有許多面向需要向西方學習，因而不遺餘力地介紹新知，希望開啟民智，引領國民及國家往更好的境界走；另一方面則是一種「體驗」的層面，也許身歷其境的人並未充分意識到主觀所欲追求的現代質素，但是在客觀的環境中，其實他已主觀地感受到或是不自覺地已受到影響。[67] 而在後者，任何有關「新」的、「奇」的，來自西方的東西，都能相當大幅度引起讀者的喜愛。更何況像福爾摩斯小說所提供的對於案件的全然不同的處理，比方說謎樣的案件、令人嘆為觀止的抽絲剝繭的推理破案過程，具有鮮明人格特質的偵探、故事中人物性格的掌握，以及小說氣氛的塑造安排等。俠人認

65　王德威，〈重讀《蕩寇誌》〉，頁 430-437；《被壓抑的現代性》，頁 188-191。

66　孔慧怡，〈還以背景，還以公道〉，頁 93。

67　對於現代性這方面的討論較少，但是卻很重要，可以參看鍾叔河，《走向世界：近代中國子知識份子考察西方的歷史》（北京：中華書局，2000）以及王一川，《中國現代性體驗的發生》（北京：北京師範大學出版社，2001）。

為,「唯偵探一門,為西洋小說家專長。中國敘此等事,往往鑿空不近人情,且亦無此層出不窮境界,真瞠乎其後矣。」[68] 周桂笙(1873-1936)在〈《歇洛克復生偵探案》弁言〉中極生動的描寫了偵探小說與中國公案小說的異同:

> 吾國視泰西,風俗既殊,嗜好亦別。故小說家之趨向,迴不相侔。尤以偵探小說,為吾國所絕乏,不能不讓彼獨步。蓋吾國刑律訟獄,大異泰西各國,偵探之說,實未嘗夢見。互市以來,外人伸張治外法權於租界,設立警察,亦有包探名目,然學無專門,研究無心,徒為狐鼠城社。會審之案,又復瞻循顧忌,加以時間有限,研究無心。至於內地讞案,動以刑求,暗無天日者,更不必論。如是,復安用偵探之勞其心血哉!至若泰西各國,最尊人權,涉訟者例得請人為辯護,固有非證據確鑿,不能妄入人罪。此偵探學之作用所由廣也。而其人又皆深思好學之士,非徒以盜竊充捕役,無賴當公差者,所可同日語。用能迭破奇案,詭密神妙,不可思議,偶有記載,傳頌一時,偵探小說即緣之而起。[69]

這些異同讓讀者看到、感知到中國傳統政治、社會、法律、人權等面向的缺陷,同時也指出西方偵探小說中以及其背後有別於中國思想的不同處,這些很明顯的都對晚清讀者有衝擊,也

---

68 俠人,《小說叢話》,見陳平原、夏曉虹編,《二十世紀中國小說理論資料》,頁93。

69 周桂笙,〈《歇洛克復生偵探案》弁言〉,見陳平原、夏曉虹編,《二十世紀中國小說理論》,頁135。

刺激讀者的閱讀慾望，尤其是讀者們所熟悉的現實社會中充溢著許多與此相反的不公及對現況無力的情境。

　　此外，我們在上面公案小說的討論中已指出公案小說發展到清末，逐漸顯現出舊有的道德法律已經無法維繫社會安定的現象。然而如孔慧怡所言，

> 假如偵探小說在西方的作用是因為各種既定制度經常面對挑戰，引起公眾心理不安，而偵探案中法紀必勝的結局正好為讀者提供心理上的穩定作用，那麼在世紀之交的中國，政治制度及社會制度都處於極不安定的狀態，偵探小說提供的心理穩定作用對中國讀者來說，吸引力就更見強烈了。在一個公理難伸的社會，偵探故事的主人翁維護法紀，有如古代的包青天，但又比包青天更勝一籌，因為他查案用的是現代的科學方法。這種傳統道德價值和現代西方科技的配合，實在是晚清讀者很難抗拒的。（強調處為引者所加）[70]

也就是說，在傳統公案小說找不到的出路，無法解決的困境，在新引進的偵探小說中至少開啟了一扇門，提供了一個（因為是西方來的「現代」的觀念及方法）看來是更有依據、更可靠的可能性。

　　偵探小說的引進紹介，其背後的動機及目的則與我們所關注的現代性更有關聯。商務印書館主人在〈補譯華生包探案序〉中說明加譯之緣由：

---

[70] 孔慧怡，〈還以背景，還以公道〉，頁 93。

或曰：是不過茶餘酒罷遣興之助，何俾學界，奚補譯為？
雖然，是固可見彼文明人之情偽。異日舟車大通，東西
往來益密，未始不可資鑑戒；且引而伸之，亦可使當事
者學為精審，免鹵莽滅裂之害，然則又未必無益也。[71]

湯哲聲在評論時引周桂笙文章指出，「偵探小說宣揚的是一種
法治，而不是人治；要求的是科學實證，而不是主觀臆斷；講
究的是一種人權，而不是皇權，這樣的一種思想內涵的小說體
裁，輸入的正是時代所需要的『西洋文明』。」[72] 此外，林紓
在 1908 年於商務印書館出版了其譯著，《歇洛克奇案開場》，陳
熙績在為林文校讎點定句讀後為之寫〈敘〉，在文中，陳熙績首
先肯定了林紓譯述泰西小說，「寓其改良社會，激動人心之雅志」，
然後進一步稍談論了福爾摩斯在故事中的事蹟。接著陳熙績對
福爾摩斯作了以下的論點：

嗟乎！使吾國男子。人人皆如是堅忍沈摯，百折不撓，
則何事不可成，何侮之足慮？夫人情遇險易驚，遇事則
忘，故心不憤不興，氣不激不奮。宴安之毒，何可久懷？
昔法之蹶於普也，則圖其敗形以警全國之耳目；日之扼
於俄也，則編為歌曲以振通國之精神。中國自通市以來，
日滋他族，實逼處此。庚子之役，創痛極矣。熙績時在
圍城，目擊其變，踐列之慘，概不忍言。繼自今倘有以
法、日之志為志者乎？是篇雖小，亦借鑑之嚆矢也，吾
願閱之者勿作尋常之偵探談觀，而與太史公之《越世家》，

71 見陳平原、夏曉虹編，《二十世紀中國小說理論資料》，頁 221。
72 見范伯群編，《中國近現代通俗文學史》，頁 771。

> 《伍員列傳》參讀之可也。是書舊有譯本，然先生之譯
> 之，則自成為先生之筆墨，亦自有先生之微旨在也。[73]

也就是說，除了以其「新」、以其「奇」吸引人外，偵探小說之
能受到重視，有相當大因素是因其能參與到「改良社會、激動
人心」的啟蒙大業中。半儂（劉半農 1891-1934）在 1916〈《福
爾摩斯偵探全集》跋〉中指出「科南道爾抱啟發民智之宏願，
欲使偵探界上大放光明」，為達此目的，他「改變其法，化死為
活」，不採教育方式而是以小說方式，「以至精微至玄妙之學理，
託諸小說家言，俾心有所得，即筆而出之，於是乎美具難并，
啟發民智之宏願乃得大伸。」[74] 半儂還在此文中，相當細膩地
分析了福爾摩斯做為偵探的幾個特點，即「索」、「剔」、「結」。
「索」即廣為蒐集資料細心觀察，「無論巨細，無論隱顯，均當
搜索靡遺，──儲之腦海，以為進行之資。」「剔」即理出條理，
「運其心靈，合全盤而統計之，綜前後而貫徹之，去其不近理
者，就其近理者，庶乎糟粕見汰，而精華獨留，于以收事半功
倍之效。」至於「結」則是綜合結論，提出答案。這些都是現
代性中所強調的理性思考，邏輯推理、歸納的科學精神。不管
是周桂笙、林紓、陳熙績、或是半儂，當他們在翻譯偵探小說
時，他們都相當清楚地把引介偵探小說與開啟民智、改良群治
的「現代性追求」結合一起。因此我們雖然理解到偵探小說有
某些質素似乎與傳統的公案小說有類似處，但是偵探小說作為

73　陳熙績，〈《歇洛克奇案開場》敘〉，見陳平原、夏曉虹編，《二十世紀中
　　國小說理論資料》，頁 350-51。
74　半儂，〈《福爾摩斯偵探案全集》跋〉，見陳平原、夏曉虹編，《二十世紀
　　中國小說理論資料》，頁 547-548。

一個文類，其實是一個由西方帶入的新概念。由於其所具有的特質，讓晚清的知識份子、譯者將之視為可以用來推廣新知識、新思想，改革晚清民初社會現象的工具。

　　然而，偵探小說只能是一個工具，為知識份子所利用來推動其理念的工具而已嗎？這兒，一個很重要的問題就浮現了。晚清民初的這些有識之士為了要達到其開啟民智、推廣新知，促使改革的目的，高度地推揚小說的功用，在某個程度上將小說從「街譚巷語、道聽途說」的不入流的位置一舉拉升到「文學之最上乘」。但是小說作為一種文類，其本質原來就是「小」的說，就是道聽途說，就是偏向消閒娛樂（至少不是那麼嚴肅的經國濟世大業）；[75] 因此當梁啟超等人將小說變為「大說」時，這中間弔詭的緊張狀態就產生了。這也是梁啟超在 1915 年寫出〈告小說家〉一文，中間對坊間小說不能持續維持「新小說」職志，為啟蒙改良而努力，深為嘆息無奈甚至洋溢沮喪的語調。[76]

　　偵探小說的引進如我們上面所言，也是在高度標榜小說的教育社會功用下被引進的，我們上面也引了像周桂笙、林紓、半農的文字，讓我們看到偵探小說在晚清民初知識份子眼裡手中，是被當作是傳播新知，輔翼改良的媒介來看待的。因為它們可以扮演這樣的功效，才大幅度的被引進、被接受，而且受到歡迎。但是受到歡迎，有不同的層面。一方面正是因為其「通俗適眾」，能發揮教育社會功能，因而受到歡迎，這部分大致上

---

75 其實在西方，小說被視為傳達真理（truth）的一種載體（「大說」），也是要到寫實主義成熟以後才有的觀念。

76 可參看筆者對此文的討論，〈重估梁啟超小說觀及其在小說史上的意義〉，頁 328-330。亦見本書第二章。

是菁英份子所採的態度。另一方面，偵探小說所以能受到歡迎，與其文類本身的某些內在特質有關，也就是其文學性。根據我們對中西文化交流的瞭解，原來中國引進輸入歐西思想，大都集中在其較為實用的部分，甚至有時候是一種有意的誤導、誤譯。[77] 但是隨著對於引進思想及作品的更深入理解，我們對於歐西思想的理解就愈來愈周詳、越全面，原來為識者所強調的部分（如開啟民智、改良群治）也會隨著而強化或弱化，或改變。這一部分其實是文化交流溝通中最有趣的部分。[78]

我們上面曾引了陳熙績為林紓的《歇洛克奇案開場》寫的〈敘〉，其中提到林紓的翻譯往往「寓其改良社會，激動人心之雅志」。林紓自己也寫了〈序〉，在其中他解釋了原來的譯名係《神樞鬼藏錄》，乃借用元微之「遂貫穿於神樞鬼藏之間」句，其實就是用來描述他對科南道爾寫作風格的感受及掌握：「文先言殺人者之敗露，下卷始敘其由，令讀者駭其前而必繹其後，而書中故為停頓蓄積，待結穴處，始一一點清其發覺之故，令讀者恍然，此顧虎頭所謂「『傳神阿堵』也。聊聊僅三萬餘字，借之破睡亦佳。」[79] 林紓固然有翼助維新之志，然而他同時也留意到柯南道爾小說敘事之手法及佈局之巧妙。半儂的〈跋〉其實也有同樣的情形，一方面他強調了偵探小說有「開啟民智之宏願」，但是他也提出柯南道爾小說中的「索」「剔」「結」；

---

77 晚清的翻譯最突出的就是這類或刪或加或改的翻譯，梁啟超的翻譯往往都是。澤田瑞穗稱之為「豪傑譯」，見澤田瑞穗，〈晚清小說概觀〉，頁 54-57。

78 這部分可參看孔慧怡，〈還以背景，還以公道〉。劉禾有專著討論此一現象：Lydia Liu, *Translingual Practice: Literature, National Culture, Translated Modernity（China 1900-1937）*（Stanford: Stanford UP, 1995）．

79 林紓，〈《歇洛克奇案開場》序〉，見陳平原、夏曉虹編，《二十世紀中國小說理論資料》，頁 351。

這不僅是我們上面所解釋的，是一種理性、邏輯推理演繹的科學精神，其實它們也是整體小說佈局的重要架構。半儂指出，

> 偵探之為事，非如射覆之茫無把握，實有一定之軌轍可尋。惟軌轍有隱有顯，有正有反，有似是而非，有似非而是，有近在案內，有遠在案外。有軌轍甚繁，而其發端極簡；有軌轍甚簡，而發端極繁。千變萬化，各極其妙。從事偵探者，既不能如法學家之死認刻板文書，更不能如算家之專據公式，則惟有以腦力為先鋒，以經驗為後盾，神而名之，貫而徹之，始能奏厥膚功。[80]

　　覺我（徐念慈，1875-1908）也認為，「偵探小說者，於章法上佔長，非以句法佔長；於形式上見優，非以精神上見優者也。」[81] 另外，周桂笙在《毒蛇圈》的〈譯者敘言〉中有一段值得我們注意的話：

> 譯者曰：我國小說體裁，往往先將書中主人翁之姓氏、來歷敘述一番，然後詳其事蹟於後，或亦有用楔子、引子、詞章、言論之屬，以為之冠者，蓋非如是則無下手處矣。陳陳相因，幾乎千篇一律，當為讀者所共知。此篇為法國小說巨子鮑福所著。其起筆處即就父母問答之詞，憑空落墨，恍如奇峰突兀，從天外飛來，又如燃放花炮，火星亂起。然細察之，皆有條理。自非能手，不

---

80 半儂，〈《福爾摩斯偵探案全集》跋〉，見陳平原、夏曉虹編，《二十世紀中國小說理論資料》，頁 547。
81 覺我，〈第一百十三案・贅語〉，《小說林》一號（1907）。

敢出此。雖然，此亦歐西小說家之常態耳，爰照譯之。
以介紹於吾國小說界中，幸弗以不健全譏之。[82]

也就是說，偵探小說中在敘事、在佈局上、在結構上的安排、
在人物的刻畫及性格的呈現上、在角色相互之間的關係上，在
背景的安排上都有獨到的呈現。

西方自從愛倫坡（Edgar Allan Poe, 1809-1849）已降，大致
上已經形成一偵探小說的傳統，大致歸納起來，以 Poe 做為始
祖的古典偵探小說（classical detective story）對於情境的發展
處理，對於動作的開展及其模式、對於小說中角色相互之關聯，
以及整體事件及人物發展的背景環境氛圍大致上都有清楚的概
念。[83] 偵探小說的情境（situations）發展與中國公案小說不一
樣。偵探小說的起始往往是一個未解的罪行（unresolved
crime），然後才逐漸朝向神秘事件（mystery）的鋪演抒解，此
一「神秘」的重點通常是以罪犯的身份（identity）或動機（motive）
為關切點，也就是「兇手是誰」（whodoneit）；或是罪犯及其目
的已知，則問題轉為決定罪犯犯下罪行的過程或方法，一步一
步的提出證據來證明罪犯的作為。至於在動作模式上，偵探小

---

82 知新室主人[周桂笙]，〈《毒蛇圈》譯者識語〉，見陳平原、夏曉虹編，《二
十世紀中國小說理論資料》，頁 111。

83 John G. Cawelti, *Adventure, Mystery, and Romance*（Chicago: The
University of Chicago Press, 1976），p. 80. 筆者在這裡的討論大致依據
Cawelti 的看法。另外則參考以下著作：（1）Robin W. Winks, ed. *Detective
Fiction; A Collection of Critical Essays*（Vermont: the Countryman Press,
1980）；（2）Glenn W. Most and William W. Stowe, eds. *Poetics of murder:
Detective Fiction & Literary Theory*（San Diego: Harcourt Brace Jovanovich,
1983）；（3）Stephen Knight, *Crime fiction, 1800-2000: Detection, Death,
Diversity*（New York; Palgrave Macmillan, 2004）.

說乃是以偵探的偵察和破案為重心，此一偵察破案的過程大致可以釐分為以下模式：（1）偵探的引進介紹；（2）罪行及相關線索；（3）調查過程；（4）破案的宣布；（5）答案的解釋；（6）結局。在這裡，偵探是重要的，破案的過程是重要的，而最後的解案也是重要的。整體而言小說的重心在找到兇手以及知道其動機或其犯案的過程。此一模式與我們在第三節中所列的公案小說的模式有不同的偏重。在公案小說通常罪犯是誰是已知，犯案的情形通常也是已知，小說的重點較多是偏重在如何追到抓到、懲罰此罪犯，因而達到道德勸誠的目的。西方偵探小說顯然提供了不同層面的懸疑（suspense）。公案小說的懸疑在「何時」「如何」抓到罪犯，抓到後他該受「何種懲罰」；但是偵探小說提供的是「誰」犯了罪？「為何」犯？「如何」犯？偵探「如何」破案、解案？這和公案小說有很不同的偏重，偵探小說開啟了不同的視野及表達的方式。偵探的引進以及其形象性格的處理在偵探小說中是重要的，往往得凸顯偵探的特殊才能，如其分析推理、演繹的功夫，建立起偵探本人的權威及可信性（authority and creditability），激發我們對他的好奇及信心。這方面對於中國的譯者或作家顯然造成鮮明的印象。我們看到半濃提到的「索、剔、結」以及其背後的推理、演繹、歸納的能力；他也提到福爾摩斯的道德人格。[84] 在助手的安排上，我們也看到晚清民初作家譯者亦注意到「福爾摩斯／華生」模式的展現。[85] 另外。以敘述方法言，柯南道爾採華生博士來敘述福爾摩斯的辦案故事開啟了第一人稱敘述觀點的使用。華生不僅說出事情來龍去脈，但是因為又是第一人稱，因此又有所保留

84　半濃，〈《福爾摩斯偵探案全集》跋〉，頁 549。
85　范伯群編，《中國近現代通俗文學史》，頁 756。

或是有所「不見」，隱藏了某些「真相」，如此可以保有故事的懸疑，增加讀者對於作品的興趣。孔慧怡指出張坤德所譯的第一篇柯南道爾的小說，〈英包探勘盜密約案〉（The Naval Treaty），原著係採第一人稱敘事，但是張坤德可能怕中國讀者不習慣，將之改寫為第三人稱全知觀點。然而第二篇〈記謳者復仇事〉（The Crooked Man）則已用巧妙的第一人稱來敘事了。[86] 我們通常說吳沃堯的《二十年目睹之怪現狀》（1909）是第一本用第一人稱敘事觀點撰寫的小說的說法，其實這說法是可以再斟酌的。至於論者一般高度讚揚的吳沃堯的《九命奇冤》（1907）中的「倒敘」（flashback），其實並不是胡適所說的是「受了西洋小說的影響」，因為中國本土的敘述傳統中原本就有極豐富的倒敘技巧，此外，日本學者香阪順一也提出證據，認為吳沃堯受到當時流行於廣東地區的「南音民謠」影響。[87] 何況偵探小說中倒敘並不是普偏的手法，因為在偵探小說中，「情節一般依靠證據的逐漸發展和累積」，其「趣味完全取決於能否激起讀者的好奇心；偵探小說計畫的每一詳細步驟卻必須有助於維持和加強讀者的急於瞭解故事結局的心情。」[88] 不過，偵探小說對於時間的處理及懸疑的掌握確實影響到晚清民初小說家。[89]

　　證之林紓及半儂的文字，我們可以看出他們對於此一新文類的表現模式已有相當程度的理解，而這些文學性的表現已經

---

86 參看孔慧怡，〈還以背景，還以公道〉，頁 97-100。

87 胡適的說法，見《五十年來中國之文學》，（台北：遠流出版公司，1986）頁 128。香阪順一的說法轉引自吉爾伯特 [Gilbert Fang]，〈《九命奇冤》中的時間〉，頁 123-125。筆者認為這是另一種 highlighting 敘述技巧的使用，容爾後再專論。

88 吉爾伯特 [Gilbert Fang]，〈《九命奇冤》中的時間〉，頁 129。

89 陳平原，《中國小說敘事模式的轉變》（台北：久大文化，1990），頁 43。

不再是教育社會功能所能含攝的了。偵探小說不僅發揮其原本菁英份子所欲達到的教育社會功能（西方的社會情景、思考模式、法律觀念、人權觀念、道德觀念、人格特質等的介紹引進），其文類本身所蘊含的文學性質也發揮出效果出來了（如敘事模式、人物的描摹、時間的應用、敘述觀點、不同性質懸疑的應用，甚至不同文體的呈現等），偵探小說的影響逐步擴大了。

五、偵探／推理小說的功能

我們前面說，偵探小說的引進，原來是因其被視作可以發揮教育社會的文類，因而受到知識份子的青睞，以之來引進西方的現代性質素，希冀能開啟民智，改良社會。然而隨著偵探小說的流通量愈來愈大，（因為其表達呈現的技巧手法等的新奇）影響力也愈來愈大時，其兩面刃的情形就突顯出來了。小說固然在「有識之士」手中地位被提高了，也許也在某些面向也協助了推廣新知識新思想，但是我們知道一般的讀者還是偏向於將小說視為消遣娛樂。當小說轉向一般消遣娛樂時，其作為教育社會功能的「現代性追求」，也就不得不消減，甚至成為絆腳石了。我們上面指出的梁啟超在〈告小說家〉中的感受，恐怕也是許多有識之士的感受。在〈《中國偵探案》弁言〉中「中國老少年」即有不滿之言：

> 吾每讀之[偵探小說]，而每致疑焉，以其不能動吾之感情也。乃近日所譯偵探案，不知凡幾，充塞坊間，而猶有不足以應購者之慮。彼其何必購求偵探案，則吾不知也。訪諸一般讀偵探案者，則曰：偵探手段之敏捷也，

思想之神奇也，科學之精進也，吾國之昏官、贓官、糊
塗官所夢想不到者也。吾讀之，聊以快吾心。或又曰：
吾國無偵探之學，無偵探之役，譯此者正以輸入文明。
而吾國官吏徒意氣用事，刑訊是尚，語以偵探，彼且瞠
目結舌，不解云何。彼輩既不解讀此，豈吾輩亦彼輩若
耶？嗚呼！公等之崇拜外人，至矣盡矣，蔑以加矣。雖
然，以此種之小說，而日欲藉以改良吾之社會，吾未見
其可也。[90]

其實不僅「中國老少年」有意見，許多知識份子也有意見。孔
慧怡相當有見地地提出，偵探小說受到歡迎後，馬上就有反對
意見，「一端是推動普及小說，極力爭取讀者的人（他們的目標
主要是——但並非絕對是——經濟利益），另一端是注重建立道
德和文學標準的人。」這兩者之間之衝突「不一定源於客觀的
素質衡量，而更可能是因為這個小說品種在量方面佔了壓倒式
的優勢——在 1900 年代它已成為最令人矚目的小說品種了。」
[91] 不僅如我們所說的，翻譯偵探小說的數量在晚清文學中佔極
大宗，迅即有數量極多的作家不僅翻譯偵探小說，也開始進行
偵探小說的創作，如程小青、孫了紅、俞天憤、陸澹安、張碧
梧、趙苕狂等。《半月》、《紫羅蘭》以及其他雜誌都有類似「偵
探之友」欄目以及「偵探小說專號」的設置，後來更有如《偵
探世界》、《大偵探》等專業偵探小說雜誌的產生。[92] 但是孔慧

---

90 見陳平原。夏曉虹編，《二十世紀中國小說理論資料》，頁 213。
91 孔慧怡，〈還以背景，還以公道〉，頁 96。
92 有關偵探小說的創作盛況以及其中重要的偵探小說家及其作品的討論，
　 可參考范伯群編，《中國近現代通俗文學史》，頁 781-900。

怡並未能指出，其實這是小說文類中的權力關係的具體展現。當梁啟超或其他知識份子將新小說提升為文學之最上乘後（「大說」），小說與其他文類相互之間的關係已發生變動，已然是中國文學中主流的一部分，不僅是救亡圖存大業中的重要管道，更是追求「現代性」、建構現代中國的論述，如王德威所說的，小說可以「記載中國現代化歷程」，「國家的建立與成長、少不了鮮血兵戎或常態的政治律動。但談到國魂的召喚、國體的凝聚、國格的塑造，乃至國史的編纂，我們不能不說敘述之必要，想像之必要，小說（虛構）之必要。」[93] 當偵探小說可以置入到此一架構中時，它的存在性及合法性是毋庸置疑的，而且是值得提倡推動的。但是當偵探小說（如同梁啟超所認定的新小說）不能持續為救亡圖存大業效力，不能帶領中國往較佳善的境界去，甚或還毀壞人心，這是孰可忍，孰不可忍。梁與其同儕當然無法再像以往極權政權「禁燬」小說了，這也是為何梁啟超在 1915 年的話是這般的悲愴。但是他的話恐怕也是最有代表性了：

> 其什九則誨盜與誨淫而已，或則尖酸輕薄毫無取義之遊戲文也，於以煽誘舉國青年弟子，使其桀黠者濡染於險詖鉤距作奸犯科，而摹擬某種偵探小說之一節目。其柔靡者浸淫於目成魂與踰牆鑽穴，而自比於某種艷情小說之主人者。於是其思想習於污賤齷齪，其行誼習於邪曲放蕩，其言論習於詭隨尖刻。近十年來，社會風習，一

---

93 王德威，《小說中國：晚清到當代的中文小說》（台北：麥田，1993），頁 3-4。亦請參看筆者，〈從「街談巷語」到「文學之最上乘」—由文化研究觀點探討晚清小說觀念的轉變〉。

落千丈，何一非所謂新小說者階之屬？[94]

原來肩負現代性開展的偵探小說，現在已無法再擔當救國啟蒙的大業了，而且，正如同林培瑞（Perry Link）所說的，是由家國建構到消遣到利益追求（from nation building to killing-time to profit）了。[95] 李歐梵也指出「新小說」的出現，「與其說是一種純粹文學上的考慮，還不如說是一種觀念上的嚴峻指令。但是，這種觀念上的目標的嚴肅性被商業上的那種『讀者要求』定律所沖淡，因為這種小說寫作實際上成為一種營利的手段。通俗性為清末作家確立了雙重任務，那就是既要教育讀者，又要娛樂讀者。由於這是從一種菁英的構想發展到一種通俗的作品，所以『新小說』也就逐漸喪了它本身具有的那種啟蒙的精神因素，這種因素在某種情況下曾使小說產生過經久的文學價值。從商業觀點看，清末通俗小說獲得了前所未有的成功；可是，從知識的和藝術的眼光看，它的發展則是以失敗告終的，儘管它最初被寄予厚望。」[96] 也許偵探小說不再能發揮教育功能，但是在經過這一番過程後，偵探小說基本上已站穩腳步，甚至在廣泛吸收西方偵探小說的文學技巧及敘述方法後成為一股中國近現代通俗文學的重要潮流。

---

94 梁啟超，〈告小說家〉，見陳平原、夏曉虹編，《二十世紀中國小說理論資料》，頁 511。

95 Perry Link [林培瑞], *Mandarin Ducks and Butterflies: Popular Fiction In Early Twentieth-Century Chinese Cities*（Berkeley: Unviersity of California Press, 1981），pp. 133-155.

96 李歐梵，〈追求現代性（1895-1927）〉，收於李歐梵，《現代性的追求：李歐梵文化評論精選集》（台北：麥田，1996），頁 243。

六、小　結

　　在本章中，筆者首先描摹並釐清西方「現代性」（modernity）的概念及其大致樣貌，然後再以中國與西方碰觸後的現代性追求來掌握晚清民初的思想發展以及文學的特色。我們看到了晚清小說基本上是與時代脈動密切結合一起，公案小說、偵探小說亦不例外。公案小說在發展過程中呈顯出晚清社會的政治道德日漸崩頹，但是在內容上、技巧上，以及文學視野上，公案小說仍然屬於傳統思考範疇，無法協助解決當時的政治社會及小說的困境，雖然它已為緊接而來的現代性開展提供了一個可能的舞台。中國社會道德文化的困境顯然需要一種新的衝擊。向西方學習，吸取其中中國可以借鏡的質素，於是成為晚清的主潮。小說在此氛圍中亦參與其中，扮演了重要角色，也因而提升了其地位，成為文學主流。偵探小說不例外的，也是此一巨大洪流之一股，因其可能發揮的啟蒙教育功用而被標舉提倡，但是在初步被融入到現代性話語的論述中之後，它原來作為通俗文學的本質逐漸浮現滿溢，致使其樣貌有所變化。重要的是，在偵探小說中的敘事模式、情節安排（懸疑、突轉、發現）、人物塑造（偵探、助理、罪犯、被害者及其相互之關連）、氛圍醞塑、文類成規等面向，一一被感知之、被肯定、被模仿。到了五四時期，由於籠罩在「全盤反傳統主義」（totalistic anti-traditionalism）氛圍下，[97] 五四新文學繼承晚清「新小說」「救亡圖存」的精神，發展出夏志清所謂的中國現代小說的「感

---

97 Lin Yu-sheng, *The Crisis of Chinese Consciousness: Radical Antitrdtonalism in the May Fourth Era*（Madison: University of Wisconsin Press, 1979）, pp. 3-9.

時憂國」或是劉紹銘所謂的「涕淚交零」的現代文學，[98] 仍然以文學追求「現代性」。「民主」、「科學」、「自由」、「平等」、「人權」、「法治」「理性」依然充斥於五四的話語中。五四小說也和晚清新小說一樣，較多的偏向此一面向，同時也排斥非「現代性追求」的其他小說，如鴛鴦蝴蝶派小說、武俠小說、偵探小說等都在排斥之列。1921 年《小說月報》的編輯轉手到沈雁冰（茅盾，1896-1981）後的發展即是最清楚的表徵。然而，五四小說的表達模式、技巧手法、小說形式、敘事觀點的使用等，我們都可以清楚的看到它們受到通俗小說，如鴛鴦蝴蝶派及偵探小說的影響。中國的「現代小說」在內容思想上很明顯是一種追求現代性的話語，但在技巧上，現代小說則由偵探小說等的通俗小說學習獲益極多。這已是另一專題研究的範疇了。

　　本章將梁啟超的小說理念以及公案／偵探小說做了深入的討論，並將之與梁的思想和當時時代的政治氛圍做聯繫，希望能更進一步將晚清小說的轉變以及其轉變的原因釐清。梁雖然深諳小說的技巧手法，不過在更廣泛的歷史情境下，他沒有強調小說的藝術性，仍將之附和到政治改良的大纛下，展現出晚清小說的特質。由於梁啟超所提倡的「新小說」即是「政治小說」，下一章我們將從「政治小說」的文類概念考察梁的小說創作《新中國未來記》。

---

98 C.T.Hsia, "The Obsession With China," in C. T. Hsia, *A History of Modern Chinese Fiction,* 3rd. ed.（Bloomington: Indiana UP, 1999），pp. 533-554；劉紹銘，《涕淚交零的中國文學》（台北：遠景出版社，1979）。

第四章　梁啓超《新中國未來記》

一個文學類型的考察

　　我們前面梳理了小說如何因其輔佐教化之功能而被納入文化建制（literary hierarchy）的一環，又如何因其批判顛覆功效而為主流文化所禁燬，而後又因為晚清特殊的歷史社會情境，又把小說推至「文學之最上乘」的重要位置。我們也處理了梁啟超在此一過程中所扮演的樞紐位置，並深入討論其小說觀的意涵。

　　梁啟超的提倡「新小說」在當時可以說是登高一呼，四方響應，一時間小說的創作及評論的文章充斥報刊雜誌。新興的職業作家諸如李伯元、吳沃堯等人，試圖在小說作品中探討揭露時代及社會的弊病，同時也嘗試各種不同的小說體裁。晚清人士對於小說的討論也新舊紛陳，或是探討小說的實用功能及價值、或是鑽研小說的美學及藝術層面，更普遍的是借小說以傳播新知，鼓吹革命維新，真是百家爭鳴，各擅勝場，蔚為奇觀，為中國小說發展史上首見之現象。我們不能說此一現象是梁氏一手獨立造成，但是其開創之功，其影響力之深且廣，則是不爭之事實。

　　任公這種政治傾向的小說觀，自然有其政治、社會的背景所在，我們在第一、二章已勾勒出其對小說的看法，以及他如何把小說由傳統消遣娛樂，兼帶有道德實用意涵的文類，一舉

提升到救國救民，足可與六經並列，藏諸名山之盛業。梁氏除了討論小說的文字外，另有未完稿小說《新中國未來記》乙部，此一創作無疑可以幫助我們理解小說的實際運作及其本質與風貌，我們將加以檢視分析，用以對證梁氏討論小說的理論性文字。梁啟超基本上是在中國的小說傳統中從事創作，在作品中採用了章回體、對仗回目、傳統說書人敘事套語等等；但是整篇作品所呈現的卻是一篇類似議論文、帶有故事情節的小說——梁氏稱之為「政治小說」。任公「政治小說」的概念大體上是由當代日本文學的發展得到啟發的；事實上他的作品是以當時日本流行的政治小說，諸如柴四郎的《佳人奇遇記》、矢野龍溪的《經國美談》，以及末廣鐵腸的《雪中梅》為借鏡而寫的。此外梁氏亦可能受到 Edward Bellamy 的 *Looking Backward, 2000-1887* （《回頭看》或《百年一夢》或《百年一覺》）的啟發。事實上，日本的政治小說理念乃是由歐西傳來的，因此我先由「政治小說」著手討論，然後切入《新中國未來記》與日本政治小說的關係，轉而回來探討《未來記》的敘述結構與技巧，進而澄清《未來記》作為「政治小說」的屬性遠較「烏托邦小說」或是「社會改革小說」妥切。最後是對《未來記》以及梁啟超在中國小說發展史上的地位做一小結。

一、梁啓超的小說觀

　　梁啟超的幾個口號，諸如「小說界革命」、「小說為文學之最上乘」、「二種德四種力」、「小說與群治之關係」都是大家耳熟能詳的，但是任公討論小說的文字，其實並不多，如果按照年代排列的話，它們包括：

（一）《變法通議・論幼學》中論「說部書」的一段文字（一
　　八九六）；

（二）〈蒙學報演義報合敘〉（一八九七）；

（三）〈譯印政治小說序〉（一八九八）；

（四）《飲冰室自由書・傳播文明三利器》（一八九九）；

（五）〈論小說與群治之關係〉（一九零二）；

（六）〈新中國未來記〉緒言（一九零二）；

（七）〈新小說第一號〉（一九零二）（刊於《新民叢報》）；

（八）〈中國唯一之文學報──新小說〉（一九零二）（《新
　　民叢報》）；

（九）〈告小說家〉（一九一五）。

這些文字中，由最早論小說的一八九六年《變法通議・論幼學》
到 1915 年的〈告小說家〉梁啟超對於小說提出了一些前所未有
的觀點，在前面章節已加以爬梳分析，詳細的討論就不在此
復述，不過在此可以對於與《新中國未來記》有關連者略加描
述。

　　首先我們可以留意者是一九八九年出刊於《清議報》，後來
被用為任公所譯柴四郎《佳人奇遇記》一書之譯序的〈譯印政
治小說序〉一文。[1] 何謂「政治小說」？梁氏並未賦與清晰的
界說，但在此文中仍有蛛絲馬跡可尋：「在昔歐洲各國變革之始，
其魁儒碩學，仁人志士，往往以其身之經歷，及胸中所懷政治
之議論，一寄之於小說。」簡言之，政治小說乃是魁儒碩學藉
以表達其政治理念、政治關切，並進而傳播新知、教化百姓的

1　收於阿英《晚清文學叢鈔，小說戲曲研究卷》（台北：新文豐出版社，1989）
　　頁 14。以下簡稱《研究卷》。

媒介。由此中之教化角度觀之，梁氏此處所指之「政治小說」功能實在與傳統小說無大差異。但是，任公之說有三點值得注意：（1）梁氏提出讀者喜歡讀容易接受且具有吸引力作品是一種人類通性。（2）在《變法通議》中梁氏提出小說的教化、播知、揭露等功用，但未觸及小說之作用力及其對讀者之影響力。此處，他討論了經驗、思想及政治議論可以影響讀者，也就是說他逐步地走向小說閱讀的心理過程的探討，我們可以說四年後〈小說與群治之關係〉中的四種力——熏、浸、刺、提——在此已見胚胎的成形。（3）任公至此正式將政治思想言論帶入中國小說的領域中。此點是他一八九六年已觸及，但在此有所發揮，並成為「小說界革命」的一大重點。也就是說，以往小說被視作「不入流」、「小道」、「街談巷語、道聽途說者」等貶抑字眼，現在丕然一變，成為承載「救亡圖存」、傳播社會政治思想的「振國民精神、開國民風氣」的「大道」。

　　任公在一八九九年在所辦的《清議報》上推出一系列評論短文，以《自由書》之名行世，其中有一篇名為〈傳播文明三利器〉亦談及小說。[2] 在此文中，任公介紹了犬養毅的觀點，略論：學校、報紙及演說三者為普及文明之法。在此三項之外，梁氏又加上「小說」一項。此處，梁氏並未討論小說之本質或功用，而是強調小說在協助日本一般大眾熟悉自由、民主等觀念上所發揮的功用。在文中，任公臚列了一些歐洲政治小說的日譯，諸如織田純一郎的《花柳春話》以及受歐西政治小說影響而作的諸如柴四郎、矢野龍溪、末廣鐵腸的政治小說。任公並謂「著書之人，皆一時之大政論家，寄託書中之人物，以寫

2　《飲冰室自由書》，頁41.

自己之政見，固不得以小說目之。」換言之，小說之後的思想暨意圖和小說一樣重要。梁氏之提倡「政治小說」及日後之撰寫《新中國未來記》均可於此略見端倪。

　　總之，把梁氏截至此際的討論小說的文字略作檢討，我們大致可以說：小說對於任公而言並不是一個獨立自主的美學個體（aesthetic object），而是用來表達作者思想（尤其是政治思想），進而影響其讀者，使他們理解社會國家之現況與需求，並進而改進之的一種工具。

　　到了一九〇二年，梁啟超對於小說有更廣泛且深入的理解。這可由〈小說與群治之關係〉及《新民叢報》中的〈紹介新刊——新小說第一號〉兩文中得知。在這篇簡介即將出刊的《新小說》雜誌的文章中，有幾點可以留意。其一，賡續〈譯印政治小說序〉的思路，梁氏重複「新小說」應有別於傳統「誨盜誨淫」的舊小說。其二，任公承認中國傳統小說中一項重要特性——訴諸人類情感的能力。除此外，梁氏亦觸及了幾項當代連載章回小說寫作的技巧問題，諸如：如何抓住讀者的興趣；如何在每一回連載的片段故事中製造高潮；連載小說不允許作者有充分修改作品的機會等等。

　　大體而言，我們必須承認梁啟超對於中國的敘事及小說傳統有充分的掌握，他明瞭小說必須訴諸讀者的情感、想像及理性。他也明白小說要達到這些訴求，必須借重一些技術層面上的技巧，諸如製造高潮、懸疑、修辭手法等。他也可以很清楚地分辨傳統章回小說與當代新興的連載小說之分野：

　　　　一部小說數十回，其全體結構，首尾相應，煞費苦心，故前此作者，往往幾經易稿，始得一稱意之作。今依報

　　　章體例，月出一回，無從顛倒損益，艱於出色。

但是這些技巧手法之最終目的仍在以「與水滸紅樓不相上下」
的「風格筆調」，「開導中國文明進步」，「務以振國民精神，開
國民智識」。也就是說，任公強調新小說應以水滸紅樓的「普遍
適眾性」的風格筆調以及技巧手法，來達到「欲維新我國，當
先維新我民」的標的。正因為小說有此特性，所以在諸文類中，
足可當「文學之最上乘」而不愧。

　　一個月後，任公最重要的論小說的文章〈論小說與群治之
關係〉在《新小說》刊載。[3] 在此文中，梁氏提出了他對小說
更嚴肅而且更詳盡具體，同時也是最具文學觀點的看法。以其
一貫的誇張修辭語氣，任公宣稱小說可以用來新道德、新宗教、
新政治、新風格、新學藝、新人格、新人心。但是除了告訴讀
者小說可以做什麼，應該做什麼外，他在本文中同時以一種文
學及心理學的角度，來探究小說「如何」可以達到這些目標。
他首先解釋何以人們喜歡閱讀小說，也就是小說呈現的是「可
驚、可愕、可悲、可喜」等各式各樣複雜的感情。不過這些情
感又如何感動讀者呢？任公所提出的看法是前所未有的，值得
注意。他提出：「小說者，常導人遊於他境界，而變換其常觸常
受之空氣者也。」這是他在稍後文中所謂的「理想派小說」。[4]
　　人們常常習於其所居住之環境以致於情感逐漸遲鈍，因此

3　收入阿英《研究卷》。

4　任公的「理想派小說」似乎有我們今天所謂的「烏托邦小說」的意味在其
　　中，不過筆者認為任公這兒所指的應是我們今天心理學上所謂的「移轉」
　　（transference or displacement）或是美學上的「神入」、「悟入」或「移情
　　作用」（empathy）。請參看第二章〈梁啟超小說觀的再詮釋及評估〉中的
　　討論。

無法敏銳地體會或表達其情感及感受。這是為什麼小說很容易就攫取讀者的注意力。[5]

　　但是除了讀者本身的主觀心態和環境可以讓他們樂於接受小說的新奇觀點及所呈現的世界外，小說本身到底有何「力量」來攫取讀者的注意力？除了上述「二德」外，任公在此提出了所謂「四力」——熏、浸、刺、提——之說。此四力牽涉到的理論探討較為繁複，筆者在此不再贅述，只提幾個重點。[6] 根據任公，「熏」與「浸」基本上都是形容將讀者融入敘事文中，進而讓他受到各種情感及思緒的涵泳感染的力量。「刺」則是作品對讀者所生發的刺激。「提」則是因「熏」、「浸」、「刺」三者由外作用，灌輸進入讀者，經過內省作用後所產生的啟示提升效果。在此四力中，「提」是任公關注的重點，也就是如何在小說中發揮影響力，感動讀者，進而使之思想、經驗、德行都能更上一層樓。

　　以上簡單的對任公的小說觀略加說明，做為下面討論《新中國未來記》的參照體系。

二、政治小說《新中國未來記》

　　梁啟超於一八九八年十月十六日在日本的協助下，搭船抵

5　筆者認為梁氏此處所談的是現今小說理論中常探討的「習以為常感」（taken-for-grantedness）的打破。所謂的「習以為常感」指的是用來處世、待人接物、解讀事物的一種文化上的語言及詮釋策略，一旦此一「習以為常感」因新事物或想法的出現（如在閱讀小說時現實世界的假象遭受揭穿）而瓦解崩潰時，或是一個嶄新世界的形成，都會在讀者心中激發一種驚嘆感（a sense of awe）。請參看筆者的討論，同上註。

6　對「四力」的詳細討論請參看筆者，〈梁啟超小說觀的再考察〉一文或本書第二章。

達日本。由此際起，任公在個人經歷上有極大的轉變，其中尤以在政治思想上的轉變最為鉅大。在《夏威夷遊記》中，他如此記載：「又自居東以來，廣搜日本書而讀之，若行山陰道上，應接不暇，腦質為之改易，思想言論與前者若出兩人。」[7] 他在政治思想上的轉變，自然也反應在同時的論小說的文字及《新中國未來記》之中。

《新中國未來記》連載於一九〇二年十一月至一九〇三年一月的《新小說》雜誌上（第一期至第三期）。連「楔子」，一共有五章。[8] 在緒言中，任公寫道：「余欲著此書，五年於茲矣，顧卒不能成一字。」[9] 換句話說，欲著述此書之動機，早於一八九八年逃到日本那年即已產生。而著述《新中國未來記》的目的則是「專欲發表區區政見，以就正於愛國達識之君子。」經由公共演說的形式，一代碩儒孔弘道博士縷述新中國的創建，以及創建人黃克強及李去病的事蹟。根據《新民叢報》中的一份預告內容，這本小說的情節構築頗為鉅大。

> 中國南方有一省獨立，舉國豪傑同心協助之建設共和立憲完全之政府，與全球各國結平等之約，通商修好數年之後，各省皆應之，群起獨立，為共和政府者四五。復以諸豪傑之盡瘁，合為一聯邦大共和國，東三省亦改為一立憲君主國，未幾亦加入聯邦，舉國國民戮力一心，從事於殖產興業，文學之盛、國力之富，冠絕全球。尋

---

7 丁文江：《梁任公先生年譜長篇初稿》（台北：世界書局，1988，第三版），頁 93。

8 我所使用的版本是阿英（編）：《晚清文學叢鈔：小說一卷上》所收的《新中國未來記》（北京：中華書局，1960）。

9 《新中國未來記》緒言，頁 1。

以西藏蒙古主權問題與俄羅斯開戰端，用外交手段聯結
英美日三國大破俄軍，復有民間志士以私人資格暗助俄
羅斯虛無黨覆其專制政府。最後，因英美荷蘭諸國殖民
地虐待黃人問題，幾釀成人種戰爭；歐美各國合縱以謀
我，黃種諸國連橫以應之。中國為盟主，協同日本、菲
律賓等國，互整軍備，戰端將破裂。匈牙利人出而調停，
其事乃解。卒在中國京師開一萬國和平會議，中國宰相
為議長，議定黃白兩種人權力平等，互相親睦種種條款，
而此書亦以結局焉。[10]

以上之大要，乃是任公最初全書的構想，但是他只寫了五回，
就因種種因素而停筆了。由於全書未克完成，我們自然不能以
一完整有機的文本來看待，不過我們所關切的是任公對於小說，
尤其是政治小說的看法，以及他在小說創作的實踐上，體現了
多少他的政治小說觀，所以這不完整的五個章節仍然有許多值
得我們深入探討的地方。

　　從一九〇二年出刊載以後，《新中國未來記》受到了晚清讀
者熱烈地歡迎及模倣；[11] 但是卻未受到現代批評家的喜愛及重
視。幾乎所有論者關切的是其小說的內容，不是稱揚就是貶抑
梁氏在小說中所推許的立憲改革。比如說，謝華對於梁氏的君

10　《新民叢報》14 卷（1902）。
11　《新中國未來記》對晚清作家的影響，稍加瀏覽當時出版小說的類似書
　　名即可得知，其中以李伯元的《中國現代記》（1904）最為著名。阿英《晚
　　清小說史》中歸為「立憲小說」的作品大體上均是《新中國未來記》的
　　仿作。此外阿英（編）《晚清文學叢鈔：小說戲曲研究卷》中收輯了許多
　　當代人對於梁啟超及《未來記》的正面意見。

主立憲說大事撻伐，而林明德則持較正面的肯定。[12] 至於在技巧層面的探討，除了黃克強李去病二人往復來去唇槍舌劍有關政體的辯論外，論者大抵一致認為全書作為一文學作品，是一大失敗。阿英對於《未來記》的評價，涵括了以上二方面，可以說是最具代表性。阿英先是將此書歸類為「理想立憲小說」，然後稱揚黃李的有關政體之辯論，最後則是批評全書缺乏藝術成就。[13] 大陸上以馬克斯文藝觀為批評指導原則的評論者，大致遵循此一路線，只不過有更強烈的意識形態充溢其中。[14]

　　同樣也是內容取向，但是著重於文類觀點的則有夏曉虹及夏志清。基本上他們均同意此小說有冗長的政治辯論、有詳盡的政治綱要以及政治思想，他們因此由政治小說這一文學類型來討論梁氏的小說。夏志清先生稱此一小說為「有理想傾向的

---

12 謝華：〈梁啟超的小說理論與新中國未來記〉，《中國近代文學評林》1：242；林明德〈論晚清立憲小說〉，《晚清小說研究》（台北：聯經，1988），頁 127。

13 阿英只認定《未來記》中前四回為小說的一部份，至於其他部份（尤其是第五回）僅是政治宣言及政治辯論。見阿英：《晚清小說史》，頁 76。林明德在〈論晚清的立憲小說〉《晚清小說研究》中基本上蹕隨阿英，認為《未來記》是「立憲小說」，對於其作為「小說」的藝術價值有所保留，不過他認為由歷史角度來看「本書有其意義」。但他並未詳言所謂的「意義」究竟為何。

14 謝華指出梁啟超在小說中暴露了當時帝國主義侵略中國的境況，同時也攻擊滿清政府的腐敗。此外小說中處處充滿了寫實的筆觸、使用了口語，但是人物缺乏鮮明的「形象」。見同注 12。連燕堂則認為梁任公「試圖塑造一些新興資產階級代表人物的『高大完美』的形象」，但是何謂「形象」，連燕堂亦未詳加闡釋。參看連燕堂：《梁啟超與晚清文學革命》（桂林：灕江出版社，1991），頁 242。謝華及連燕堂所謂的「形象」在文章的文義脈絡中均不清楚。他們很可能意味著俄國社會寫實主義文學中典型化的「正面英雄」（positive hero）。有關「正面英雄」可參看 Rufus W. Mathewson, Jr. *The Positive Hero in Russian Literature*, 2nd Ed.（Stanford: Stanford University Press, 1975），pp. 13-24.

政治小說」（"a political novel with idealistic variety"），但是他認為此一小說「不成形」（"shapeless"）。[15] 夏志清認為，第二、三兩章在技巧上頗見新猷，然而第四章呈現的是另一種氛圍，頗有異於全書其他章節。他甚至宣稱梁到了第四章已靈感枯竭，所以只好揚棄在前面數章所採的「演說者／敘述者」的敘述模式。[16] 雖然夏氏承認《未來記》對於任公同儕有影響塑造之功，他基本上仍是偏好那些「深深植基於當代政治社會現實」的「諷刺譴責小說」，而較不欣賞像《未來記》一般描繪理想未來的作品。[17]

　　夏曉虹除了確立任公是中國第一個有意識從事政治小說的撰著者外，又更進一步認為任公企圖採用政治小說的文學類型來擴展中國傳統小說的領域。她因此從梁氏如何把新思想融入傳統敘事模式的角度來討論《未來記》。我們知道任公確實在一些文字中提到「以舊風格含新意境」。[18] 夏氏所列舉的傳統小說中的「舊風格」則包括了章回體、對仗回目、楔子以及所謂的史筆。[19] 至於創新的部份，夏和其他的論者一樣，皆指出孔弘道博士的回溯敘述手法。雖然如此，夏曉虹還是不得不承認，梁氏的小說，寫於由傳統進到現代的過渡時期中，因此仍然不夠成熟。

---

15 C. T. Hsia, "Yen Fu and Liang Ch'i-ch'ao as Advocates of New Fiction," in Adele Rickett, ed. *Chinese Approaches to Literature from Confucius to Liang Ch'i-ch'ao*（Princeton: Princeton University Press, 1978）, pp. 251, 252.

16 Hsia, "Yen Fu and Liang Ch'i-ch'ao," pp. 252, 254.

17 Hsia, "Yen Fu and Liang Ch'i-ch'ao," pp. 255, 256.

18 梁啟超：《夏威夷遊記》，頁 153。

19 參看夏曉虹：《覺世與傳世──梁啟超的文學道路》（上海：上海人民出版社，1991），頁 58, 59-60。夏曉虹在此所用的「史筆」係指梁啟超在小說中所採錄的實際發生的歷史事件（梁從報紙上摘錄下來的事件），以及孔弘道敘述文的結構（也就是說，敘述整個「新中國」建立的時序結構）。

　　質言之，雖然現代評論家理解並承認任公的《未來記》在中國小說的發展史上，是一部過渡性的作品，但是論者都不甚喜歡書中強烈的政治思想。其中只有夏志清及夏曉虹兩位留意於本書作為「政治小說」之意義，但是他們處理的手法和角度不是不貼切，便是有欠詳盡。既然梁是有意於創作政治小說，又稱所創作的小說為政治小說，那麼我們在省察評估其小說的優缺點時，以政治小說的準繩為依據應比較可取。再退而求其次，至少我們也應該視之為具有強烈政治意涵的小說。大部分對於本書的苛評均由於忽略此一事實所致。再者，由於《未來記》在晚清出版時頗受當代人的歡迎並影響了許多作家。我們如果要如實地看待這部小說並合理地評估之，我們應該省察梁啟超如何用敘述手法去包容涵攝特殊的題材──中國當代的政治事務──於傳統小說的模式中，以及這個創作出來的成品如何擁抱其文化的現實並進而影響塑造之。

　　儘管評者譴責梁啟超以小說來發表其政見，但是作為一個文學類型，不管是在東方或是西方，小說往往常抗拒挑戰文類的規範。根據 Michael Holquist 的研究，當代小說理論家巴赫汀（M. M. Bakhtin, 1895-1975）認為作為一個文類，小說的包含性極其廣大，它可以「涵括、消化、吞噬其他文類，但同時又能維持其作為小說的特性。但是其他文類卻無法將小說涵攝進去而不改變其作為史詩、頌歌等文類的身份。」[20] 在中國小說的發展史上，諸如此類的包容性也是常常見得到的。哈佛大學的韓南教授（Patrick Hanan）在他研究〈金瓶梅來源〉一文中，就曾舉證顯示《金瓶梅》一書事實上融匯了各種文學及非

---

20 M. M. Bakhtin, *The Dialogic Imagination: Four Essays*（Austin, TX: University of Texas Press, 1981），p. xxxii.

文學的形式——另一小說（指《水滸傳》而言）、話本小說、公案小說、文言色情小說、宋史、戲劇、通俗歌曲以及說唱文學——而成為一本我們今天所見的小說。[21]

　　小說不僅在融匯其他文類於其中時呈顯出跨文類的特質，同時在容納各種題材時非常有彈性。它可以描述現代社會的現實，可以建構一個子虛烏有的世界，它也可以以言說的方式將戲劇化的人生表達出來。因此，當我們評估小說作品時不應該以批評家已認定的模子去硬套，而是看該小說所呈顯的面貌來決定詮釋的策略及最後的評價。這樣的認識，在我們研究《新中國未來記》時更是不可或缺的。接著的問題自然是：何謂政治小說？在什麼情形下我們可以稱《未來記》為「政治小說」呢？

　　政治小說和許多其他的文學術語一樣，都沒有一個放諸四海皆為人們所同意的定義。有時候學者視之為小說中的次文類，但有時候因為它所含的強烈政治意涵遠異於一般小說，又被視作獨立的文類。政治小說一般而言在其中包含有許多政治思想，諸如立法或是公共行為的理論；它通常被用來描繪、詮釋或是分析一些政治現象。[22] 除此之外，在政治小說中，通常這些政治思想或是政治情境佔據很重要的地位，以致於影響到小說表達的形式。[23] 以上所談的大致上都集中在內容的討論上；雖然

21　Patrick Hanan, "Sources of *Ch'in P'ing Mei*," *Asia Major*（n.s.）10:1: 23-67.

22　請參看 Morris Edmund Speare, *The Political Novel: Its Development in England and in America*（New York: Oxford University Press, 1924）, p. ix, 以及 Joseph L. Blotner, *The Political Novel*（Garden City, NJ: Doubleday & Company, Inc., 1955）, p. 2.

23　Irving Howe, *Politics and the Novel*（New York: Meridian Books, 1957）, p. 17.

如此，學者專家也開始留意到其他相關的層面。比方說：（1）政治小說必須要既是「小說」又要「議論政治」；[24]（2）政治小說通常包含有強烈「教化」讀者的用意；[25]（3）它不僅要「談政論治」而且要探究政治在人類生活中所扮演的角色。[26] 質言之，所謂「政治小說」也就是應用小說形式來處理政治思想、情境、靈視（vision）、意識形態以及政治機制，其宗旨在傳播以上諸般思想，進而影響讀者。這定義大致上涵括了大部分政治小說的基本要素，不過有一點論者很不容易達到共識的就是，政治小說中政治要素所該佔的比例是多少。這一點是許多紛爭議論的中心點。

　　如上所述，夏志清和夏曉虹視《未來記》為政治小說是掌握到核心的要素，因為小說中確實以政治思潮、理念作為中心主題；同時梁任公也以政治小說作為《未來記》之範本，視之為「政治小說」應是毫無疑義的。這種文類的考察其好處是顯而易見的。 E. D. Hirsch 在《詮釋的正確性》中告訴我們，讀者對於意義的理解取決於他是不是對於作者寫作時心目中的文類有正確的感受，因為「詮釋者對於某一類型的意義所持有的觀念，將會強有力地影響到他對細節的理解與掌握。此一現象在詮釋的各個層面都會再現，而且是有資格的詮釋者彼此間有

24 Speare, p. 24; Orville Prescott, *In My Opinion: An Inquiry into the Contemporary Novel*（Indianapolis: Bobbs-Merrill Co., Inc., 1942）, p. 23; Howe, p. 20.

25 Speare, p. 26; Howe, p. 22; Dominick LaCapra, *History, Politics, and the Novel*（Ithaca: Cornell University Press, 1987）, p. 3; Lennard J. Davis, *Resisting Novels: Ideology and Fiction*（New York: Methuen, 1987）, pp. 229, 230.

26 Robert Alter, *Motives for Fiction*（Cambridge: Harvard University Press, 1984）, p. 43.

爭紛之點。」[27] Paul Hernadi 進一步闡釋：「文類的研究絕不可
以成為唯一的目的，而要作為一種方法，藉由此一方法來獲致
對作品或是文學整體的充分理解。」[28] 因此我們對於政治小說
成規的理解掌握，必將有利於我們對《新中國未來記》最終的
評價。

　　根據我們現有的資料，梁啟超從來沒讀過在英國流行一時
的政治小說；他的英文能力也不允許他閱讀英文原著。[29] 他對
於政治小說的理念幾乎全部來自日本。根據史匹爾（Morris
Speare）對於英國政治小說的研究，所謂的政治小說

> 乃是散文寫作的小說作品，通常著重於思想面而少於情
> 感面，處理的是制定法律的程序或是有關公共行為的理
> 論，而非單一法規的好壞。作者的主要目的是黨派的宣
> 傳，公共改革，或是維繫政府運作的政治人物，甚或是
> 組成政府的各股勢力。[30]

大致上蹕隨英國的日本政治小說所關注的與史匹爾所言八九不
離十。政治小說在日本的興起本身是一個非常複雜的現象，不
過學者一般的看法均認為政治小說和當時的「自由民權」運動

---

27 E. D. Hirsch, *The Validity of Interpretation*（New Haven: Yale University
　Press, 1967），p. 75.

28 Paul Hernadi, *Beyond Genre*（Ithaca: Cornell University Press, 1972），pp.
　7-9.

29 據我們所知，一八八六年時任公曾在上海從馬建忠學拉丁文，見丁文江：
　《年譜長篇初稿》第一冊頁 31 引梁啟勳：《曼殊筆記》。《年譜長篇初稿》
　第一冊頁 456 則記載梁啟超在 1901 年停留在澳洲時曾學英文。

30 Speare, p. ix.

有相當密切的關係。[31] 日本明治天皇於一八七五年發佈準備立憲後，一個憲政政府似乎唾手可得，但是一八七七年的西南戰爭（Satsuma Rebellion）阻撓了自由思想的傳播發展。自由言論的箝制逼使具強烈政治意識的作家仿效英國政治小說家，用政治小說來表達一己之政見。[32] 因此，日本的政治小說乃被用來「提倡民主、宣傳民權、批評社會問題」，[33] 也如研究日本政治小說的學者 Horace Feldman 所言，新的政治小說和要求新議會的渴求同時起步，提升了讀者的政治意識，並建立了小說合法的社會地位。[34] 更廣泛地，政治小說亦介紹予日本新一代國民一種對於世界的新看法以及新的生活方式。[35] 不管是年輕作家抑或是已成名的作家，皆被此一新文類所吸引。這些作家包括了戶田欽堂（1850-1890）、櫻田百衛、宮崎夢柳、矢野

---

31 Okazaki Yoshie 釐列了明治時期政治小說興起及繁盛的要素：（1）民權運動；（2）外國文學，基本上是英國文學，引進後產生的刺激；（3）文學思潮本身的推演；（4）政治小說採納通俗「戲作體」的寫作風格。參看 Okazaki Yoshie, *Japanese Literature in the Meiji Era.* Tans. & adapted, V. H. Viglielmo（n. p., Obunsha, 1955），p. 132.

32 參看 Donald Keene, *Dawn to the West: Japanese Literature in the Modern Era. Fiction*（New York: Henry Holt and Company, 1984），pp. 76-77.

33 〈日本政治小說與中國譴責小說〉，收於趙樂牲：《中日文學比較研究》（吉林：吉林大學出版社，1990），頁 207。

34 「不僅僅是閱讀像狄斯雷利（Disraeli）的作品可以幫助將政治意識提升到一個新的高點，政治小說亦顯現出一種僅出現在日本的輔助價值，尤其從文學史的角度來衡量的話是相當有意義的——小說在日本被接受為合法的文學表達形式。」見 Horace Feldman, "The Meiji Political Novel: A Brief Survey," *Far Eastern Quarterly*, ix（May 1950）: 246.

35 「它們[政治小說]可以最直接地表達社會的『活力』，特別是對社會中剛從封建時代舊式的生活方式中，被明治維新所引發的巨大變遷所喚醒的年輕人，他們逐漸地體會到新的思潮及新的生活方式。」參看 Nakamura Mitsuo, *Modern Japanese Fiction 1868-1926*（Tokyo: Kokusai Bunka Shinkokai, 1968），p. 26.

龍溪、須藤南翠、坪內逍遙、柴四郎、末廣鐵腸等等。[36] 根據論者，明治時代最出名的政治小說包括了矢野龍溪（1850-1931）的《經國美談》（1883）、柴四郎（1852-1922）的《佳人奇遇記》（1885）以及末廣鐵腸（1849-1896）的《雪中梅》（1886）和《花間鶯》（1887）。

儘管日本的政治小說是模倣英國，但是它也發展出其獨特的風格。日本政治小說中雖然洋溢著政治理念及信息，但是此一文類卻和明治時期風行一時的「戲作體」有密切的關聯，以致幾乎所有的政治小說都有一個愛情故事的間架，都以戲作體撰寫，但都滿懷政治關切。[37] 另一個特點則是在明治政治小說中呈現出一種較寬廣的世界觀，關切其他為爭自由和民權的國家，諸如中國、匈牙利、愛爾蘭等國家的命運。[38]

梁啟超抵達日本的時候（一八九八年）已經不及親身經歷明治政治小說的鼎盛高潮期（大約在一八八〇年代）。但是我們知道任公對於日本文壇，尤其是政治小說的發展，極為熟悉。早在他抵達日本之前，他已於康有為《日本書目志》初步得知日本政治小說的發展（康提及《花柳春話》、《佳人奇遇記》、《經

---

36 參看 Okazaki Yoshie, comp. & ed. *Japanese Literature in the Meiji Era*, pp. 131-142.

37 比方說，Donald Keene 如此批評戶田欽堂的短篇小說集《情海波瀾》：「頗具諷刺的是嚴肅文學運動中的前衛性作品，戶田的《情海波瀾》竟是如此的瑣碎。基本上是自由民主黨的政治哲學，幾乎是全然隱蔽在戲作體典型的喧囂風格中。」見 Donald Keene, *Dawn to the West*, p. 77. 有關「戲作體」的討論，可參看 Nakamura Mitsuo, "*Gesaku* Writing of the Early Meiji Period," in his *Modern Japanese Fiction 1868-1926*, pp. 9-17. P. F. Kornicki 在其文章中也描繪了德川及明治時代小說的關係，參見 "The Survival of Tokugawa Fiction in the Meiji Period," *Harvard Journal of Asiatic Studies* 41: 2 (1981) : 461-482。

38 Keene, *Dawn to the West*, p. 86: 「這些小說具有一種寬廣的視界，這在一般日本小說中是見不到的。」

國美談》、《雪中梅》及《花間鶯》)。³⁹ 其次，他在一八九八年
逃亡日本途中在「大島丸」上翻譯了《佳人奇遇記》。在〈傳播
文明三利器〉中他提及了一些政治小說的譯著（織田純一郎的
《花柳春話》、關直彥的《春鶯囀》、藤田鳴鶴的《繁思錄》
等）⁴⁰ 及著作（柴四郎的《佳人奇遇記》、末廣鐵腸的《雪中
梅》、《花間鶯》、藤田鳴鶴的《文明東漸史》、矢野龍溪的《經
國美談》)。在以上諸書中，任公還特別提出兩部他認為是政治
小說的代表作，可以用來啟發讀者並提升中國人民的政治自覺
及視野：矢野龍溪的《經國美談》及柴四郎的《佳人奇遇記》。
⁴¹ 這兩部書對於任公的啟發可以歷歷見於《新中國未來記》
中。

三、《新中國未來記》與日本的政治小說

　　以上我們簡要地討論了何謂政治小說以及梁啟超對於日
本政治小說的熟悉和理解，下面我們將進一步討論任公《新中
國未來記》與日本政治小說之關係。

　　夏曉虹曾逐步比較矢野龍溪《經國美談》中的漸進政治思
想和梁啟超在《未來記》中的政治思想。根據夏的研究，矢野
龍溪屬於改進黨，而他著作《經國美談》的目的只在反映改進

---

39 我們不是很確定梁啟超是否曾一一閱讀過這些小說，但是梁在一八九七
　　年曾著有〈讀《日本書目志》書後〉一文。見《飲冰室文集》冊二，頁
　　51-55。
40 織田純一郎的《花柳春話》係 Bulwer-Lytton, *Earnest Maltravers*（1837）
　　的翻譯；關直彥的《春鶯囀》係 Benjamin Disraeli, *Corningsby*（1844）
　　的翻譯；藤田鳴鶴的《繁思錄》則是 Bulwer-Lytton, *Kenelm Chillingly*
　　（1873）的翻譯。
41 見梁啟超：《自由書·傳播文明三利器》。

黨漸進主義和自由黨激進主義的對抗鬥爭。[42] 改進黨的黨綱大
致可歸納如下：

> 政治上的改良及進步是改進黨所重視的；反之，激進和
> 破壞是不可取的。之所以如此的原因是如果不能保有事
> 務之秩序，而以破壞的手段來獲致改革，社會必將瓦解，
> 進而成為改良政治的大障礙。[43]

在《未來記》中立憲期成同盟黨的黨綱語調與此相當類似：

> 第三節本黨以擁護全國國民應享之權利，求得全國和平
> 完全之憲法為目的。其憲法不論為君主的，為民主的、
> 為聯邦的，但求出於國民公意，成於國民公議，本會便
> 認為完全憲法。

> 第四節本黨抱此目的，有進無退，弗得弗措，但非到萬
> 不得已之時，必不輕用急激劇烈手段。[44]

此外，書中主人翁黃克強——任公的代言人——的態度是溫和
漸進的，此在第三章黃克強和李去病的往復辯論中尤其明顯。
我們沒有必要過分強調矢野龍溪對於任公的影響，但是矢野在
《經國美談》中的政治立場可以說是加強了任公個人的政治認

---

42 有關矢野龍溪的生平及政治思想，可參看 Donald Keene, *Dawn to the West*, pp. 78-81.
43 陳超（譯）〈明治政黨小史〉，《清議報》，98 卷 100 期（1901）.
44 《新中國未來記》，頁 8。

同，何況矢野龍溪曾任日本駐華公使，和任公頗有交誼。

　　梁氏在《未來記》中所採用的敘事手法——以公共演說的方式來鋪衍故事，很有可能是借鑑於日本的政治小說。在《經國美談》中，整個故事啟端於一場演講，經由教師之口，整個古代底比斯的政治生活於焉展開。以一種特殊的敘述手法呈現故事是很常見的，不過經由課堂演講或是公共演說來敘說故事的手法在中國的敘事傳統中是絕無僅有的。我們認為任公的特別提出以矢野龍溪及柴四郎的政治小說為代表作是有其理由的——任公很可能對兩部小說中所採用的技巧印象深刻而受到啟發。

　　尤有進者，梁啟超由末廣鐵腸《雪中梅》中所受到的啟發特別明顯。《雪中梅》以楔子啟其端，其時間場景設於二〇四〇年，彼時全國正舉國歡騰慶祝日本立憲一百五十週年，[45] 而東京已然高度工業化及技術化，成為全世界最繁華的都市。

> 不論你往哪裡走全世界沒有一處見不到日昇之旗。全國教育普及，文學發展的高度舉世無匹。當我們省視政府的狀況，在其上有高尚尊嚴及威權的皇室，在其下則有充滿智慧及經驗的議會。內閣在改進黨及保守黨兩黨競爭後和平順利地移轉。憲法已然牢固地建立起來，法令也隨之制定。人民有言論及集會自由。政治的未遭濫用荼毒，不管是在古代或現代史上，均無可相比擬的例子。[46]

45　這是小說敘述的未來時間。歷史上的明治天皇在位其間是由 1868 至 1912 年。

46　這是筆者由 Keene 在 *Dawn to the West*, 頁 90 中的英文譯文轉譯為中文。

我們可以比較梁啟超小說的開端：

> 話說孔子降生後二千五百一十三年，即西曆二千零六十
> 二年，歲次壬寅，正月初一，正係我中國全國人民舉行
> 維新五十年大慶典之日。其實正值萬國太平會議新成，
> 各國全權大臣在南京，已經將太平洋條約畫押。……原
> 來自我國維新以後，各種學術進步甚速，歐美各國皆紛
> 紛派學生來遊學……。[47]

文字雖非雷同，所描繪的氣象卻頗相近。

　　此外，在略述未來新氣象後，《雪中梅》接著敘述從地底掘
出一塊石碑，乃是為紀念《雪中梅》及《花間鶯》主人翁國野
基而立。書中的兩人在上野圖書館找到國野基的事蹟，方知他
在一八九〇年議會成立之前的種種作為及政治理念。略加比較，
我們必須承認《新中國未來記》與《雪中梅》的楔子實在相似。
甚至《未來記》最為人所稱道的黃克強李去病的辯論場景，亦
可在《雪中梅》中漸進派的國野基和他的激進派朋友 Takeda
的辯論中發現。事實上，把政治辯論的場景置於未來，在一八
八〇年代的日本政治小說中是極為普遍的。一方面這樣做可以
發抒他們的政治理想，另一方面，這種將政治理念虛構在未來
的做法可以避免政治上的干預或查禁。在當時，有許多政治小
說的書名中都帶有「未來」或「新」字眼，諸如末廣鐵腸的《二
十三年未來記》（1886），尾崎行雄的《新日本》（1886）等。[48]

47　《未來記》，頁 3-4。
48　王曉平：《近代中日文學交流史稿》，頁 244。

四、《新中國未來記》的政治言說

　　雖然梁啟超受到日本政治小說家的許多啟發，但是這些啟發大致上都在結構方面，《未來記》的特殊之處卻是其中的政治理念。因此我們必須要留意的首件要事便是任公首開創例地把政治言談帶入小說中。夏志清曾經具洞見地指出「早期的批評家及註釋者不是稱揚便是貶抑小說對於個別讀者的道德功效，至於梁啟超和嚴復的關切處則在於小說對於整個國家的改良或是傾頹的衝擊。」[49] 德國學者馬漢茂 Helmut Martin 亦指出，如果我們省察任公的載道說教思想——也就是說，以小說作為工具來教化人民——他和正統的小說評者實在沒有太大的區別，真正有區別的是他把政治理念和言談帶入小說的範疇。[50] 任公此舉我們可以從他的有意識追求小說界革命來考察。[51] 任公從未清楚地表明他心目中的「小說界革命」到底為何，但是由他「詩界革命」的三大要素——新境界、新語句、以及以舊風格含新意境——來看，梁氏很明顯地企圖在傳統小說中融含新的事物。比方說，梁氏說「在昔歐洲變革之始，其魁儒碩學、仁人志士，往往以其身之經歷，乃至胸中所懷政治之議論，一寄於小說」，[52] 乃可「振國民精神，開國民知識」。[53] 由此可見，任公是有意識地把政治層面的東西引入小說中。然而如此前無先例的做法是必定會和傳統小說的成規有所抵觸，所以任公也

---

49 C.T.Hsia, "Yen Fu and Liang Ch'i-ch'ao," p. 242.
50 Helmut Martin, "A Transitional Concept of Chinese Literature 1897-1917," p. 189.
51 任公在〈小說與群治之關係〉一文中首度揭櫫「小說界革命」一詞。
52 〈譯印政治小說序〉。
53 〈新小說第一期〉，《新民叢報》20（1902）。

不能不在《未來記》緒言中為自己的嘗試作一辯解：

> 此編今初成兩三回，一覆讀之，似說部非說部，似稗史
> 非稗史，似論著非論著，不知成何種文體，自顧良自失
> 笑。雖然，既欲發表政見，商榷國計，則其體自不能不
> 與尋常說部稍殊。編中往往多載法律、章程、演說、論
> 文等，連編累牘，毫無趣味，知無以饜讀者之望矣，願
> 以報中他種之有滋味者償之；其有不喜政談者乎，則以
> 茲覆瓿可也。

接著，我們當然要問，到底任公要在小說中闡明的是哪些政談？

自從鴉片戰爭之後，中西接觸轉趨頻繁，中國感西洋船堅砲利，於是有自強運動之興，此運動旨在倣效西方科技及物質文明，藉以建立中國強大軍事武力以抗拒西方之侵略。這種對西方文明片面偏頗的看法終於造成了甲午中日戰爭的慘敗恥辱。中國之敗於蕞爾小國的日本，對士大夫及知識份子有極大的衝擊，他們意識到中國若不振作圖強，將不免於「瓜分」之命運。[54] 這種「救亡圖存」的危機意識在甲午戰後普遍存在知識份子心目中，他們開始嚴肅地思考一些重要的問題。

國家思想和世界大同之取捨是晚清知識界的一大議題。[55]

---

54 梁啟超：〈瓜分危言〉，《飲冰室文集》冊四：19-43。

55 張灝教授曾指出，雖然「救亡圖存」是晚清知識份子意識中最迫切的議題，但是我們仍可在他們身上發現一種試圖超越現狀，希冀達到理想的未來世界的「理想大同主義」（idealistic universalism）。參看張灝：〈晚清思想發展試論──幾個基本論題的提出與檢討〉收於張灝等《晚清思想》（台北：時報出版，1980），頁 31-33。亦請參看 Hao Chang, *Chinese*

康有為是晚清大同思想的闡揚者，他把春秋公羊傳中的據亂世、昇平世、太平世的「三世」思想拿來發揮禮運篇的大同思想。大同的最終目標當然就是要泯滅種族界限而達到和諧的境界。梁啟超在逃往日本之前大體上信奉的是康氏對於大同的詮釋，但是在抵達日本，廣泛接觸研讀了日本及西洋學者的著／譯作後，任公對此一問題遂發展出新的看法。雖然沒有揚棄大同的理想，任公現在對於國家主義有較強調的現象。根據任公，國家主義的發展可分三階段：1.胚胎期國家主義：依時序可分為家族、部族及帝國主義；2.現階段的國家主義及帝國國家主義；3.未來的大同。[56] 中國目前所面對的是帝國國家主義的侵略，運用其強有力的武力來擴張侵略弱小的國家。在這種情況下，中國實在沒有能力也不應該在此時追求大同思想的實現，而應該迎頭趕上其他帝國國家，和他們競爭。我們可以很明顯地看出，雖然任公著重於第二階段的國家主義，他並沒有拋棄世界大同的終極理想。

　　但是，在一九〇三年的「新民說」，任公更進一步第偏離大同思想。首先，梁氏提出國家是由於人民生存的需要方纔興起，它因此是為人民利益服務的工具。其二，國家是一個有機體，需要有代理人來執行運作；但是對於本體及代理人的混淆卻是錯誤的，需要糾正的（因此法國路易十四的名言：「朕即國家」以及忠於朝廷而不忠於國家都是不對的）。第三，這個國家的有機體有其別於他國的特徵，所以百姓只能服事自己的國家。第四，最終的大同境界將會消滅所有的國家觀念。但是，根據達

Intellectuals in Crisis: Search for Order and Meaning, 1890-1911 (Berkeley: University of California Press, 1987)，pp. 1-20.

56　梁啟超：〈國家思想變遷異同論〉，《飲冰室文集》卷 6，頁 18。

爾文競爭的原理，一個週期又將重新啟端，回到原始的國家主義時代。[57] 我們在此可以很清楚地看到社會達爾文主義（social Darwinism）的影響。任公此一思想的變化在《未來記》中亦可見。在楔子中，我們看到了以「世界大同」作模範的理想國度──中國已獲致其政治改革及獨立，萬國和平會議的召開以及合約的簽署。但是如同我們上面所引，任公整部小說的原始構想告訴我們：縱使在此一和平階段紛爭仍然不可避免，各國仍然彼此鬥爭不已。雖然在最終，任公調停了此一紛爭，但是根據他的社會達爾文思想，我們不得不懷疑和平是否可以持久不墜。

其次，我們要指出在梁氏的著作中他對於世界秩序有新的看法。任公把人類分為五類：黑、紅、棕、黃及白五種。根據達爾文進化的理論，在人類歷史的發展中，五種族類勢必聯合在一起，但是彼此的傾軋鬥爭則在所難免。梁對於此一問題的理解在《未來記》的構思中亦有表達，而且種族的相互鬥爭似乎是小說中國家紛爭的來源：

> 在中國成為世界第一大強國之後，尋以西藏蒙古主權問題與俄羅斯開戰端，用外交手段聯結英美日三國，大破俄軍，後有民間志士以私人資格、暗助俄羅斯虛無黨，覆其專制政府。最後因英美荷蘭諸國殖民地虐待黃人問題，幾釀成人種戰爭，歐美各國合縱以謀我，黃種諸國

57　參看蕭公權：《中國政治思想史》（台北：聯經，1982），頁 785-87。亦請參看 Hao Chang（張灝）, *Liang Ch'i-ch'ao and Intellectual Transition in China, 1890-1907*（Cambridge: Harvard University Press, 1963）, pp. 154-167.

> 連橫以應之，中國為主盟，協同日本、菲律賓等國互整
> 軍備，戰端將破裂，匈牙利人出而調停，其事乃解，卒
> 在中國京師開一萬國和平會議，中國宰相為議長，議定
> 黃白兩種人權利平等、互相親睦種種之條款。[58]

總之，為了要迎頭趕上其他國家，防止其帝國主義的侵略，國家主義是勢必在行的，但是這種反帝國主義的傾向卻逐步轉向反滿主義。要建立一個新的「國家」（nation-state），梁氏認為國民必須要理解國家的含意及其運作的機制。既然政府機關是一個國家中受委託的代理人，負責執行人民的意願，它就不應高於人民。「故有國家思想者，亦常愛朝廷，而愛朝廷者，未必皆有國家思想。朝廷由正式而成立者，則朝廷為國家之代表，愛朝廷即所以愛國家也。朝廷不以正式而成立者，則朝廷為國家之蟊賊，正朝廷乃所以愛國家也。」[59] 諸如此類隱含反滿思想的言論，充斥在任公一九〇二至一九〇五年的言論文字之中。雖然如此，我們卻不可以想當然耳地就認定任公已然倒戈至反滿革命的陣營中。任公的態度在此時依然徘徊猶豫於改革與革命之間，《未來記》中黃克強李去病政治思想的對抗衝突就是任公心態的最佳寫照。

　　任公於革命維新兩者之間的難於取捨，事實上頗具代表性。在他初抵日本的前兩年，任公與革命派人士來往過從甚密。如同思想史學者張灝所指出的，任公的這種矛盾兩難的心態可由維新運動的複雜意識形態來瞭解。任公所認同的維新運動事實上不是一個意識形態一致的運動，而是包括了從上進行改革和

---

58 〈中國唯一之文學報〉《新民叢報》25（1902）。
59 〈新民說〉第六節。

從下進行改朝換代革命傾向的思想光譜。[60] 任公於 1897 年應邀至湖南時務學堂任監督時，其革命傾向極為強烈，甚至曾試圖說服湘督陳寶箴宣告湖南獨立。此一舉動使我們聯想到《未來記》原始構想中所提到的：「先於南方有一省獨立，舉國豪傑同心協助之建立共和立憲完整之政府……。」[61] 在一九○○年自立軍漢口起義失敗後，任公即停止與革命黨合作；但在一九○二年梁氏又發表推翻滿清政府的文字。在一封致康有為的信中，梁氏首先批駁了康的大同思想的不切實際，然後他強調民族主義在此際屬必然的需要：

> 今日民族主義最發達之時代，非有此精神，決不能立國，弟子誓焦舌禿筆以倡之，絕不能棄去者也。而所以喚起民族精神者，勢不能不攻滿州。日本以討幕為最適宜之主義，中國以討滿為最適宜之主義，弟子所見，謂無以易此矣。滿廷之無可望久矣。今日望歸政、望復辟、夫何可得？即得矣，滿朝皆仇敵，百事腐敗已久，雖召吾黨歸用之，而亦絕不能行其志也。[62]

雖然任公依舊支持光緒皇帝，此類反滿情緒在此一時期充溢在其文字中，且達到一高潮。梁氏在一九一二年回憶道：

> 辛丑之秋，創辦新民叢報，稍從灌輸知識入手，而社會之歡迎，乃出意外。當時承團匪之後，政府創痍既復，

---

60 Hao Chang, *Liang Ch'i-ch'ao*, p. 221.
61 〈中國唯一之文學報〉《新民叢報》25（1902）。
62 《年譜長篇初稿》，頁 157。

> 故態旋萌，耳目所接，皆增憎憤，故報中論調，日趨激
> 烈。壬寅秋間，同時復辦一新小說報，專欲鼓吹革命，
> 鄙人感情之昂，以彼時為最矣。[63]

在《未來記》中，我們可以很清楚地看到任公的態度以敘事辯論的方式表達了出來。我們閱讀黃李辯論的印象是：雖然黃克強似乎氏佔了上風，但也不能完全說服李去病。這四十四回往復的針鋒相對正所以顯示梁啟超內心的矛盾。不管在此時期梁氏的態度是多激烈，《未來記》很明顯地告訴我們任公一直無法解開這兩難矛盾之結。（當然從一九○三年起，根據歷史學家的研究，任公就已決定回歸漸進的康有為陣營中了。）[64]

　　另一個梁啟超的重要思想——君主立憲，亦可在《未來記》中找到。任公很早就對西方憲政很有興趣，[65] 對他而言，憲政即是解決專制的一把利器，它可以明晰地界定君主的權利，行政機關以及人民的權利；但是，如果沒有民權，則憲法亦不過是一張白紙罷了。[66] 不過，梁氏認為只要權責劃分地清楚，君主和憲政並無抵觸衝突的地方，英國和日本就是兩個最好的例

63　〈鄙人對於言論界之過去及將來〉，《飲冰室文集》冊 11，29：3；〈敬告我同業諸君〉，《飲冰室文集》冊 4，11：39 以及《清代學術概論》（台北：中華書局，1980），頁 63。

64　根據張朋園的研究，任公在經過一時期的徬徨及挫折後，終於接受了黃遵憲的建議，採取了「避革命之名行革命之實」的立場。參看張朋園：《梁啟超與清季革命》（台北：中研院近代史研究所，1964），頁 177-201。亦參看 Hao Chang, *Liang Ch'i-ch'ao*, p. 224, and Philip C. Huang, *Liang Ch'i-ch'ao and Modern Chinese Liberalism*（Seattle: University of Washington Press, 1972），pp. 84-112.

65　任公的〈各國憲法異同論〉出版於 1899；〈立憲法議〉則是在 1900 年刊出。此二文分見《飲冰室文集》冊 4，4：71-79 及冊 4，5：1-7。

66　〈立憲法議〉，《飲冰室文集》冊 2，5：2。

子。雖然如此，任公卻下了一個但書：除非人民已開化，普受教育，而且瞭解憲法對他們的意義，否則憲政是不可能實施的。在此梁的漸進態度又清晰可見。在《未來記》中，對於李去病的論點，中國百姓從來沒有自己決定過自己的命運，黃克強立刻接上，認為只要人民能在現體制內獲得他們所需，他們已經是幸福在身：誰還去管皇帝是誰？[67] 事實上，任公在此處還是認為光緒皇帝是位好皇帝。一九○五年後，任公揚棄了君主立憲，移轉注意力到「開明專制」，這已是後話了。

　　以上我花了大篇幅討論梁啟超所處的歷史、政治以及思想背景，並且探求它們與《新中國未來記》的密切關係。我的目的只是要闡明所謂的「外緣因素」（extrinsic elements）不可能也不應該與作品本身分離，尤其當我們考量任公的自道：「專欲發表區區政見」時，這些外緣因素於我們理解詮釋作品時，更是不可或缺的知識。由於任公在本部小說中所關切的政治理念，諸如國家主義與大同思想，維新與革命，有關政體的討論等等，正是當代知識份子所關切的議題，這也許可以解釋何以《新中國未來記》廣受同時代讀者的歡迎，而現代的批評家卻不能產生相當程度的共鳴。

五、《新中國未來記》的敘述結構與技巧

　　《新中國未來記》的場景設於二○六二年的上海，彼時全國正慶祝維新五十週年，[68] 孔弘道博士的演說正是其中一大高

---

67 《未來記》，頁 24-26。
68 許多批評家均指出，任公在此犯了一個時間的計算錯誤。如按實際時間推演，這一年應該是 1962。也許任公心裏意味的是 150 週年也說不定。

潮。他的講題是「中國近六十年史」，敷衍黃克強與李去病的事蹟。夏曉虹稱此一敘述方法為「回溯」（flashback），並推任公為中國有意識運用此一技巧的作者。嚴格說來，《未來記》並不能算是「回溯」，而更應該是屬於「故事中的故事」的架構小說（frame-story）。[69] 此類小說通常在故事中涵括了一個或一個以上的故事。這種架構小說的手法在西方文學中有很長的歷史，從《天方夜譚》到薄加丘（Giovanni Boccaccio, 1313-1375）的《十日談》（*The Decameron*）到近代，一直都是很常見的。現代最出名的例子當然是亨利‧詹姆斯（Henry James, 1843-1916）的《碧廬冤孽》（*The Turn of the Screw*）和康拉德（Joseph Conrad, 1857-1924）的《黑暗之心》（*Heart of Darkness*）。在康拉德的中篇小說中，馬羅（Marlowe），內在故事的敘述者縷述其深入比屬剛果內陸遭逢克茲上校（Colonel Kurtz）的經驗，但是馬羅的故事事實上是由另一外在的不知名敘述者所帶出的。在《未來記》中傳統的外在敘述者可以有很多功能：首先，他提供必要的背景資料，解釋故事在何時何地發生，他也介紹孔博士的進場；在有些場合，他甚至闖入故事中提供一些讀者可能會問的問題，並解答之。舉例而言，這位敘述者提出所謂的修辭問句（rhetorical question），代讀者發問，質疑孔博士如何能知曉黃克強和李去病所說的隻字片語。然後他就提供答案：原來在

參看夏曉虹：《覺世與傳世》，頁 43。

69　見夏曉虹：《覺世與傳世》，頁 67。所謂「回溯」（一般用法翻譯為「倒敘」）通常指的是「插入的敘述文或場景（故事中角色的記憶、幻想或是思緒的混淆）」，所表現的通常是在故事開始之前發生的事件。見 M. H. Abrams, *A Glossary of Literary Terms*, 5th ed. （New York: Holt, Reinhart and Winston, Inc., 1988），141。嚴格說來，孔博士所作的只是經由閱讀黃克強的著作來敘說黃克強及李去病的故事，若嚴格地考量，這不應該算是「回溯」或「倒敘」。

演說時，孔博士隨身攜帶一冊黃的作品集子《乘風紀行》，而孔弘道事實上就是看著書意譯其中詞句（頁 43）。在第三章尾端這位敘述者再度出現，作為由第三章過場到第四章的一個工具。他又常常出現在這裡那裡，提供一些評論或是觀察，藉以建立全篇小說的語調（authorial commentary 作者評論或 authorial intrusion 作者干預）。在前二章中，這位外在敘述者的存在極為明顯，但從第三章起，當故事進入到黃克強和李去病的部份時，內在敘述者孔博士幾乎銷聲匿跡，將故事全部交到外在敘述者的手中。比方說，當介紹黃克強的父親時，這位外在敘述者插入故事中直接告訴讀者黃家所來自的省分：「看官，你知道那瓊州本屬我中國極南一個小海島，向來與內地文化隔絕，怎麼五六十年前，忽然有許多關係全局的大人物出來呢？原來都是瓊山先生的理學鑄造成的。」（頁 16）從此際起，孔博士就蹤跡杳然，不復再見。另一個例子是在第五回，敘述者再度闖入故事中，解釋說明黃和李各剛喪失嚴父及良師，自然不會有心情去參加上海假名士的集會。（頁 78）

　　任公在清末自然不會知曉敘述文中有各式各樣複雜的敘述觀點。大體上他還是追隨著傳統小說的敘述方法，他創新的部份大約就是採用了故事中套故事的架構來敘述故事。不過，我們還是得指出這種方法在中國小說中也不是首見，艾衲居士在《豆棚閒話》（1781）中也曾應用此一技巧。但是蒲安迪 Andrew Plaks 認為在中國小說中此類小說往往都只有點綴的功能，在結構上往往不能內外連成一氣，[70] 只有在《儒林外史》及《紅

---

70 請參看 Andrew Plaks, "Toward a Critical Theory of Chinese Narrative," in *Chinese Narrative: Critical and Theoretical Essays*, ed. Andrew H. Plaks（Princeton: Princeton University Press, 1977），p. 331.

樓夢》中才見成功的應用。[71]《新中國未來記》因此可以說是
屬於成功的例子。

除了以政治言說作為新的題材及新的意境之外，任公在《未
來記》中顯現了他深深地植根於中國敘述傳統中。《未來記》的
形式是中國傳統小說的章回體，每一章前均有對仗回目提示全
篇大要，在章末任公亦採納了傳統說書人的套語：「欲知結果如
何，請看下回分曉」。有一處，他採用了不同的表達方式：「說
也話長，今兒天色不早了，下次再講吧！」（頁 15）上面我們
也提及，有時敘述者會插入故事中解釋或評論某事，其實這也
是中國傳統小說中很常用的敘述成規。

夏曉虹在以上諸點外，另提出傳統小說中「史筆」的手法。
「史筆」一詞在任公的〈中國唯一之文學報──新小說〉中曾
出現：

> 此書起筆於義和團事變，敘至今後五十年，全用幻夢倒
> 影之法兒敘述皆用史筆，一若實有其人，實有其事者，
> 然今讀者置身其間，不復覺其為寓言也。[72]

小說與歷史之密切關係早為學者所識，[73] 而任公在撰寫此一小
說時亦有為其「想像虛構」文字爭取被認同的傾向。比方說，

---

71 林順夫曾用 frame-story 的觀念探討《儒林外史》的藝術性，參看 Lin
Shun-fu, "Ritual and Narrative Structure in *Ju-lin wai-shih*," in Plaks, ed.
Chinese Narrative, p. 259.

72 《新民叢報》25（1902）。

73 參看 Andrew Plaks, "Toward A Critical Theory," in Plaks. ed. *Chinese
Narrative*, pp. 316-320.; 亦見 Sheldon Hsiao-peng Lu, *Historicity to
Fictionality: The Chinese Poetics of Narrative*（Stanford: Stanford
University Press, 1994）, pp. 37-52.

孔博士在開始其敘事之前，不得不為自己以小說來呈現歷史而辯護（頁 6-7）。另外，任公在第四章描繪俄國人在東北的惡行時，甚至以本人（梁任公）作者的身分出現，強調在這兒所描繪的一切都是由日本報紙上抄錄下來的，因此是確鑿事實，諸如此類的訴諸歷史以求其可信性，在中國傳統小說中亦已成為一種很普遍的手法。

　　大體而言，《新中國未來記》是一部中國的傳統小說，我們上面提過，梁啟超最大的創新之舉就是把政治言談及政治意識帶入中國小說中。[74] 由此一角度來看，我們必須承認梁啟超的小說界革命是成功的，因為他把新思想帶入到舊小說中，雖然他的作品沒有完成，同時也不是很成熟，但是開創之功是不可抹滅的。任公對於晚清小說，以至於五四、三十年代小說中的「感時憂國」精神的影響是很有決定性的。

六、《新中國未來記》與烏托邦小說

　　除了上述我們所討論的來自東瀛的影響外，另外有一個可能影響《新中國未來記》的來源亦值得我們探究。夏志清曾指出美國作家貝勒米 Edward Bellamy（1850-1898）的烏托邦小說 *Looking Backward: 2000-1885*（1888）亦可能對梁氏的《未來記》有所啟發。[75] 夏先生在其文章中沒有繼續探究下去，我們很難由此就確定其評斷的正確性。夏曉虹也認為貝勒米的《回

---

74 Helmut Martin, "A Transitional Concept of Chinese Literature 1897-1917," p. 189.
75 Hsia, "Yen Fu and Liang Ch'i-ch'ao," p. 252, note 44.

頭看》不僅啟發，更影響了梁的寫作《未來記》。[76] 夏曉虹並未提到《未來記》是部烏托邦小說，但是她強調康有為對於場景設在未來的作品有興趣，而任公亦熟悉摩爾（Sir Thomas More, 1478-1535）的《烏托邦》（*Utopia*, 1516）。[77] 到底《新中國未來記》與烏托邦小說的關係為何？

　　貝勒米的《回頭看》出版於 1888 年，1894 年由李提摩太（Timothy Richard, 1845-1919）譯為中文，題為《百年一覺》。[78] 李提摩太所譯的只是節本非全譯本，但是大部分精華都照顧到了。[79] 此一譯本在當時頗受歡迎，至少在維新派的圈子裏是如此，因為在許多場合他們都提到這本書。梁啟超在 1896 年的《西學書目表》中寫道：「本書[貝勒米的《百年一夢》]亦是西方說部，論及百年後情事」；譚嗣同在《仁學》中將《百年一夢》與禮運大同篇的大同思想作一比較；[80] 康有為則在萬木草堂的演說中說「《百年一覺》，美國作家所作，乃是烏托邦小說」。[81] Martin Bernal 曾指出「許多人，也許也包括康有為本人，在《百年一夢》和康有為的《大同書》中看到相同點。」不過 Bernal

---

76 夏曉虹：《覺世與傳世》，頁 53-57。

77 夏曉虹：《覺世與傳世》，頁 233-234。任公在一封致康有為的信中比較康的大同思想和西方的社會思想時，曾提到過柏拉圖（Plato）、摩爾（Sir Thomas More）、聖西門（Saint-Simon），見《年譜長篇初稿》，頁 157。

78 任公稱之為《百年一夢》，譚嗣同稱為《百年一覺》，李提摩太則在書中說明原題意思應為《回頭看》。有關維新派人士與外國傳教士之關係及來往，參見 Chen Ch'i-yun, :"Liang Ch'i-ch'ao's Missionary Education: A Case Study of Missionary Influence on the Reformers," *Papers on China* 16（Cambridge, 1962）, pp. 62-125.

79 李提摩太在譯本序中承認他的翻譯只是原著的精華。見《百年一覺》序文，夏曉虹：《覺世與傳世》，頁 54 所引。

80 譚嗣同：《仁學》（上海：上海古籍出版社，1958），頁 76。

81 康有為：《康有為先生口說》（廣東：中山大學出版社，1985），夏曉虹：《覺世與傳世》，頁 52 所引。

補充說，在《百年一夢》出版前的五六年，康已經開始構思其《大同書》的大部分思想。[82] 我們也應該指出，任公曾任李提摩太的中文秘書，因此他很有可能不僅僅讀過這本書，而且可能有機會和李提摩太討論其中的細節。[83] 總而言之，資料顯示幾個重要的維新派人物都閱讀過或是很熟悉《百年一夢》，對於其中烏托邦的構思大概都有深刻印象。不過我們大約只能確定任公有可能閱讀過《百年一夢》，也許對其中的思想有深刻印象，但要確定《新中國未來記》與《百年一夢》之關係，我們必須進一步求內證。

貝勒米的小說情節並不複雜，韋斯特（Julian West），經過催眠入睡，醒來發覺已是公元二千年，沈睡了一百一十三年，周遭的環境已是人事全非，但是比起十九世紀，自然是較為進步。藉由韋斯特，貝勒米比較了 2000 年和十九世紀的社會，進而譴責十九世紀的一些不合理的思想及社會制度——孤兒、貧窮、犯罪、精神不正常、自殺、經濟萎縮、暴力的罷工、商業及政府機關的腐敗。這一些現象大致都和工業資本社會有密切的關連，因此需要大幅度的批評和改革。由後工業革命角度來看，貝勒米的小說不僅僅是烏托邦小說，同時也是社會改革小說——以未來社會來批判現世社會的種種不合理處。[84] 事實上，

---

82 Martin Bernal, *Chinese Socialism to 1907*（Ithaca: Cornell University Press, 1976）, p. 25.

83 任公在 1895 至 1896 年間曾任李提摩太秘書，見張朋園：《梁啟超與清季革命》，頁 35-36。貝勒米的小說可能是任公當時唯一讀過的兩本小說之一，在《新學書目表》中除了《百年一覺》外，另一本小說是從 1872 年即在《瀛寰瑣記》連載的蠡勺居士的《昕夕閒談》。

84 可參看 *The Columbia History of the American Novel*, ed. Emory Elliot et al.（New York: Columbia University press, 1991）, pp. 228-229 的討論。Krishan Kumar 在 *Utopia & Anti-Utopia in Modern Times*（Oxford: Basil

所有的烏托邦小說均可視作是社會改革小說，因為它們均藉著
遙遠或是未來的社會來批判當世的社會。如同研究烏托邦的學
者 Krishan Kumar 所說的：

> 因此從最原始的湯斯姆・摩爾起，烏托邦往往包含兩個
> 相互抗擷、各走不同方向的衝動。烏托邦往往高於有意
> 於改革的社會或政治論文，它通常超越實際範疇，甚至
> 可以遠超過到幾乎完全不實際的地步。但它從不是夢，
> 總是有一隻腳踏在現實裏。[85]

改革傾向雖然是大部分烏托邦小說中的重要元素，烏托邦小說
仍然還有其他的因素存在，例如說：對於一個更美好社會的追
求，除了以未來社會作為依憑來批評改良現在社會，並要有一
套社會理論作為此一美好社會的具體藍圖等。[86]

　　以這些標準來衡量《新中國未來記》，我們必須承認任公的
小說不能歸屬於烏托邦小說。首先，我們懷疑《未來記》能不
能算是場景設在未來的小說。換句話說，縱使本書書名中有「未
來」字眼，而梁氏的企圖是要描繪未來的情事，我們手頭有的
五個章節事實上講的是中國的「現在」。為了要詳述其政見，任

Blackwell, 1987），pp. 132-167 中將貝勒米的思想與美國和歐洲當時的社
會主義傾向相比，認為貝勒米的 *Looking Backward* 有明顯的社會主義及
烏托邦傾向。

85 Krishan Kumar, *Utopianism*（Minneapolis: University of Minnesota Press,
1991），p. 2.

86 有關 utopia，可參看 Abrams, *A Glossary of Literary Terms*, p. 195 中的定
義。事實上，Frank E. Manuel 及 Fritzie P. Manuel 在他們研究烏托邦的
經典著作，*Utopian Thought in the Western World*（Cambridge: The Belknap
Press of Harvard University Press, 1979）中根本就不給 utopia 下定義。

公採取了由未來觀點來講故事的形式，如此當然有其優點，因為經由孔弘道的演說，黃克強和李去病的政治思想可獲致相當的可信性（已然「發生」，因此是「真實」）。但是很明顯的，任公意並不在呈現一個未來中國社會的藍圖，他也意不在呈現未來人民的生活方式[87]——縱使在梁的「未來」中，他所關切所談論的事實上是歷史的「現在」以及他的「區區政見」。

其二，讓我們看看梁氏小說中憲政黨的黨綱是不是可算做是未來社會的社會方案呢？如上所言，書中憲政黨的組織、政治綱領以及政治理想是在一九〇二年介紹進來的；猶有甚者，這些書中的理念大致上都是當時知識份子一致的看法。比方說，憲法的實施在當時曾經是許多知識份子熱烈討論關切的要項。至於黨綱方面，如果我們仔細省視，便會發現任公和其同儕早已就討論過這些黨綱。比如說有關教育的黨綱，早已在任公作品中出現。其他有關發展工商業，進行全國天然、人力以及其他資源的調查等等重要急切的論題，任公亦已在別處討論過了。總之，梁啟超在書中所呈現的並不是一個未來社會所抱持實施的社會理論或方案，而只是當代知識份子所關切議題的重複，只是用了一個看似「未來」的框架來安置之。從這個角度看，《新中國未來記》亦不能算是烏托邦小說。

七、小　結

總的來說，雖然從文學觀點來看，《新中國未來記》可能不是現代小說評家眼中的「好小說」，但是它還是完成了作者「欲

---

87 Abrams, p. 195.

發表區區政見」的初衷。來自日本的影響很明顯地是表現在整個作品作為「政治小說」的整體構思上，但在敘述技巧上梁啟超仍是大體上依賴中國傳統小說的手法。至於貝勒米的影響大概是未來場景的選擇。任公似乎旨不在撰述一本烏托邦小說，因為他沒有真正踏入未來領域之中；相反地，他堅實地把腳踩在他自己的社會裏，關懷其最迫切的問題。小說中最有創意的部份是任公的把政治帶入一般不把政治作為題材的傳統小說中，夏志清特別稱譽這一部份是有其道理的，不過我個人並不同意夏的說法，認為到第四章時任公回復到以第三人稱全知觀點來陳述黃李的作為是靈感的枯竭。梁氏應該只是回復到傳統小說敘述的模式中而已，而且第五回已然回到「小說」的領域，而非只是「政見」的發表。

　　由上面的討論，我們認為《新中國未來記》是一部政治小說——如同任公所說的：「著者欲藉以吐露其所懷抱之政治思想也」——而且是中國的第一部政治小說。《未來記》也許有些微烏托邦的傾向，但是此一傾向在全篇中並未構成明顯，足以左右文類的份量。在最廣義的角度來看，《未來記》亦有其作為改革小說的一些特質，但我們的討論顯示，嚴格來說，它也不能夠恰如其分地被稱為改革小說。但是如果我們把「政治小說」和「導人遊於他境界，而變換其常處常受之空氣者」的「理想派小說」結合在一起，我想「理想派政治小說」倒是很貼切。它一方面照顧到中國小說必須自我調適來容納表達社會的迫切需求，也照顧到小說中的些微烏托邦傾向。雖然如夏曉虹所說的，《新中國未來記》也許「不成熟」，「在新與舊之間有矛盾衝突」，但是更重要的是它為中國的小說開啟了一個新的視野，這個新的政治空間和救亡圖存的呼號結合起來，產生了現代中國

文學中的感國憂時精神，成為中國小說的一大主流。

　　從第一章到第四章，我們以梁啟超為核心，集中討論了小說在晚清的發展，包括了對傳統小說的承繼以及在新的政治社會文化的開展中，小說如何因應調整，對於晚清小說的樣貌及本質大致上已有一個清晰的輪廓。同時梁啟超為何要提倡「新小說／政治小說」，政治小說的特質，日本政治小說對於梁的影響，以及梁的嘗試政治小說《新中國未來記》創作，我們大致上做了詳細的梳理。下面我們則由側面來考察晚清的思想文化以及小說的實際創作在另一位文人劉鶚身上如何表現，以及其與晚清小說、思想之間的微妙關係。

第五章　徘徊於傳統與現代之間

晚清文人劉鶚的一個思想史個案考察

　　以下兩章，我們從劉鶚（1857-1909）的生平思想及其小說《老殘遊記》來考察晚清的小說及思想文化發展。本章先梳理劉鶚其人思想和晚清時代之關係，下一章則專注在《老殘遊記》的討論。

　　晚清四大小說家之一的劉鶚（1857-1909）在文學史上以其小說《老殘遊記》名世，但是和其他幾位小說家吳沃堯、李伯元、曾樸相較，劉鶚在其他人生的面向上有相當突出的表現：不管在治理黃河上，建鐵道、開礦、經營實業、或是在甲骨文的蒐集研究、音律等方面都相當突出；在政治上，他也和洋務派、維新派有相當的來往；在學術思想上，他是太谷學派的嫡傳弟子。這些都使得劉鶚作為一個轉折時期的知識份子，顯得有其豐富的層面。但是劉鶚又不是所謂的「主流」知識份子，在思想、學術、社會、政治史上未能佔一重要地位。本章以劉鶚作為取樣（sample），省視在晚清中西交流、新舊併陳的紛擾時代中，劉鶚這樣一個知識份子如何回應這多變的世局，產生何種感受，以及如何參與到梁啟超等晚清知識分子的「社會動力」（social motion）中。

一、前　言

　　晚清四大小說家之一的劉鶚，不像吳沃堯或李寶嘉，終其一生只寫了一部完整的小說，《老殘遊記》。[1] 雖然在文壇上劉鶚並不甚活躍，然而從 1888 年他自薦入吳大澂幕府到 1909 年流放死於新疆，他卻在政壇，工商界扮演了一個相當活躍且有趣的角色。在這大約二十年的期間，劉鶚襄助治理黃河水患；他支持並實際參與與外人合資開礦、建鐵路，因而被稱為漢奸；他不僅與所謂的「洋務派」諸公關係密切，與「維新派」諸如梁啟超、宋伯魯（1854-1932）等人亦有來往；他在庚子事變時入京賑災，購太倉粟以濟災民，後以此賈禍；而他與袁世凱（1859-1916）、端方（1861-1911）的敵對關係亦是他後來遭流放的可能原因之一。在某些方面，劉鶚是一位傳統的知識份子，在仕途不順之餘轉移其注意力於寫作、經商、貿易、及古文物的研究，但是在另一方面，劉鶚卻是相當非傳統、一點都不保守，甚至與同時代的士大夫相較之下是相當激進的。無可諱言的，劉鶚不能被視為所謂的「主流人物」，因為他並沒有循中國傳統途徑，經過科考、獲致功名，然後晉身廟堂，發揮影響力

1　《老殘遊記》寫作期間在 1903-1905 年間，並在不同報章雜誌連載，最後在 1906 年連自序出版，後稱「初編」。劉鶚後來又寫了「二編」，但只寫了九回，很明顯是因政治挫折而無法繼續。在其死後劉氏家人又在 1929 年發現一些殘稿，通稱「外編」。對於「外編」殘稿的可靠性，學者意見不一致。總之，「二編」和「外編」均是未完稿。有關劉鶚小說版本的討論，可參考 Timothy Wong, "Notes On the Textual History of *Lao Ts'an yu-chi*," *T'oung Pao* LXIX, 1-3, 23-32。另亦請參考馬幼垣，《中國小說史稿》，（台北：時報出版，1980），頁 1-16。

——事實上他連最初級的地方科考都沒通過。[2] 他因治河而獲頒的「知府」銜也沒能幫助他在官僚體系中往上攀登，發揮所長。此外，劉鶚在政治、社會、哲學思想上，不管在廣度或深度上都無法像康有為、梁啟超、章太炎、孫中山等人，對於同時代人或後世人有影響——也許唯一的例外是他對於甲骨文的收集、保存及解讀，以及《老殘遊記》在晚清小說發展史上的貢獻。[3] 雖然如此，由於其小說相當程度地反應了劉鶚對於當時社會政治的看法，由於劉氏所從事的社會、商業等活動的時期恰好是中國歷史上最詭譎多變、最複雜、也最有趣的時代，劉鶚可以提供我們一個個例，來省視在這樣的時代中，一位知識份子如何因應時代，如何與時代互動。換言之，劉鶚係一位生存在相當複雜的歷史政治情境中的知識分子，而他對於此一境況的反應極為有趣，值得我們去留意。本論文以劉鶚為考察的對象，省視劉鶚一生重要的行徑及思想，以及其多采多姿的事業，進而探討當知識分子面臨李鴻章所謂「三千年未有之變局」時，如何尋求生命的價值及意義，如何竭盡知識分子「以天下為己任」的胸襟來關懷蜩唐的國是，如何發揮自我所長，試圖協助中國因應時勢，邁入現代。

　　由於劉鶚在中國近代史上不能算是一位重要的思想家，因此在處理劉鶚時，我們恐怕不能以一般思想史上的方法來處理

2　在中國社會階級文化中，如未能通過科考，基本上不能獲得一個「格致誠正修齊治平」的管道來實踐個人抱負，進而經世濟民，也就是無法成為「主流人物」。請參看汪榮祖〈論晚清變法思想之淵源與發展〉中對「邊緣人」的討論，收於氏著《晚清變法思想論叢》（台北：聯經，1983），頁 83-84。

3　胡適在評述劉鶚時，提出其生平「有四件大事：一是河工，二是甲骨文的辨認，三是請開山西的礦，四是賤買太倉的米來賑濟北京難民。」見胡適《老殘遊記・序》，見劉德隆、朱禧、劉德平（編），《劉鶚及老殘遊記資料》，（成都：四川人民出版社，1984），頁 371。

之。根據思想史學者張灝先生的看法，思想史有兩類，一類是觀念發展式的思想（history of ideas）主要的目的是「看觀念如何在不同的時代以不同的面貌出現，從而分析這些觀念間的衍生與邏輯關係，探討這些觀念與其他觀念之間所產生的緊張性和激盪性。」在觀念史研究上最有名的是 Arthur Lovejoy（1873-1962）的 *The Great Chain of Being*（存在的鎖鏈, 1936）及 Anders Nygren（1890-1978）的 *Agape and Eros*（論愛, 1945）。另一種處理的方式則是思想史研究（intellectual history），將研究對象的思想「放在他的時代脈絡裡去看，看他作為一個中國知識分子，對時代的刺激性和生命的感受，如何在思想上作自覺的反應。」[4] 張先生在處理譚嗣同時即採取了後面一種方法。美國思想史家史華慈（Benjamin I. Schwartz, 1916-1999）在討論思想史的觀念時，也認為較可取的策略是「處理人們對於自己所處環境的有意識的回應」（to think in terms of men's conscious responses to the situations in which they find themselves）。其中最重要的，首先是情境的發生，然後是其人「有意識」的回應。這種有意識的回應，有時候是一種思想，或是意識型態上的回應，但是有時候也可以是較為個人、主觀的情感、感受上的回應。[5]

　　由於劉鶚在思想史上沒有像康有為、章太炎等人，於先人的學術思想有所傳承，並且對當代及後代有相當大的啟發與影響，因此我們很難用思想史、學術史，社會史或政治史上的標

4　張灝《烈士精神與批判意識——譚嗣同思想的分析》，頁 3-4。

5　Benjamin I. Schwartz, "The Intellectual History of China: Preliminary Reflections" in John Fairbank（ed.）*Chinese Thought and Institutions*（Chicago: the University of Chicago Press, 1957），pp. 16,17.

準來衡量劉鶚。不過一個知識份子，歷經傳統學問的涵育，因為時局的巨大變化而有新體會，進而會有所回應、有諸多感受；我們由此角度來看待之，可以更深入地瞭解晚清的時局以及劉鶚這個人的種種面貌。[6]

筆者在本章中大致上係以劉鶚的生平行徑為經，擇其重要者加以演繹，試圖追繹其意涵，本質上是個案探討中資料的初步匯集整理及解讀，是一種類似人類學家 Clifford Geertz（1926-2006）所謂的「密集描述」（thick description），[7]將劉鶚的言談、作為、思想視作劉鶚個人有意識的對時代做出回應，而試著解讀在此種回應中可能含有的意義。至於對於劉鶚其人、其事、其文整體性的評估則非本章意圖所在，則有待後續更深入的整體性考察。

二、由河工到建鐵道

根據《丹徒縣志摭餘·劉鶚》：

> 劉鶚字鐵雲，候選道·生平學術淵深，通曉洋務·光緒庚寅，經魯撫張曜奏調辦理河工，熟諳機器、船械、水學、力學、電學、算學、測量學等藝，著有《勾股天元草》、《弧角三術》、《歷代黃河變遷圖考》、《鐵雲藏龜》、

---

6 王汎森對於研究思想文化的進路，有較為現代及周詳的概括，見王汎森，〈中國近代思想文化史研究的若干思考〉（新史學 14 卷 4 期 2003 年 12 月）：177-194。

7 參見 Clifford Geertz, *The Interpretation of Culture*（New York: Basic Books, 1973）第一章。也請參看 Clifford Geertz, *Local knowledge: Further Essays in Interpretive anthropology*（New York: Basic Books, 1983）第一章。

《鐵雲藏陶》多種。[8]

劉鶚原名孟鵬，字雲摶，又字公約，後改名鶚，別署鴻都百鍊生，原籍江蘇丹徒（今鎮江）人。父劉成忠，字子恕，咸豐壬子進士，歷官御史，授河南歸德府知府，調補開封府，講求治河之策。劉家歷來為官者稀少，除劉成忠的曾祖劉姜田於乾隆年中過舉外，沒有其他人當過官，所以劉成忠說：「吾家自祖父以來皆貧甚」。[9] 劉鶚於 1857 年出生於這樣的低階官僚家庭，時劉成忠已四十歲。劉鶚屬於康有為、袁世凱那一代。[10] 根據《老殘遊記‧自敘》，劉鶚是位充滿情感，關心國是的讀書人：

> 吾人生今之世，有身世之感情，有家國之感情，有社會
> 之感情，有種教之感情‧其感情愈深者，其哭泣愈痛，
> 此鴻都百鍊生所以有老殘遊記之作也。[11]

此種深深蘊含的強烈情感及以家國、社會、種教為己任的使命感，促使劉鶚在年輕時即與許多各行各業的人士廣泛接觸，以備日後圖謀大事之需。根據劉氏三子劉大紳，劉鶚「少年時，負奇氣，性豪放，不規規於小節。蒿目時艱，隱然有天下己任意。故所在輒交其才俊，各治一家言。」[12] 羅振玉（1866-1940）

---

8 《劉鶚傳》載《丹徒縣志摭餘》卷八，轉引自《劉鶚及老殘遊記資料》，頁 305。

9 劉德隆、朱禧、劉德平（編），〈劉鶚與父親劉成忠〉《劉鶚小傳》，（天津：天津人民，1987），頁 68。

10 康有為出生於 1858，袁世凱 1859，梁啟超 1873。劉鶚出生這年，李鴻章三十五歲，張之洞則是二十一歲。

11 筆者使用之版本為劉鶚，《老殘遊記》（台北：聯經，1976），頁 2。

12 劉大紳，〈關於老殘遊記〉《遊記》，頁 314。本文完成於 1936 年，後來

在《五十日夢痕錄》中的〈劉鐵雲傳〉亦提到劉鶚年輕時不為小節所拘，以「經世」為職志，不汲汲於宦途：「君精疇人術，尤長於治河。顧放曠不守繩墨，而不廢讀書。是時君所交皆里井少年，君亦薄世所謂規行矩步者，不與近。已乃大悔，閉戶斂跡者歲餘。」[13] 在家庭壓力下，劉鶚嘗參與科考，不第，回到家鄉淮安後，潛心研究學問，尤以經世之學與家學（治河、曆算、音律等）為重。[14]

劉鶚生命中的一件大事當然是在他二十歲科考落第那年（1876）與太谷學派創始人周谷（1764-1832）的弟子李光炘（1808-1885）的邂逅，此後劉鶚執弟子禮，成為李光炘的入門弟子。（劉鶚與李光炘及太谷學派之關係，詳下文。）在 1886 年，劉鶚又參加了一次科考，不過這次他根本沒有完成考程就放棄了。看來劉鶚在此時大致已下定決心，日後的前途不會是在官場，因為從此以後，劉鶚將自己投身於一些非傳統的事業如印刷、書局等。[15] 這些事業大致上是劉鶚所謂的「養民」事業。[16]

刊載於《宇宙風乙刊》20 至 24 期（1940 年 1 月 - 5 月）。本文作者劉大紳為劉鶚三子，加註者為劉鶚孫子劉厚澤，係研究劉鶚最權威、最可靠的傳記資料。我使用的聯經版亦收此文。在第六節「遊記作者被禍始末」中的註一，大紳提到：「先君當時交遊中，如柴某專治理財，賈某專治推步，王某專治兵略，又一王某專治拳勇，均造詣極深。」見《遊記》，頁 316。

13 轉引自胡適亞東版《老殘遊記·序》，收於魏紹昌，《老殘遊記資料》，（北京：中華書局，1962），頁 188。以下簡稱《資料》。

14 參看蔣瑞雪〈劉鶚年譜〉收於《資料》，頁 141。亦參看《劉鶚小傳》，頁 196。

15 劉鶚所創辦的石昌書局是中國第一家採用石印技術的書局。參看〈年譜〉《資料》，頁 146。

16 在一封致同門師兄黃葆年（1845-1924）的信中，劉鶚分析了他和黃葆年職志的不同：「聖功大綱，不外教養兩途，公以教天下為己任，弟以養天

　　雖然如此，在劉鶚真正地投入「養民」事業之前，他自我推薦到河南吳大澂（1835-1902）處去協助治理黃河河患。由於家學淵源，[17]劉鶚在河工上頭，表現得極為優秀，不僅有治河理論及方法，還親自參與工事，「短衣匹馬，與徒役雜作。凡同僚所畏憚不能為之事，悉任之。」[18]在大家努力之下，黃河潰堤氾濫之情形得到改善，大堤終於合龍。劉鶚名列獎賞名冊上，不過他卻把功績讓與其兄，而請歸讀書。劉鶚治河名聲大鵲，之後與預了不少與黃河有關之工作。比方說，吳大澂曾奏請籌河圖局，任劉鶚為測繪「豫、直、魯三省黃河圖」提調；後來山東巡撫張曜（1832-1891）亦發佈劉鶚為黃河下游提調。在山東期間，劉鶚撰寫了我們前面提到的有關河工的著作。這些治河的經驗，尤其在山東的經驗，提供了劉鶚日後寫作《老殘遊記》的題材。張曜本人更成為小說中莊宮保（莊曜）的原型。在張曜之後的巡撫福潤極為賞識劉鶚的才華及貢獻，兩次上疏朝廷，為劉鶚爭取至總理衙門應試，以取得資格從事宦途。第一次（光緒十八年，1892），福潤咨送劉鶚去北京應試，因不合例被飭回，劉鶚曾吟詩表對仕途不遂的失望：

> 魄落魂消酒一卮，凍軀圍火得溫遲，人如敗葉渾無屬，

下為己任。各竭心力，互相扶腋為之。上報四重恩，下濟三途苦，同為空同之子孫，同培古今之道脈，同身同命，海枯石爛，無有貳心。」見〈致黃葆年〉（1902），《劉鶚及老殘遊記資料》，頁 300。有關劉鶚養民思想，見下文的討論。

17　這方面可以參看《小傳》中的〈劉鶚與治理黃河〉中的討論。劉成忠曾撰有《河防芻議》，劉鶚本人則有《治河五說》及《續二說》二書，其中包括了《河患說》、《河性說》、《治河說》、《估費說》、《善後說》及《治河續說一》、《治河續說二》等。

18　羅振玉《五十日夢痕錄》，見《資料》。

骨似勞薪不可支。紅燭無光貪化淚，黃河傳響已流澌，
那堪歲歲荒城道，風雪千山夢醒時！[19]

福潤在光緒二十年（1894）再次舉薦劉鶚，我們可以稍微留意
的是，在福潤的疏中特別標舉劉鶚的博學及其對於洋務的嫻熟：
「其所著各書，考據尚屬詳明，有益於用查該員學術淵源，通
曉洋務。合無仰懇天恩，准由奴才將該員劉鶚，咨送總理各國
衙門考驗，以備任使之處。」[20] 光緒同意了，劉鶚赴京考試後，
得到一個知府銜，劉鶚與黃河之關係卻似乎已告一段落。不過，
劉鶚已將注意力轉移到興建鐵道上頭了。

　　在通過總理衙門的考試，獲得知府銜後，劉鶚即上一疏
建議興建一條鐵道——蘆漢道（由蘆溝橋到漢口）。羅振玉在
〈劉鐵雲傳〉中寫道：

> 君於是慨然欲有所樹立，留都門者二年，謂扶衰振敝當
> 從興建鐵路始，路成則實業可興，實業興而國富，國富
> 然後庶政可得而理也。上疏請築津鎮鐵路，當道頗為所
> 動。[21]

---

19 此詩前有識語：「壬辰咨送總理衙門考試，不合例，未試而歸，臘月宿齊
　河城外。」《劉鶚及老殘遊記資料・鐵雲詩存》，頁 55-56。
20 福潤的奏疏全文錄在〈年譜〉（見《資料》，頁 153-154）。不過，由現有
　我們可以掌握得到的資料看來，沒有任何的證據可以支持到此刻為止，
　劉鶚的「洋務」特長。比較可能的推測是：福潤為了讓劉鶚有資格參加
　總理衙門的考試，特別強調了劉鶚的「洋務專長」。不過，我們確實知道
　後來劉鶚是與李鴻章等所謂的「洋務派」有所往來，也許在此時劉鶚已
　和「洋務派」有所往來，只是我們沒有確鑿的證據來支持此一推論。
21 見《資料》，頁 190。根據《小傳》，羅振玉這裡所道與事實有誤，津鎮

根據蔣逸雪《劉鐵雲年譜》，劉鶚於「光緒二十一年秋，赴總理衙門報到」，「光緒二十二年六月，應兩湖總督張之洞召，赴鄂，商蘆漢路事，十月回京建議興築津鎮鐵路。」劉鶚對於鐵道興建於國家發展所可能帶來的利益，顯然相當期盼，因此甚至在事前即已打點，希望事情能順利推行。根據孔祥吉〈劉鶚新史料之發現〉一文中所提出的資料，劉鶚為了要推動鐵路的興建，在光緒廿一年（1895，蘆漢及津鎮鐵道均未開辦前）就曾試圖賄賂曾任軍機大臣、總理各國事務衙門大臣的翁同龢，翁嚴厲斥責，拒絕了劉鶚的賄賂，並留下了一張字據：「劉鶚者，鎮江同鄉，屢次在督辦處遞說帖，攜銀五萬，至京打點，營幹辦鐵路，昨竟敢託人以字畫數十件餂余。記之以為邪蒿之據。乙未五月廿一，燈下。」[22] 在翁同龢處劉鶚未能得到任何可能的幫助，甚至是被趕出宅院，狼狽而去；在實際的興辦過程中，由於政治及金錢利益的衝突，劉鶚也無法參與到興建蘆漢道的計畫中。[23] 他提議興建津鎮道的計畫，也因地方勢力的利益爭奪而失敗。[24] 劉鶚有闋詞很能描述其心情：

　　道要到 1896 年才有建築的計畫，遠比蘆漢道晚多了。事實上興建蘆漢道的建議是在1889年由張之洞提出的，但是由於經費與預算，遂不克實施。劉鶚在 1895 年向上海的銀行和商業界集募資金欲興建之。見《小傳》，頁 17-18。

22 見孔祥吉〈劉鶚史料之新發現〉《晚清佚聞叢考──以戊戌變法為中心》（成都：巴蜀書社，1998），頁 180。

23 據劉德隆他們簡要的敘述，我們知道劉鶚係因包括王文韶、盛宣懷等人在內的利益團體的阻撓，不願劉與他們分羹，所以將劉排擠出蘆漢道的興建計畫。見《小傳》，頁 16-23。

24 同上註。

嘆人生終歲苦塵勞，何以悅吾生？趁朱顏猶在，黃金未
盡，風月陶情。長得紅偎翠倚，身世嘆升沈，莫把佳期
誤，今夜銷魂。門外雪深盈尺，正錦衾人暖，寶帳香溫。
戀昨宵夢好，相報不容醒。看天際瓊飛玉舞，擁貂裘，
推枕倚雲屏。梳妝罷，郎歌白雪，妾和陽春。[25]

長志不得舒展，低落的情緒，縱情聲色以求慰藉的主題與劉鶚
的心情是相吻合的，這類作品在劉鶚整個的作品中是比較特殊
的。毋庸置疑，中國文人常常徘徊在仕與隱的兩難情境中，應
用此類母題來表心志的作品是屢見不鮮的，劉鶚在此似乎也不
例外。在實際生活中，實業上的挫折，對於時人官吏的不解其
用心，再加上中日甲午之戰的衝擊，讓劉鶚內心更加感慨萬千。
他在這段時間寫於北京的〈春郊即目二首〉詩（1896）很可以
表達其心情：

郊遊驟見海棠花，亞字闌干一樹斜。蝴蝶忽然飛屋角，
羈臣何以在天涯？千枝翡翠籠朝霧，萬朵胭脂艷早霞。
寄語春光休爛漫，江南蕩子已思家。

可憐春色滿皇州，季子當年上苑遊。青鳥不傳丹鳳詔，
黃金空敝黑貂裘！垂楊跪地聞嘶馬，芳草連天獨上樓，

25 《鐵雲詩存・八聲甘州》，見《劉鶚及老殘遊記資料》，頁 61。雖然這闋
詞無法很確切地繫在此年，劉鶚在詞中的挫折感與集中其他詩詞作品相
比的話是顯明可見的。

寂寞江山何處是，停雲流水兩悠悠！[26]

理想的不得開展，加上國事日漸凋弊，劉鶚似乎心情鬱抑。不過雖然有一時的挫折，雖然有一時的情緒低落而需要以醇酒美人來排遣，劉鶚並未就此自暴自棄，他將注意力轉到商場、實業界上去了──只不過終其生他似乎處處不得志，無法充分施展其長才來實踐其理想。劉鶚注意力的轉移也許可以歸因於中日甲午戰爭中日本所造成的政治與軍事威脅，以及其與當時較有改革意識的知識份子及官吏的來往，這些因素促使劉鶚更加著力於其他面向，強調「養民」，並從而進行可以幫助中國因應世局的實業。

三、致力實業及其交遊

在幾次興建鐵路的挫折後，我們看到劉鶚大致上已偏向投身實業，離宦途愈行愈遠了。1897 年他在一家英國商行（英商福公司）擔任經理職位，從事於山西煤礦開採的工作。因採礦事劉鶚首度遭人彈劾，被清政府革職，也從此被視作「漢奸」。山西煤礦的品質及蘊藏量是早受到公認的。[27] 一八九六年山西巡撫胡聘之請設商務局，由於資金的缺乏，他們向英商福公司借款一千萬兩白銀，劉鶚即是中間人。劉鶚與福公司有密切來

---

26 見《劉鶚及老殘遊記資料》，頁 44。梁啟超後在上海與劉鶚、汪康年、宋伯魯、毛慶蕃、黃葆年、羅振玉等人的集會中亦吟詩相和：「自古文明第一州，臥獅常在睡鄉遊。狂瀾不砥中流柱，舉國將成破碎裘！燕雀同居危塊壘，蜣蜋空畫舊牆樓。漏巵真似西風岸，百孔千瘡無底愁。」見《資料》，頁 155。

27 參看《小傳》中引肯德《中國鐵路發展史》，《小傳》，頁 24。

往關係主要是因其負責人之一的義大利人康門斗多‧恩其羅‧羅沙第原為招商局總辦馬建忠的副手，而馬建忠又是劉鶚生平摯友。[28] 開礦事業背後當然有劉鶚歷經挫折後的心路歷程及其一貫的養民思想在其中。他曾向朋友提及自己這時的想法及抱負：

> 蒿目時艱，當世之事，百無一可為。近欲以開晉鐵（煤）謀於晉撫，俾請於廷。晉鐵（煤）開則民得養，而國可富也。國無素蓄，不如任歐人開之，我嚴定其制，令三十年而全礦路歸我。如是，則彼之利在一時，而我之利在百世矣。[29]

劉鶚的想法在當時受到很多人的攻擊，被認為是「賣國」，但是他其實有相當前進的思想及前瞻性。他對開礦的認識相當開通：

> 工人所得之資不能無用也，又將耗於衣食。食者仰給於庖人，衣則仰給於縫工。庖人不能自藝蔬穀，又轉仰給於農圃；縫公不能自織布帛也，又仰給於織人。如是輾轉相資，山西由此分利者不下十餘萬人矣。我國今日之患，在民失其養一事。而得養者十餘萬人，善政有過於此者乎？況有礦必有運礦之路，年豐穀可以出；歲飢穀可以入，隱相酌劑，利益農民者，更不知凡幾。我國出

---

28 劉鶚在 1901 年（光緒二十七年）4 月 14 日日記中有一條：「予生平知己，姚松雲第一，馬眉叔（建忠字）第二。」引見《小傳》，頁 25。
29 羅振玉《五十日夢痕錄‧劉鐵雲傳》，引見《小傳》，頁 25-26。

　　口貨值，每不敵進口貨之多，病在運路之不通。運路既
　　通，土產之銷暢可旺，工藝之進步可速，倘能風氣大開，
　　民富國強屈指可計也。而開礦實為之基矣。

劉鶚不只是言其利，同時也防其蔽，他接著說：

　　古人云慢藏誨盜。今我山西煤鐵之富甲天下，西人嘖嘖
　　稱之久矣。必欲閉關自守，將來無知愚民燒一處教堂，
　　殺三五名教士，釁端一開，全省礦路隨和約去矣。其中
　　有絕大之關鍵存焉，則主權是也。兵力所得者，主權在
　　彼；商利所得者，主權在我，萬國之公約例也。然有一
　　國商力所到之處，則別國兵力即不能到。今日亟亟欲引
　　商權入內者，正恐他日有不幸而為兵權所迫之事，必早
　　杜其西漸之萌，為忠君愛國者當今之急務矣。[30]

劉鶚的想法當然有「民富國強」、「以夷制夷」，也有所謂「商戰」
的味道在其中。[31] 因為自己一貫養民思想，以及報效國家之職
志似乎可得而實現，讓劉鶚興奮不已，三次前往太原，而且在
幾首詩中表達了溢於言表的心境：

　　山勢西來太崒嵂，汾河南下日悠悠。摩天黃鵠毛難滿，
　　遍地哀鴻淚不收。眼底關河秦社稷，胸中文字魯春秋。

---

30 《小傳》引自《劉鶚及老殘遊記資料》，見《小傳》，頁 26-27。
31 有關晚清的「商戰」，請參看李陳順妍〈晚清的重商主義〉收於張灝等著
　　《近代中國思想人物論——晚清思想》（台北：時報出版，1980），頁
　　331-351。亦見王爾敏〈商戰觀念與重商思想〉，《中央研究院近代史集
　　刊》5（1967,6）：1-91。

尼山渺矣龍川去，獨立滄茫歲月遒。(〈登太原西城〉)

南天門外白雲低，攬轡東行踏紫霓。一路弦歌歸日下，
百年經濟起關西。燕姬趙女雙蟬鬢，明月清風四馬蹄。
不向杞天空墮淚，男兒義氣古今齊。(〈太原返京道中宿
明月店〉)[32]

然而，滿胸的雄心大志卻又因為地方利益團體的權力鬥爭而不
得施展。一方面是英商福公司的洋人經理對於在山西所得之利
益感到不足；另一方面則是參與山西開礦的官員，在情緒上反
對讓洋人在中國土地上開礦，也擔心所得的開礦利益會落到洋
人及中人劉鶚手中，於是上書向朝廷彈劾劉鶚。在總理衙門調
查後，光緒皇帝諭令「均著撤退，毋令與聞該省商務」。[33] 劉
鶚的山西開礦又是功虧一簣。不過，相當反諷的是，山西省最
後的開礦結果卻證明了劉鶚不僅是對的，而且還相當的有遠見：
山西礦務局後來還是與外人合作，與當初劉鶚所策劃的方案大
致相符，但是卻未能堅持對外商加以限制。[34] 雖然山西開礦不
順利，劉鶚後來還是參與了福公司在河南、浙江的開礦事宜。
這些作為後來還是因受到許多鄉紳、地方官吏和愛國的年輕學
子的反對而失敗了，理由大致上還是指責劉鶚「賣國」、賺佣金

32　《劉鶚及老殘遊記資料‧鐵雲詩鈔》，頁 46。
33　《小傳》，頁 28。
34　山西礦務局《礦案之禍始》檔案記載：「據前輩傳聞，謂當時合同原稿，
　　尚定開辦期限……曾中裕進京……倉卒署名，是時合同原稿已變本加厲，
　　無開辦期限矣！」見《小傳》，頁 28-29。亦參見蔣瑞雪〈年譜〉(《資料》，
　　頁。157-162)。

等罪名。[35]

　　不過值得我們注意的不在劉鶚是否因擔任中人而賺取了大筆金錢，而更應著重在劉鶚如何將他自己的想法和國家的實際現況結合起來，因為由此我們可以了解像劉鶚這樣身處轉折期的知識分子如何對其周遭環境做出反應。在一封公開的啟事中，劉鶚對於自己被指為「賣國」一事有所辯護，同時他也試圖對中國目前的處境及因應之道，提出自己的理念：

> 僕自甲午以後，痛中國之衰弱，慮列強之瓜分，未可聽其自然。思亟求防禦之方，非種種改良不可。欲求改良必先開風氣，欲開風氣必先通鐵路，欲通鐵路必先籌養路之費，捨農工商礦更有何賴？而農工商三者之利其興也，必在風氣大開之後。緩不濟急，只有開礦一事見效易而收效速，為當務之首矣。然二十年開礦者不下三、四十處，率皆半途而廢。蓋以華人非所專長，故易敗也。又思凡外國商力所到之地，即為各國兵力所不到之處，則莫若用洋商之款，以興路礦，且前可以御各強兵力之侵逐，漸可以開通風氣，鼓舞農工。卒之數十年期滿，路礦仍為我有，計之至善者也，故毅然決然為之。一國非之，天下非之，所不願也。其中有利無害情形，前上山西撫帥稟稿言之甚詳，附呈請鑒。[36]

劉鶚接著馬上指摘那些攻擊他的人無法明瞭兵戰與商戰之區別。劉鶚認為中國在目前階段徒言立即改變是不可能的，但是

35　請參看《小傳》，頁 30-31。
36　〈礦事啟〉，見《劉鶚及老殘遊記資料》，頁 132。

中國有豐富的資源，若能善加保護利用，使免於列強勢力的侵奪、壓榨，就可以成為救中國的要素。雖然如此，中國目前卻未能具備有先進的科技來開發之，所以最好的途徑即是利用列強的力量來協助我們開發，同時並加以箝制，主權歸我而出力由他。如此「人各有學，學各有宗旨，僕之宗旨在廣引商力以御兵力，俾我得休息數十年以極力整頓工農商務，庶幾自強之勢可成，而國本可立。」[37]

　　劉鶚的用心在當時大致上不為大多數人所了解、認同。其實在他內心中也充滿了「不為世所知」的感嘆。他在 1897 年有關詞描寫至山西的路途及感受，頗能看出劉鶚當時的心境。

　　丁酉七月由燕赴晉，風塵竟日，苦不勝言，每夕必以弦歌解之

　　燕姬趙女顏如玉，鶯喉燕舌歌新曲。挾瑟上高堂，娥娥紅粉妝。
　　倚窗嬌不語，漫道郎辛苦。弦撥兩三聲，問郎聽不聽？
　　客心正自悲寥廓，那堪更聽蓮花落！同是走天涯，相逢且吃茶。
　　芳年今幾許？報道剛三五，作妓在邯鄲，於今第七年。
　　朝來照鏡著顏色，青春易去誰憐惜？挾瑟走沿門，何如托缽人！
　　行雲無定處，夜夜蒙霜露。難得有情郎，雞鳴又束裝！

---

37 同上註。

> 狐悲兔死傷同類，荒村共掩傷心淚。紅袖對青衫，飄零
> 終一般！
> 有家歸不得，歲歲常為客，被褐走江湖，誰人問價估？
>
> 右調菩薩蠻，皆紀實也。男子以才媚人，婦人以色媚人，
> 其理則一。含詬忍恥，以求生活，良可悲已！況媚人而
> 賣用不售，不更可悲乎？白香山云："同是天涯淪落人"。
> 湯臨川云："百計思量，沒個為歡處！"我云亦然。[38]

在詞中藉由弦管賣唱的紅塵妓女媚人求生活的情境，來寫自己
挾才「求售」，不為人知，因而「含詬忍恥」的悲愴心理，讓我
們看到劉鶚內心較為感性的，寂寞、孤獨的一面。

　　劉鶚到底是愛國者，關切中國的前途命運，或只是一位投
機的買辦、賣國賊，只為自己、為洋商謀利益，當然可以再做
進一步的探討。不過，我們必須指出，劉鶚的商戰／兵戰理念
在很大程度上反應了當時由鄭觀應、王韜等人所提倡的時代氛
圍。[39] 根據現有資料，我們恐怕沒有足夠的證據來肯定劉鶚是
否受到這幾位先進知識份子的影響，不過我們知道早在 1896
年汪康年（1860-1911）在《時務報》即已發表了〈商戰論〉。[40]
我們也知道劉鶚曾在上海停留過一段期間，和梁啟超、汪康年

38　《劉鶚及老殘遊記資料》，頁 61—62。

39　有關王韜及鄭觀應的思想及影響，可參看汪榮祖〈王韜變法思想論綱〉
　　收於氏著《晚清變法思想論叢》（台北：聯經出版，1983），頁 135-176；
　　胡秋原〈鄭觀應生平及其思想〉收於張灝等著《中國近代思想人物論
　　——晚清思想》（台北：時報出版，1980），頁 453-467。

40　參看王爾敏〈商戰觀念與重商思想〉，《中央研究院近代史集刊》5（1976.
　　6）：1-91。

等人均有過從（下面對於劉鶚的交遊有更詳盡的討論），[41] 我們大致可以推斷劉鶚如果不是直接受到幾位論商戰的維新人物的影響，至少他在上海應該可以感受到普遍瀰漫的商戰論調。雖是如此，劉鶚和鄭觀應、王韜等以及維新派人物的關係仍然有待新資料的出土，方能有進一步的結論。[42]

四、劉鶚與維新派的關連

1898 年百日維新起，然而很快地被慈禧太后黨推翻了。根據劉鶚侄兒劉大鈞〈劉鐵雲軼事〉的說法，劉鶚在當時「主張徹底辦法，利用外資，從事建設，以開發我國之富源。懷抱既不得抒，遂與保皇黨連絡，希冀光緒帝得復政權，各種新政皆可實施。」[43] 但是劉鶚三子劉大紳全盤否認了其父與維新派有任何瓜葛。劉大紳宣稱劉鶚「素不贊同保皇黨：謂其運動為本末倒顛。亦無君主思想，與康長素氏僅一面之識，更無連絡之事。」[44] 此處我們有兩個相互矛盾的說法分別來自劉鶚的兒子及姪子。到底劉鶚與百日維新有無關連，如果有的話，他和維

---

41 劉鶚曾有一書致汪康年（穰卿），見劉德隆〈劉鶚致汪康年信之我見〉收於氏著《劉鶚散論》（昆明：雲南人民出版社，1996），頁 202-207。

42 筆者個人覺得劉鶚和當時其他知識分子應有極度密切的關連。比方說，根據劉大鈞〈劉鐵雲軼事〉，劉鶚本人因父親劉成忠與李鴻章有年誼，曾往訪李鴻章，且有一段「漢奸」的軼事。見《資料》，頁 110-111。在《小傳》中，幾位作者甚至懷疑劉鶚與李文忠之間的關係可能是相當親密，所以在仕途挫折或與地方官僚的衝突中，李常常對劉鶚照顧有加。劉鶚與幾位高官，如李鴻藻、王文韶、倪文蔚等人亦相當熟識。見《小傳》，69-70 頁。在另一方面，如我們下面要討論的，劉鶚與維新派人士來往也極密切。

43 《資料》，頁 110。

44 劉大紳〈關於老殘遊記〉，《資料》，頁 81 註 11。

新派人士又有何種關係？我們可以掌握的資料都無法顯示劉鶚
與「戊戌政變」有任何關連。但是資料也顯示，劉鶚與維新派
人士來往密切。前面我們提過當 1896 年劉鶚到京師應總理衙門
試，他曾寫詩抒懷，而在返家途中路經上海，與梁啟超、汪康
年、宋伯魯、毛慶蕃（1846-1924）、黃葆年、羅振玉（1866-1940）
等人讌集，與會每人各賦一詩相和。[45] 這些人中，毛慶蕃、黃
葆年與羅振玉不是劉鶚的同門（毛、黃）即是姻親（羅），而梁
啟超、汪康年和宋伯魯均是維新派人士。同年，當汪康年在上
海創立《時務報》，邀梁啟超主筆，劉鶚亦在上海。宋伯魯在朝
廷中是維新的強力支持者，他在 1896 年創始了關學會，此會是
維新黨人的機關喉舌。劉鶚與宋伯魯是結盟兄弟，當宋伯魯在
1902 年被朝廷逮捕時，他迅即發電報給劉鶚請求援助，而劉鶚
亦在其日記中表示了其關切。[46] 我們對劉鶚與宋伯魯的交遊過
程不是太清楚，劉鶚與關學會的關係也不清楚，不過劉鶚與維
新黨的另一機關團體「保國會」卻有關連。「保國會」係康有為
於戊戌年三月「以國地日割，國權日削，國民日困，思維持振
救之，立保國會。以保國、保種、保教為宗旨，擬於北京、上
海設兩總會，各省府縣設分會。議定議會章程三十條，欲於漏
舟覆屋之中，合群以救之，激恥以振之，立憤氣以張之，以伸

45　《小傳》，頁 93。

46　壬寅年六月二十日條：「……前日，西安來電云：院臬以『誣訕宮櫛』誣
　　芝洞〔伯魯字〕，以拘拿置獄，祈設法援乎？電到時，密馬〔碼〕尋不著，
　　至今日始獲。急入城見仁和，始知旨係交地方官管束，可謂喜出望外。」
　　六月二十二日：「復得芝洞一電，因急作電覆之。」見《劉鶚及老殘遊記
　　資料》，頁 178，179。根據編者注，宋伯魯是劉鶚的「盟兄」。見頁 209，
　　注 45。有關宋伯魯的生平要略，可參看湯志鈞《戊戌變法人物傳稿・宋
　　伯魯》，北京中華書局 1992 增訂本。

國憤，而續強學會之舊。」[47] 劉鶚的名字於該年三月出現在《國聞報》「保國會」北京分會成員名單《京城保國會題名記》中。[48] 由這些關連及交遊，縱使我們沒有直接的證據證明劉鶚參與戊戌變法，但他與維新黨有密切關連大致上是可以肯定的。

　　另一個證據可聯繫劉鶚與梁啟超的關係的是在劉鶚日記中的一個條目：王寅年〔光緒二十八年，1902 年〕三月廿四日：「歸寓，讀《十五小豪傑傳》，寫書簽。」[49] 根據劉德隆等的看法：「《十五小豪傑傳》是梁啟超用文言翻譯的法國著名科學幻想小說作家儒勒・凡耳那（當時亦作焦士威爾奴）的長篇小說《兩年假期》。是書第二年(一九○三)才由橫濱新民社刊行，由此推之，當是梁啟超將自己翻譯好的稿子，送給劉鶚看，並請劉鶚為其題簽書名。」[50] 此一論斷當可信。

　　由上面幾條資料，我們雖無法建立起劉鶚與「維新派」的關係，但是劉鶚與他們有交往應是無庸置疑的，甚至在 1902 年與梁啟超都尚有書信來往，而任公當時還是清廷重金懸賞通緝的人物！

　　根據以上的分析，雖然以現有的文獻資料我們無法建立劉鶚與維新派人士的直接關係，至少我們大致可以肯定劉鶚與相當數量，而且是關鍵人物如康有為、梁啟超的維新派人士熟識，往來密切，[51] 甚至與其中如宋伯魯還有結盟兄弟之關係，不過

---

47 見湯志鈞《戊戌變法人物傳稿》，頁 14-15。
48 見湯志鈞《戊戌變法人物傳稿》，頁 726。
49 見《劉鶚及老殘遊記資料》，頁 160。
50 同上注頁 208，注 35。雖然樽本照雄曾撰文質疑劉鶚見過梁啟超的原稿的可能性，但劉德隆的等人的推論應仍可站得住腳。參見劉德隆《劉鶚散論》中，〈劉鶚與梁啟超及戊戌變法〉（頁 94-98）及所附樽本照雄〈劉鐵雲讀過梁啟超的原稿嗎？〉（頁 99-201）兩文。
51 《劉鶚小傳》作者在〈劉鶚與梁啟超、宋伯魯〉中提到曾聽劉鶚孫子劉

這些訊息不應該讓我們驟下結論，認為劉鶚全然地擁抱維新派的思想，因為劉鶚曾在別的場合提及維新派，而其立場值得我們留意。在一封寫於一九○二年十月致其同門黃葆年〔當時已是太谷學派的領導者〕，常被研究者引用的信中，劉鶚寫道：

> 弟之於公，其所以同者志也，所不同者學與養也。公能知天，公能信天，此公學養之至也。弟固未嘗知天，弟固未嘗不信天。惟其不能知天，故竟以天下為己任。天下之安危，匹夫與有責焉。今日國之大病，在民失其養。各國以盤剝為宗，朝廷以朘削為事，民不堪矣。民困則思亂，邇者又有康、梁之徒出而鼓盪之，天下殆哉岌岌乎。[52]

此處劉鶚對於康梁之嚴厲口氣似乎和前面與康梁密切往來的融洽不甚一致，我們如何詮釋之？較可信的解釋大概是《小傳》作者所提供的。他們認為，在當時有許多太谷學派的成員對於劉鶚所從事的事業、所交往的人物有微詞，因此黃葆年身為領導者，著筆去信訓誡或是要求劉鶚提出解釋。劉鶚的信有相當大的成份是在回復對他的批評，因此必須解釋並為自己的作為、立場作辯解，安撫其同門，並強調他對太谷學派自始至終毫無

厚祜說他原本藏有康有為致劉鶚兩封信，但已在文革中銷毀。見《小傳》，頁 92。劉德隆在近著《劉鶚散論》中再度詳論劉鶚與「維新派」的關係，見劉德隆〈劉鶚與梁啟超及戊戌變法〉《劉鶚散論》（昆明：雲南人民出版社，1996），頁 194-198。筆者個人認為劉鶚應與維新派有更密切的關係，不過中共大陸一向的政治氛圍於晚清維新派均採貶抑攻訐的態度，可能相當程度上泯滅了不少珍貴的資料。

52 〈致黃葆年書〉，《劉鶚及老殘遊記資料》。頁 300。

變易的忠誠。[53] 總之，劉鶚與維新派諸人士的交遊與關係如有能更多的資料出土，應該是一個多采多姿、值得進一步探索的範疇。[54]

---

53 此信前頭對於此有相當明白的表示：「錫朋三哥家執事：屢奉手教，皆以不謹小節，曲為原諒。諒之者，勖之也，敢不勉諸。聞諸夫子云：『君子和而不同』，每蒙不以強同苦我，真知我者矣。弟與諸君子殊途而同歸，必不能共轍者也。……來示云，公力於內，弟力於外，『同為空同之子孫，同培古今之道脈，同身同命，海枯石爛，無有貳心，不已形跡沮，更不以他端為疑也。』誓言也，公由踵趾發出，弟受之至於踵趾。……弟之所為，幾無一事不與公相反；然至於所以為，竊又自以為無一事不與公相合也。此公所謂不以形跡拘，更不以他端為疑也。……蓋受教在無言之頃，有相感以氣者焉。弟既深自信以能窺公之一斑。故謗滿天下不覺稍損，譽言滿天下不覺稍益，惟一事不合龍川之法與公所為，則怏怏終夜不寐，改之而後安於心，此又不足為外人道者也。……」見同上注。

54 其實太谷學派中人與維新派的關係相當微妙。王汎森在〈道咸年間民間性儒家學派——太谷學派研究的回顧〉中（頁 151）提到研究太谷學派有兩波。第一波的爭論圍繞在它是否為「宗教」或「學派」，相持不下，最後請出「當時咸認權威的太谷派傳人金天翮」來決斷。根據馬幼垣《中國小說史集稿》，金天翮曾撰有〈周太谷傳〉（頁 17）。這位金天翮即是曾起始《孽海花》前六回，後來將書稿交給曾樸續完的金松岑。曾樸在〈修改後要說的幾句話〉中提到《孽海花》原本係愛自由者發起，這位愛自由者，即是「吾友金君松岑，名天翮。」根據魏紹昌在《孽海花資料》（上海：上海古籍出版社，1982，頁 133，注二）中的資料：「金松岑（1874-1947），即金一，又名天羽，號鶴舫，筆名麒麟，愛自由者、天放樓主人等，江蘇吳江人。……1903 年在上海參加愛國學社，與鄒容、章太炎、蔡元培等共主推翻清政府，從事著譯，鼓吹資產階級民主革命，當時作品大都發表於《國粹學報》、《新小說》等刊物。」金松岑顯然與光復會的蔡元培等革命團體有密切關係。而《新小說》則是梁啟超 1902 年在橫濱創辦的小說雜誌。金松岑在《新小說》上的《小說叢話》上發表了許多有關小說的言論。其與梁啟超的關係雖無法確切建立，但相識或熟識的可能性很高，因為撰寫《小說叢話》的成員大多是任公圈子中人。如果金天翮果真是太谷派傳人，則太谷學派傳人到金天翮時又與第三代如劉鶚等有很大的不同，尤其在政治觀點上。但是，上面所引資料，以及個人所見資料，均未能肯定金即如王先生所言，為「太谷派傳人」。馬幼垣在其文中補記也只稱「金諒亦太谷中人」〔強調為引者所加〕。由於許多文獻未得見，只好暫時闕疑。

五、劉鶚與太谷思想

　　為何劉鶚要如此聲嘶力竭地為自己特立獨行的立場作辯護？答案必須由劉鶚和太谷學派的關係來查考，因為沒掌握太谷學派的思想絕對無法了解劉鶚的思想。「太谷學派」指的是周谷先生及信奉其思想的信徒所組成的學派。周谷，字星垣，號太谷，一號崆峒子，安徽石埭人，生平家世不可考。因為「其學尊良知，尚實行，於陸王為近，又旁通老、佛諸說」，[55] 有論者將之與「泰州學派」王艮等相聯繫。亦有論者因其與常引老佛諸說解儒教經典，又上溯其淵源於明代林兆恩的「三教合一」。不過劉蕙蓀（劉鶚之孫，劉大紳之子，祖孫三代皆為太谷中人）斥駁為臆說。他引周谷大弟子張積中在《張氏遺書》中《致泰雲樵書》中論三教關係文字來說明其與林三教思想之異：

> 其教既異，道亦不同。而欲於兵農禮樂之身，希冀乎作佛升仙之路，明其理則可，成其道則難。夫朝而《楞嚴》，暮而《參同》，出而禮樂兵刑，入而君臣父子，譬之北轍，乃駕南轅，扞不相入，有由然矣。[56]

55　《雲在山房叢書・檐醉雜記》，轉引自《小傳》，頁 76．
56　劉蕙蓀〈太谷學派政治思想探略〉，《劉鶚及老殘遊記資料》，頁 593。馬幼垣在〈清季太谷學派史事述要〉注 2 中引文略論太谷思想與林兆恩應無淵源，其文如下：「《說庫》大獄記黃崖教匪獄跋云：『周星垣（一稱空同子）之術，似出於林三教。林生明之季，以禪宗陰道合姚江別派，吳人程智（學者稱雲莊先生）實倡導之，從遊極盛，再傳而敗，其徒仍私相傳播不絕，星垣殆燃其餘燼者也。』林三教名兆恩、字懋勛、號龍江，

再者，根據劉蕙蓀的說法，因為太谷學派所持宇宙觀，主重「身心性命」、「格物致知」之學，屢言「河圖」、「洛書」、「易象」，太谷學派之淵源可追溯至宋代理學，大致上應屬周敦頤、張載、程顥、程頤、朱熹一脈，與明代泰州王艮一派應無關連。[57] 雖然太谷諸賢博學多覽，常援引老、佛以解儒典，但本質上仍深以儒典，尤其是《易經》，為依歸。[58] 儒家思想中的「內聖外王」理念在太谷諸賢思想中亦佔重要地位。他們不僅強調要格致誠正，充分修養個人道德，同時也強調要推己及人、發揮「人飢己飢人溺己溺」的「民胞物與」精神。[59] 這種精神正是劉鶚的「養民」思想所由來，也是儒家「經世思想」的具體實現。

　　太谷學派很明顯地具有強烈的政治及宗教傾向，[60] 事實上滿清當局也曾多次將太谷教人與叛亂相聯繫，如同治時期有名

又號子谷子。莆田人。博學工文，能以艮背之法治病。生平立說，欲合匯三教，學者稱三教先生。崇禎間，程智（字極士、一字子尚）光其學。上跋引《天山清辨》及全祖望《鮚琦亭外編》，述程智之言行，頗病邪僻狂怪，學無根柢，徒眩人目，誕謬不足信，其學不永，再傳已敗，與周太谷之創派清季，學說固見迥異，師承亦無可考，關係殆微，太谷學派中人，更否其事，此說不知何據，姑存以做參考。」見馬幼垣《中國小說史集稿》（台北：時報出版，1980），頁 14。

57　不過，王汎森也提到，常為論者所提出的太谷學派的三個思想源頭（1）林兆恩的三教合一，（2）程雲章的大成教（3）明季王艮的泰州學派，其實都和太谷派有類同亦有差異之處，恐怕還有許多可以探索商榷之處。見王汎森〈道咸年間民間性儒家學派——太谷學派研究的回顧〉《新史學》5：4（1994.12）：152。

58　劉蕙蓀〈太谷學派政治思想探略〉，《劉鶚及老殘遊記資料》，頁 591-602。亦可參考同書中所收嚴薇青〈劉鶚和太谷學派〉，頁 637。至於這些思想在文學上的具體表現，《老殘遊記》9 至 11 回中，書中人物及其呈現的觀點基本上是遵循太谷思想作闡發的，可參照。

59　《小傳》，頁 86。

60　王汎森基本上即將太谷學派視為儒家思想的宗教化及通俗化。見〈道咸年間民間性儒家學派——太谷學派研究的回顧〉一文。

的「黃崖教案」即是其中最顯著的例子。[61] 劉蕙蓀在其討論太谷學派思想文中提及，宋代方臘起義時的咒語（「位列上中下，才分天地人，五行生父子，八卦定君臣」），為李光炘作為「仿影」讓學派中人子弟習字時臨寫。[62]《小傳》作者亦認為李光炘很可能積極地參與太平天國起義事。[63] 此外，由於太谷中人一向組織綿密，信仰較特異，往往與外人不類，故常予人神祕之感，將之與通俗宗教迷信相聯繫。[64]

周谷有二弟子，張積中（字石琴）及李光炘（字晴峰、龍川）。如上所述，積中入山東黃崖，遂有「黃崖教案」之起，與信徒相與捐軀。李光炘則免於黃崖殺戮，至揚州以授徒為

---

61 根據《劉鶚小傳》，張積中於咸豐六年因揚州戰亂，攜眷入山東，定居於黃崖，講學授徒，四方歸者甚眾，到咸豐十一年，山上已有八千餘戶，積中令築山寨，購武器；又在山外設商號，以盈利養山寨，於是山東官吏往往視之為「教匪」，上書告其與捻軍有勾結。「同治五年（一八六六），山東巡撫閻敬銘派軍隊萬餘圍攻山寨。山寨中人浴血死戰，終因力量懸殊而失敗，但『合寨死鬥，無一生降。寄居官僚及弟子等男女二百餘，有一室為灰燼者』。『存婦女幼稚四百餘，婦有行色然，笑語如平常者。獲弟子韓美堂等數輩，皆願從師死，訊無他詞』」，此之謂「黃崖教案」。可參看張曜《山東軍興紀略‧黃崖教匪》，收於《劉鶚及老殘遊記資料》，頁 569-575。

62 劉蕙蓀〈太谷學派政治思想探略〉，《劉鶚及老殘遊記資料》，頁 595。

63 《小傳》頁 78-79：「太平天國起義前後十年，他曾隻身遠遊兩廣，到底去幹什麼，沒有任何記載，連他的弟子謝平原在撰寫《李龍川年譜》時，也只好空白了十年。不過，在《龍川先生詩抄》中，卻保留了這十年中寫就的一些詩歌，如：『斗牛望氣使人驚，隱隱龍吟虎笑聲，不用燃藜占太乙，已看熒禍犯長庚。紅羊劫海千年動，白馬胥江萬乘迎，定有群仙能指認，五雲深處是瑤京。』『海上濤聲動地來，祥雲冉冉護三台，玉龍捧日占王氣，金風凌煙感霸才。五百歲看名世降，二千年見聖功開，蒼生救得斯人出，莫把西湖當釣台。』從詩意看像是勸人出山，連繫到是年的太平天國起義和詩中的「紅羊」等字樣，值得我們去進一步探究。」

64 傳說周谷能「煉氣、辟穀，會符咒，能役鬼隱形等等，曾一度為兩江總督百齡當作『妖人』逮捕入獄。」見嚴薇青〈劉鶚和太谷學派〉，《劉鶚及老殘遊記資料》，頁 635。

業。

　　劉鶚首於 1876 年（二十歲）初次科考落第時，在揚州邂逅
李光炘，劉鶚雖然為李光炘廣博學問所折，但一直到 1880 年方
才正式入門為徒。[65] 在一首描述他如何在李光炘門下研習的詩
中劉鶚極其清楚的表露出其「希聖」的大志：

> 余年初弱冠，束脩事龍川。雖未明道義，灑掃函丈前。
> 無才學干祿，乃志在聖賢。相從既已久，漸知扣兩端。
> 孔子號時中，知時無中偏。萬事譬諸物，吾道為之權。
> 得權識輕重，處久循自然。因物以付物，誰為任功愆。
> 此意雖淺近，真知良獨難。靈台有微渣，一跌千仞淵。[66]

終其一生劉鶚始終忠貞奉獻推揚太谷理念，絲毫不懈。比方說，
當太谷學派重要人物在 1902 年決定在蘇州設講社傳播太谷教
義，劉鶚及其師弟毛慶蕃立即擔負起講社開支。[67] 在一封致黃
葆年的書信中，劉鶚亦相當誠摯地表達了其衷心的奉獻之忱：

> 聖功大綱，不外教養兩途，公以教天下為己任，弟以養
> 天下為己任。各竭心力，互相扶掖為之。上報四重恩，
> 下濟三途苦，同為空同之子孫。同培古今之道脈，同身
> 同命，海枯石爛，無有貳心。[68]

65　李光炘觀察劉鶚有相當長一段時間，見〈年譜〉，《資料》，頁 12。
66　〈述懷一首〉，《劉鶚及老殘遊記資料》，頁 43。
67　《小傳》，頁 82。
68　〈致黃葆年〉，《劉鶚及老殘遊記資料》，頁 300。

除此外劉鶚（以及其兒，其孫），不管是在蒐集，梓印，傳播周谷及太谷諸賢文字著作上，均展現出其與太谷學派密切之關係及奉獻情懷。[69]

　　至於在劉鶚本人的著作中，我們很難發現其對於太谷學說的演繹發明。比方說，周谷，張積中及李光炘留下了許多有關「身心性命之學」的著作，[70] 但是我們在劉鶚的著作中幾乎找不到相應的討論。雖然如此，我們還是發現有些太谷學派的政治思想在劉鶚的著作中出現。劉蕙蓀總結太谷政治思想為三點：1.反封建思想；2.「富而後教」，以養民為本；3.為貫徹政治主張，有建立或取得政權的企圖。[71] 劉鶚有多大程度遵循這些理念？劉鶚是否全心服膺？抑或是有所變通修正？

　　劉蕙蓀所舉太谷學派的反封建思想之一例為其土地觀念。太谷諸賢反對土地私有制度，贊同土地公有政策。他們相信如此一來，地主階級剝削農民階級的情事可得而避免。太谷學派曾提出「復井田」的主張，不過如以張積中黃崖山聚落觀之，則除了有「土地公有」的理念外，似乎更接近所謂小國寡民，素樸安靜，自然無為，自給自足，沒有任何政府干預，類似烏托邦的集體社群（communal society）。劉鶚在著作中對於土地制度沒有任何著墨，似乎沒有意見。但是在對官僚主義及僵化的道德觀上，劉鶚倒是和太谷師長輩一樣極為強烈的表達出他的意見，極盡攻擊之能事。比方說，在《老殘遊記》中，老殘（劉鶚的化身）極為強烈的攻訐官僚體制。他攻擊的對象包括

69　《小傳》，頁 82。亦參見劉蕙蓀〈太谷學派的遺書〉，《劉鶚及老殘遊記資料》，頁 603—630。
70　見上註劉蕙蓀一文。
71　劉蕙蓀〈太谷學派政治思想探略〉，《劉鶚及老殘遊記資料》，頁 591-602。

有所謂的「清官」、八股文、以及科舉制度等。至於對僵化的傳統道德觀念的攻訐,《老殘遊記》第九回中璵姑與申子平的討論則是最明顯的例子。藉由握住申子平的手,璵姑發抒了一段議論來攻擊宋代理學中的「存天理去人欲」觀念。她認為對於人欲的壓抑是違反人性的,而古聖賢對於「愛」或「欲」的看法在《詩大序》「發乎情,止乎禮義」中最能清楚的表達了出來;她甚至直指宋儒或踵隨宋儒者為「鄉愿」。[72] 這番議論,在某個層次上,可以視為是對於宋代以降的正統儒家思想的正面攻擊。而此中的意涵其實相當明顯的扣應於太谷學派的教義。[73] 雖然如此,除了攻擊某些傳統價值系統及官僚體系中的某些不合理之處外,劉鶚也提出一些較新穎的想法。比方說,劉鶚在《老殘遊記》的六回的評語中提出了所謂「言論自由」一詞。他在第一回中也提出了應用西方的羅盤及紀限儀來解決中國日漸沈淪的困境,而此亦成為劉鶚後來獲致漢奸之名的一個理由。諸如此類的想法及做法當然是和太谷學派的教義是很不相同的。

　　至於太谷學派的「養民思想」其實是相當傳統的觀念。大致而言,太谷諸賢所遵奉的是儒家思想中的「養民」思想。孔

---

72 《老殘遊記》,頁 81-82。

73 劉蕙蓀〈太谷學派政治思想探略〉,《劉鶚及老殘遊記資料》,頁 600-602。另在對太谷學派思想作爬梳歸納後,王泛森認為太谷學派「主要以理學雜揉佛老為主」,但在發展史中「很明顯的有以宋學為中心逐步轉向反宋學的傾向」:在周太谷的思想中宋學強過王學,但因重實踐故亦重陽明「知行合一」說;第二代北宗的張積中則是「宋學與陽明學兼重」;而在南方的李晴峰(光炘),則「宋學味道淺,而王學味道重」;到了第三代弟子黃葆年、劉鶚時,則「激烈批判宋儒中滅人欲的觀點」。王泛森的分析相當精闢,筆者基本上同意之。參見王泛森〈到咸年間民間性儒家學派——太谷學派研究的回顧〉《新史學》5:4(1994):152-155。

子一向以養民為要務，從政者之好壞優劣，端視其能否養民為標識。而養民之途徑，則不外乎裕民生、輕賦稅、惜力役、節財用等數事。不過，孔子的「養民」政策並非以擴充個人或國家財富及權力為重心，而是以民生裕足為目的。同時，國家不僅要能養民，也須注重美善品性與行為，因此孔子有「既富而教」之言，也就是說教與養其實是不可須臾分離的。[74] 在上面引述過的致黃葆年的信中，劉鶚所謂的「聖功大綱，不外教養兩途」很明顯的是和孔子的養民觀相當一致。為了要將此種養民的理想付諸實現，太谷諸賢設立了一些小的社區式聚落，藉由耕種及經營小企業來自給自足。[75] 我們看到劉鶚雖然沒有像張積中一樣聚集同僚同好信徒於一處，不過他的許多事業，如設立書店、紡織廠、精鹽公司，以及他對於開礦、鋪設鐵道的興趣及參與，很明顯的是秉持一貫的太谷養民思想。當然，無可置疑的，劉鶚的視野是比其前賢及同儕更為開闊寬廣多了，也就是說劉鶚更能體會到與時漸進，因而能在傳統的養民思想中加入一些必要的變動來因應時代的需求。換句話說，如果嚴格地遵循太谷先賢的教誨，劉鶚的一些作為，比如說與西人合作開礦、開鐵道等事業，很明顯的一定不會為其師友所贊同。這也許是為什麼在給黃葆年的信中他提到「弟之所為，幾無一事不與公相反」，而「弟與諸君殊途而同歸，必不能共轍也」的原因。[76]

---

74 蕭公權《中國政治思想史》（台北：聯經，1983），頁 64-65。

75 劉蕙蓀〈太谷學派政治思想探略〉，《劉鶚及老殘遊記資料》，頁 596。

76 〈致黃葆年書〉，《劉鶚及老殘遊記資料》，頁 299-300。有關劉鶚與黃葆年等太谷學派其他門人意見分歧的緊張關係，可參看劉德隆〈試析黃葆年給劉鶚的一封信〉收於《劉鶚散論》（昆明：雲南人民出版社，1996），頁 220-224。

　　由此封信我們很難確定劉鶚與黃葆年兩人在信中所論辯的議題為何，但是由信函的文義脈絡及語氣來判斷的話，這封信似乎在辯解答覆來自同門對劉鶚的某些作為的批評。雖然我們無法很清楚的了解其中心意旨，但是這封信其實也揭露出劉鶚的一些特質來。大致而言，劉鶚固然深深篤信太谷諸賢的教誨，但是劉鶚卻能抓緊時代脈動，在原有的思想基礎上做變通權宜的調適，甚至有些「驚世駭俗」的提出借外力來振興中國的實業，進而達到養民的最終標的。不過我們也得指出，在本封信中所呈現的那種委婉求諒的語氣也明白的顯露出劉鶚（以及許多晚清「有識」的知識分子）在這轉折時期中不得不面對的困難處境及矛盾。

　　至於太谷思想中有關建立政權一事，證據顯示在劉鶚之前的諸賢確有此企圖及跡象，不過由現有的資料而言，在劉鶚（或同代的師兄弟）身上恐怕我們無法做任何類似的推論。劉蕙蓀曾舉了幾個例子來支持其說法，認為太谷幾位重要人物確有強烈政治傾向推翻滿清當政而建立另一政權。比方說，周谷的兩位門生參與並在江西暴亂中身亡；張積中的得力門生在河南暴亂中擔任軍師；以及上面已提及的「黃崖教案」。此外，劉蕙蓀進一步提出，在李光炘生涯中有十年的空白，由李的詩句來揣測，很可能是與太平軍起義有密切關連。[77] 不過雖然如此，大部分李光炘的門生均來自官紳階級，而且大部分均有科名或任官職。比方說，黃葆年（李光炘的繼承人），蔣文田（1843-1909，張積中的繼承人），毛慶蕃（曾任江南製造局主事，後任陝西甘肅總督），以及劉鶚均為太谷派重要人物，但終其生均未參與任

77　見註61。

何暴動叛亂活動。劉鶚在《老殘遊記》中還譴責革命黨過於極端，以致腐蝕動搖了國家的根本。[78] 甚至劉鶚與維新派的交往也顯示出其反革命，非激進的姿態！

六、結　語

　　雖然劉鶚的生平及作為如上面簡要的描述，極為多采多姿，但是在整個時代中他的定位為何？要回答這個問題，我們必須將他放到整個思想史的脈絡中來考察。清代中葉以降，整個學術的氛圍大致上是（1）儒家思想為主導的經世思想，（2）諸子學的復興，（3）大乘佛教的興盛。[79] 我們在上文中討論過劉鶚個人如何受到太谷學說的影響、浸淫其中，而太谷學派大致上如劉蕙蓀所說的，是篤尊宋代理學家的思想的。我們也略微討論到太谷思想中對於個人道德完善的追求，以及由內而外的「內聖外王」的觀念，在這些面向上劉鶚及太谷諸賢都在儒家以《大學》為中心而發展出來的經世思想範疇中。不過我們也不可忽略了，在晚清的經世思想也包含了富國強國的實用意涵在其中。在此，劉鶚似乎與他同代的知識份子沒有太大的不同。他投身奉獻於實業、工商業的舉止其實可以視作是富國強國的一個途徑，而在這後面的強烈「養民思想」，反應的其實就是經世思想中較不突顯的道德理想。[80] 不過我們還是得指出，雖然劉鶚的

78　《老殘遊記》，11 章，頁 99-103。

79　請參看 Hao Chang, *Chinese Intellectuals in Crisis: Search for Order and Meaning, 1890-1911*（Berkeley, CA: University of California Press, 1987），pp. 10-20.

80　關於清代經世思想之發展，可參見余英時〈清代學術思想史重要觀念通釋〉，《中國思想傳統的現代詮釋》（台北：聯經，1987），頁 405-486 及

思想相當大程度與當時的經世思想暗和，但在他的著作中我們卻不見他提及如馮桂芬、魏源等任何經世思想的重要人物，因此要將之與「經世」派作聯繫似乎也不甚妥當。

至於大乘佛教的興盛以及諸子學的興起，劉鶚似乎沒有文字提及或討論。不過他自己於佛經有相當理解，且在詩中常引用佛經典故，如《老殘遊記》第九回中的六首詩（「曾拜瑤池九品蓮，希夷授我指元篇。光陰荏苒真容易，回首滄桑五百年。」、「剎那未除人我相，天花黏滿護身雲」、「情天欲海足風波，渺渺無邊是愛河。引作園中功德水，一齊都種曼陀羅」、「菩提葉老法華新，南北同傳一點燈。五百天童齊得乳，香花供奉小夫人」等等），幾乎全用佛經典故。[81] 大致而言，他的著作都致力於河工、甲骨文及考古等範疇。[82] 這大概是我們在處理思想史上非主流人物的一大困難。因此，我們大概可以確定的是，因為其思想背景，劉鶚個人的主要關切恰好與當代思想主流中的經世思想合輒，但是他似乎沒有參與到其他層面的主要學術思想的探討。

張灝〈宋明以來儒家經世思想試論〉收於《近世中國經世思想研討會論文集》（台北：中央研究院，1984）。

81 在其他詩中劉鶚也用佛典，比方說，在〈七疊同獄鍾君笙叔錢宋侍御芝棟之烏孫原韻，用以自嘲，亦相嘲也〉：「勘破華嚴五十三，皈依淨土日和南。半弓拓地培新綠，一井窺天見蔚藍。太史書從宮後作，昭明經在獄中參。縱橫馳道無千寸，辜負良朋惠脫驂。」《劉鶚及老殘遊記資料》，頁58—59。

82 根據《劉鶚及老殘遊記資料》中〈劉鶚著作存目〉，劉鶚著作可分以下幾類：（1）考古文字類：《鐵雲藏龜》、《鐵雲藏陶‧附泥封》、《鐵雲藏印》、《鐵雲藏印》續集、《鐵雲藏貨》等十二種（2）史地河工類：《治河五說‧續二說》、《歷代黃河變遷圖考》等四種；（3）算學類：《勾股天玄草》、《弧角三術》等二種；（3）醫學類：《要藥分劑補正》等三種；（4）文學類：《老殘遊記》、《鐵雲詩存》等五種；（5）音樂類：《〈十一弦管琴譜〉序》以及（6）雜著類。

　　然則，我們又如何來看待劉鶚個人對於時代的反應呢？劉鶚和康有為（1858-1927）、袁世凱（1859-1916）是屬於同一世代的人。當他師事李光炘時是 24 歲了，中日甲午戰爭爆發時，他則已經 38 歲。也就是說，到 1894 年中日戰爭時，劉鶚事實上已過了人生的形成期（formative period）。在心理學人格發展研究上認為，從青少年到成人這段期間，正是人們知識、情感等各方面成長的重要階段，此時，個人的吸收力特強，對於發生於各人身上或是周遭的人事物的反應及感受也較為強烈，因為這正是像海綿般吸收涵納諸般事物的階段。但是同時，對於事物的深入思考反省的能力及幅度也相對地較為鬆弱。隨著生理、心理及學習認知能力的擴展，人們邁入成熟期；此時思想大致成形，思辨能力加強，對於事物的認知也相對的深固，形成較為篤定的看法，不易受人左右。也就是說，雖然從 1840 年鴉片戰爭以降，中國似乎進入西力衝擊的階段，歷經「師夷長技以制夷」、引進西方技術、制度等階段，但是基本上中國的知識分子對於中國文化的信念大致上並未動搖，一直要到 1894 年的中日甲午之戰才產生重大衝擊。[83] 當劉鶚在身心觸鬚最敏銳的形成期時，他的周遭環境氛圍其實是相對傳統平靜。當日本「蕞爾小國」打敗中國時，身為知識份子的劉鶚當然感受到衝擊，我們在上文的討論中看到劉鶚在詩詞中表達他對此氛圍的感受。在 1900 年的庚子事變中劉鶚也有感觸，在〈致陸樹藩四封〉中劉鶚曾寫他聽到友人描繪京師情景而「聞之不自知其淚下涔涔也」。[84] 他也曾有詩寫心情，如〈光緒辛丑六

83　請參看張灝〈晚清思想發展試論：幾個基本論點的提出與檢討〉《中央研究院近代史研究所集刊》7（1978）： 475-584。

84　〈致陸樹藩四封〉《劉鶚及老殘遊記資料》，頁 296—297。

月十七日題日記上〉:「煙柳絲絲覆院門，淒淒切切近黃昏。城
中城外人俱病，愁雨愁風客斷魂。百藥不靈無上策，兩花交萎
怕中元。柔腸一寸重重結，半向人言半不言。」[85] 只是在許多
例子中，他的反應比較接近傳統士大夫。他對於「國之將亡」
的危亡意識顯然不如較為年輕的一代，如梁啟超、譚嗣同等人
深刻。同時他對於傳統社會政治制度及價值觀——雖然如上文
論及偶而也有嚴厲批判的時候——顯然仍有相當信心，抱持樂
觀、正面的態度。不過他也充分理解到接受西學、西方的科技
工商業，以之為工具來幫助中國的好處——這些方面解釋了大
致上劉鶚是一位具有傳統思考模式的知識份子，但是在某些面
向他卻經常保有一顆開放的心靈，留意到現實面的需求。這種
特質在某個層面上正好是轉型期光譜分布中較為接近傳統知
識分子的特性:在傳統思考模式與新思潮中斟酌搖擺，批判但
卻未全盤懷疑傳統價值體系，欣賞西方學術科技卻未曾對中國
文化傳統喪失信心。這當然與譚嗣同的「衝決網羅」或是五四
時期「全盤反傳統主義」有相當大的區別了。[86]

　　總體而言，早期的士大夫，大多於世界脈動一無所知，視
外人如蠻夷，到鴉片戰敗後才逐漸瞭解到除了「中國」之外，
仍有「他者」的存在，進而邁上向西方學習的道路上。在這整
個歷史的演變以及變遷中知識份子的反應，尤其是我們瞭解掌

85　〈光緒辛丑六月十七日題日記上〉《劉鶚及老殘遊記資料》，頁 57。
86　有關譚嗣同的批判傳統可參看張灝《烈士精神與批判意識——譚嗣同思
　　想的分析》(台北: 聯經出版事業，1988) 及 Hao Chang, *Chinese
　　Intellectuals in Crisis: Search for Order and Meaning, 1890-1911* (Berkeley:
　　University of California Press, 1987)。有關五四全盤反傳統主義，參考 Lin
　　Yu-sheng , *The Crisis of Chinese Consciousness: Radical Antitraditionalism
　　in the May Fourth Era* (Madison: The University of Wisconsin Press, 1979)。

握時代脈動的重要文獻，而不同的知識份子因個人不同遭遇而
產生的不同回應，也讓整個文化樣貌顯出各擅勝場、多采多姿
的蓬勃氣象。在晚清，有極端保守如王先謙、葉德輝等傳統讀
書人，維護傳統文化不遺餘力，視外來思潮為寇讎；也有日漸
激烈如譚嗣同、孫中山等的新知識份子，出於傳統，卻不為傳
統所拘，試圖擺脫沈重的包袱，為中國開新契機。在兩端之間
我們看到的更多的是如劉鶚等的知識份子，徘徊游移於傳統與
現代，舊與新之間。劉鶚其人其事其文其行固然於家國大事未
能發揮主流知識份子的影響力，雖然不能幫助我們了解晚清思
想的的主要發展，但是作為一個有敏感觸鬚的傳統知識份子，
劉鶚極為生動地顯現出一個轉型期中的知識份子的樣貌，讓我
們更深刻的掌握到時代的交織線索。

　　在將劉鶚其人其思想置入晚清的大環境中來考察其在思
想史上的意涵後，我們將注意力轉向劉鶚的小說《老殘遊記》，
看《老殘遊記》在中國小說的發展史上扮演了怎樣的角色。

第六章 《老殘遊記》中的「個人主觀主義」及其在小說史上的意涵

在第五章，我們從劉鶚的生平、思想著手，試圖考察劉鶚這樣一位雖非主流的知識分子，但是在國事紛擾之時，他如何與社會時代互動，參與到家國大事，也實際展現了社會動力中的一股力量。本章則從文學入手，探討劉鶚《老殘遊記》的特性，以及作為晚清小說，在整體中國小說史上所扮演的角色及意涵，尤其集中在中國文學中的所謂「個人主觀主義」（individualism／subjectivism）的內轉向（inward turn）的傾向討論上。

一、有關劉鶚及《老殘遊記》研究概況

《老殘遊記》是晚清小說家劉鶚的作品。這本小說在晚清小說中可以說是最膾炙人口，最為一般學子及讀者熟悉的作品；在晚清小說的研究上，《老殘遊記》恐怕是最早也最受到論者矚目的作品。根據劉德隆等人整理歸納的結果，對於劉鶚其人及《老殘遊記》的研究，大致可分為四個階段。第一階段含括劉鶚在世到五四新文化運動之前。此階段中《老殘遊記》因「北拳南革」的寓言意味，廣受讀者歡迎，但作者姓氏未公佈。第

二階段則是五四時代。魯迅、胡適等肯定劉鶚的描寫技巧，胡適、林語堂、郁達夫則於劉鶚其人持相當肯定的態度。第三階段為 1950 年到文革結束。其間因批判胡適運動緣故，連帶劉鶚其人及作品也受到波及，成為「反動政客」、「漢奸」等。在文革時所有意見均銷聲匿跡。文革後則是第四階段。政治氛圍鬆動，文物出土，許多文獻及相關研究亦出版，於劉鶚其人的研究尤其蓬勃。[1]

　　對於《老殘遊記》一書的研究，最早起於魯迅、胡適等人對《老殘遊記》中所顯現的文學技巧，尤其是書中於人於景的描寫的肯定。[2] 阿英的《晚清小說史》則一方面承繼魯、胡，對於劉鶚的景物描寫和文字技巧極度肯定外，也提出劉鶚的小說相當程度上顯現出晚清「清官」殺人的政治面向。[3]

　　接著因為政治因素的影響，在大陸大致上於《老殘遊記》的文學研究終止；在台灣則承繼胡適於描物寫景的稱讚，部分《老殘遊記》篇章如「明湖居說書」被選入教科書，但學術研究上則乏善可陳。

　　到了 1980 年代，晚清小說的研究一時蔚為大觀，劉鶚及《老殘遊記》的研究也蓬勃興起。[4] 在大陸上我們看到許多扎

1　詳細敘述請參看見劉德隆、朱禧、劉德平等著《劉鶚小傳》（天津：天津人民出版社，1987），頁 1-6。

2　如魯迅說：「敘景狀物，時有可觀」見魯迅《中國小說史略》（魯迅全集 9）（北京：人民文學出版社，1981），頁 289；胡適則說：「《老殘遊記》最擅長的是描寫的技術，無論寫人與寫景，作者都不肯用套語濫調，總想鎔鑄新詞，作實地的描畫。在這一點上，這部書可算是前無古人了。」見〈老殘遊記序〉，收於劉德隆、朱禧、劉德平編《劉鶚及老殘遊記資料》（成都：四川人民出版社，1984），頁 384。

3　阿英《晚清小說史》（台北：商務印書館，1996 台二版），頁 33-38。

4　以台灣而言，我們就看到了如廣雅版《晚清小說大系》的整理出版；政治大學中文系中研所《漢學論文集第三集（晚清小說討論會專號）》（台北：

實的資料收集、研究、分析，而少見概念或意識型態的爭紛，
如劉家子孫提出一些文革後發還的劉鶚日記，信札，並編纂或
撰寫了諸如《劉鶚及老殘遊記資料》（1984）、《劉鶚小傳》（1987）、
《劉鶚散論》（1996）等書，這些對於研究者是一大幫助。另
外政治氛圍的改變，也讓不少相關的著作得以出版，如嚴薇青
的〈劉鶚和太谷學派〉[5]、蔣逸雪的《劉鶚年譜》[6]、劉蕙蓀的
《鐵雲先生年譜長編》[7] 等。毋庸置疑，這些文獻及作者傳記
資料的提出，對於文學研究，有相當程度的貢獻。至於在文學
研究上，大陸年輕學者也能從新角度，提出一些新見。比方說
北大的陳平原即從「旅行者的敘事功能」角度來處理《老殘遊
記》中的「啟悟主題與整體感、補史之闕與限制觀點、引遊記
入小說、旁觀民間疾苦」，頗能引領我們重新審視其技法及價
值。[8]

　　在大陸以外的地區，我們看到隨著晚清小說研究風氣的興
起，對於劉鶚及《老殘遊記》的研究也有相當的成績。在海外，
Milena Dolezelová-Velingerová 所編的 *The Chinese Novel at the
Turn of the Century*（1980）的出版，將晚清小說的研究帶入另
一階段。[9] 其中 Donald Holoch 由「諷喻敘事」（allegorical

文史哲出版社，1984）；聯合文學雜誌社〈晚清小說專輯〉《聯合文學》1：
　　6（1985.4）；林明德編《晚清小說研究》（台北：聯經，1986）等。
5　嚴薇青〈劉鶚和太谷學派〉，《柳泉》2 （1980）。
6　蔣瑞雪《劉鶚年譜》（濟南：齊魯書社，1980）。
7　劉蕙蓀《鐵雲先生年譜長編》（濟南：齊魯書社，1982）。
8　陳平原《二十世紀中國小說史：第一卷 1897-1916》（北京：北京大學出版
　　社，1989），頁 274-298。
9　Milena Dolezelová-Velingerová, ed. *Chinese Novel at the Turn of the Century*
　　（Toronto: Toronto University Press, 1980）。此書有北京大學出版社譯本：
　　米琳娜（編）伍曉明（譯）《從傳統到現代：19 至 20 世紀轉折時期的中
　　國小說》（北京：北京大學出版社，1991）。

narrative）的角度切入，對《老殘遊記》整篇小說的可能寓意
進行討論。[10] Dolezelová-Velingerová 則有〈晚清小說情節結構
的類型研究〉及〈晚清小說的敘事模式〉兩篇文章討論晚清小
說的結構及敘事模式，其中也包含有對《老殘遊記》的討論。[11]
在台灣，夏志清的〈老殘遊記新論〉（1969）可以說是較為嚴肅
的由文學角度來處理《老殘遊記》的論文。[12] 其後如馬幼垣、
鄭明娳、王德威等學者不管是爬梳太谷學派思想與事蹟，或是
討論意象、夢境、敘述觀點，或是由傳播觀點來探討，都能交
出漂亮的的研究成果，一新前人說法，增進我們對於《老殘遊
記》的了解。[13] 其中，王德威由「說話」所呈現的虛擬情境
（simulated context of storytelling）討論作者如何藉由說話人的
敘述角色來調整個人及社會的關係，同時也企圖由小說史發展
的視角處理《老殘遊記》與公案小說傳統之承繼與變革，可以

---

10 同上注，《從傳統到現代》，頁 131-152。

11 《從傳統到現代》，頁 34-53, 54-116。

12 C. T. Hsia, "The Travels of Lao Ts'an: An Exploration of Its Arts and
Meaning," *Tsing Hua Journal of Chinese Studies*（清華學報），（n.s.）7:2
（August 1969）：40-68.此文有中文譯本〈「老殘遊記」新論〉收於聯經
版《老殘遊記》，頁 391-416；也收入夏志清《人的文學》（台北：純文學
出版社，）1977。

13 如：李歐梵〈心路歷程上的三本書〉《西潮的彼岸》（台北：時報出版，
1975）；龔鵬程〈從夢幻與神話看老殘遊記的內在精神〉《幼獅月刊》48：
5（1978.11）：36-40；馬幼垣〈清季太谷學派史事述要〉《中國小說史集
稿》（台北：時報出版，1980）；鄭明娳〈老殘遊記的帆船夢境〉《珊瑚撐
月──古典小說新向量》（台北：漢光文化，1986）及〈老殘遊記楔子論〉
《古典小說藝術新探》（台北：時報出版，1987）；王德威《從劉鶚到王
禎和》（台北：時報出版，1986）；趙孝萱〈論《老殘遊記》的敘述觀點〉，
《輔大中文學刊》1（1991）：97-107；徐靜嫻〈老殘遊記的深層結構〉
《輔大中文學刊》1（1991）：57-69；周志煌〈《老殘遊記》與「太谷學
派」──論近代民間思想的傳播型態及其意涵〉《輔大中文學刊》3
（1994 ）：303-314；李瑞騰〈老殘遊記的水意象〉《近現代中國文學
與文化變遷》（台北：學生書局，1996），頁 241-256 等。

說是當今研究晚清小說最有企圖心也是最有成績的學者。[14]

前人各擅勝場，由不同面向，如文獻的匯集、整理，意象的處理詮釋、作品與時代的密切關連的釐清等進行討論，對於我們更廣泛、更深刻地了解《老殘遊記》固然有極大的貢獻，不過當我們將《老殘遊記》置於小說史上來考察的話，我們會發覺，有些問題仍然有待我們做更進一步的探索與思考。比方說，阿英曾指出老殘代表了作者劉鶚自己，在《老殘遊記》中劉鶚「很喜歡把自己的理想寄託在小說裡的異人身上」，也常把「真實的自己」和「理想的自己」並存。[15] 王德威在〈「說話」與中國白話小說敘事模式的關係〉一文中也提到：「晚清小說中的說話情境表面上也許原封不動，但它過去所認同的社會文化價值卻被更具特性的主體性聲音所取代，也因此在寫作和閱讀過程上形成了前所未有的張力。」王德威稱之為「主觀化」，並認為《老殘遊記》可視為代表。[16] 這種作者在作品中表達自我、呈現自我、注入強烈情感，以個人主觀意識來統籌主導作品的情形到了五四時代是更明顯，也更值得我們的注意。比方說，北大錢理群等學者在討論五四創造社浪漫派小說時指出「主觀」、「自我」、「抒情」等特質充溢於郭沫若、郁達夫等人的作品中。

---

14 王德威〈「說話」與中國白話小說敘事模式的關係〉及〈「老殘遊記」與公案小說〉，均收於《從劉鶚到王禎和——中國現代寫實小說散論》（台北：時報出版，1980），頁 24-54，55-64。王德威另外有英文著作 *Fin-de-siecle Splendor: Repressed Modernities of Late Qing Fiction, 1849-1911*〔世紀末的華麗：晚清小說中的壓抑現代性，1849-1911〕（Stanford: Stanford University Press, 1997）.

15 阿英《晚清小說史》，頁 37。

16 王德威〈「說話」與中國白話小說敘事模式的關係〉《從劉鶚到王禎和》，頁 42，43。

> 創造社的作家從理論到實踐都強調小說的主觀性和抒情
> 性。其作品大都有一個抒情主人公的自我形象。作者不
> 著意於通過人物的性格刻劃，以某種思想意識教化讀者，
> 而是直接抒發主人公的強烈情感，去打動讀者。郭沫若
> 把這種小說的美學追求稱為「主情主義」。這在中國小說
> 史上是一個全新的樣式，也是對傳統小說觀念的一個新
> 的發展。[17]

如果我們承認阿英所說的，在《老殘遊記》中，劉鶚個人主觀
意見明顯的呈現在作品中，甚至把「自己」也寫進其中；如果
我們同意王德威的看法，認為中國小說的發展到了晚清，在劉
鶚的《老殘遊記》中看到了所謂「主觀化」的出現；如果在稍
後的創造社作品中，我們也看到了某種形式的「主觀／抒情」
表達形式，那麼我們是不是也可以推論，這個「主觀化」其來
有自，不會憑空產生，也不會輕易的消失。換句話說，若果在
《老殘遊記》中有「主觀化」的現象出現，那麼它應該有所傳
承，也有所衍發；若是它有所傳承也有所影響，那麼此一「主
觀化」也就形成了晚清小說，甚或是中國小說發展中重要的一
個環節。此種「個人／主觀」的敘事模式的探討，即是本章關
切的中心主旨。

二、中國敘事傳統中的「個人／主觀主義」

捷克漢學家普實克（Jaroslav Průšek, 1906-1980）是近代首

---

17 錢理群、溫儒敏、吳福輝著《中國現代小說三十年》（修訂版）（北京：
　北京大學出版社，1998），頁 72-73。

位對於中國現代文學中的「主觀主義／個人主義」（subjectivism／individualism）加以關注的評論家。根據普實克，所謂的「主觀主義／個人主義」指的是，創作者在藝術品中對於個人個性，或是個人生活的強調或關注。也就是說，藝術家視藝術品為表現一己想法、情感、愛欲憎恨的一個場域。在某些較為極端的情形下，有些作者甚至會把他們在真實生活中無法充分表達或是壓抑下來的想法及個性，在作品中表達。換句話說，文學作品不再只是用來記載客觀的現實（reality），而更是用來表達呈現作者的內在生命（inner life），通常包括了其情感（feeling）、心情（mood）、靈視（vision）或是夢想（dream）在其中。這類作品往往較接近西方的告白或懺悔錄（confession）的性質──作者在作品中呈顯其性格及個人生活中的各個面向，尤其是隱藏於內心深處較為陰暗隱晦，不願為人所知的那些層面。[18]

　　普實克認為主觀主義、個人主義，悲觀主義（pessimism）及一種對人生的悲劇情感（feeling for the tragedy of life）塑造了由五四到抗日戰爭中國文學的特質。這種特質出現在茅盾的《子夜》、《蝕》三部曲（《幻滅》、《動搖》、《追求》）中，表現在郭沫若文學作品及自傳中的浪漫精神（romantic spirit），也表現在魯迅的《吶喊》《徬徨》及散文詩集《野草》中，更不用提五四以降的如郁達夫的《日記九種》、胡適的《四十自述》、或是沈從文的《從文自傳》等明顯主觀的作品了。[19] 大致而言，中國的現代文學如 Kirk Denton 所說的，由於五四時代個人主義及反傳統主義的蓬勃發展，加上如郭沫若、郁達夫等所引進

---

18 Jaroslav Průšek, T*he Lyrical and the Epic: Studies in Modern Chinese Literature*（Bloomington: Indiana University Press, 1980）, p. 1.

19 Průšek, *The Lyrical and the Epic*, pp. 3-8.

的西方浪漫主義、十九世紀寫實主義於人心的寫實描繪，以及
日本小說對於內在世界的關注（如「私小說」、「新感覺小說」），
確實將人的內在心理層面的狀況作為訴求的一個面向，因而成
為一種五四以降文學的特質。[20] 劉禾在一篇討論五四時期個人
主義言談的論文中也針對現代主體觀念作了考察。她認為以個
人為中心的現代文學的「新文體學」（new stylistics）「將主角置
於一種新的象徵脈絡背景中，在其中主角不再是過去整個父權
親族關係中的一個元素，也不是傳統小說中超越、神聖架構中
的一個元素，而是掌控了整個文本，能駕馭心理及道德『真理』，
並成為意義及現實的中心。」[21]

　　大體而言，普實克的觀察是極為敏銳且有洞見的。他在
1957 年已觀察到中國現代文學的「主觀／個人主義」的傾向，
但是普實克的貢獻恐怕不只在此，而更在提出現代文學中的「主
觀／個人主義」後，隨即將此一現象溯源到中國詩歌傳統中的
「抒情主義」（lyricism），試圖在中國傳統文學中尋找現代文學
中「主觀／個人主義」的源頭。普實克認為在中國傳統文人的
文學作品中，抒情，不管是在詩、詞、賦甚或在散文中都佔了
極大的份量，而在清代的小說中我們已經可以看到傳統小說中
較偏向寫實（普實克稱之為「史詩式」epic 的模式），關注人倫、

---

20 Kirk Denton, *The Problematic of Self in Modern Chinese Literature*
　（Stanford: Stanford University Press, 1998）, p. 12.

21 Lydia H. Liu, "Translingual Practice: The Discourse Of Individualism
　Between China and the West," *Positions* 1: 1（1993）: 182: "[put the]
　protagonist in a new symbolic context, one in which the protagonist no
　longer serves as a mere element within the nexus of patriarchal kinships and
　／or in a transcendental, divine scheme as in most premodern Chinese fiction,
　but dominates the text…as the locus of meaning and reality in possession of
　psychological and moral 'truth.'"

社會、世界的小說，已逐漸浸染有作者個人、主觀、抒情的成分於其中（普實克稱之為「抒情式」lyrical 的模式），而這個發展到了五四時期充分成熟，形成文學的一個重要潮流。[22]

　　「抒情」在中國的文學傳統中是個相當突出的特質。陳世驤在〈中國的抒情傳統〉一文中早就提出中國傳統詩歌中的「抒情」傳統，認為《詩經》「瀰漫著個人弦音，含有人類日常的掛慮和切身的某種哀求」，而《楚辭》是「文學家切身地反映的自我影像」，兩者便成為「以字的音樂做組織和內心自白做意旨」的　「抒情詩的兩大因素」。[23] Burton Watson也有一本專書*Chinese Lyricism*梳理中國詩的抒情傳統。[24] 王國櫻在近作中更追索中國文學史上的個體意識，認為個體意識在中國文學中自覺萌生於《楚辭》中屈原、宋玉，爰及兩漢，進而滋長茁壯，為中國文學的抒情傳統奠下堅實的基礎。[25] 其他如高友工、呂正惠、張淑香、蕭馳等也都有專文或專論討論。[26] 呂正惠在

---

22 Průšek, *The Lyrical and the Epic*, pp. 9-10.

23 陳世驤〈中國的抒情傳統〉《陳世驤文存》（瀋陽：遼寧教育出版社，1998），頁2。

24 Burton Watson（tr.）, *Chinese Lyricism: Shih Poetry from the Second to the Twelfth Century*（New York: Columbia University Press, 1971）.

25 王國櫻〈個體意識的自覺──兩漢文學中之個體意識〉，《漢學研究》21：2（2003.12）：45-76。

26 高友工有數篇有關「抒情傳統」的重要文章如：〈文學研究的美學問題：美感經驗的定義與結構〉《中外文學》7；12 （1979.5）；〈試論中國藝術精神〉《九州學刊》2：2（1988）：1-12, 2：3（1988）：1-8；"Chinese Lyric Aesthetic"（中國抒情美學）in *Words and Images: Chinese Poetry, Calligraphy, and Painting*, ed. Alfveda, Murck and Wen C. Fong（Princeton: Princeton University Press, 1991）, pp. 47-90；呂正惠〈物色論與緣情說──中國抒情美學在六朝的開展〉、〈中國文學形式與抒情傳統〉《抒情傳統與政治現實》（台北：大安出版社，1989）；張淑香《抒情傳統的省思與探索》（台北：大安出版社，1992）；蕭馳《中國抒情傳統》（台北：允晨文化，1999）。

〈中國文學形式與抒情傳統〉一文中則將中國詩歌中的抒情特質以「感情本體世界觀」一詞歸納之。

> 這種「感情本體世界觀」的特色是這樣的：感情才是人生中唯一的「真實」，是瀰漫於世界的唯一令人關心的「真實」，是逃也逃不掉，躲也躲不掉的「真實」。至於西方人思想裡，以「物」為本體的看法，在以「心」為本體的中國人看來，固然不可思議；即使是強調心的理性作用，也不能令人首肯。中國人固然很不容易接受唯物的世界觀，就「唯心」而言，中國人也不能接受其中「唯理」的成分。中國人是唯感情的、唯感性的，簡單的說，是「唯情」的。這種情之本質化、本體化的傾向，就是中國抒情傳統的重大特色之所在。[27]

大致而言，不管是早期《書經》「詩言志，歌詠言」或是《詩大序》「詩者，志之所之也。在心為志，發言為詩」，以至於爾後中國文學中的的抒情特質，「志」或「抒情」都和內心的活動、意念有關連；也許在某些個面向，它們和外在道德倫理層面也有相當關連，但由內心主觀地發抒人內在的意念、想望、經驗或情感，則是毫無疑問的。

　　在西方，對於「抒情」或「抒情詩」的定義雖然是眾說紛紜，但是仍然有其大致上的樣貌。比方說美國文學批評家艾布拉姆斯（M. H. Abrams）即認為抒情詩乃「極短篇章的詩，由單一發言者的聲音所組成，通常要表達的是一種心境或是感知、

---

27 呂正惠〈中國文學形式與抒情傳統〉《抒情傳統與政治現實》（台北：大安出版社，1989），頁 177。

思想及感覺的過程。」[28] 強生（W. R. Johnson）在《抒情的觀念：古今詩歌中的抒情模式》一書中，認為抒情模式是「詩人將自己與世界脫離（或被迫脫離），而進入到一個私人靈像組構成的自然，在其中他可以自我省思。」[29] 整體而言，兩者強調的都是個人、自我、自我本體的回向自我省思（self-reflexivity）以及這些個人／自我回想、尋思以及情感、情緒發抒的過程。不過如同陳世驤所指出，雖然西方也有「抒情傳統」，但大致而言西方文學是以史詩與戲劇為其主要的文學傳統。與西方的文學主流傳統相比，中國的抒情傳統馬上顯現出來。[30]

　　雖然如陳世驤先生所言以及諸位學者所驗證的，「抒情傳統」大致上是中國詩歌的主流，但是這種中國文學的特色在敘事文學中卻展現出另一不同的風貌。正如吳百益（Pei-yi Wu）在討論中國自傳文學時所注意到的，當中國傳統文人在處理任何和「傳」或「史傳」有關連的敘事文字（narrative）時，他們關切的不是個人主觀思想、情感、內心的呈現，反而是這些相關的資料是否可以加以驗徵（verifiable）的面向。作者的內在世界、個人私密的領域等因為無法驗徵，因此無法進入「傳」的領域，甚至在「自傳」文學這類與「自我」密切關連的傳統中也深受此一傳統的箝制束縛，一直要到明代以後，此種情形才

28　M. H. Abrams, *A Glossary of Literary* Terms, 7th Ed.（Fort Worth: Harcourt Brace College Publishers, 1999）, p. 146: "a lyric is any fairly short poem, consisting of the utterance by a single speaker, who expresses a state of mind or a process of perception, thought, and feeling."

29　W. R. Johnson, *The Idea of Lyric: Lyric Modes in Ancient and Modern Poetry*（Berkeley: University of California Press, 1982）, p. 6: "The poet has removed himself（or has been removed）from a world into a private vision of nature in which he sees himself reflected."

30　陳世驤〈中國的抒情傳統〉，頁 1。另亦可參看呂正惠〈中國文學形式與抒情傳統〉《抒情傳統與政治現實》，頁 159-167。

因個人主體觀念的變化而有新發展。其實在中國文人對於小說的歸類即可看出「史傳」對於小說的限制。紀昀在《四庫全書總目提要》中認為小說是「敘述雜事、記錄異聞、綴輯瑣事」，其目的乃在「寓懲戒、廣見聞、資考證」，[31] 這幾項對於小說的要求其實極大程度上是希望小說能輔佐史傳的不足，但從另一個角度來看，也指出了小說與史傳的密切關連。正是因為小說與史傳的密切不可分離的關係，而史傳傳統已明顯著重那些非個人因素，因而對於個人情感、意見有相當的壓抑。大致而言，在中國文人的作品中，主觀、私人範疇的事物只能在抒情詩歌中得到宣洩。[32] 根據吳百益，這種「非個人化」（impersonality），對於個人聲音的壓抑（suppression of personal voice），不管是在傳統中國或是傳統西方，只要是史傳享有地位的文化中，大約都是一種普遍的敘事成規（a universal narrative convention）。[33]

　　吳百益對於自傳研究的觀察，大致上也可應用到小說上。在現代之前的中國敘事傳統中，從漢代以降一直到清代，由於小說與史傳的特殊關連，同時也由於儒家道德價值體系的受到高度關注，小說家一般而言，對於人物的內在活動的關切，遠

---

31 紀昀《四庫全書總目提要》（台北：藝文印書館，1979），頁2733。另外劉苑如也曾由文類的角度討論雜傳體志怪與史傳的關係，請參看劉苑如〈雜傳體志怪與史傳的關係──從文類觀念所做的考察〉《中國文哲研究集刊》第八期（1996.3）：365-400。

32 Pei-yi Wu, *The Confucian's Progress: Autobiographical Writings in Traditional China*（Princeton: Princeton University Press, 1990）, p. 6.

33 Wu, *The Confucian's Progress*, p. 8. 有關中國小說與史傳的關聯，可參看蒲安迪（Andrew H. Plaks）的 "A Critical Theory," in Andrew H. Plaks, ed. *Chinese Narrative: Critical and Theoretical Essays*（Princeton: Princeton University Press, 1977）, pp. 309-52.

比不上對於社會、政治行為的倫理關係上的關切。比方說已故
哈佛大學中國文學教授畢夏蒲（John L. Bishop）在一篇討論中
國小說之侷限性的文章中即提出中國小說「在心理的分析上有
其限制」（limitation of psychological analysis）。[34] 夏志清在《中
國古典小說導論》中也有類似的觀察。[35] 陳平原在《中國小說
敘述模式的轉變》中也提出，傳統敘事文中的重點在於故事情
節的發展鋪陳，而少在人物的心理層面的發展或分析上。[36] 因
此在中國傳統小說中對於人物的關切，很顯然是不著重在人之
所以為人的「自我」（self）、「個人」（individual）或是「主體」
（subjectivity）上，而更重在其與他人或團體或社會的「關係」
（relationship）或「網絡」（networking）上。[37] 也因此，中國
傳統小說中的人物往往較多類似福斯特（E. M. Forster,
1879-1970）《小說面面觀》（*Aspects of the Novel*, 1927）中所謂

---

34 John L. Bishop, "Some Limitations of Chinese Fiction," in Bishop, ed,
   Studies in Chinese Literature（Cambridge: Harvard University Press, 1956），
   p. 246.
35 C. T. Hsia, *The Classical Chinese Novel: A Critical Introduction*（New York:
   Columbia University Press, 1968），p. 22.
36 陳平原《中國小說敘述模式的轉變》（上海：上海人民出版社，1988）。
37 有關這方面的討論，在思想史、社會學等領域有極多嚴肅的討論可參看，
   如金耀基〈儒家學說中的個體與群體〉《中國社會與文化》（香港：牛津
   大學出版社，1992），頁 1-16；瞿同祖《中國法律與中國社會》（香港；
   龍門書局，1967）；Tu Wei-ming （杜維明），"Selfhood and Otherness in
   Confucian Thought," in *Culture and Self: Asian and Western Perspective*, ed.
   Anthony J. Marsekka, et al（New York: Tavistock Pub, 1985）；Cheng Te-kun
   （鄭德坤），*The World of the Chinese—Struggle for Human Unity*（Hong
   Kong: The Chinese university of Hong Kong Press, 1980）；Wilfram
   Eberhard, *Moral and Social Values of the Chinese: Collected Essays*（Taipei:
   Cheng-wen Publishing Company, 1971）；Arthur Wright, "Values, Roles, and
   Personalities," in *Confucian Personalities* ed. Arthur Wright and Denis
   Twitchett（Stanford: Stanford University Press, 1962）.

的「扁平人物」（flat character），而鮮少如周英雄所說的，像西
方小說一般常將重點放在「人如何『脫穎』而出，表現個性」
的「圓形人物」（round character），因為「西方小說最常見的主
題，常常圍繞年輕人如何追尋自我的過程為主」。[38]

　　不僅在呈現小說中的人物個性時是如此，在作者寫作小說
時其實也如此。早期的小說，由於小說的社會地位低鄙，「是以
君子不為也」（《漢書藝文志》）。從最早可被視作小說的作品一
直到明代的長篇小說（full-length novel），我們看到一個很有意
思的現象，也就是中國小說的作者（authorship）通常是無法確
知的。縱使有些作品有署名，但是這些作者的身世，性格等面
向的訊息也往往付諸闕如，尤其是在白話小說的領域中。以《三
國志演義》為例，幾百年來我們通常僅從古刊本中題有「晉平
陽侯陳壽史傳，後學羅本貫中編次」等文字，來判定此書的作
者是羅貫中。但是我們對於這位羅貫中的瞭解實在相當有限，
比方說他到底姓甚麼名甚麼，籍貫何處，生卒年，生平行事，
作品等，似乎到今天都無法定案。[39] 其實其他三部明代「四大

38　周英雄〈中國現當代自我意識初探〉《文學與閱讀之間》（台北：允晨文
　　化，1994），頁 72。西方敘事傳統中，由最早荷馬史詩《奧得賽》中奧
　　德修斯（Odysseus）之子 Telemachus 尋父的過程，即衍生出「流浪」及
　　「追尋」主題（themes of wandering and quest ）及啟蒙故事（story of
　　initiation）的原型。有關「扁平人物」請參看福斯特（E. M. Forster）（李
　　文彬譯）《小說面面觀》（台北：志文出版社，1973）。有關中國小說中人
　　物的典型性（stereotype），請參看 Robert Ruhlman, "Traditional Heroes in
　　Chinese Popular Fiction," in *The Confucian Persuasion*, ed. Arthur Wright
　　（Stanford: Stanford University Press, 1960），pp. 141-176.

39　我們對於羅貫中的瞭解有下列幾個來源：（1）元末明初賈仲明，《續錄鬼
　　簿》；（2）明郎瑛《七修類稿》；（3）明高儒《百川書志》；（4）明田汝成
　　《西湖遊覽志遺》；（5）明天都外臣《水滸傳敘》；（6）明王圻《續文獻
　　通考》及《稗史匯編》；（7）明胡應麟《少室山房筆叢》；（8）清周亮工
　　《書影》。這些書中的幾段話或文字即成為我們來判斷羅貫中為作者的根

奇書」的作者都有類似的問題。《水滸傳》作者是否為施耐庵？
《西遊記》是否為吳承恩？而《金瓶梅》作者到底是誰？這些
都是還沒有結論的問題，更不用提這些「作者」對於個人、人
生、社會、整個世界的觀感了。也就是說，在中國傳統小說中
作者的「主觀意識」在「史傳」的重重束縛，傳統以來於小說
作者的鄙夷下，以及社會道德的箝制，使得作者不僅不敢而且
不願揭露自己的身份，更別提在小說中正面表露一己個人的思
想、情感、世界觀及價值觀了。

　　普實克的研究也針對此一現象提出他的觀察，認為已逐漸
有「強烈的主觀及個人痕跡洋溢在清代的小說中」。[40] 以《紅
樓夢》為例，我們在第一回中已然獲知，此書是作者發抒一己
對於生命中曾經經歷過的一段時光的反思（或贖罪）：

> 今風塵碌碌，一事無成，忽念及當日所有之女子，一一
> 細考較去，覺其行止見識，皆出於我之上。何我堂堂鬚
> 眉，誠不若彼裙釵哉？實愧則有餘，悔又無益之大無可
> 如何之日也！當此，則自欲將以往所賴天恩祖德，錦衣
> 紈綺之時，飫甘饜肥之日，背父兄教育之恩，負師友規
> 談之德，以至今日一技無成、半生潦倒之罪，編述一集，
> 以告天下人：我之罪故不免，然閨閣中本自歷歷有人，
> 萬不可因我之不肖，自護己短，一併使其泯滅也。雖今
> 日之茅椽蓬牖，瓦灶繩床，其晨夕風露，階柳亭花，亦

據！有關羅貫中及《三國演義》，可參看陳其欣編《名家解讀〈三國演義〉》
　（濟南：山東人民出版社，1998）頁 3-111 中魯迅、胡適、鄭振鐸等文
　章。
40 Průšek, *The Lyrical and the Epic*, p. 11.

> 未有妨我之襟懷筆墨者。雖我未學，下筆無文，又何妨
> 用假語村言，敷演出一段故事來，亦可使閨閣昭傳，復
> 可悅世之目，破人愁悶，不亦宜乎？[41]

因此作者以「滿紙荒唐言，一把辛酸淚，都云作者癡，誰解其中味」來表心意。雖然我們原本不知作者乃曹雪芹，於雪芹一生身世行誼亦一無所知，但是我們已然察覺到一種強有力的作者主觀成分在其中。由於在《紅樓夢》中這種作者與作品之間密切的關係的表露，加上脂硯齋等人的評語，於是作者個人的色彩就逐漸明晰地浮現出來。這部小說不是一部「風月小說」，也不是娛樂消遣之書，而是作者用來表達其個人及其圈內人最親密、最深摯的經驗及感情的作品。普實克認為以整部小說而言，作者與其圈內人形成一個有機體。雖然《紅樓》並非純然的「自傳體小說」，但是小說中個別的人物係作者以其圈內人為模子，將他／她們或是以擬人化（personification），或是以重製（doubles）、再現（representation）的方式在小說中表達出來。這種作者主觀意識在小說中的呈顯，在脂硯齋的評語中尤其可以明顯看出。脂評雖短，不能構成論述來充分闡明作者的全盤意圖，但已足夠顯示《紅樓》不僅如先前的明代小說僅僅是「小說」，甚且更是「一部用來表達作者及其圈內親友最親密的經驗及內在情感的作品。」[42]

　　普實克認為不僅在《紅樓》中有此傾向，事實上如夏敬渠（c. 1750）的《野叟曝言》、李汝珍（1763-1830）的《鏡花緣》，甚至到了晚清，在劉鶚的《老殘遊記》、吳沃堯（1866-1910）

41　曹雪芹著、其庸等校注《紅樓夢校注》（台北：里仁書局，1984），頁1。
42　Průšek, *The Lyrical and the Epic*, pp. 11-12.

的《二十年目睹之怪現狀》、李伯元（1867-1906）的《官場現形記》中都有此種將作者主觀思想或感情寫入小說中的傾向。普實克雖然在此沒有進一步詳細論證，但是我們確實在《野叟曝言》及《鏡花緣》二書中看到普實克所指出的這些特點。[43] 我們知道這兩本小說與《紅樓》一樣都有作者主觀層面的表達，但是後者重的是一種情感及經驗的傳達，而前者二書則大致上是作者在現實生活上一些無法實現的理想、職志，借小說以作更具體的發抒。比方說李豐楙先生在其《鏡花緣》的研究中引孫吉昌為《鏡花緣》所做的〈題詞〉，來說明李汝珍因窮愁而借小說抒懷、炫學的情形：

> 而乃不得意，形骸將就衰。耕無負郭田，老大仍驅飢。
> 可憐十數載，筆碩空相隨。頻年甘兀兀，終日惟孳孳。
> 心血用幾竭，此身忘困疲。聊以耗壯心，休言作者痴。
> 窮愁始著書，其志良足悲。[44]

因此，「在不得意的窮愁情境下」，李汝珍「孳孳於創作一項名山事業」，將自己對於儒家經典、音韻、琴棋書畫、卜算、醫方、草木以及遊歷海域的見聞，皆具現在作品中。[45] 正如普實

---

43 有關《野叟曝言》中的「文人氣質」、「才學」部分請參看 Martin W. Huang,〔黃衛總〕, *Literati and Self-Representation: Autobiographical Sensibility in the Eighteenth-Century Chinese Novel*（Stanford: Stanford UP, 1995），頁109-142 中的討論。

44 李豐楙〈罪罰與解救：《鏡花緣》的謫仙結構研究〉《中國文哲研究集刊》第七期（1995.9）：107-156。在本論文頁 110-113 中李先生討論了李汝珍的身世、其才學、其遊歷，以及李汝珍如何在小說中「炫學」，在鬱鬱不得志的情況下發其「才學」。

45 同上注，頁 111。

克所說的，這是

> 作者視其小說為真實生活中未能功成名立的一種補償，
> 以小說為工具來滿足他們對於聲名及不朽的追求。在小
> 說中他們將其學問、知識、他們在人生中的企求、他們
> 的夢想及思索過的種種，傾注於其中。我們看到的是一
> 種新的，個人色彩的文學觀，以及對於文學類型及文學
> 傳統的一番全盤重估。[46]

　　為了更進一步證明此種「主觀主義」的出現，普實克以蒲
松齡（1640-1715）《聊齋誌異》為例，說明其實這些主觀主義
的傾向在蒲松齡的作品中已見端倪，可說是預示了後來的發展。
蒲松齡不管在短篇小說、社會小說、民謠、俗曲等方面都有相
當突出的表現。但是我們知道蒲松齡出身於沒落的書香家庭，

46　Průšek, *The Lyrical and the Epic*, p. 12: "the authors looked upon their novels as a kind of compensation for their lack of success in life, as a means of satisfying their longing for fame and immortality. Into them they put all their learning, all their knowledge, all they wanted to achieve, all they had dreamed and meditated upon. What we see then is a quite new, individualistic conception of literature and, at the same time, a complete re-evaluation of literary genres and traditions." 這些小說家通常都被稱為「文人小說家」，意思說其作為「文人」的身份（identity）及小說中所呈現的質性（characteristics）與先前作者不明（anonymity）的小說是不一樣的。於「文人小說」的討論可看 C. T. Hsia, "The Scholar-Novelist and Chinese Culture: A Reappraisal of Ching-hua yuan," in *Chinese Narrative: Critical and Theoretical Essays*, ed. Andrew Plaks（Princeton: Princeton University Press, 1977）, pp. 266-305 及 Martin W. Huang〔黃衛總〕, *Literati and Self-Representation*。夏志清提出「文人小說家指的是一群文人，他們不僅利用長篇敘述體的故事形式來敘述故事，同時也以之滿足他們智性上及文學上自我表現的需求。」（p. 269）黃衛總的著作則討論了《儒林外史》、《紅樓夢》、及《野叟曝言》等三部所謂「文人小說」及作者個人自我作為「文人」身份如何在小說中呈現，可參看。

從小熱心於科舉功名，然終不得志。[47] 個人個性的正直、不阿權貴，加上科場的不得意、家境的清貧、一年幕僚生活的體會等等，都讓他能以另種眼光來看視個人及社會。[48] 根據普實克的說法，我們果真在蒲松齡的《聊齋誌異‧自誌》充滿了極端明顯的個人強烈主觀、抒情的意涵在其中。

> 每搔頭自念：勿亦面壁人果是吾前身耶？蓋有漏根因，未結人天之果；而隨風蕩墜，竟成藩溷之花。茫茫六道，何可謂無其裡哉！獨是子夜熒熒，燈昏欲蕊；蕭齋瑟瑟，案冷疑冰。集腋為裘，妄續幽冥之錄；浮白載筆，僅成孤憤之書。寄託如此，亦足悲矣。嗟乎！驚霜寒雀，抱樹無溫；弔月秋蟲，偎欄自熱。知我者，其在青林黑塞間乎！[49]

普實克接著提出蒲松齡的〈自誌〉所呈現的是對於藝術品的新

47　（蒲松齡）「慘澹經營，冀搏一第，而終困於場屋。至五十餘尚希進取」，後因劉氏勸慰，才不再赴試，「而甄匋一世之意，始託於著述焉。」見蒲長子蒲箬撰〈柳泉公行狀〉，轉引自吳志達《中國文言小說史》（濟南：齊魯書社，1994），頁 727。另蒲松齡之孫蒲立德在《聊齋誌異‧跋》中也提到蒲「幼有軼才，學識淵穎；而簡潛落穆，超然遠俗。雖名宿宗公，樂交傾賞。然數奇，終身不遇，以窮書生授舉子業，潦倒於荒山僻隘之鄉……。」見黃霖、韓同文編《中國歷代小說論著選》（南昌：江西人民出版社，1990），頁 415。

48　有關蒲松齡，可參看吳志達《中國文言小說史》，頁 725-764。另可參看 Judith T. Zeitlin, *Historian of the Strange: Pu Songling and the Chinese Classical Tale*（Stanford: Stanford University Press, 1993）. 較為詳盡的傳記資料可參看袁世碩、徐仲偉《蒲松齡評傳》（南京：南京大學出版社，2000）。

49　蒲松齡著，任篤行輯校，《聊齋誌異》（全校會註集評本）（濟南：齊魯書社，2000），上卷，頁 29-30。

看法，極為「現代」：

> 藝術品不是閒暇或是心情愉快時，為了娛悅朋友而產生
> 的 —— 這是早期作者出書的目的。藝術品應該是作者內
> 在情感的具現，不僅表達愛、也表現作者的苦，甚或是
> 恨。（此類）藝術品需要極大的勇氣和一種前所未有的自
> 信，要能意識到個人人格價值的意涵，因為在封建社會
> 中作者要能公開的呈述其理念，其情感和觀點乃是藝術
> 中最重要因素。[50]

普實克所提出的理念，的確可以幫助我們思考一些中國小說發
展史上的一些重要議題。

　　除了普實克的觀點外，黃衛總在他研究十八世紀「文人小
說」的專著中也指出，[51] 其實由十五世紀開始，較具通俗意味
的小說已經因為文人的參與而逐漸質變，到了十六世紀，如明
代「四大奇書」所展現的，文人將各式各樣敘述的技巧及策略
帶入小說中，相當大幅度的提升小說的質素，從此可以說進入
「小說文人化」的過程。[52] 根據陳大康在《明代小說史》中的
討論，我們知道從嘉靖年間之後，歷經萬曆、天啟、崇禎等朝，
通俗小說的創作日益繁盛，小說的地位已在持續上升之中，傳
播面日益擴大，而這與文人階級態度的轉變及參與有相當之關
連。

---

50 Průšek, The Lyric and the Epic, p. 14.
51 以下一段大致遵循 Martin W. Huang［黃衛總］, *Literati and Self-Representation* 的討論，參見頁 15-26。
52 可參見 Andrew Plaks, The *Four Masterworks of the Ming Novel*（Princeton: Princeton University Press, 1987）的討論。

> 文人首先是開始認可與參與文言小說的創作，繼而又
> 讚賞通俗小說如《三國演義》、《金瓶梅》等名作，最後
> 則是乾脆自己動手創作通俗小說。一些士人還在理論上
> 對這一文學體裁進行探討，既為小說正名，同時也總結
> 了近一個世紀以來的創作經驗。在正德、嘉靖朝時，肯
> 定小說的只有極少數的士人，而到了天啟、崇禎朝時，
> 鄙夷小說者雖不乏其人，但他們對於小說普遍流傳的局
> 面也只能無可奈何地接受現實，在士人中，對小說表示
> 肯定與讚賞已是較普遍的輿論。[53]

雖然如此，如我們上面所說的，四大奇書的作者仍然隱晦
不明，甚至隱名埋姓；要到十七世紀如張竹坡等人方才正面肯
定小說撰寫及評論的「合法性」。[54] 由李贄將小說與中國正統
文學並提而論起，金聖嘆及張竹坡不僅視小說為嚴肅文學，而
且加以評點，金甚至將小說列為「六才子書」，將小說地位大大
提升，小說逐漸進入文學的殿堂，正式進入到文人的生活思想
領域，和詩歌一樣成為生活中的一部分。於是作者的個人自我
就開始進入小說，找到發抒的管道，在某個層次上，也成為作
者建構自我的場域。對於有些文人，小說已然可以是自我心路
歷程的展現了，如在《雪月梅》的序中（1775），陳朗（鏡湖逸
叟）即已提到寫作小說是一種「立言」，將寫小說與傳統「立德
立功立言」三不朽中的「立言」等同了。李百川（1719？-1771？）

---

53 陳大康《明代小說史》（上海：上海文藝出版社，2000），頁 537。並請
　　參看同書第 15 章〈文人的參與與小說理論的總結〉，頁 531-590。
54 Robert Hegel, *Novel in Seventeenth-Century China*（New York: Columbia
　　University Press, 1981），pp. 228-29.

在《綠野仙蹤》作者自序中，清楚地將個人身世及創作的動機、寫作過程表達於其中，比蒲松齡更明白地將個人要素表白在序中，也許可視作是中國第一位小說作者的真正「自序」。[55] 我們由普實克、黃衛總及陳大康的論述大致上可以看到小說地位的變化、提升，而且更清楚的感受到一種文人日益強烈的參與到小說中，以及在此參與的過程中帶入到小說中的那股日益強大的個人、主觀的成分。[56]

　　大致而言，中國傳統小說如前所述地，從最早起源處即與「史傳」形成一種密切不可分離的關係。[57] 由於這種關係，早期的中國小說往往呈現出的是一種「徵實」的傾向，縱使在「志怪」、「傳奇」時，往往仍要以一種時空的座標來試圖說服讀者，其所記錄、傳述之人、事、地、物均實有，均可考繹徵實的（唐傳奇中的〈補江總白猿傳〉可作為例）。這在某一層次上解釋了

---

55 《綠野仙蹤》作者自序詳見黃霖、韓同文編《中國歷代小說論著選》（南昌：江西人民出版社，1990），頁 463-464。

56 Roddy 在其《文人自我身份認同與其在中國近代小說中的呈現》之專論中，認為在《儒林外史》中吳敬梓將文人的自我身份認同解構掉，但是在夏敬渠的《野叟曝言》我們可以看到文人的自我身份認同在小說中得以重新建構起來，氏說可參照。見 Stephen J. Roddy, *Literati Identity and Its Fictional Representations in Late Imperial China* (Stanford: Stanford University Press, 1998)。有關「自我」在中國文學中的呈現，可參看 Robert E. Hegel, Richard C. Hessney (eds.), *Expressions of Self in Chinese Literature* (New York: Columbia University Press, 1985)，尤其其中 Patrick Hanan, "The Fiction of Moral Duty: The Vernacular Story in the 1640s," Richard Hessney, "Beyond Beauty and Talent: The Moral and Chivalric Self in the Fortunate Union;" Marsha Wagner, "Maids and Servants in Dream of the Red Chamber: Individuality and the Social Order" 等幾篇與明清小說中「自我」觀念有關聯之論文。

57 除了上面提到蒲安迪、吳百益的著作外，余國藩有篇重要的論文〈歷史、虛構與中國敘事文學之閱讀〉收於余國藩 （李奭學譯）《余國藩西遊記論集》附錄 1（台北：聯經，1989），頁 221-255，請參看。

為甚麼中國傳統小說，尤其是白話小說，常常要花費一番功夫來交代故事及人物的背景。[58] 但是隨著時間的推演，人們思想的日益豐富複雜，以及文人對於小說看法的遞演，我們也看到了敘述文類的日益走進個人、主觀、內在的世界。伊安・瓦特（Ian Watt, 1917-1999）在其研究西方小說興起的著作中，描述了英國小說由笛福（Daniel Defoe, 1660?-1731）的《魯賓遜漂流記》（*Robinson Crusoe*, 1719）到李查遜（Samuel Richardson, 1689-1761）的《潘美拉》（*Pamela*, 1740）的發展，是一種由外在逐漸進入到人物的內在心靈、個人生命的描繪的重要轉機。這種轉變意味著西方自希臘以降的寫實模擬傳統（classical mimesis）逐漸失掉其整體籠罩掌控的勢力，而一種較具現代意味的「主觀主義」逐漸成形的過程。[59] 由瓦特的經典著作我們看到西方小說、文學的一種「個人化」、「主觀化」，也是一種「內轉向」（inward turn）的趨勢。[60] 無獨有偶地，如我們上面所描

---

58 韓南（Patrick Hanan）在討論中國早期小說文言及白話小說之區分時，曾提出「白話小說充斥所謂『佐證的細節』（testifying detail），所有人物都是有姓有名，而文言小說中的人物有時卻是有姓無名，有時甚至無名無姓。白話中對人物常有詳盡的形容，包括他們所處的地點、時間，以及社會背景。更重要的是，每人的言語都儘可能代表其個性，而在中國文言文中則甚難如此。」見韓南著（張保民、吳兆芳譯）〈早期的中國短篇小說〉收於王秋桂編《韓南中國古典小說論集》（台北：聯經出版，1979），頁 10。原文 "The Early Chinese Short Story: A Critical Theory in Outline," 刊於 *Harvard Journal of Asiatic Studies*（HJAS）27（1967）。在此韓南試圖由所謂的「形式寫實」（formal realism）觀念來討論中國的白話小說，不過韓南的論述並不抵觸或違反我們所說的小說與「史傳」之間的密切關係，事實上他所謂的「佐證的細節」在文言小說中（尤其是唐傳奇）也處處可見。

59 Ian Watt, *The Rise of the Novel: Studies in Defoe, Richardson, and Fielding* (Berkeley: University of California Press, 1957).

60 見 Erich Kahler, *The Inward Turn of the Novel* (Princeton: Princeton University Press, 1973).

述地，在中國敘事傳統中我們也看到了類似的趨勢，而這個趨勢由明末清初持續地發展下去，到了晚清的《老殘遊記》中有更清楚的脈絡出現。

三、劉鶚《老殘遊記》中的

「個人／主觀／抒情主義」

將中國敘事傳統中的「個人化」「主觀化」、「抒情化」作了簡單的交代後，我們可以來考察劉鶚的《老殘遊記》一書，並試圖為其在中國小說史的發展作一評估。如以上面所描述的「主觀個人」傳統重視的「作者自我」、「主觀」、及「抒情」面來考察劉鶚及其《老殘遊記》，我們不得不承認普實克的觀察有其敏銳之處。我們先來看看劉鶚本人及其在作品中所表現的「自我」。首先，根據《老殘遊記‧自敘》，劉鶚是位充滿情感，關心國是的讀書人：

> 有種教之感情。其感情愈深者，其哭泣愈痛，此鴻都百鍊生所以有老殘遊記之作也。

> 吾人生今之世，有身世之感情，有家國之感情，有社會之感情，棋局已殘，吾人將老，欲不哭泣也得乎？吾知海內千芳，人間萬豔，必有與吾同哭同悲者焉！[61]

---

61 筆者使用之版本為劉鶚，《老殘遊記》（台北：聯經出版事業，1976），頁2。

與蒲松齡極為相似地，劉鶚在〈自敘〉中表白了他一己「身世、家國、社會、種教」的強烈情感。他也提到了自己的哭泣屬於和屈原、莊子、司馬遷、杜甫、李後主、王實甫、八大山人和曹雪芹等人相同的「有力類」的哭泣，也就是不以兒女私人情感及生物需求的不足而哭泣。蒲的「孤憤」是因個人身世的不得意而發，劉的強烈情感則是因家國鉅變而起，兩者雖層次不一，而抒發個人情感則同。

我們知道劉鶚身處晚清時代，歷經了李鴻章所謂的「中國三千年來未有之變局」，在年輕時劉鶚即有以家國為己任的使命感。[62] 根據劉氏子大紳，劉鶚「少年時，負奇氣，性豪放，不規規於小節。……蒿目時艱，隱然有天下己任意。故所在輒交其才俊，各治一家言。」[63] 羅振玉在《五十日夢痕錄》中的〈劉鐵雲傳〉提到劉鶚年輕時不拘小節，以「經世」為職志，不汲汲於宦途：「君……精疇人術，尤長於治河。顧放曠不守繩墨，而不廢讀書。……是時君所交皆井里少年，君亦薄世所謂規行矩步者，不與近。已乃大悔，閉戶斂跡者歲餘。」[64] 劉鶚曾在家庭壓力下參與科考，不上第，回到家鄉淮安，潛心研究學問，尤以經世之學與家學（治河、歷算、音律等）為重。[65]

劉鶚於二十歲科考落第，同年邂逅了周谷的弟子李光炘，後來成為李的弟子，受到了太谷學說的薰陶。太谷學派大致以

---

62 以下有關劉鶚生平及行宜，請參看本書第五章對於劉鶚的討論。此節中有些理念、論述及文字與該文略有重複。

63 劉大紳，〈關於老殘遊記〉《遊記》，頁 314。

64 胡適亞東版《老殘遊記‧序》，收於魏紹昌，《老殘遊記資料》，（北京：中華書局，1962），頁 188。以下簡稱《資料》。

65 參看蔣瑞雪〈劉鶚年譜〉收於《資料》，頁 141。亦參看《劉鶚小傳》，頁 196。

儒典《易經》為依歸，援引老佛解儒典，但在本質上仍強調格
治誠正，修養個人道德，更強調推己及人，發揮「人飢己飢人
溺己溺」的「民胞物與」精神，這是劉鶚養民思想的來源，也
是劉鶚一生中幾件大事，如河工、建鐵道、辦實業、設書局、
太倉粟賑災等背後的支持推動力量，當然更是劉鶚一生不得意、
遭忌、被中傷，甚至入罪，最後死於新疆的原因。

　　劉鶚一生最得意的事業就是治理黃河了。有關治理黃河與
《老殘遊記》之關係，下文有進一步討論。我們這兒可以提的
是，當劉鶚治河有成，廣受主事大臣重視，巡撫福潤曾上疏舉
薦劉鶚至總理衙門應試，第一次因不合例被飭回，劉鶚當時曾
賦詩對仕途不順表達失望之意：「魄落魂消酒一卮，凍軀圍火得
溫遲，人如敗葉渾無屬，骨似勞薪不可支。紅燭無光貪化淚，
黃河傳響已流澌，那堪歲歲荒城道，風雪千山夢醒時！」[66] 後
來福潤二次上疏，劉鶚終能赴京考試，獲知府銜。

　　不過在得到知府銜後，劉鶚即將注意力轉移到興建鐵道
上，建議興建盧漢道。羅振玉在〈劉鐵雲傳〉中寫道：

> 君於是慨然欲有所樹立，留都門者二年，謂扶衰振敝當
> 從興建鐵路始，路成則實業可興，實業興而國富，國富
> 然後庶政可得而理也。上疏請築津鎮鐵路，當道頗為
> 所動。[67]

---

66 此詩前有識語：「壬辰咨送總理衙門考試，不合例，未試而歸，臘月宿齊
　河城外。」《劉鶚及老殘遊記資料‧鐵雲詩存》，頁 55-56。
67 見《資料》，頁 190。根據《小傳》，羅振玉這裡所道與事實有誤，津鎮
　道要到 1896 年才有建築的計畫，遠比盧漢道晚多了。事實上興建盧漢道
　的建議是在 1889 年由張之洞提出的，但是由於經費與預算，遂不克實施。

對於建鐵道劉鶚相當期盼，甚至事前曾打算賄賂翁同龢，不過未得遂。[68] 在實際運作上，由於政治及金錢利益的衝突，劉鶚被排擠出蘆漢道的興建計畫外。他另外提議興建的津鎮道，也同樣因為地方勢力的衝突而告失敗。[69] 劉鶚有闋詞很能描述其心情：

> 嘆人生終歲苦塵勞，何以悅吾生？趁朱顏猶在，黃金未盡，風月陶情。長得紅偎翠倚，身世嘆升沈，莫把佳期誤，今夜銷魂。門外雪深盈尺，正錦衾人暖，寶帳香溫。戀昨宵夢好，相報不容醒。看天際瓊飛玉舞，擁貂裘，推枕倚雲屏。梳妝罷，郎歌白雪，妾和陽春。[70]

長志不得舒展，情緒低落，縱情聲色以求慰藉的主題與劉鶚的心情是相吻合的，這樣的作品在劉鶚整個的作品中是很少見的，也可看出劉鶚的一番熱忱，及懊惱無奈之情。在實際生活中，事業上的挫折，對於時人官吏的不解其用心、勾心鬥角，再加上中日甲午之戰的衝擊，讓劉鶚內心更加感慨萬千。他在這段時間寫於北京的〈春郊即目二首〉詩（1896）很可以表達

劉鶚在 1895 年向上海的銀行和商業界集募資金欲興建之。見《小傳》，頁 17-18。

68　見孔祥吉〈劉鶚史料之新發現〉《晚清佚聞叢考——以戊戌變法為中心》（成都：巴蜀書社，1998），頁 180。

69　據劉德隆他們簡要的敘述，我們知道劉鶚係因包括王文韶、盛宣懷等人在內的利益團體的阻撓，不願劉與他們分羹，所以將劉排擠出蘆漢道的興建計畫。見《小傳》，頁 16-23。

70　《鐵雲詩存·八聲甘州》，見《劉鶚及老殘遊記資料》，頁 61。雖然這闋詞無法很確切地繫在此年，劉鶚在詞中的挫折感與集中其他詩詞作品相比的話是顯明可見的。

其心情：

> 郊遊驟見海棠花，亞字闌干一樹斜。蝴蝶忽然飛屋角，
> 羈臣何以在天涯？千枝翡翠籠朝霧，萬朵胭脂艷早霞。
> 寄語春光休爛漫，江南蕩子已思家。

> 可憐春色滿皇州，季子當年上園遊。青鳥不傳丹鳳詔，
> 黃金空敝黑貂裘！垂楊跪地聞嘶馬，芳草連天獨上樓，
> 寂寞江山何處是，停雲流水兩悠悠！[71]

理想不得開展，國事日漸凋弊，讓劉鶚的心情鬱抑不已。不過劉鶚並未就此意氣消沈，他將注意力轉到商場、實業界上去了。

在幾次興建鐵路的挫折後，劉鶚轉向實業界。1897 年他在一家英國商行（英商福公司）擔任經理職位，從事於山西煤礦開採的工作。因採礦事劉鶚首度遭人彈劾，被清政府革職，也從此被視作「漢奸」。一八九六年山西巡撫胡聘之請設商務局，由於資金的缺乏，他們向英商福公司借款一千萬兩白銀，劉鶚即是中間人。劉鶚與福公司有密切來往關係主要是因其負責人之一的義大利人康門斗多・恩其羅・羅沙第原為招商局總辦馬建忠的副手，而馬建忠又是劉鶚生平知己。[72] 開礦事業背後當

---

71 見《劉鶚及老殘遊記資料》，頁 44。梁啟超後在上海與劉鶚、汪康年、宋伯魯、毛慶蕃、黃葆年、羅振玉等人的集會中亦吟詩相和：「自古文明第一州，臥獅常在睡鄉遊。狂瀾不砥中流柱，舉國將成破碎裘！燕雀同居危塊壘，蜿蟺空畫舊牆樓。漏卮真似西風岸，百孔千瘡無底愁。」見《資料》，頁 155。

72 劉鶚在 1901 年（光緒二十七年）4 月 14 日日記中有一條：「予生平知己，

然有劉鶚歷經挫折後的心路歷程及其一貫的養民思想在其中。
他曾向朋友提及自己這時的想法及抱負：

> 蒿目時艱，當世之事，百無一可為。近欲以開晉鐵（引
> 按：應為「煤」）謀於晉撫，俾請於廷。晉鐵（煤）開則
> 民得養，而國可富也。國無素蓄，不如任歐人開之，我
> 嚴定其制，令三十年而全礦路歸我。如是，則彼之利在
> 一時，而我之利在百世矣。[73]

劉鶚的想法在當時受到很多人的攻擊，被認為是「賣國」，不過
他對開礦的認識相當開通，亦有前瞻性：

> 工人所得之資不能無用也，又將耗於衣食。食者仰給於
> 庖人，衣則仰給於縫工。庖人不能自藝蔬穀，又轉仰給
> 於農圃；縫公不能自織布帛也，又仰給於織人。如是輾
> 轉相資，山西由此分利者不下十餘萬人矣。我國今日之
> 患，在民失其養一事。而得養者十餘萬人，善政有過於
> 此者乎？況有礦必有運礦之路，年豐穀可以出；歲飢穀
> 可以入，隱相酌劑，利益農民者，更不知凡幾。我國出
> 口貨值，每不敵進口貨之多，病在運路之不通。運路既
> 通，土產之銷暢可旺，工藝之進步可速，倘能風氣大開，
> 民富國強屈指可計也。而開礦實為之基矣。

劉鶚不只是言其利，同時也防其蔽，他接著說：

姚松雲第一，馬眉叔（建忠字）第二。」引見《小傳》，頁 25。
73 羅振玉《五十日夢痕錄·劉鐵雲傳》，引見《小傳》，頁 25-26。

古人云慢藏誨盜。今我山西沒鐵之富甲天下，西人嘖嘖稱之久矣。必欲閉關自守，將來無知愚民燒一處教堂，殺三五名教士，釁端一開，全省礦路隨和約去矣。其中有絕大之關鍵存焉，則主權是也。兵力所得者，主權在彼；商利所得者，主權在我，萬國之公約例也。然有一國商力所到之處，則別國兵力及不能到。今日亟亟欲引商權入內者，正恐他日有不幸而為兵權所迫之事，必早杜其西漸之萌，為忠君愛國者當今之急務矣。[74]

劉鶚的想法有「民富國強」、「以夷治夷」，也有所謂「商戰」的味道在其中。[75] 因為一貫秉持的養民思想，以及報效國家之職志似乎唾手可得，劉鶚興奮不已，三次前往太原，而且在幾首詩中表達了溢於言表的心境：

山勢西來太崒嵂，汾河南下日悠悠。摩天黃鵠毛難滿，遍地哀鴻淚不收。眼底關河秦社稷，胸中文字魯春秋。尼山渺矣龍川去，獨立滄茫歲月遒。（登太原西域）

南天門外白雲低，攬轡東行踏紫霓。一路弦歌歸日下，百年經濟起關西。燕姬趙女雙蟬鬢，明月清風四馬蹄。不向杞天空墮淚，男兒義氣古今齊。（太原返京道中宿明

---

74 《小傳》引自《劉鶚及老殘遊記資料》，見《小傳》，頁 26-27。
75 有關晚清的「商戰」，請參看李陳順妍〈晚清的重商主義〉收於張灝等著《近代中國思想人物論——晚清思想》（台北：時報出版，1980），頁 331-351。亦見王爾敏〈商戰觀念與重商思想〉，《中央研究院近代史集刊》5（1967,6）：1-91。

月店）⁷⁶

然而，和興建鐵道如出一轍，地方利益團體權利之爭奪又將劉鶚的熱火澆熄了。一方面是英商福公司的洋人經理對於在山西所得之利益感到不足；另一方面則是參與山西開礦的官員，在情緒上反對讓洋人在中國土地上開礦，也擔心所得的開礦利益會落到洋人及中人劉鶚手中，於是上書彈劾劉鶚。在總理衙門調查後，光緒皇帝諭令「均著撤退，毋令與聞該省商務」。⁷⁷ 劉鶚的山西開礦又是功虧一簣。不過，相當反諷的是，山西省最後的開礦結果卻證明了劉鶚不僅是對的,而且還相當的有遠見：山西礦務局後來還是與外人合作，與當初劉鶚所策劃的方案大致相符，但是卻未能堅持對外商加以限制。⁷⁸ 雖然山西開礦不順利，劉鶚後來還是參與了福公司在河南、浙江的開礦事宜。這些作為後來還是因受到許多鄉紳、地方官吏和愛國的年輕學子的反對而失敗了，理由大致上還是指責劉鶚「賣國」、賺佣金等罪名。⁷⁹

不過我們應該留意的不在其是否為漢奸，而是劉鶚如何將他自己的想法和國家的實際現況結合起來，如此我們可以了解像劉鶚這樣身處轉折期的知識分子如何對其周遭環境做出反應。在一封公開的啟事中，劉鶚對於自己被指為「賣國」一事有所

---

76 《劉鶚及老殘遊記資料・鐵雲詩鈔》，頁 46。

77 《小傳》，頁 28。

78 山西礦務局《礦案之禍始》檔案記載：「據前輩傳聞，謂當時合同原稿，尚定開辦期限……曾中裕進京……倉卒署名,是時合同原稿已變本加厲，無開辦期限矣！」見《小傳》，頁 28-29。亦參見蔣瑞雪〈年譜〉(《資料》，頁。157-162）。

79 請參看《小傳》，頁 30-31。

辯護，同時他也試圖對中國目前的處境及因應之道，提出自己的理念：

> 僕自甲午以後，痛中國之衰弱，慮列強之瓜分，未可聽其自然。思亟求防禦之方，非種種改良不可。欲求改良必先開風氣，欲開風氣必先通鐵路，欲通鐵路必先籌養路之費，捨農工商礦更有何賴？而農工商三者之利其興也，必在風氣大開之後。緩不濟急，只有開礦一事見效易而收效速，為當務之首矣。然二十年開礦者不下三、四十處，率皆半途而廢。蓋以華人非所專長，故易敗也。又思凡外國商力所到之地，即為各國兵力所不到之處，則莫若用洋商之款，以興路礦，且前可以御各強兵力之侵逐，漸可以開通風氣，鼓舞農工。卒之數十年期滿，路礦仍為我有，計之至善者也，故毅然決然為之。一國非之，天下非之，所不願也。其中有利無害情形，前上山西撫帥稟稿言之甚詳，附呈請鑒。[80]

劉鶚接著指責攻擊他的人不識時勢，無法明瞭兵戰與商戰之區別。劉鶚認為中國有豐富的資源，若能善加保護利用，使免於列強勢力的侵奪、壓榨，就可以成為救中國的要素。雖然如此，中國目前卻未能具備有先進的科技來開發之，所以最好的途徑即是利用列強的力量來協助我們開發，同時並加以箝制，主權歸我而出力由他。如此「人各有學，學各有宗旨，僕之宗旨在廣引商力以御兵力，俾我得休息數十年以極

---

80 〈礦事啟〉，見《劉鶚及老殘遊記資料》，頁132。

力整頓工農商務，庶幾自強之勢可成，而國本可立。」[81]

劉鶚的用心在當時大致上不為大多數人所了解、認同。其實在他內心中也充滿了「不為世所知」的感嘆。他在 1897 年有闋詞描寫至山西的路途及感受，頗能看出劉鶚當時的心境。

丁酉七月由燕赴晉，風塵竟日，苦不勝言，每夕必以弦歌解之

燕姬趙女顏如玉，鶯喉燕舌歌新曲。挾瑟上高堂，娥娥紅粉妝。

倚窗嬌不語，漫道郎辛苦。弦撥兩三聲，問郎聽不聽？

客心正自悲寥廓，那堪更聽蓮花落！同是走天涯，相逢且吃茶。

芳年今幾許？報道剛三五，作妓在邯鄲，於今第七年。

朝來照鏡著顏色，青春易去誰憐惜？挾瑟走沿門，何如托缽人！

行雲無定處，夜夜蒙霜露。難得有情郎，雞鳴又束裝！

狐悲兔死傷同類，荒村共掩傷心淚。紅袖對青衫，飄零終一般！

有家歸不得，歲歲常為客，被褐走江湖，誰人問價估？

右調菩薩蠻，皆紀實也。男子以才媚人，婦人以色媚人，其理則一。含詬忍恥，以求生活，良可悲已！況媚人而

賈用不售，不更可悲乎？白香山云：“同是天涯淪落人”。
湯臨川云：“百計思量，沒個為歡處！”我云亦然。[82]

在詞中藉由弦管賣唱的紅塵妓女媚人求生活的情境，來寫自己
挾才「求售」，不為人知，因而「含詬忍恥」的悲愴心理，讓我
們看到劉鶚內心較為感性的，寂寞、孤獨的一面。

我們可以在劉鶚的作為及其對於社會、時局及中國現況的
反應上，看到一位知識份子在鉅變情境下的心路歷程。

劉鶚在寫《老殘遊記自敘》時，其做為作者的身份雖尚未
揭露，但是在此序中，我們以可以很清楚的看到作者在文中表
露出強烈的個人對於家國、社會的情感。而在我們上述對於劉
鶚個人生平的簡單敘述中，我們知道劉鶚在序中所發抒的情感，
是一位知識份子處於鉅變的時代中，對於其個人及社會家國強
烈的挫折及不得志的情感。這種將個人主觀的感情、思想、經
驗在自序或是跋中來發抒，如上文所敘，其實在中國明代以降
的小說中是逐漸在展現中。在中國傳統小說中，幾乎作者（或
假序跋來發言的作者）的主觀意見及情感都藉由「序」或「跋」
來表達，在作品本身中反而極少。[83] 不過在劉鶚的《老殘遊記》
我們看到的不僅是在自序中強烈情感的發抒，將個人的經歷及
抒情情緒在作品中表露無遺的情形在劉鶚《老殘遊記》本文中
其實也處處都是。

---

82 《劉鶚及老殘遊記資料》，頁 61—62。強調處為引者所加。
83 參看較有代表性的小說論著選集，如黃霖、韓同文編的《中國歷代小說
論著選》（南昌：江西人民出版社，1990）即可見一斑。

（1）劉鶚與老殘

在《老殘遊記》第一回中，我們看到小說中的主人翁老殘（鐵英）的出現。這位鐵英「年紀不過三十多歲，原是江南人氏。當年也曾讀過幾句詩書，因八股文章作得不通，所以學也未曾進得一個，教書沒人要他，學生意又嫌歲數大，不中用了。其先他的父親原也是個三四品的官，因性情迂拙，不會要錢，所以作了二十年實缺，回家仍是賣了袍掛作的盤川。你想可有餘資給他兒子應用呢？」（頁3）後來老殘得搖鈴的道士傳授，「能治百病」，所以也就搖鈴替人治病了。

劉鶚是江蘇丹徒（今鎮江）人，他當然是江南人氏。根據《續丹徒縣志》，劉鶚的父親劉成忠（1818—1884）係「咸豐壬子（引注：1852）進士，改庶吉士，授職編修。歷官御史，授河南歸德知府，調補開封府。」[84] 清制知府是從四品，道員是正四品，劉成忠曾被賞過從二品的布政使銜，可視作「原也是個三四品的官」。[85] 至於劉鶚本人，羅振玉（1866-1940）在《五十日夢痕錄》中的〈劉鐵雲傳〉提到，劉鶚年輕時不拘小節，以「經世」為職志，不汲汲於仕途：「顧放曠不守繩墨，而不廢讀書。……是時君所交皆井里少年，君亦薄世所謂規行矩步者，不與近。」[86] 劉鶚三子劉大紳亦說：「先君……生來歧嶷，穎悟絕人，初從適包氏先姑母識字，未久即能背誦唐詩三百首。……稍長從同邑趙君舉先生讀，過目成誦，惟不喜時藝，性尤脫略，不守約束。先祖母治家嚴肅，頗不喜之。先胞伯性

84　《劉鶚小傳》，頁68。

85　《劉鶚小傳》，頁71。

86　胡適亞東版《老殘遊記‧序》，收於魏紹昌，《老殘遊記資料》，（北京：中華書局，1962），頁188。以下簡稱《資料》。

情亦與先君異，責善尤苛。」[87] 在家庭壓力下，劉鶚嘗參與科考（1876），不上第，後來回到家鄉淮安潛心研究學問。[88] 1886年劉鶚在家人的催促下又參與了一次科考，不過這次他根本沒完成考程就放棄了。

根據劉大紳，「先君本精於醫」[89]，在《劉鶚及老殘遊記資料》中〈劉鶚著作存目〉中亦列有醫藥類著作三種：《要藥分劑補正》《溫病條辨歌訣》《人壽安和集》五卷（未完）。[90] 劉鶚在1909年流放新疆時曾有一書致同門毛慶蕃（1846-1924），云：「去臘到獄，以讀書寫字為消遣計。臘近，忽思獄中若得病，必無良醫，殊為可慮。故今年正月為始，並力於醫。適同獄高君攜有石印二十五子，借其《內經》，潛心研究，三兩月間，頗有所得。又覓得《傷寒》、《金匱》諸書，又得《徐靈胎醫書八種》及《醫宗金鑑》、《醫方集解》、《本草叢新》等書，足資取材，邇來頗有進步。……」[91] 劉鶚於醫學方面的熟悉當然更加強了他與老殘之間的關連。

另外在《老殘遊記》中我們知道老殘在遊歷的過程中，隨身攜帶「宋版張君房刻本的莊子」、「一本蘇東坡手寫的陶詩，就是毛子晉所仿刻的祖本」（《遊記》，頁25，26）。根據蔣逸雪，「鶚嗜宋版書，家有舊藏，行旅必自隨，張君房刻本莊子，尤所真愛。」[92]

---

87 劉大紳〈關於老殘遊記〉，《遊記》，頁321。
88 參看蔣瑞雪〈劉鶚年譜〉收於《資料》，頁 141。亦參看《劉鶚小傳》，頁196。
89 劉大紳〈關於老殘遊記〉，《遊記》，頁304。
90 《劉鶚及老殘遊記資料》，頁533。編者在此目下有一注說明《人和安壽集》係「劉鶚流放新疆後所撰。」不過我們無法確定撰寫或出版的日期。
91 《劉鶚及老殘遊記資料》，頁535，注5。
92 蔣逸雪〈老殘遊記考證〉，《遊記》，頁335。

　　我們當然不能說劉鶚是以「自傳小說」的心態來寫《老殘》，但是其小說中的自傳成分是極端濃厚的，至少老殘可以視作是劉鶚的「另一個自我」（alter ego）來看待的。而這種「自我／我」（I／self／ego）與「他者／另我」（other／alter ego）的關係在《老殘遊記》中幾乎是等同的。不僅兩人身世行止幾乎雷同，其實單由名字上來比對，兩者幾乎是同一的。老殘「原姓鐵，單名一個英，號補殘；因好懶殘和尚煨芋的故事，遂取這「殘」字做號。」（《遊記》頁3）劉鶚，原名是「孟鵬」或「夢鵬」，但是他有許多的字與號，均與「鐵」「英」或「殘」等有關連，如「鐵雲」、「老鐵」、「鐵翁」、「抱殘」、「百煉老鐵」、「抱殘守缺齋主人」等。[93] 這種種其實都指向劉鶚與老殘的幾乎合一的身份。

（2）劉鶚與治理黃河

　　《遊記》第一回中接著提到老殘到山東地方，替大戶黃瑞和治了渾身潰爛的奇病，此病「每年總要潰幾個窟窿，今年治好這個，明年別處又潰幾個窟窿，經歷多年，沒有人能治得這病，每發都在夏天，一過秋分就不要緊了。」老殘提出「別的病是神農、黃帝傳下來的方法。只有此病是大禹傳下來的方法；後來漢朝有個王景得了這個傳授，以後就沒有人知道此方法了。」（頁4）劉鶚此地所指的當然是黃河的河患。根據蔣逸雪〈老殘遊記考證〉中的考覈，

　　　　鶚負經濟才，尤以治水自許。光緒十三年八月，河決鄭

93　見〈劉鶚名、字、筆名、室名索引〉《劉鶚與老殘遊記資料》，頁529-531。

> 州，大溜沿貫魯河潁河入淮，正河斷流。明年，鶚往投
> 效，短衣雜徒役間，指揮策勵，十二月，得慶安瀾。河
> 督吳大澂列案請獎，鶚名居首。大澂設局繪豫直魯三省
> 黃河圖，以鶚董其事。是為我國參用心法測繪黃河之始。
> 時魯亦有河患，巡撫張曜見豫工獎案，檄調鶚往，以同
> 知任魯河下游提調，時光緒十七年也。[94]

治理黃河是劉鶚一生中的大事。劉鶚在河工上頭，表現的極為
出色，不僅有治河理論及方法，還親自參與工事，「短衣匹馬，
與徒役雜作。凡同僚所畏憚不能為之事，悉任之。」[95] 在大家
努力之下，黃河潰堤氾濫之情形終於得到改善，大堤終於合龍。
劉鶚名列獎賞名冊上，不過他卻把功績讓與其兄，而請歸讀書。
劉鶚治河名聲大鵲，之後與預了不少與黃河有關之工作。比方
說，吳大澂曾奏請籌河圖局，任劉鶚為測繪「豫、直、魯三省
黃河圖」提調；後來山東巡撫張曜亦發佈劉鶚為黃河下游提調。
在山東期間，劉鶚撰寫了我們前面提到的有關河工的著作。這
些治河的經驗，尤其在山東的見聞、經驗，提供了劉鶚日後寫
作《老殘遊記》的題材。張曜本人更成為小說中莊宮保（莊曜）
的原型。在張曜之後的巡撫福潤極為賞識劉鶚的才華及貢獻，
兩次上疏朝廷，為劉鶚爭取至總理衙門應試，以取得資格從事
宦途。在第三回中，當宮保廣納奇人異士，只希望把河工辦好，
此時老殘則提出一般治黃河常本賈讓三策，而他則採王景的法
子。

---

94 蔣逸雪〈老殘遊記考證〉，《遊記》，頁 346。
95 羅振玉《五十日夢痕錄》，見《資料》。

他治河的法子乃是從大禹一脈下來的，專主「禹抑洪水」的「抑」字，與賈讓的說法正相反背。自他至過之後，一千多年沒河患。明朝潘季馴，本朝靳文襄，皆略仿其意，遂享盛名。宮保想必也是知道的。」宮保道：「王景是用何法子呢？」老殘道：「他是從『播為九河，同為逆河』『同』『播』兩個字上物出來的。後漢書上也只有『十里立一水門，令更相洄注』兩句話。……（頁 27-28）

蔣逸雪在《老殘遊記考證》中對劉鶚治河有簡單討論。

吾國言水利者，每稱頌賈讓之治河三策，讓以放河入海，徒民之當水衝者，為上策，多穿漕渠，分殺水怒，為中策。善完故隄，增卑培薄，為下策。此縱水說也。王景治水，用煙流法，直截溝澗，防游衝要，疏決壅積，十里立一水門，令更相洄住，此束水攻沙說也。自漢以來，言水利者，不出此二途。明潘季馴、清靳輔稱治水能手，皆依景法，而奏膚功，鶚亦主其說。[96]

河工原來是劉鶚的家學，加上輔佐吳大澂、張曜治河的成效，讓劉鶚也此將自己對於治河的方法及理念都寫入到小說中。[97]

---

96 蔣逸雪〈老殘遊記考證〉，《遊記》，頁 347。
97 可參看《劉鶚小傳》中〈劉鶚與治理黃河〉。劉成忠撰有《河防芻議》，劉鶚本人有《治河五說》及《續二說》二書，其中包括了《河患說》、《河性說》、《估費說》、《善後說》及《治河續說一》、《治河續說二》等。另劉鶚有《河工稟稿》，《劉鶚及老殘遊記資料》，頁 105-117 可見劉鶚對治河的具體言論。

（3）大明湖聽說書中的音樂描寫與白妞黑妞

　　《老殘遊記》中最膾炙人口的部分大約就是「明湖居說書」的說書情景了。這段說書最特出的當然是其不落窠臼描寫音樂的絕妙手法。劉鶚用形象的技巧將一般而言極為抽象而且難以掌握的的音樂栩栩如生地呈獻在讀者眼前。這是劉鶚超絕的文學技巧。但是在這段說書境況中，我們要提出兩點與劉鶚個人有關的部分來討論。其一，劉鶚之所以能這般精確地掌握並描述音樂的美妙，與劉鶚本人的音樂素養有密切的關係。根據《劉鶚小傳》作者，劉鶚出身於一個有音樂氛圍的家庭。劉母朱太夫人「精音律」，劉鶚的二姐會彈琴，繼室鄭氏「能度曲」，劉鶚本人亦彈得一手好琴。劉鶚本人不僅彈琴，也收集古琴。劉鶚學過崑曲，對樂理也有相當研究，也有相關音樂的著作。[98] 據說其母劉氏在娘家時即常與家人合奏，演奏時還加上每套七個的鈴，使演奏有特殊的韻味。他們演奏的情景也許就像《遊記》中第十回璵姑等人演奏《胡馬嘶風曲》一般：

> 扈姑遂從襟底取出一隻角來，光彩奪目，如元玉一般。先緩緩的吹起……聽那角聲，吹得嗚咽頓挫，其聲悲壯。當時璵姑已將笙簧取在膝上，將弦調好，聽那角聲的節奏。勝姑將小鈴取出，左手撤了四個，右手撤了三個，亦凝神看著扈姑。只見扈姑角聲一闋將終，勝姑便將兩手七鈴同時取起，商商儴亂搖。鈴起之時，璵姑已將笙

98　請參看《劉鶚小傳》，頁 154-158。劉鶚曾著有《十一弦館琴譜》，有關此著作，請參看劉德隆〈劉鐵雲《十一弦館琴譜》敘述〉，《劉鶚散論》（昆明：雲南人民出版社，1996），頁 111-122。

筬舉起，蒼蒼涼涼，緊鉤慢摘，連批帶拂。鈴聲已止，
箜筬丁東斷續，與角聲相和，如狂風吹沙，屋瓦欲震。
那 七 個 鈴 便 不 一 齊 都 響 ， 亦 復 參 差 錯 落 ， 應 機 赴
節 ……。[99]

　　因此在「明湖居聽書」中黑妞白妞的音樂境界的描寫，以及桃
花山中璵姑等人演奏的情景，顯現的其實是劉鶚個人精湛的音
樂修養，同時也是作者將他個人生命中重要的一部分寫入作品
中的一種表現。

　　至於黑妞白妞兩位藝人，我們通常會將她們視作是作者構
想出來的人物。不過我們得指出，劉鶚不僅將自己生平的經驗
及事件、理念寫入書中，他的一些看似具文學意涵的場景及人
物，其實在現實生活中也有所本的。小說中說「這白妞名字叫
做王小玉」（頁15）。魏如晦〈白妞黑妞本傳〉中引覺道人《舊
學盦筆記》中「紅妝柳敬亭」一條：「光緒初年，歷城有黑妞、
白妞姊妹，能唱賈鳧西鼓兒詞。常奏技於明湖居，傾動一時，
有紅妝柳敬亭之目。端忠敏題余明湖秋泛圖有句云：黑妞已死
白妞嫁，腸斷揚州杜牧之，即此謂也。」並加按云：「白妞一名
王小玉，老殘遊記模寫其歌時之狀態，亦可謂曲盡其妙。然亦
只能傳其可傳者耳。其深情遠韻，弦外有音，雖師曠未必能聆
而察之，腐遷未必能寫而著之也。」[100]

　　除了覺道人的條目外，在光緒八年（1882）「游藝中原客師
史氏」所著《歷下志游・歌伎志》中也提到王小玉：

---

99 《老殘遊記》，頁91-92。
100 魏如晦〈白妞黑妞本傳〉，《老殘遊記》頁372-373。

> 黃之姨表妹王小玉者……隨其父奏藝於臨清書肆……王
> 年十六，眉目姣好，低頭隅座，楚楚可憐。歌至興酣，
> 則又神采奪人，不少羞澀……側座無言，有斗酒聽鸝之
> 感。[101]

後來王以愍在《檗塢詩存・濟上集》〈濟城篇並序〉中也描寫了
王小玉說書的情景。《小傳》作者還將之與「明湖居聽書」做了
比較。[102] 不過有意思的是《小傳》作者所提出的看法。他們認
為王以愍在《檗塢詩存》〈濟城篇並序〉中說：「歲丙戌〔引按：
1886〕，予自沂旋濟，聽之（王小玉）而善……小玉，廩邱人。
自予見已二十餘。」而「遊藝中原客師史氏在光緒八年（1882），
說王小玉年十六，可見是同一人。劉鶚戊子年（1888）赴河南
鄭州投效河工，曾經濟南，他筆下的白妞，不僅名字也叫王小
玉，而且年齡約十八九歲，自然是同一人。」[103] 更有趣的是這
位「字夢湘，號古傷，湖南武陵人。光緒十六年（1890）進士，
曾官江西知府」，[104] 的王以愍，也被劉鶚寫進《老殘遊記》中
了。

> 只聽那台下正座上，有一個少年人，不到三十歲光景，
> 是湖南口音，說道：「當年讀書，見古人形容歌聲的好處，
> 有那『餘音繞樑，三日不絕』的話，我總不懂。空中設
> 想，餘音者樣會繞樑呢？又怎會三日不絕呢？及至聽了

---

101 轉引自〈《老殘遊記》中的白妞考〉，見《劉鶚小傳》，頁 159。
102 同上注。
103 同上注，頁 162。
104 《劉鶚小傳》，頁 159-160。

> 小玉先生說書之後，總有好幾天耳朵裡無非都是他的書，
> 無論做甚麼事，總不入神，反覺得『三日不絕』，這『三
> 日』二字下得太少，還是孔子『三月不知肉味』，『三月』
> 二字形容得透徹些！」旁邊人都說道：「夢湘先生論得透
> 徹極了！『於我心有戚戚焉』！」（頁 18-19）

我們在此處的重點倒不是要去徵驗劉鶚的白妞即是王小玉，即
是王以愍、遊藝中原客師史氏所見的藝人，因為畢竟小說還是
小說，但是我們可以看到劉鶚在寫《遊記》時，往往會將真實
人物化寫進作品中，往往將小說當作一個表述有關個人經驗的
場域。

其實根據劉大紳在〈關於老殘遊記〉一文所說，劉鶚在撰
寫《老殘遊記》一書時，是「一時興到筆墨。初無若何計畫宗
旨，亦無組織結構」，然由上述的引述段落及討論，我們卻不得
不認為：劉鶚撰寫此一作品不僅不是「一時興到筆墨」，更且是
「有所為而為」之作：

> ……小布政司街，確有其處。為當年寓山東時居址街
> 名。……黑妞、白妞確有其人，所寫捧角情形，亦為當
> 時實況。高紹殷、姚雲松、劉仁甫、王子謹均有其人，
> 為姓是而名非。高、姚當時撫幕人物；劉則候補官；我
> 家寓鸚鵡廟街時，對門而居者也；王則同寅，治喉病亦
> 確有其事，以先君本精於醫。莊宮保為張勤果公曜字漢
> 仙。玉佐臣為毓賢，其殘酷情況，本書描寫不過時之五
> 六；至今東人父老，猶能詳之，即其介弟某，一言之而

不以為然。[105]

除此外，我們也可以注意到，劉鶚有一些較為新穎的想法也在小說中出現。比方說他在第六回的評語中提出所謂的「言論自由」。在第一回中老殘則因提出了應用紀限儀及羅盤來解決中國的困境，被稱為「漢奸」，而在現實生活中劉鶚也因引進外國技術及財力開發中國資源而被視為漢奸。胡適在〈老殘遊記序〉曾說「《老殘遊記》的第一回楔子便是劉先生『剖心自明於人』的供狀。這一回可算得他的自敘或自傳。」胡先生可說是較早提出劉鶚生平與小說之關係之學者。[106]

（4）太谷學派思想與《老殘遊記》

劉鶚不僅如上文所示，將與自身有關的人、事、景、物，寫入《老殘遊記》中，而且也將自己所信奉的思想明顯地寫入到作品中。在這方面最明顯的當然是在《老殘遊記》第八回到十一回申子平入桃花山與璵姑等人相遇討論的部分。在第九回中，申子平在牆上看到四幅大屏，「原來是六首七絕詩，非佛非仙……既不是寂滅虛無，又不是鉛汞龍虎」（頁77），於是請教璵姑「何以詩上又像道家的話，又有許多佛家的典故呢？」璵姑回答道：

> 他〔黃龍子〕常說：「儒釋道三教，譬如三個鋪面掛了三個招牌，其實都是賣的雜貨，柴米油鹽都是有的。不過儒家的鋪子大些，佛道的鋪子小些。皆是無所不包的。」

---

105 劉大紳〈關於老殘遊記〉，見《老殘遊記》，頁297, 304。
106 胡適〈老殘遊記序〉，《劉鶚及老殘遊記資料》，371頁。

又說:「凡道總分兩層:一個叫道面子,一個叫道裏子。
道裏子都是同的,道面子就各有分別了。如和尚剃了頭,
道士挽了個髻,叫人一望而知那是和尚那是道士。倘若
叫那和尚留了頭,也挽個髻子,披件鶴氅,道士剃了髮,
著件架裟,人要顛倒呼喚起來了。……所以這黃龍先生
不拘三教,隨便吟詠的。(頁79)

子平馬上接著問,既然三教道裏子都一樣,其同異到底何在?
璵姑又引述黃龍子的話答道:

其同處在誘人為善,引人處於大公。人人好公,則天下
太平。人人營私,則天下大亂。唯儒教公到極處。你看,
孔子一生遇了多少異端!如長沮桀溺荷蓧丈人等類均不
十分佩服孔子,而孔子反讚揚他們不置,是其公處,是
其大處。所以說:「攻乎異端,斯害也已。」若佛道兩教,
就有了偏心,唯恐後世人不崇奉他們的教,所以說出許
多天堂地獄的話來嚇唬人。這還是勸人為善,不失為公。
甚則說崇奉他的教,就一切罪孽消滅;不崇奉他的教,
就是魔鬼入宮,死了必下地獄等辭。這就是私了。(頁
79-80)

我們知道劉鶚是太谷學派門人,終其一生對於太谷學派尊長
的思想均敬仰信奉。「太谷學派」指的是周谷先生及信奉其思
想的信徒所組成的學派。周谷,字星垣,號太谷,一號崆峒
子,安徽石埭人,生平家世不可考。「其學尊良知,尚實行,

於陸王為近，又旁通老、佛諸說」，[107] 因此有論者將之與「泰州學派」王艮等相聯繫。亦有論者因其常引老佛諸說解儒教經典，又上溯其淵源於明代林兆恩的「三教合一」。[108] 不過劉大紳在〈關於老殘遊記〉一文中即已否認。[109] 劉蕙蓀（劉鶚之孫，劉大紳之子，祖孫三代皆為太谷中人）也引周谷大弟子張積中在《張氏遺書》中《致泰雲樵書》中論三教關係的文字來說明其與林三教思想之異。[110]

根據劉蕙蓀的說法，因為太谷學派所持宇宙觀，主重「身心性命」、「格物致知」之學，屢言「河圖」、「洛書」、「易象」，太谷學派之淵源可追溯至宋代理學，大致上應屬周敦頤、張載、程顥、程頤、朱熹一脈，與明代泰州王艮一派應無關連。雖然太谷諸賢博學多覽，常援引老、佛以解儒典，但本質上仍深以儒典，尤其是《易經》，為依歸。儒家思想中的「內聖外王」理念在太谷諸賢思想中佔重要地位。他們不僅強調要格致誠正，修養個人道德，也強調要推己及人、發揮「人飢己飢人溺己溺」的「民胞物與」精神。[111] 這種精神正是劉鶚

---

107 《雲在山房叢書・檐醉雜記》，轉引自《小傳》，頁 76。

108 有關明代文人與道、釋思想之關係以及明代「三教合一」思想的探討，可參看柳存仁〈明儒與道教〉一文中的討論，文收於柳存仁《和風堂文集》（上海：上海古籍出版社，1991），頁 809-846。

109 《老殘遊記》頁 305-306。

110 「其教既異，道亦不同。而欲於兵農禮樂之身，希冀乎作佛升仙之路，明其理則可，成其道則難。夫朝而《楞嚴》，暮而《參同》，出而禮樂兵刑，入而君臣父子，譬之北轍，乃駕南轅，扞不相入，有由然矣。」不過，王汎森也提到，常為論者所提出的太谷學派的三個思想源頭（1）林兆恩的三教合一，（2）程雲章的大成教及（3）明季王艮的泰州學派，其實都和太谷派有類同亦有差異之處，恐怕還有許多可以探索商榷之處。見王汎森〈道咸年間民間性儒家學派——太谷學派研究的回顧〉《新史學》5：4（1994.12）：152。

111 《小傳》，頁 86。

的「養民」思想所由來，也是儒家「經世思想」的具體實現。
以太谷思想來檢視璵姑所引述的黃龍子的言論，我們可以看
到劉鶚是借此情境來發抒他所信仰的太谷思想。根據劉大紳
〈關於老殘遊記〉，此處的黃龍子即是黃歸群，劉鶚的師兄黃
葆年（1845-1924），太谷學派的掌門人。[112]

　　除了上述以儒家為中心的太谷思想外，我們還可以舉劉鶚
對儒家的批判為例來說明《老殘遊記》中的太谷思想的另一面。
當申子平提到宋儒的「理」、「欲」、「主敬」、「存誠」時，藉由
握住申子平的手，璵姑發抒了一段議論來攻擊宋代理學中的「存
天理去人欲」觀念。她認為對於人欲的壓抑是違反人性的，而
古聖賢對於「愛」或「欲」的看法在《詩大序》「發乎情，止乎
禮義」中最能清楚的表達；她甚至直指宋儒或踵隨宋儒者為「鄉
愿」。（《老殘遊記》，頁 81-82）這番議論，在某個層次上，可
以視為是對於宋代以降的正統儒家思想的正面攻擊。而此中的
意涵其實相當明顯的扣應於太谷學派的教義。王泛森在對太谷
學派思想作爬梳歸納後，認為太谷學派「主要以理學雜揉佛老
為主」，但在發展過程中「很明顯的有以宋學為中心逐步轉向反
宋學的傾向」：在周太谷的思想中宋學強過王學，但因重實踐故
亦重陽明「知行合一」說；第二代北宗張積中的思想是「宋學
與陽明學兼重」，但在南方的李晴峰（光炘），則「宋學味道淺，
而王學味道重」；到了第三代弟子黃葆年、劉鶚時，則「激烈批
判宋儒中滅人欲的觀點」。[113] 劉鶚是李光炘的嫡傳弟子，璵姑

---

112 見《老殘遊記》，頁 304。
113 王泛森的分析相當精闢，筆者基本上同意之。參見王泛森〈道咸年間民
　　間性儒家學派〉：152-155。另亦可參看劉蕙蓀〈太谷學派政治思想探略〉，
　　《劉鶚及老殘遊記資料》，頁 600-602。

與申子平的對話相當明白的將劉鶚的「反宋學」的傾向表露無遺。

　　由上面的論述，我們大致上看到劉鶚除了像蒲松齡一般在其「自誌」中所為，在作品的「自敘」中，將個人對於己身所處的時代環境的主觀觀感，極其明白的表露出來外，在作品中，我們也舉例子說明了劉鶚在作品中，雖然仍以「老殘」為「他者」（other），或如李歐梵所說的是 alter ego，來呈現自我（self ／ego），但本質上此一「自我」與「他者」在相當大程度上是幾乎重疊的。[114] 這種以他者來表自我的技巧，不管在中國傳統或是西方自傳的傳統中都是屢見不鮮的。如自古以來中國即有以「寄託」、「自況」來表現自我的方式。[115] James Olney 在討論西方的自傳也提到類似的手法：

> 自我藉由所創造及投射出的比喻來表達自我，而我們由這比喻來瞭解此一自我。但是過去存在的自我與現在存在的自我不盡相同，現在的自我也與我們經由比喻所知的自我不盡相同。我們既看不見也摸不著自我，但是我們可以看得見也摸得見那個比喻。因此我們是經由比喻本身或是比喻過程的呈現而「了解」自我，不管是其活動或其代理人。[116]

---

114 Leo Ou-fan Lee〔李歐梵〕, "The Solitary Traveler: Images of the Self in Modern Chinese Literature," in Robert E. Hegel and Richard C. Hessney, eds. *Expressions of Self in Chinese Literature*（New York: Columbia University Press, 1985）, p. 284

115 參見 Martin W. Huang, *Literati and Self Re/Presentation*, chap. 2.

116 James Olney, *Metaphors of Self: The Meaning of Autobiography*（Princeton:

更何況如我們在上文所見，劉鶚其實是相當明白的把自己的身世，行止，思想都寫入到作品中了。不管是「自傳式」或是 Olney「隱喻式」（metaphoring）的表達，我們都毫無疑問地看到了劉鶚個人／主觀面向在《老殘遊記》〈自敘〉或本文中的展現。《老殘遊記》不僅是用來記載客觀的現實（reality）── 如遊記歷程及辦案情景 ，而更是用來表達呈現作者主觀的想法、情感、心情、靈視（vision）── 如第一回中的夢境。

四、遊記中抒情、主觀表達模式與

新敘述模式的興起

我們上面提到抒情主義是中國文學，尤其是詩詞、日記等文類的重要表達模式，而抒情主義亦包含相當的個人／主觀因素在其中。在這一節中我們可以更進一步討論劉鶚在《老殘遊記》中記敘描寫的抒情表現以及《老殘遊記》在整體敘述表達模式所呈現的「主觀化」發展。

當胡適首先在〈老殘遊記序〉中讚揚劉鶚描寫技巧時，曾提到「無論寫人寫景，作者都不肯用套語濫調，總想鎔鑄新詞，做實地的描寫。在這一點上，這部書可算是前無古人了。」[117] 其實當作者試著要脫出陳腔濫調，不欲與人相同時，在相當程度

Princeton University Press, 1972）, p. 30: "The self expresses itself by the metaphors it creates and projects, and we know it by those metaphors; but it did not exist as it now does and as it now is before creating its metaphors. We do not see or touch the self, but we do see and touch its metaphors: and thus we 'know' the self, activity or agent, represented in the metaphor and the metaphoring."

117 胡適〈老殘遊記序〉《劉鶚及老殘遊記資料》，頁 384。

上已經是一種個人主義式姿態（individualistic stance）的表現了。不過我們這兒要強調的是劉鶚在描寫時所呈現的抒情感受及韻味。比方說，劉鶚在大明湖一回中描寫千佛山的一段，不僅是不落俗套濫調，更且是小說中少見的「抒情」部分：

> 到了鐵公祠前，朝南一望，只見對面千佛山上，梵宇僧樓，與那蒼松翠柏，高下相間，紅的火紅，白的雪白，青的靛青，綠的碧綠；更有一株半株的丹楓夾在裡面，彷彿宋人趙千里的一幅大畫，做了一架數十里的長屏風。正在讚賞不絕，忽聽一聲漁唱，低頭看去，誰知那明湖業已澄淨的同鏡子一般。那千佛山的倒影映在湖裡，顯得明明白白。那樓臺樹木格外光彩，覺得比上頭的一個千佛山還要好看，還要清楚。這湖的南岸，上去便是街市，卻有一層蘆葦，密密遮住。現在正是開花的時候，一片白花映著帶水氣的斜陽，好似一條粉紅絨毯，做了上下兩個山的墊子，實在奇絕！（頁 13）

讀著這般的描寫，恐怕大部分的讀者都要以為自己已置身於風景之中。我們前面提過的王小玉說書中的一段，則是另一段描寫音樂的抒情表現。這些都是不落俗套，較為客觀的抒情，雖是個人主觀情感的外現，但在表達上是採取一種較為內斂，較不易看出個人主觀傾向的手法。在第十二回中黃河結冰情景則是另一處常被引證劉鶚高超的描寫技巧的例子。不過這此回中我們看到的是劉鶚既主觀且抒情的描寫：

> 老殘對著雪月交輝的的景子，想起了謝靈運的詩，「明月

照積雪，北風勁且哀」兩句，若非經歷北方苦寒景象，那裡知道「北風勁且哀」的個「哀」字下的好呢？這時月光照的滿地灼亮，抬起頭來，天上的星一個也看不見，只有北邊北斗七星，開陽搖光，向幾個淡白點子一樣，還看得清楚……心裏想道：「歲月如流，眼見斗杓又將東指了，人又要添一歲了。一年一年的這樣瞎混下去，如何是個了局呢？又想到詩經上說的「維北有斗，不可以挹酒漿。」「現在國家正當多事之秋，那王公大臣只是恐怕耽處分，多一事不如少一事，弄得百事俱廢，將來又是怎樣個了局？國是如此，丈夫何以家為！」想到此地，不禁滴下淚來，也就無心觀玩景致，慢慢回店去了。（頁107）

這裡很明顯地，小說中敘述者（甚至作者）個人主觀的感覺較為強烈的呈顯出來了。如普實克所言的，文學作品不再只是用來記載客觀的現實（reality），而更是用來表達呈現作者的內在生活（inner life），通常包括了其情感（feeling）、心情（mood）、靈視（vision）或是夢想（dream）等。夏志清認為若是《老殘遊記》的敘述者不是第三人稱，而是第一人稱的話，則會是中國第一部的「抒情小說」的說法，不是沒有道理的。[118]

也許有人要質疑，這些所謂「抒情」的部分不是在「遊記」文類中是常見甚至是不可或缺的一部分嗎？如此劉鶚的《老殘遊記》有何不同之處？其實在遊記的發展上劉鶚也扮演著一個

---

118 見夏志清〈老殘遊記新論〉《老殘遊記》，頁392。有關「抒情小說」（lyrical novel），請參看 Ralph Freeman, *The Lyrical Novel : Studies in Hermann Hesse, Andre Gide, and Virginia Woolf*（Princeton: Princeton University Press, 1963）．

相當重要的角色。原本遊記是描述人與自然界關係的一種文學形式，在其中人與自然可以達到一種和諧。在這樣的關係中，往往個人的主觀與自然的客觀因素彼此相互融合，獲致一種中國人所企求的天人合一的理想境界。但是在中國的遊記文學中，雖然景物的描寫本身即是一種個人情感的抒懷，作者的「自我」卻往往扮演了不顯眼的角色。[119] 我們上面提到過，吳百益在他的自傳研究中提出，「史傳」傳統在自傳的成規中，扮演了極為重要的牽制作用。在史傳中，第一人稱（我）敘述觀點的避免使用是史傳文的美德，但是這種「非我」（impersonality）卻影響到自傳文的表達模式。在自傳文中我們看到的是「語調的無我，對於個人心聲的起伏變化的壓抑，對於個人內心的渴欲或是內心的種種運作的間接模糊」。而這種「非我」的趨勢在「遊記」中也造成了舉足輕重的影響力。如唐玄奘（602-664）的《大唐西域記》是屬於描寫個人歷程的遊記，原本應該以個人作為遊記衡情量物權威的主體，來描寫記敘風景、民俗、以及諸多感覺及想法。但是我們看到《大唐西域記》卻也順服於史傳傳統，採取了史家的立場，寫出的是極其綱要式的「記聞」，將經過的一百三十多個國家或城邦的風土記載下來而已。玄奘內心的喜怒哀樂，恐懼、興奮等等與個人主觀內在情感、觀感有關的部分都付諸闕如。[120] 這種情形也就是我們上面提過的，史傳的「無我」（impersonal）、「徵驗」（verifiable）性質，它們不僅

---

119 Leo Ou-fan Lee〔李歐梵〕, "The Solitary Traveler," p. 282.

120 見 Wu Pei-yi, *The Confucian's Progress, pp.* 6-7: "……they share the impersonality of tone, the same suppression of an individual voice with its own whims and quirks, he same opacity as to the yearnings of a heart or the inward workings of a mind, whether they be the slow and gradual acquisition of an outlook or a sudden breakthrough in the course of a quest."

影響了「自傳」的寫作，也影響了「遊記」的撰述表達模式。
這種成規到了明代的《徐霞客遊記》仍然沒有多大改變。李歐
梵即認為徐霞客（1586-1641）在其遊記中所呈現的是遊記中最
「客觀」的一面。徐霞客在其遊記中記載描繪了許多翔實的地
理人文資料，這些鉅細靡遺的文獻資料，甚至讓民初的地質學
家丁文江都視之為「中國第一位地理學家」。但是徐霞客在其遊
記中對於自己是極為謹慎，如李祈先生所言，「說來也很奇特，
以一位終其一生在撰寫遊記的人，在其作品中卻實際上從未提
及其朋友，家庭以及其所生活的時代。」[121] 陳平原也說，《徐
霞客遊記》是徐霞客以一種專業旅行家的身份遊山玩水，考察
山川河流、人文地理掌故等的「記行程」、「錄見聞」、「發議論」
等類似寫「地理志」的作品。[122] 但是在《老殘遊記》中我們看
到劉鶚採取了「遊記」的形式，但是他卻不專注於「探詢及紀
錄自然地理」而在「探索當代社會以及其生命的意義」。[123] 李
歐梵認為在《老殘遊記》中事實上可分為三種不同的「遊」：「今
人難忘自然景色的美學之遊，晚清社會及地方政府的探詢之遊，
以及最吸引人的，自我發現、自我揭露的心靈之遊。」[124] 在遊
記中劉鶚充分地表達了其對人、對事、對社會、家國的感觸及
看法，我們也看到了他信奉的太谷思想清楚地呈顯在作品中，
我們更看到了劉鶚用一種相當個人的、不流俗，而且相當抒情

---

121 Li Chi, tr., *The Travel Diaries of Hsu Hsia-k'o*（Hong Kong: The Chinese University of Hong Kong Press, 1974），p. 22. 轉引自李歐梵 "The Solitary Traveler," p. 283.

122 請參看陳平原《二十世紀中國小說史》，頁 274-298。「地理志」一詞很清楚的指出其與「史傳」的密切關連。

123 Leo Ou-fan Lee〔李歐梵〕, "The Solitary Traveler," p. 284.

124 同上注。

的方式來呈現這種種。這種「個人／主觀／抒情」成分在《大唐西域記》，在《徐霞客遊記》以及許多的遊記中是看不到的。在這個面向上，我們也許可以說劉鶚在「遊記」的發展上有其貢獻。

除了留意到劉鶚在採取遊記的體裁時，相當大幅度地將個人、主觀、抒情等特質加入（或者我們該說「回復」？）到遊記此一文類之外，我們可以進一步考察遊記的敘事模式，因為這也牽涉到個人主觀性的表現及發展。根據陳平原在《二十世紀中國小說史》中的考察，

> 遊記除記行程和發議論外，主要是錄見聞。不管是狀山水還是記人事，都毫無疑問應侷限在遊者的耳目之內。遊記不同於山水小品與筆記雜錄之處就在這裡。記遊者注定是一個觀察者。倘若他觀察的不是山水而是人世，記錄的不是真實的遊歷而是擬想中的遊歷，那可就成了一篇遊記體的小說了。……在這類遊記體小說中，作家採用的已不是傳統白話的全知敘事，而是第一或第三人稱限制敘事了。[125]

劉鶚採遊記體裁，也許最初意圖只是如劉大紳所言，「一時興到筆墨，初無若何計畫宗旨，亦無組織結構，當時不過日寫數紙，贈諸友人」，「每晚歸家，信手寫數紙，翌晨即交汪劍農先生錄送連寓。不獨從未著意經營，亦未覆看修改」。[126] 但是如陳平

---

125 陳平原，《二十世紀中國小說史》，頁 287。
126 劉大紳〈關於老殘遊記〉《老殘遊記》，頁 297。

原所說,採了遊記的體裁後,自然受到了遊記表達模式的限制,也就呈現出一種特殊的敘事模式來了。也就是說,在採取了「遊記」的模式後,一種「以一人一事為貫串線索」及「借一人的眼睛觀察世界」的第三人稱限制敘述方法於是焉成立。[127] 這個限制觀點可以是第一人稱也可以是第三人稱,在《老殘遊記》中劉鶚所採的是第三人稱。個人性或主觀性的議題不是陳平原的焦點,不過我們可以指出,若是敘述者不再採取傳統全知全能觀點(omniscient point of view, 即無所不知無所不在、全盤掌控式的上帝型敘事者),而以一種特定人稱(limited individual, personal point of view)視角來「觀察人物、思考問題、構思情節乃至敘述故事」,其實已蘊含了「個人視角」的萌芽。這種由過去全知全能敘述觀點轉換(或「縮小」)到限制觀點的意涵,也正是王德威所謂的「晚清小說中的說話情境表面上也許原封不動,但它過去所認同的社會文化價值卻被更具特性的主體性聲音所取代,也因此在寫作和閱讀過程上形成了前所未有的張力。」[128]

> 這種主觀化傾向可以劉鶚的「老殘遊記」(1904-1907)為代表。乍看之下,此本小說(老殘遊記)倒像是由主題各不相屬的雜文軼事、淡雅小品所組成隨筆文集。然而劉鶚以其單一主觀的語態所形成的說話人聲音統一了此書的主線及支脈。傳統上,說話人傾向於將作者個人的敏銳感覺和大眾的心靈以互相交揉混雜的面貌呈現,

---

127 陳平原,《二十世紀中國小說史》,頁281。
128 王德威〈「說話」與中國白話小說敘事模式的關係〉《從劉鶚到王禎和——中國現代寫實小說散論》(台北:時報,1986),頁42。

> 但在「老殘遊記」中，我們發現作者醞釀一有限的第三
> 人稱觀點，使得說話方式受限於一個人的視景。[129]

也就是說，傳統的小說作者往往以一種全知全能的說話人的立
場來呈現其故事及想法，而且要戴上一副社會代言人（social
voice）的面具，展現一種通俗智慧（common wisdom），並要
能以「懲惡揚善」的姿態出現。換句話說，作者縱使有個人私
人、主觀層面的質素，也往往在此一全知敘述者所代表的社會
意識下消泯於無形，充其量只能以小說中的詩詞或文末的案語
（如司馬遷的「太史公曰」或蒲松齡的「異史氏曰」的方式來
傳達）。隨著敘述模式的試驗精進，「說話」的技巧及情境也有
所遞演，但是當劉鶚採用了「遊記體」時，也許他只是基於一
個作者試圖要找尋一個最能符合個人需求的表達模式，而做了
此一決定，只是「遊記」不僅能符合其需求，同時，如陳平原
所論，「遊記體」也模塑了劉鶚的表達方式，形成一種第三人稱
限制觀點。而這種由傳統小說說話者全知全能的敘述觀點遞演
至第三人稱限制觀點的情形，也正如王德威所說的，是一種敘
述情境背後的意識型態的轉變。這種全知全能，代表社會文化
價值的社會意識也在劉鶚手中被轉化為個人／主觀／抒情意識，
形成相當明顯的類似「自傳小說」、「抒情小說」的敘述模式及
型態。這種種複雜的變化所造成的效果，恐怕連劉鶚自己都是
始料所未及的。

---

129 同上注，頁43。

五、小　結

—— 兼談《老殘遊記》與五四浪漫小說的可能傳承

澤田瑞穗在他討論晚清小說概論的文章中曾經指出，

> 《老殘遊記》發散出一種文人首度嘗試寫作小說的業餘
> 氣息，書開頭描寫一艘暴風中遇難的船，比喻清朝政府，
> 以及後來在山中與奇妙女子的一席議論，極易令人認為
> 此殆或空想虛構；書中又有濟南大明湖畔聽大鼓書一段
> 的高絕寫實部分，全書風格未見統一，總之是一部技巧
> 未臻成熟的作品。雖然如此，作者的態度則十分真摯樸
> 實，給讀者的印象也相當不錯。[130]

澤田對於《老殘遊記》的評價，若從整體表現的技巧面來看，
是相當公允的，技巧未見成熟，風格也不見統一，這是我們可
以同意的。但是他也提出了敏銳的觀察，指出劉鶚的「文人」
特性，指出劉鶚藉小說寓思想發議論，以及書中的抒情部分。
由上面的討論，我們大致上可以看到在中國傳統小說的發展史
上，較早時期由於史傳及通俗敘述傳統中的無我要求、對於個
人情感的壓抑、對於故事敘事者的公眾角色的認同，使得中國
小說在明末之前大致上均少見所謂的「個人／主觀／抒情」的
表現。但是從明代以來，尤其到了明末，由於思想上的發展，

130　澤田瑞穗〈晚清小說概觀〉，收於林明德編《晚清小說研究》（台北：聯
　　經出版，1986），頁45。

由於小說的被文人接手，由於小說的地位因日漸「文人化」而產生地位的提升，都相當大幅度地影響了文人利用小說作為一種場域來抒發「孤憤」，來「立言」，來表達個人對於身世、對於社會、甚至到了晚清，（劉鶚的）對於家國、種族的情感。這種種，不僅是黃衛總所謂的「小說文人化」的小說史發展上的文類變化（generic change）而已，甚且是普實克所提出的一種個人／主觀氛圍的巨大變化。這種變化，如上所論述的，使得小說日漸脫離「史」、「傳」，日漸脫離寫實式的對外在現實社會的描寫反映，而逐漸走進個人、主觀的內心世界。這個發展，在某個層次上，是一種「內轉化」（inward turn）的趨勢，更是小說發展史上的重要現象。

　　劉鶚的《老殘遊記》表面上只是一篇遊記式的小說，但是在我們的討論中，我們試圖論證並指出，在中國小說的發展上，《老殘遊記》基本上是承繼了此一「文人小說」傳統，以一位「業餘小說家」的身份，利用小說的形式，表達他個人的身世、他的經歷、他的思想，同時也採取了相當抒情性的方式來呈現這些面向。甚至在敘事模式上，劉鶚採用了「遊記體」的方式，間接的促成了中國小說中第三人稱限制觀點的產生。而這種敘述觀點，如上所述，也應證了個人主體性聲音的取代了過去公眾性的社會文化價值。這種種都顯示，這個普實克提出的「個人／主觀／抒情」主義到了劉鶚的《老殘遊記》大致上已經是脈絡分明。

　　劉鶚的《老殘遊記》是在 1904 到 1907 年之間刊載。[131] 在十多年後，我們看到了郁達夫的〈沈淪〉（1921），以及所謂的

---

131 有關《老殘遊記》的版本及刊載情形，可參看劉德隆〈《老殘遊記》版本概說〉《劉鶚散論》，頁 49-67。

浪漫派詩歌及小說作品的大量出現。一般學者在討論五四的「浪漫主義」時往往強調的是以郁達夫、郭沫若等人為代表的創造社作家，如何因為受到西方「浪漫主義」影響，而在其作品中有種種浪漫精神及氣質的呈現。

李歐梵在〈五四文人的浪漫精神〉一文中極為鮮活地將五四文人作品的風貌作了描述。

> 文壇上充滿了「傾訴」性的文學作品：日記（郁達夫的「日記九種」。章衣萍的「倚枕日記」、徐志摩的「志摩日記」，以及後來謝冰瑩的「從軍日記」）、書信或情書（徐志摩的「愛眉小札」、章衣萍的「情書」、蔣光慈的「紀念碑」）、自傳（王獨清「長安城中的少年」、「我在歐洲的生活」、「沈從文自傳」）、傳記（沈從文的「記丁玲」、「記胡也頻」）、遊記（孫伏園、郁達夫、朱自清、隨筆，以及無以計數的「新詩」）。[132]

這些現象，李歐梵認為是一種個人感受到與政治社會的「疏離」而產生的徵象。這當然是事實，但是這種「疏離感」要能產生，恐怕也要個人已然到達能理解掌握到個人自我的生存情境時，方能對於自我與全體之關係做出更深刻的省思。這也是為何五四時代是個「人」的時代，五四文學是「人的文學」。而這種於「個人」、於「主觀」（甚至五四以降「主體性」subjectivity）的抒發，在我們一般的理解中是和西方引進的浪漫主義有密切關連的。李歐梵在其文章中提到西方的浪漫主義有兩個特徵，

---

132 李歐梵〈五四文人的浪漫精神〉收於周策縱等著、周陽山編《五四與中國》（台北：時報出版，1979），頁298。

一是普羅米修斯式（Promethean）趨向，一是戴奧尼西斯式
（Dionysian）趨向：

> 前者所代表的精神是：勇敢、進取，自覺的努力、奮鬥，
> 發揮人的一切潛能和熱情，甚至為人類犧牲自己。……
> 第二種精神則以「愛」為出發點 —— 肉體和性靈的愛
> —— 衝破一切繁文縟節，不受任何理性的控制，要「親
> 身體驗」，要熱情奔放、愛要瘋狂地、赤裸裸地呈現自我
> （日記體、懺悔文學、梁實秋所謂的「印象主義」、裸體
> 繪畫因而大盛），最後要熔成一團火，燒遍所有年輕人的
> 身心，把傳統焚為灰燼，然後才有「鳳凰涅盤」，新中華
> 重生。[133]

這也就是從文藝復興及啟蒙運動以來，將個人從宗教的束縛中
解放出來，在精神上獲得獨立，逐漸關懷、肯定自我，視自我
為宇宙的中心，「一粒沙中見世界」，期冀個人意識及行動的自
由及解放的精神。牛津大學教授鮑柔（Maurice Bowra,
1898-1971）曾在他討論浪漫時期文學的著作中提到浪漫主義文
學有三大危險：

> （1）浪漫詩人鼓吹想像力的發揮，若無某種程度的自知
> 自覺，想像會使人墜入幻境之中而不可自拔，甚至成為
> 一種自我欺騙；（2）浪漫詩人過於強調創作的靈感與個

---

133 同上注，頁 307。

人的靈視，往往難以引起人們廣泛的共鳴；（3）他們嚮
往的是另一個世界，是一個超越現世的境界，所以必得
借神話來呈現那個世界，假若沒有神話來烘托，便顯得
虛脫而抽象。[134]

鮑柔雖是在提醒讀者浪漫主義趨於極端時可能產生的弊病，但
是也指出諸如想像力、創作的靈感、個人的靈視、神話等浪漫
主義思想裡的要素。蔡源煌在〈浪漫主義〉一文中則拈出浪漫
主義的三大特點：其一、浪漫主義有強烈的「表現傾向」，如華
滋渥斯「詩是強烈情感的流露」（spontaneous overflow of
powerful feelings）；其二、浪漫主義與康德（Immanuel Kant）
以後之哲學有密切關係。如席勒（Freidrich Schiller）認為人有
感官慾力（sensuous drive），也有形式慾力（formal drive），詩
人係藉由後者來統御前者，製造出美的形式來超越無常的現象
世界；其三、類似泛神論（Pantheism）的宗教性思想。一粒沙
中可以見宇宙，人人都可以是神的具體呈現。[135] 至於德雷布
（Margaret Drabble, 1939-）則認為「浪漫主義」是「一文學運
動，而且是感性的重大變遷，大約發生在由 1770 年到 1848 年
間的英倫及歐洲大陸。在理性上它標顯了對於啟蒙主義的強烈
反動。在政治上則是受到法國大革命及美國獨立戰爭的啟
發。……在情感上它表達了對於自我以及個人個別經驗的極端
肯定……同時也結合了無限感（the infinite）及超越感（the

---

134 C. M. Bowra, *The Romantic Imagination*（Oxford: Oxford University Press,
　　1961），中文轉引自蔡源煌《從浪漫主義到後現代主義》（台北：雅典
　　出版社，1998 修訂版），頁 8。
135 蔡源煌《從浪漫主義到後現代主義》，頁 10-12。

transcendental）。至於在社會層面上強調的則是改革進步
（progressive）的大目標。……浪漫主義在風格上的基調是其
〔表達上的〕強烈性（intensity），其口號則是『想像』。」[136]

　　綜合李歐梵、鮑柔、蔡源煌及德雷布的說法，我們看到雖
然有某些面向的思想，如浪漫主義的宗教思想，是五四浪漫派
作家所不取的，但是他們大致而言果然是相當大幅度地從歐洲
的浪漫主義中吸取了許多養分，而體現在他們的作品中。

　　但是如果我們做進一步的考察及思索，我們不禁要問，何
以整個中國思潮在五四時期會有如此巨大的，像是一夜變天的
轉變？很顯然，如果只是用魯迅所謂的「拿來主義」，由西方「移
植」的角度來看的話，是無法令人完全滿意的，因為我們很清
楚知道，文化的傳遞（acculturation）演進從來就不是那麼截然
兩分的。由前面所引錢理群等人的論述文字中，我們很明白的
看到「創造社的作家從理論到實踐都強調小說的主觀性和抒情
性。其作品大都有一個抒情主人公的自我形象。作者不著意於
通過人物的性格刻劃，以某種思想意識教化讀者，而是直接抒
發主人公的強烈情感，去打動讀者。」[137] 證諸創造社的小說作
品，我們果然很清楚地看到這些特質。但是，當我們考察創造
社作家的個人主觀抒情特質時，我們恐怕不能只單方面處理西
方的「橫的移植」，而更要去留意在中國本土土壤上是否也有類
似的因子，也就是說，「縱的承繼」是絕對不可忽略的。

　　若以嚴復的引介亞當斯密（Adam Smith, 1723-1790）的《國

---

136 Margaret Drabble（ed.）, *The Oxford Companion to English Literature*
　　（Oxford: Oxford University Press, 19 85）, pp. 842-43.
137 同注 14，《中國現代小說三十年》，頁 72-73。

富論》（*The Wealth of Nations*, 1776）及社會達爾文主義的思想
為例，我們知道嚴復如果不是以傳統法家的「富國強兵」的架
構來討論西方的進化論思想的話，恐怕連知識份子都無法接受
這套來自西方的理論。換句話說，正是因為中國本土傳統中有
某些因子在某個層次上與外來思想有相似甚或合轍的情形，文
化的交流方能有其可能性。[138]

　　因此，對於五四時期浪漫派作家的「個人主觀抒情」風格
特質較為合理的解釋應該是：中國傳統中原本已有其淵源在，
也就是我們上面所論述的，由傳統詩歌的抒情傳統，然後逐漸
也在小說出現中的個人／主觀主義。這種個人／主觀要素，如
本文試圖勾勒的，在晚清劉鶚的《老殘遊記》中大致上已經有
相當明顯的表露，到了五四時期由於西方浪漫主義的引進，使
得中國傳統中的個人／主觀／抒情質素與西方浪漫主義的因子
相互作用融合，而形塑出一種新的「浪漫精神」。這一精神不僅
重個人、重主觀、重抒情，重自然，甚且更進一步重想像，重
情慾、更往人的內在精神、心理層面邁進，為中國小說帶來另
一風貌。劉鶚的《老殘遊記》，如同其他晚清小說，雖然露出端
倪，但其開花結果還有待稍晚的小說家的努力。晚清小說在「救
亡圖存」精神方面，固然有爾後被視為「主流」的「感時憂國」
的承繼與開展；但是在另一方面，我們也看到了創造社諸小說

---

138 有關嚴復及其社會達爾文主義的引進，可參看 Benjamin I. Schwartz, *In Search of Wealth and Power: Yen Fu and the West*（Cambridge: Harvard University Press, 1964）；請尤其參考 Hoyt Cleveland Tillman, "Yan Fu's Utilitarianism in Chinese Perspective," in *Ideas Across Cultures: Essays on Chinese Thought in Honor of Benjamin I. Schwartz*, eds. Paul Cohen & Merle Goldman（Cambridge: Harvard University Press, 1990）. pp. 63-84 中對嚴復引進西方學說所用策略的討論。

家對於個人主觀主義及主體性的紹接與發揚，不僅引入了浪漫主義觀念，同時也帶進了現代主義的技巧，為後來「新感覺派」等的現代主義者開了先聲。諸如劉鶚《老殘遊記》、吳沃堯《恨海》、《九命奇冤》等晚清小說，其由傳統到現代、引西方敘述模式入中國傳統的過渡性角色，應該重新加以考察並予以肯定。

第七章 晚清報刊雜誌中的小說 讀者群體的形塑／消解

　　在前面的章節中，我們梳理分析了小說在傳統社會文化中的位置及其因歷史變化而改變了地位，我們也縷述了這些變化與梁啟超和晚清知識分子有密切的關連。劉鶚的思想及小說創作《老殘遊記》也放置在「社會動力」的詮釋架構內來做詮釋。簡單地說，由於小說的「通俗適眾」，晚清論者試圖利用小說的特質來助益他們的「趨西追新」的事業。從文學（化）傳播的角度來觀察，「新小說」的提倡者，其實是利用眾多的媒體來實施教化、來鼓動群眾，並形塑他們心目中的「新民」。然而當梁啟超在 1915 年慨嘆書肆中充溢著誨盜誨淫的小說之時，似乎新小說提倡者所欲形塑的讀者群體，已然消解，一群不同的讀者群取而代之，將小說的發展由高蹈嚴肅的「救國大業」拉回到通俗娛樂的層面來，影響小說的書寫及手法。本章試圖藉由小說閱讀群體概念的建構及消解，對晚清時期小說的發展做一不同視角的梳理。

一、前　言

當梁啟超夾著「言論界之驕子」，在媒體上宣揚其改革思想，

大力推揚小說可能發揮的功效，並宣稱小說乃「文學之最上乘」時，已然將「小說」變為「大說」，一掃傳統視小說為街談巷語、道聽途說，甚或不入流、誨盜誨淫的形象，改變了小說的地位及其重要性。筆者曾提出：

> 中國小說發展到晚清，因為時代的變遷，已到了不得不變，而且不得不接受外來思潮影響的時候。由於梁氏感受敏銳，吸收新知能力特強，因此在提倡小說時往往採擷扶桑泰西之說，以為議論之根本；加上梁氏浸淫於中國傳統極為深厚，所以在其論小說的文字中，可謂中西雜陳、古今交映，正是晚清過渡轉變時期最具代表性的文字 —— 既傳統又現代，既中又西，時而可見對小說又喜又懼的傳統看法，時而又見標榜宣揚之言論。大體而言，梁啟超的小說觀可以說是繼承了中國傳統小說的道德實用功利觀，但是基於時代的需求，梁氏賦與小說更神聖的使命 —— 小說不僅要移風易俗，更要經國濟世、救國救民。為履行此一目標，梁氏明白表示識者應該利用小說特有的普遍適眾性及其吸引讀者的魔力，來傳播諸如「新民」、「自由精神」、「冒險犯難精神」、「愛國心」、「關切於今日中國時局者」、「吐露其所懷抱之政治思想」、「開導中國文明進步」等社會政治思想。此舉顯然為中國傳統小說開拓了一個新的領域，將政治思想融入中國傳統小說的內容範疇中，同時也為夏志清教授謂的五四作家的「感時憂國」傳統開啟了先聲。[1]

如同陳平原所說的，晚清時期小說的轉變有兩種移位：其

1　請見本書第二章，「晚清小說與『社會動力』：梁啟超小說觀的再詮釋及重估」。

一，西洋小說輸入，中國小說受影響而產生變化；其二，中國
文學結構中小說由邊緣向中心移動。[2] 由於梁的登高一呼，加
上在 1902 年 10 月所創刊的中國第一份小說雜誌《新小說》，於
是晚清的中國進入到小說的時代。不僅大家此起彼落地針對小
說的本質、功用、分類、技巧各個面向，眾聲喧嘩地提出看法。
在小說創作方面，從 1903 年起包括李伯元、吳趼人在內的作家
也在梁啟超鼓吹的影響下，不遺餘力地開始從事小說的創作；
甚且連林琴南也在整體改革維新的氛圍下從事於西方小說的翻
譯。[3] 晚清小說的盛況，從阿英編，《晚清文學叢鈔‧小說戲曲
研究卷》以及陳平原、夏曉虹編，《二十世紀中國小說理論資料》
（第一卷），兩本文獻中所收集的資料中見其一班。[4]

　　晚清小說的發展是如此的興盛，近年來晚清小說的研究也
是呈現相當蓬勃的狀況，在某個層面上來說，也可說是顯學了。
只要看看較早的魯迅、胡適，稍晚的阿英，以及最近的李歐梵、
林明德、康來新、賴芳伶、陳平原、夏曉虹、王德威、袁進、
黃錦珠等人的著作，大概就可以瞭解。對於晚清小說的研究，
也由早期探索晚清小說的興起、其與歷史社會之密切關連、逐
步到敘事模式及技巧層面的探討，擴展到一種更細膩的社會史、
大眾傳媒研究的文化史面向。但是在蓬勃的研究中，晚清小說
的讀者群方面卻是相對而言較少學者關注，較為模糊的範疇。

---

2 陳平原，《中國小說敘事模式的轉變》，收於《陳平原小說史論集》（上）
　（石家莊：河北人民出版社，1997），頁 267。

3 可參看張俊才，《林紓評傳》（北京：中華書局，2007）及韓洪舉，《林譯
　小說研究 —— 兼論林紓自傳小說與傳奇》（北京：中國社會科學出版社，
　2005）。

4 阿英（編），《晚清文學叢鈔‧小說戲曲研究卷》（北京：中華書局，1960）；
　陳平原、夏曉虹（編），《二十世紀中國小說理論》（第一卷）（北京：北京
　大學出版社，1989）。

筆者個人在從事晚清小說研究時，往往覺得最難解決的部分就是讀者部分。從事於小說寫作的作者，大抵而言我們比較容易掌握，其出身，其寫作目的等面向，大致留下的文獻及作品，可以供我們做出初步的描摹。然而晚清小說的實際讀者是怎樣的群體？他們的構成是如何？是一般所謂的市井小民？還是知識份子？若是前者，他們的成分又是如何？在性別上、年齡上、教育程度上，甚或是階級上的分佈，我們有無辦法作分梳？到底我們有無辦法釐梳出晚清的讀者群？從另一面向來看，當梁啟超及其他的提倡小說者，以及寫作小說的作者們在談論小說的功用或是書寫小說時，他們心目中到底是以怎樣的想法來建構他們心目中的「擬想／預設讀者」（implied／intended reader）？他們心目中的擬想讀者是不是自始至終都是一樣的？還是隨著社會的變遷，所謂的「讀者」也在改變？這是個人一直有興趣，也希望去做一點梳理的部分。在本章中，筆者將會試著做一些初步的功夫，先將讀者的概念作一整理，然後試著分析晚清小說的實際讀者群，接著再以小說作者及提倡小說者的「擬想讀者」面討論，提出其可能發生的變化，最後則將此一擬想讀者與晚清小說的發展結合，對晚清小說的發展傾向提出觀察。

二、讀者、閱讀大眾

根據 M. H. Abrams（1912-2015）研究西方文學思想所提出的歸納，文學的研究包括藝術家、作品、觀眾以及宇宙四大要素，由於此四要素彼此之間所構成的關係，在西方發展出幾個較有代表性的文學觀念或理論。若是重點放在藝術家身上，關注的視作家如何將自己的想法或情感表達出來，這是「表現理

論」(the expressive theory)；若是關注的是作者不僅有話要說，而且還希望能藉由其話語來影響他人，則是「實用理論」(the pragmatic theory)；作品往往模擬、反映外在的社會、宇宙，若是強調的是此面向，則稱為「模擬理論」(the mimetic theory)；最後，若是重心放在作品上面，著意於其結構、組織或是技巧的講求，則稱為「客觀理論」(the objective theory)。[5] 我們可以很清楚的看到在西方(其實在中國也一樣)，讀者在文學活動中並未扮演重要的份量，大致而言，僅是被動的接受者。這一方面可能與掌握閱讀語言文字能力者在過去社會中是少數，因而較少受到重視有關，也就是說，知識在傳統社會裡是有階級性的；另一方面可能與早期讀者與作者的重疊性高也有關，因而對於讀者也就不需特別去關注留意。但是不管如何，讀者雖然不被重視，在文學活動中他們卻存在而且是重要的一環。除此之外，閱讀的不普遍，也可以是一種社會控制的手法。

　　一直到了 18 世紀浪漫時期，基本上文學研究中的四大要素中的「作品」本身在西方文學研究史上，並未受到重視，更別提「讀者」。到十九世紀末、二十世紀初，西文學批評發展進入到另一階段，由早期對於歷史社會等外緣因素的重視，逐漸走向作品本身的研究。這就是俄國形式主義(Russian Formalism)、新批評(New Criticism)以及後來的結構主義的興起。這幾個理論流派雖各有其偏重點，如形式主義關注的是如何界定「文學」，因而著重在「文學性」 (literariness)的探討，提出「陌

5 M. H. Abrams, *The Mirror and the Lamp: Romantic Theory and Critical Tradition* (New York: W. W. Norton, 1953)．有關中文方面的介紹及討論可參看劉若愚，《中國文學理論》(台北：聯經出版 1981)，頁 12 及胡經之、王岳川(主編)，《文藝學美學方法論》(北京：北京大學出版社，1994)，頁 5-6.

生化」（defamiliarization）概念是文學之所以構成文學的重要因素，尤其著重在其形式上的呈現。新批評則是力闢「意圖繆誤」（intentional fallacy）及「影響繆誤」（affective fallacy）等所謂「外緣研究」（extrinsic study），要將文學研究的關注轉向諸如「肌裡」（texture）、「張力」（tension）、「反諷」（irony）、「矛盾語」（paradox）、「有機全體」（organic whole）等「內緣研究」。結構主義的重點不在文本的語意層面，而重在其表現下的深層結構。以上理論雖各有不同關注，或是追尋其形式、或語義、或結構，但它們基本上都著重在「文本」上，可以說將文學研究的重點由過去的歷史、社會、傳記的研究，移轉到作品之上。

　　對「文學性」的探討，固然有卓越的成果，讓我們對文學的本質有進一步的理解，但是仍然無法圓滿解決什麼是文學的問題，俄國形式主義者逐步走向功能論（function）的思考，認為在不同文體的表達呈現中，或是不同時代的文學表現中，功能性強的部分會突出（foreground），並成為強勢主導（dominant）的因素，決定其特色。Roman Jacobson（1896-1982）更進一步推衍，將文學視為一個系統，整體文學的運作因而是一個交流的模式，包括了發話者（addresser）、訊息（message）、受話者（addressee），此三者在溝通過程中形成重要的部分，在不同的場合，因其不同功能的展現，語言可以有其實用功能，也可以有其文學（美學）功能，端視其在交流溝通（communications）的過程中所扮演的角色來決定其特質。受話者（讀者／觀眾）在此交流模式中是一不可或缺的部分，其重要性越形重要，在傳統文學研究中被忽略的情形已然有所扭轉。[6]

---

6 有關俄國形式主義的理念，可參考高辛勇，《形名學與敘事理論：結構主義的小說分析法》（台北：聯經出版，1987）頁 75-80。。

如果用 Elizabeth Freund 的話，六零年代以降是一個「讀者回返」（the return of the reader）的時代。[7] 文學活動原來就包含有讀者在其中，縱使在往昔因為種種因素，讀者在文學批評中未能佔有重要的位置，但這並不意味它是不重要的。不管我們如何強調作者有理念或情感要來影響讀者，若是讀者不存在，這都只是幻影。不管新批評如何強調文本的重要，並排除作者與讀者，但是若無作者或讀者，文本無法獨立存在，展現其意義。也就是說主體與客體其實是密切的結合在一起，何況讀者其實正如文本一樣是極其複雜，展現多采多姿的風貌出來。面對同樣的文本，不同背景的讀者可能因為不同的訓練、不同的認知、不同的情境、不同的心理狀況、不同的渴求等等因素，因而在閱讀過程中有不同的反應。讀者的反應是這般的繁複，值得我們去關注，在閱讀過程中的種種現象也是我們要瞭解文學活動不可或缺的重要部分：在閱讀過程中到底我們經歷了怎樣的程序？讀者如何閱讀不同背景、不同時代作者與文本？讀者和作者如何在閱讀文本過程中達到交通的效果？作者的意圖在文本中如何與讀者的期盼互動？為何某些特定讀者群在閱讀時會有共趨性的詮釋（詮釋群體 interpreting communities）等等。這些都讓文學研究在經歷過對歷史社會外緣，以及文本內緣關注後，開展出在讀者面向上的一片廣大新天地。[8]

7　Elizabeth Freund, *The Return of the Reader: Reader-Response Criticism* （London: Menthuen, 1987）.

8　可以參看上注 Freund 著作中的導論，頁 1-20。有關讀者反應批評的文獻及發展，參看 Susan Suleiman & Inge Crosman,（eds.）*The Reader in the Text: Essays on Audience and Interpretation*（Baltimore: The Johns Hopkins University press, 1980）; Jane Tompkin, ed. *Reader-Response Criticism: From Formalism to Post-Structuralism*（Baltimore: The Johns Hopkins University Press, 1980）; Alan C. Purves & Richard Beach, *Literature and*

　　文學批評上對於讀者的重視，在相當幅面上也影響到小說中對於讀者的深入探索。小說的技巧及藝術到 19 世紀亨利・詹姆斯（Henry James, 1843-1916）時達到一個高峰。詹姆斯在 1907-09 年紐約版小說的序言中對小說的看法，於小說形式以及理論有深遠的影響。[9] 他針對寫實／傳奇（realism／romance）、寫實主義／自然主義（realism／naturalism）、小說／事實（fiction／fact），尤其在內容與形式（content／form）、題材與技巧（subject matter／technique），人生與藝術（life／art）上都有獨到的見解。對詹姆斯而言，這些即是文學藝術如何呈現現實的中心議題。他不僅提出藝術要能呈現現實，而且是要在小說中從個人對人生的直接印象上來描述，如此才能真實地呈現人生；因而在小說中意識的中心（center of consciousness）就相當重要，而且不可或缺的：「藝術品最深刻的特質即在其作者的心靈特質」。[10] 經過了諸如康拉德（Joseph Conrad, 1857-1924），勞倫斯（D. H.

---

the Reader: Research in Response to Literature, Reading Interests, and the Teaching of Literature（Urbana, Il.: National Council of Teachers of English, 1972）。有關讀者心理反應的研究，請參看 Norman Holland, The Dynamics of Literary Response（New York: Oxford University Press, 1968）；有關接受美學方面的研究，請看 Robert Holub, Reception Theory: A Critical Introduction（London: Routlege, 2003）；Wolfgang Iser, The Act of Reading: A Theory of Aesthetic Response（Baltimore: The Johns Hopkins University Press, 1978）；Robert Jauss, Towards an Aesthetic of Reception（Minneapolis: University of Minnesota Press, 1982）；有關讀者在閱讀時的實際反應，可看 Stanley Fish, Self-Consuming Artifacts: The Experience of Seventeenth-Century Literature（Berkeley: University of California Press, 1972）；有關詮釋群體（interpreting community）的概念，參看 Fish, Is There a Text in This Class? The Authority of Interpreting Communities（Cambridge: Harvard University Press, 1980）。

9　Henry James, The Art of the Novel: Critical Prefaces by Henry James（New York: Charles Scribner's Sons, 1934）.

10　The Art of the Novel, pp. 63-64.

Lawrence, 1885-1930）以及吳爾芙夫人（Virginia Woolf, 1882-1941），到了 Percy Lubbock（1879- 1965），他進一步將詹姆斯的理念整合成現在我們所熟悉的敘述觀點（point of view），強調呈現（showing）勝過敘說（telling），戲劇場景勝過敘述事件（dramatized scene over pictured incident），以及經由「意識中心」呈現的敘述觀點。[11] 小說成為「精緻的藝術」（well-made novel）。[12] 小說的藝術即在應用高超的敘事技巧將作者個人對於人生、對於社會的看法，真實地傳達給讀者。如此的理念成為二十世紀小說研究的主流思想。

　　1960 年代以降，在小說理論方面最有衝擊性的應屬布斯（Wayne Booth, 1921-2005）的《小說修辭學》（The Rhetoric of the Fiction）了。[13] 布斯於小說批評有兩個論點特別有貢獻。首先是他提出了「隱含作者」（implied author）的觀念，也就是作者的第二個自我（頁 67），是「一個真正人物的理想、文學的創造物」（頁 75）。另一個概念則是因為在真正作者與隱含作者之間的「距離」（distance）而產生的「可信賴」及「不可信賴」的敘述者概念（頁 158-159）。另外，和我們此處關切的較有關聯的是布斯的「修辭」（rhetoric）概念在小說中的運用。和許多遵循詹姆斯小說技巧理念的批評家不一樣，布斯認為小說的作用其實就是一種「修辭」，包括了「作者所能使用的種種資源，

---

11 筆者此處參考了 Michael Groden 所撰寫的條目，"Fiction Theory and Criticism," in Michael Groden & Martin Kreiswirth, eds. *The Johns Hopkins Guide to Literary Theory & Criticism*（Baltimore; The Johns Hopkins University Press, 1994），pp. 261-264.

12 見 Joseph Warren Beach, *The Twentieth-Century Novel: Studies in Technique*（New York: Appleton-Century-Crofts, 1960, orig. 1932）.

13 Wayne Booth, *The Rhetoric of Fiction*, 2nd Ed（Chicago: The University of Chicago Press, 1983）.

有意識或無意識地，將他的小說世界施加於讀者之上」（xiii），
而此種施加（imposition）是無可避免的，因為要達到傳播溝通
的目的，「作者不可能免去使用修辭，只能選擇使用何種修辭」
（頁 149）。布斯因而對於過度強調「呈現」、過度講求「敘述
觀點」、過度強調小說中的「客觀性」的典範提出質疑。

　　布斯對於修辭的強調，可以說將小說研究的方向作了調整，
不純從技巧面來考量，而是從實際語用（pragmatic）角度來看
待小說，讀者在修辭考量中自然要扮演一個遠較過去重要的份
量了。由於「隱含作者」的提出，他代表的是文本中的規範、
價值觀，讓讀者理解在此一小說世界中他要站在什麼位置，如
何來衡量事物；與此相對的，在使用修辭，試圖將理念情感傳
達施加在可能的讀者上時，作者也要有一個「隱含讀者」
（implied reader）在心目中，方能達到溝通交流的實際效用。「讀
者」在小說的討論中愈形重要了。Wallace Martin 在討論當代敘
述理論的專著中，將小說在敘事時錯綜複雜的相互關係歸納出
來。[14]

---

14 Wallace Martin, *Recent Theories of Narrative*（Ithaca: Cornell University
　 Press, 1986），p. 154. 此處我用的是伍曉明在中文譯本中用的名詞翻譯，
　 見華萊士・馬丁，《當代敘事學》（北京：北京大學出版社，2005），頁 154。

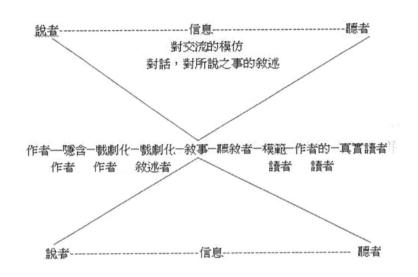

在此一圖解中，我們可以先不去看「敘事」的左端，而看看其右端和讀者有關的部分。這裡的幾個觀念我們還是借用馬丁的說明。[15] 聽敘者（narratee）是法國敘事學者 Gerald Prince（1942- ）的用詞，「一篇敘事講給誰聽，誰就是聽敘者。如果他不是敘事

---

15 以下簡要說明一下幾個被提及的理論家及批評家：Gerald Prince，美國賓州大學羅馬語文學系法文教授，著名敘事學家，著有 *A Dictionary of Narratology*（2003）等書。Umberto Eco，義大利著名符號學家及小說家，著有 *The Role of the Reader: Exploration sin the Semiotics of Texts*（1979），*Interpretation and Overinterpretation*（1992）等書。拉比諾維茨，Peter Rabinowitz，著有 *Before Reading: Narrative Conventions and the Politics of Interpretation*（1987）；蘭塞爾，Susan Lanser，著有 *The Narrative Act: Point of View in Prose* Fiction（1981）；吉布森，Walker Gibson，其論文 "Authors, Speakers, Readers, and Mock Reader"（1950）是讀者反應批評中早期的經典。

中的一個人物，那麼聽敘者同於隱含讀者。」（馬丁，頁 155）「隱含讀者」則是「一種抽象構造，用以探討真實讀者所具有的種種能力。為了強調能力種類的不同，批評家們可能會稱此形象為理想的、超級的、或內行的讀者。」如果除了隱含作者之外還有別的說話者的話，那麼這一形象可以被分為：「模範讀者」（model reader）及「作者的讀者」（authorial reader）。模範讀者是艾科 Umberto Eco（1932-2016）的用詞，「其性格特點是被文本客化出來的或由文本推測出來的（普林斯的『虛擬讀者』（virtual reader）；拉比諾維茨的『敘事受眾』（narrative audience）；蘭塞爾的『公共聽敘者』（public narratee））。這是讀者被期待去扮演的准虛擬角色。」（馬丁，頁 156）「作者的讀者」指的是「拉比諾維茨的『作者的受眾』」authorial audience）；吉布森的『假想讀者』（mock reader）；蘭賽爾的『小說之外的讀者』（extrafictional reader）。與模範讀者不同，這種讀者始終意識到小說是小說）隱含作者可能會暗示這一事實），並且依據這種知識來讀它。」（馬丁，頁 156）

　　由以上馬丁的歸納，我們對於小說在敘事時所含括的種種錯綜複雜敘事位置立場，可以有較為清晰的理解及掌握。但是對於敘事行為的探索本身是一後設（meta）的詮解行為及敘事理論的建構，可以幫助我們對於敘事行為有更深刻的理解，不必然意味所有敘事一定都具備有這些要素；何況中國在晚清時的敘事當然不會如此複雜，而且敘事模式固然是晚清中國小說開始關注的議題。但是若將當時小說家及評論家的關注放回到現場來看的話，我們會發覺其實他們更關切的是：除了如何運用小說來傳播知識、批評時政之外，他們可能更關切的是如何形塑新的國民。從這個角度上來看，上述有關「讀者」的種種

面貌中相關於「擬想讀者」、「模範讀者」、「作者的讀者」等概念就值得我們去關注。下面要探索的是若果晚清普遍社會氛圍是在開化啟蒙並形塑新國民的話，他們如何在小說論中形塑其讀者群。

三、中國傳統小說的讀者群

　　小說一詞在中國的出現首見於《莊子·外物》：「飾小說以干縣令，其於大達也亦遠矣。」在此主要強調的是小說的性質乃為相對於大道，與經國濟世無關的瑣碎事件，我們無法判斷其可能的讀者為何。班固在《漢書·藝文志》〈諸子略〉認為「小說家者流，蓋出於稗官，街談巷語、道聽途說者之所造也。孔子曰：『雖小道，必有可觀焉，致遠恐泥。』是以君子弗為也，然亦弗滅也，閭里小知者之所及，亦使綴而不忘，如或一言可采，此亦芻蕘狂夫之議也。」由他們言辭中的關切，以及由大小傳統以及儒家的社會教化觀來看的話，基本上這是菁英份子基於教化的立場，在討論小說的社會功用的正負面向。再往下到清朝紀昀所編的《四庫全書總目提要》中有關小說的看法，認為小說是「敘述雜事、記錄異聞、綴輯瑣事」，其功用在「寓懲戒」、「廣見聞」、「資考證」。[16] 由這些文獻對於小說的論述，我們可以肯定的是，中國知識份子基本上是懷抱著一種社會中的菁英份子，針對小說在社會教化上可能發揮的功效而發聲。[17]

　　但是在討論讀者群時，筆者準備將文言小說排除，因為一

---

16 紀昀，《四庫全書總目提要》（台北：藝文印書館，1979），頁2733。
17 請參看筆者，〈從「街談巷語」到「文學之最上乘」—由文化研究觀點探討晚清小說觀念的演變〉，收入本書第一章。

般而言，文言小說因為使用文言，而且如紀昀所說的小說的目的基本上是文人用來「寓懲戒、廣見聞、資考證」，文言小說的讀者應該是和作者大致在身份、階級及學識上是平行或一致的文人學士，彼此用小說來作為談助、作為輔佐正統知識的載體，而較少集中在教化上面。若要討論讀者群以及其變化，而且要關涉到小說在晚清如何被用來參與到社會運作中的話，我們還是得將觀察的重點放置在白話通俗小說上，並考察其中讀者群體的演變。

我們知道早期白話通俗小說採取的是說書人的敘事模式。王德威在一篇討論「說話」與中國敘事模式的關係的重要文章中提出，在敘事模式上，中國古典白話小說不管在寫作、閱讀都與早期市井說書的情境不可須臾分離，但是以「說話人的虛擬修辭策略」（simulated rhetoric of the storyteller）來呈現的特徵卻持續不斷。王德威因而「把說話（說書）人（storyteller）與其聽眾心照不宣（mutual acquiescence）的共識視為理解作品意義的起點之一；將說話人所採取的『適中距離』（middle distance）視為調整作者個人及社會關係的中介；並且視說話人不斷地出現為連接故事的意義與說話時『現場』（present）感的樞紐」，試圖進一步討說話及中國小說敘事的關係。王德威對於說話虛擬修辭的看法，得力於韓南（Patrick Hanan）略早研究古典白話小說中的擬仿說話型態而提出的「虛擬情境」（simulated context）觀念。根據韓南，「在中國白話小說中，此一似真（simulacrum）乃說故事者稱呼其觀眾，是一種假設的情境，在其中作者和讀者相互高興地默認，因而小說可以得到溝通。它不僅只是『直接稱呼的模擬』（mimesis of direct address），也是直接接受的模擬 （mimesis of direct reception）。

本質上，它是一種完全語言情境的模擬。」[18] 王德威更進一步
說明：

> 說話情境藉著「外在化」和「空間化」（externalizing and
> spatializing）的方式，造成讀者的臨場感和意義不假外
> 求的豐滿感（sense of immediacy and plentitude），由是
> 建立起真實客觀的幻影。好似在說書時，敘事者的訊息
> （words）和他的思考（thoughts）直接溝通，成了透明
> 的意符，既然「意義」和「形式」假設是與發言之時
> （utterance）同時存在，那麼說話人的聲音自然可以真
> 實客觀的名義直接展示其感知及觀念的一面。[19]

王德威的關注是在「說話情境的敘述策略如何形成」，「企圖一
窺包含於其中的社會／文化因素。同時對說話情境變遷及傳承
過程」提出觀察。[20] 除了對於說話情境的梳理闡明外，王德威
更關注的是在此一說話情境中「說話者」如何由「集體的社會
意識」（頁32）逐漸轉化為「更具特性的主體性聲音」（頁42）。

　　由於說話情境是一個情境的擬構，在此架構中，說話者當
然必須要建構一個受話者，來共同達成此一工作，方能達成其
所欲獲致的目的。正如歐陽楨所描述的：

---

18 王德威，〈「說話」與中國白話小說敘事模式的關係〉，收於氏著《從劉鶚
　　到王禎和─中國現代寫實小說散論》（台北：時報文化，1986），頁 26；
　　韓南的文章見 Patrick Hanan, "The Nature of Ling Meng-ch'u's Fiction," in
　　Andrew Plaks, ed. *Chinese Narrative: Critical and Theoretical Essays*
　　（Princeton: Princeton University Press, 1977），p. 87.
19 王德威，頁 29。
20 王德威，頁 24-25。

　　沒有一個說書者會允許他的聽眾像現代讀者一樣，不經
　　思考地就翻閱到下一章。不論是一篇長篇小說、一則神
　　怪故事，或者一個口說故事，每一個故事最根本且迫切
　　的需求就是大力地吸引聽眾的注意力，但其整體的劃一
　　則不相同：在小說中，如 Joseph Frank 所指出的，往往
　　是空間的統一；在神怪故事裡，是心理或邏輯的統一；
　　在口述故事裡，則是時間的統一。……中國小說是單元
　　性的，而非整體性的，它不遵循那些在書中尋求上下文
　　關聯的批評家所建立的法則，但是它顧及實際現場聽眾
　　的需求──這種需求和批評家的需求迥然不同但同等
　　嚴苛。[21]

受話者在實際說話場合是在場的聽眾，但是在小說中則是一虛
構的角色，這是在小說理論中的預設讀者（intended reader），「此
接聽者為一內設的存在，其作用是成為作品真正讀者所應有的
反應和判斷的最佳範例。亦即在說話的情境中，『人物化』的讀
者和『預設的』或理想的讀者（intended or ideal reader）的反
應之間有了一種巧妙的默契關係。」[22] 艾科（Umberto Eco）也
從符號學的角度指出：「在組織其文本時，作者必須倚賴一系列
的符號，來將所欲給予的內容放置到他所使用的文字上。為了
要讓他的文本可以溝通，作者必須要假設他所倚賴的符號的總
和，和他可能的讀者所共享的符號是一致的。因而作者必須要

---

21 歐陽楨，〈食桃者不費杏：中國小說的研究途徑〉，收於王秋桂（編），《中
　　國文學論著譯叢》（台北：學生書局，1985），頁 5-6。
22 王德威，頁 34。

預期一個可能的讀者的模式（model），可以在詮釋上處理作者在文中所使用的表達方式，就如同作者在表達時衍生的處理方式一樣。」[23] 換句話說，此一擬想的讀者在整體的虛擬情境中其實是扮演極為重要的角色，若是說話者沒能對此一「讀者」有某個程度的「掌握」，整個虛擬情境就會崩潰，其所欲達到的溝通效果也就消失了。伊瑟（Wolfgang Iser, 1926-2007）在一篇文章中也討論到作者與讀者之間的關係並引了英國小說家 Laurence Stern（1713-1768）在其小說 *Tristram Shandy*（1759-67）中的話來說明：「沒有一位瞭解禮儀和教養的合宜範疇的作家會大膽替讀者全權思考：要向讀者的理解力表達最真誠的尊重，就是把這件事和諧地劃分為二，讓他和你一樣地有想像的餘地。至於我，我始終向讀者表達這類的恭維：盡我所能地讓他的想像力和我的一樣忙碌。」[24] Garrett Stewart 在其討論讀者的專著中也討論了從 19 到 20 世紀英國小說中，小說作者如何應用敘事技巧，尤其是運用稱呼（modes of address），來「徵召」（conscript）讀者進入敘事過程中，來達到敘述傳達訊息的效果。[25] 韓南則指出中國的白話小說中的評論敘事語態，基本上是由「說話者的話」來帶出，其中「包括開場白或入話。敘述過程中插入的解釋、用詩句或散文做成的評論，以及故事提要等」，它們往往「以與假想聽眾中某一不明的發問者爭論的

23 Umberto Eco, *The Role of the Reader: Explorations in the Semiotics of Texts*（Bloomington: Indiana University Press, 1984）, p. 7.

24 Wolfgang Iser, 'The Reading Process: A Phenomenological Approach," *New Literary History* 3:2（Winter, 1972）: 280.

25 Garrett Steward, *Dear Reader: The Conscripted Audience in Nineteenth-Century British Fiction*（Baltimore: The Johns Hopkins University press, 1996）.

方式出現」。[26] 由此敘述策略中，我們依稀可以揣摩出「假想的讀者」。

　　因而，我們可以看出不管是在荷馬（Homer）的吟唱《依里亞德》（*Iliad*）中阿奇里斯（Achilles）或奧得修斯（Odysseus）的英雄事蹟，或在中國的實際說書場所細數市井小民的生活樣貌，還是薄迦丘（Giovanni Boccaccio, 1313-1375）的《十日談》（*The Decameron*），塞凡提斯（Miguel de Cervantes, 1547-1616）《唐・吉訶德》（*Don Quixote,* 1605），讀者的實體存在，抑或是其虛擬存在，都在故事的傳遞溝通過程中扮演一個重要的角色。尤其有意思的是此一包括了現場觀眾在內的現場的臨即感（immediacy）也很弔詭地進入小說敘事模式中，成為其中不可或缺的一個重要考量。實際說書情境當然很有意思，若有實體證據留存的話，也值得我們去探討，不過因為此一說書情境基本上已無法追溯或重塑，我們毋寧對在此一小說中「說話」虛擬情境中的小說讀者的可能變化更感興趣。以下的討論基本上是以書寫的小說文字或序係跋等「書寫文化」（written culture）為討論的重點。[27]

　　要處理中國古典小說的「預設讀者」，基本上有兩個取徑：一是如韓南所言的，由小說中的敘述、稱呼或敘述語態，我們可以感知到一種「虛擬讀者」的存在。但是如上面學者所指出

---

26 韓南（Patrick Hanan），〈早期的中國短篇小說〉，收於韓南，《韓南中國古典小說論集》（台北：聯經出版，1979），頁 8。

27 「書寫文化」係相對於「口語文化」而言。有關說故事現場或「口語文化」的討論，請讀者參看歐陽楨由變文來闡釋說故事者如何因應現場聽眾的要求而調整敘事的精闢討論：〈食桃者不費杏：中國小說的研究途徑口述傳統〉、〈現場聽眾：中國小說裡的口述傳統〉、〈中國小說的口語性〉。歐陽楨的研究開啟了我們對於口說文學的新視野。

的，此一「虛擬讀者」可以有兩個功用（或呈現），一是敘述策略上的必要建構，以達成小說的敘述溝通；另一個則是如歐陽楨所處理的，是一個真實觀眾以一種極為曖昧而巧妙的方式參與到敘事中。不管是哪一種，它們都是敘事行為的一部份，但是其中「建構」（construct）的意味較重。另一個取徑則是由作者、編者、或其他人的序跋來做一些探察。筆者此處基本上是採取後一種取徑，試圖來看中國古典小說（尤其是晚清小說）中，為了要達到其目的，與小說創作有關的這些人士，它們如何建構其心目中的讀者群，並借此一讀者群的建立，來宣揚其理念。

　　我們先來看看晚清之前的小說家，或關切小說者，可能的讀者群為何。我們的取樣盡量偏重在較為普遍流傳的小說。在〈三國志通俗演義序〉中庸愚子提及羅貫中的演義「文不甚深，言不甚俗，事記其實，亦庶幾乎史，蓋欲誦讀者，人人得而知之，若《詩》所謂里巷歌謠之義也。」[28] 修髯子在〈三國志通俗演義引〉中也說：「史氏所志，事詳而文古，義微而旨深，非通儒夙學，展卷間，鮮不便思困睡。故好事者以俗近語，櫽括而成編，欲天下之人，入耳而通其事，因事而悟其義，因義而興乎感，不待研精覃思，知正統必當扶，竊位必當誅，忠孝節義必當師，好貪諛佞必當去，是是非非，了然于心目之下，裨益風教，廣且大焉，何病其贅耶？」（黃霖／韓同文，115）在這兩篇序中，作者關切的是如何借小說的通俗力量來傳播歷史知識，教化一般讀者——那些無法讀古文、無法深入瞭解微言大義、不是「通儒夙學」，卻能在閱讀小說中得益者。

---

28 見黃霖、韓同文（選注），《中國歷代小說論著選》（修訂本）（南昌：江西人民出版社，2000），頁108。

　　胡應麟（1551-1602）在《少室山房筆叢》中則說：「小說者流，或騷人墨客，遊戲筆端；或奇士洽人，蒐羅宇外。記述見聞，無所回忌；覃研理道，務極幽深。其善者，足以備經解之異同，存史官之討覈，總之有補於世，無害於時。」（黃霖／韓同文，149）胡應麟此處談的是文言小說，他心目中的讀者應是文人學士，和我們上面所引的紀昀對小說的看法基本無差別。

　　到了謝肇淛（1567-1624）的《五雜俎》，他的言談似乎有了一些轉折：

> 小說野俚諸書，稗官所不載者，雖極幻妄無當，然亦有至理存焉。如《水滸傳》無論已，《西遊記》曼衍虛誕，而其縱橫變化，以猿為心之神，以豬為意之馳，其始之放縱，上天下地，莫能禁制，而歸於緊箍一咒，能使心猿馴服，至死靡他，蓋亦求放心之喻，非浪作也。…其他諸傳記之寓言者，亦皆有可採。惟《三國演義》與《錢塘記》、《宣和遺事》、《楊六郎》等書，俚而無味矣。何者？事太實則近腐，可以悅里巷小兒，而不足為士君子道也。（黃霖／韓同文，167）

謝肇淛沒有簡單的以文人或一般百姓來區分讀者群，他的標準似乎只在小說中的「虛／實」，以及它能帶來的樂趣；不過他接著說：「凡為小說及雜劇戲文，需是虛實相半，方為遊戲三昧之筆，亦要情景造極而止，不必問其有無也」（167-168），言下之意倒是覺得「虛／實」之妙，恐怕不是一般「里巷小兒」可以掌握的。

　　讀者群的形塑設立，在綠天館主人〈古今小說序〉中逐漸
清晰。

> 食桃者不費杏，絺穀毳錦，惟時所適。以唐說律宋，將
> 有以漢說唐，以春秋、戰國說律漢，不至於盡掃羲聖之
> 一畫不止！可若何？大抵唐人選言，入于文心；宋人通
> 俗，協於里耳。天下之文心少而里耳多，則小說之資於
> 選言者少，而資於通俗者多。試令說話人當場描寫，可
> 喜可愕，可悲可涕，可歌可舞；再欲捉刀，再欲下拜，
> 再欲決眦，再欲捐金；怯者勇，淫者貞，薄者敦，頑鈍
> 者汗下。雖小誦《孝經》、《論語》，其感人未必如是之捷
> 且深也。噫，不通俗而能之乎？（黃霖／韓同文，225-26）

此處綠天館主人（馮夢龍，1574-1646）[29] 將唐代小說（傳奇）
歸於「文心」，即文人之筆，用的是「選言」，而宋人小說則是
「說話人」之言，主於通俗，利於「諧於里耳」。也就是說，馮
夢龍極其清楚地將通俗小說的讀者與深諳「文心」的文人區分，
定位在一般的百姓。他同時也具體地將此一讀者群（觀眾）在
聆聽說話人講述故事時的種種樣貌鮮活地加以描述。此外，馮
夢龍也肯定了小說的「通俗」是教化的最佳利器，因為「雖小
誦《孝經》、《論語》，其感人未必如是之捷且深也」。這也是為
何在〈醒世恆言序〉中，可一居士（馮夢龍）要強調「尚理或
病於艱深，修辭或傷於藻繪，則不足以觸里耳而振恒心」，刊刻
《恆言》一書之目的則在以「適俗」來達到「導愚」之目的（黃

---

29 根據黃霖及韓同文，「綠天館主人」、「無礙居世」及「可一居世」均是馮
　　夢龍的化名，見其在頁 226 注一中的簡要說明。

霖／韓同文，233）。基本上這是一個對於「文心」及「里耳」兩方面都極為熟悉的文人，一方面對於小說的「通俗性」有相當的理解，另一方面也對通俗小說的讀者性質有相當掌握，懂得如何藝術地運用通俗的小說來達到教化民眾的目的。（我們不要忘記《三言》分別是「喻世」、「警世」及「醒世」！）

西周生的〈醒世姻緣傳凡例〉中標舉小說中的「懿行淑舉」、「懿孅揚闈」，要「昭戒而隱惡」「賞重而罰輕」，而且要「事有據」「人可證」。然而在凡例中亦清楚地提到「意專膚淺」「造句涉俚，用字多鄙」，目的則在「不欲使田夫閨媛，懵以面牆」（黃霖／韓同文，313）。一方面是教化，另一方面則是清楚地告訴我們讀者應是未受教育的一般民眾，因而要用較為俚俗的話語及表達的方式來達到此一目標。

蔡元放在〈東周列國志讀法〉則是以教育者的立場論及如何將歷史普及，使一般子弟得獲歷史知識：「教子弟讀書，常苦大是難事。……至於稗官小說，便沒有不喜去看的。但稗官小說，雖好煞，畢竟也有不妥當處。蓋其可驚可喜之事，文人只圖筆下快意，於子弟便有大段壞他性靈處。我今所評《列國志》，若說是正經書，卻畢竟是小說樣子，子弟也喜去看，不至扞格不入。但要說他是小說，他卻件件都從經傳上來。子弟讀了，便如將一部《春秋》、《左傳》、《國語》、《國策》都熟讀了，豈非快事。」（黃霖／韓同文，423）

我們上面引了一些在小說序跋中的言論，筆者取樣的大致上是和一般讀者群可能有關連的文字。當然除了上述所引部分外還有許多文字討論到小說文字技巧、篇章結構、小說之虛實、小說與歷史之關係，以及談及小說做為文人表達個人思想、發抒一己情感的文字等等，這些文字明顯地將小說的訴求對象定

位在同儕輩的文人。固然我們面臨如此多樣情狀，不過我們還
是可以對於傳統小說的讀者群有個初步的小結論。大致而言，
討論中國古典小說的作者基本上都是屬於文人階層，對於他們
而言，小說有幾個功能，這些功能大致還是可以用紀昀的說法
來代表：小說是「敘述雜事、記錄異聞、綴輯瑣事」，其功用在
「寓懲戒」、「廣見聞」、「資考證」。一方面小說是一種次文化，
可以用來輔佐補充主流文化的不足，反應輿情，可以作為教化
的參考。這說明了在傳統社會中小說所扮演的角色及地位。[30]
另一方面，由於小說是「街談巷語道聽塗說」，甚且是「述奇志
怪」，因而本身即有其吸引人的特質，這些特質，對於文人學士
而言，本身即可以是有趣的研究對象，因而「敘述雜事、記錄
異聞、綴輯瑣事」是小說的一個功能，可以用來「廣見聞」、「資
考證」。小說在述奇志怪的過程中，又往往牽涉到如何以謀章構
句，如何以吸引人的方式來敘述故事、呈顯人物，並探討其如
何感動讀者、影響讀者的效果，因而小說作為敘事文類的一些
技巧性的特質也開始受到這些作者的認可而加以述說。甚而一
些在早期小說論述中少見的討論小說本質，如真／假、虛／幻
等的文字也逐漸出現。這些在序跋中的討論，很弔詭的，又可
區分為兩個不同面向的考量。

　　一方面，針對身份地位、教育背景及訓練，以及世界觀價
值觀大致都較為接近的同儕文人，這是一個讀者群；另一方面，
針對這些小說的另一些可能的讀者，也就是沒有受過教育，沒
有受過訓練，對於事物的理解只能停留在表象，無法掌握事物
真諦，對於道德恐怕不能堅持自持，容易受到不良影響的一般

---

30 此方面的討論可參考筆者本書第一章。

市井小民，這是另一個讀者群。對於前者，小說本身沒有問題，也不會造成問題，因為這是同儕，大家都站在同一社會文化立足點來看待討論事情。但是對於後面的這群讀者，我們就很清楚地看到菁英份子基本上他們是採高高在上的姿態，用一種指導教誨的態度，要來引導他們，導其於「正途」。這是所謂的「寓懲戒」的面向。這種態度其實一路到民初的時候都還沒有全盤調整過來。這些社會菁英對於小說的看法（尤其是小說對於一般社會群眾的影響），其實相當大幅面還是在儒家的教化框架裡。也就是說，「移風易俗，禮樂教化、諷諫批判本來就是一種儒家對於整個社會的理想，也是一種運作的機制」，而此一認知在相當大幅度上深刻地影響了中國傳統社會對於小說的看法。[31] 因而對精英份子而言，在小說讀者群的形塑上，這個道德教化面向往往是不可或缺的一環。這是不管在傳統小說，或是晚清小說，讀者群的形塑上很核心的一個內在思維。

四、晚清的閱讀大眾

　　雖然我們在此試圖由小說序跋中來描摹可能的小說讀者群，但是我們都很清楚，由於讀者在中國傳統社會中原來就不是關切的重點，以及文獻上的缺乏，我們實在無法有統計數字來做佐證，提出堅實的證據，以上所做只能是一推測。但是到了晚清時期，由於整個社會與西洋文化的接觸，展開了中國趨西追新的現代性追求，整個時代有了不同於傳統社會的樣貌。與我們有關的當然是閱讀小說人口以及其可能的組成成分，以

---

31 見筆者在〈從「街談巷語」到「文學之最上乘」〉一章中的討論。

及作為一個閱讀群，作者如何看待他們，如何將他們列入敘事
及功用的思考中；這些讀者是不是仍然如過往一樣，被動地被
形構，還是由於識字能力的增加與知識的擴張，因而有了不同
於過往，有更多的自由自主的空間，而在小說閱讀者也有了不
同於往昔的呈現？

　　1842 年南京條約簽訂後，上海在 1843 年開埠，從此發展
成為中國最具現代風貌的都市，也成為報刊雜誌小說重要的發
行、出版及消費地，要瞭解晚清小說，與上海有關的數據是最
重要的根據。依據周武和吳桂龍，1853 年在上海租界的中國人
只有 50 人，至 1854 年小刀會起義期間，增加到 2 萬多人，到
1860 年太平軍攻打上海時，人口已有 30 萬人，1862 年還曾增
加到 70 萬人左右。如果加上原上海縣城的居民，上海包括華洋
就有將近 100 萬人口。[32] 這些人口是晚清小說讀者的基本來
源。

　　羅斯基在她研究清代教育及識字率的專著裡引用了 1830
年代在廣東的一個外國居民的記載，認為在廣州大約有 80% 的
男性是識字的。[33] 這個估計恐怕偏高了點。另外，廣州的外國
居民也指出廣東人好書，有許多刻書坊、書肆，甚至還有生意

---

32 周武、吳桂龍，《上海通史 V：晚清社會》（上海：上海人民出版社，1999），
　　頁 65-66。根據另一個人口統計數字，在 1852 年（咸豐二年），上海人口
　　的數量是 544,413，見上海通社編，《上海研究資料續集》（上海：上海書
　　店，1984；重印 1939 年版），頁 577。另一可參考的數字是大上海政府
　　的統計資料顯示，不包括租界在內，1930 年上海人口有 170 萬，1931 年
　　為 180 萬，1932 年則為 160 萬。見賀蕭（Gail Hershatter），《危險的娛悅：
　　二十世紀上海的娼妓問題與現代性》（南京：江蘇人民出版社，2003），
　　頁 429 注 42。

33 見 Evelyn Sakakida Rawski, *Education and Popular Literacy in Ch'ing
　　China*（Ann Arbor: Center for Chinese Studies, University of Michigan），p.
　　11.

很好的巡迴租書攤,「流通的書籍主要是小說,而且常是性質不好的小說」（Rawski, 11-12）。這雖是一個記載的文獻,但是鑑於外國人當時行動受限,接觸的中國人層面也有侷限,其可靠性可存疑,不過小說是通行受歡迎的讀物大致是不會錯的。羅斯基又引了上海海關的調查,在 1880 年上海人口的一半可視為受過教育,而 John Buck 在 1930 年的統計則得出七歲以上的男性有 45% 是受過教育,而這些人口中有 30% 是識字的。（Rawski, 18）同一個調查指出晚清的識字比率與民初相較基本上是相同的。（Rawski, 203 注 70）若然,1930 年上海人口 170 萬,識字比率是 30% 的話,則上海地區 1930 年（＝1890s 或 1900s）可視作小說的可能讀者數量就有 50 萬左右。若是依照袁進先生所引的統計數字來看的話,1910 年包括公共租界等加起來上海地區有 130 萬人,30% 即是 42 萬識字人口。[34] 不管是 50 萬或 42萬人,這個數量可以說很驚人;不過識字率（literacy）的決定與所採定的標準有關,我們不能依此即驟定晚清在上海地區的讀者即有這麼多。羅斯基的研究主要集中在教育及識字程度上,不過至少,我們可以得知在新興的上海城中,有許多進入上海的居民他們是具有成為報刊及小說的「潛在資格」。識字程度的日漸普及,以及比率的增加,都與中國（尤其在上海地區）的民眾接受新思潮,促使中國走向現代化有關鍵性的關聯。（Rawski,149-154）

　　雖然我們還是無法精確地判定新興上海都市讀者群的數量,但是無疑的,識字率的提升,絕對使讀者群的數量增加。此一部份,可由小說的數量側面來補足。袁進先生提到在小說界革

---

34 袁進,〈試論晚清小說讀者的變化〉,《明清小說研究》總 59 期（2001 年第 1 期）,頁 19。

命之後，上海小說激增，人口只增加了 30％，但是小說數量卻成幾倍幾十倍增長。（袁進，19）　根據《中國通俗小說總目提要》，從唐代到清末的通俗小說有 1164 種；《中國近代小說大系》則收從 1840 年到 1919 年五四前夕的近代小說（含短篇小說）計 405 部；若依阿英的估計，他所知的晚清小說，至少在 1500 種以上。[35]

　　晚清小說讀者人數在理論上是大大的增加了，但是在其組成的成員部分呢？是這些進入上海的新興居民加入了讀者群的行列？還是有其他的解釋？袁進在其論文中提出了相當有啟發的論點。根據袁進，「小說市場的擴大主要不是由於市民人數的增加，而是在原有市民內部，擴大了小說市場。換句話說，也就是大量士大夫加入小說作者與讀者的隊伍，從而造成小說市場的急劇膨脹。」（袁進，20）這有兩個解釋。其一，經過了從鴉片戰爭以來的動亂，許多知識份子進入上海，他們是有文化、有閒暇、有購買力的小說消費者者。因而徐念慈（1875-1908）才會提出：「余約計今之購小說者，其百分之九十，出於舊學界而輸入新學說者，其百分之九，出於普通之人物，其真受學校教育，而有思想、有才力、歡迎新小說者，未知滿百分之一否？」[36] 其二則是小說觀念的轉變，讓知識份子願意去閱讀通俗小說。

---

35 唐到清末小說數量，見江蘇社會科學院明清小說研究中心（編），《中國通俗小說總目提要》（北京：文聯出版公司，1991 再版）。近代小說收入數量見王繼權、夏生元（編），《中國近代小說大系：中國近代小說目錄》（南昌：百花洲文藝出版社，1998），頁 577-578。阿英的說法見阿英，《晚清小說史》（台北：商務印書館，1996 台 2 版），頁 1-2。注意：《總目提要》的統計還包括「清末小說」在內！

36 徐念慈，〈余之小說觀〉，《小說林》第十期（1908）。見陳平原、夏曉虹（編），《二十世紀中國小說理論資料第一卷，1897-1916》（北京：北京大學出版社，1997），頁 336。

也就是說，晚清的「市民」也包括了士大夫，「這就形成新市民──『公眾』，大量士大夫進入了『市民』的隊伍」。這個解釋當然讓我們對於晚清小說讀者群的實際組成有了更清楚的理解與掌握。然而，讀者的可能組成與寫作或是討論小說時的讀者群的形塑還是有區分。我們下面要更進一步討論晚清小說如何形塑其可能的讀者群。

五、晚清小說讀者群的形塑

要瞭解小說讀者群如何形塑，當然很重要的是這些小說家以及論者如何看待小說。我們知道小說在過去的社會中是被視作「街談巷語道聽途說」，「誨盜誨淫」的文類，這樣的標籤或既定的思維模式（stereotype）當然有其特殊的歷史及思維因素。[37] 但是小說的通俗適眾，小說的述奇記怪，小說的吸引人的特性，這些性質是任何思考小說本質的人，不管是採社會教化立場，還是採休閒娛樂立場，無法否認，也很難抗拒的；這也是小說論者總是要來「導正」讀者的重要原因。我們上面談到在傳統社會中，面對一般非文人的讀者群，小說論者往往站在社會道德教化立場，採取「寓懲戒」的態度。這樣的思維在以儒家思想為中心的傳統社會中是可以理解的。因而在形塑讀者群時，此類的價值觀很自然的會進入到小說的討論中。但是當中國社會遭遇巨大變動，整個世界觀及價值觀面臨巨大挑戰時，顯然很多層面的思想及觀念也會面臨挑戰及調整。小說在這樣的歷史情境下當然也面臨了改變，甚且在社會改革變遷中

---

37 可參看筆者〈從「街談巷語」到「文學之最上乘」〉一文中的討論。

扮演了一個重要角色。此一改變，使得小說本質及功用被重新思考，其中某些面向的質素被強調，被調整，進而改變了小說的地位。要瞭解晚清小說讀者群的形塑，我們必須要對此一變化有了解掌握。[38]

　　晚清歷史發展的軌跡，如果簡單的說，即是中國在與西方文化碰撞中，如何逐漸調整自己的世界觀及價值觀，要在危急中存活下去（救亡圖存）。中國文化原本是一個相當燦爛，自給自足的文化體。在歷史上幾乎沒有遭遇到真正強有力，能對中國文化產生衝擊的外力。鴉片戰爭讓中國人首度認識到西方的船堅炮利，因而有「師夷長技以制夷」的學習西方器術的舉動。但是建船鑄砲，並未能免除接連的軍事挫折，中國知識份子不得不思考器術背後的社會制度思想面的另一層面。1860年以降的自強運動開啟了與西方正式外交接觸（「總理各國事務衙門」）、學習西語翻譯西書（「同文館」、「廣方言館」、「江南製造局」）並開始引進學習西學，中國正式踏上追求「趨西追新」的途徑。然而在心態上，知識份子仍然是以舊有心態來看待種種變化：中國文化基本上是燦爛無以倫比的，我們只是在術器層面，以及某些西方科技、制度面闕如，補足這些，即可恢復中國舊有地位。但是1894年的中日甲午戰爭打破了此一鴕鳥心態：同樣跟西方學習，原本是中國文化附庸的日本竟然在短短時間內迎頭趕上，而且能打敗中國。中國文化原本是高超的，花了將近五十年學習西方（1840-1894），日本從明治維新正式向西方學

38　以下的討論基本上是依據筆者在下面兩篇論文中的觀點:〈從「街談巷語」
　　到「文學之最上乘」——由文化研究觀點探討晚清小說觀念的演變〉以及
　　〈重估梁啟超小說觀及其在小說史上的意義〉,《漢學研究》20:1(2002.6):
　　309-338。兩篇文章均收入本書,見第一、二章。

習，只用了不到三十年的時間（1868-1894）即打敗中國。其中的問題可能不在單純學習西方文化而已，中國文化本身是否有其問題？這個面向的思考導致了對於中國傳統的質疑，甚至顛覆，可以說開啟了後來林毓生所稱的五四時期「全盤反傳統主義」（totalistic anti-traditionalism）的端倪。[39] 另一方面，由於對於中國文化的反思質疑，更促使了知識份子向西方文化探尋更多的觀念思想，以作為參照反思。

　　除了在思想層面有如此鉅大的衝擊及變化外，在實際政治層面，中國也面臨了排山倒海的衝擊。在近代中國歷史上知識份子首度感受到一種焦慮，或是一種危機感。在面臨列強（包括日本）的勢力入侵，劃分勢力範圍，幾乎要「瓜分」中國之際，中國要如何自處？因而以康梁為首，有識之士發動政治改革。對梁啟超而言，改革有兩個層面，一是由上而下，經由皇帝朝廷推動改革，另一則是從事啟蒙運動，經由開啟民智，達到改良國民質性的目的。1898年之前任公致力於前者，在其後，因為藉由朝廷來推動政治改革的途徑不復存在，任公更感受到啟蒙的重要性，因而到了日本後其重點大致放在傳播新知及開啟民智的教化工作上。他的創辦《清議報》（1898-1901）、《新民叢報》（1902-1907）、《新小說》（1902-1906）等報刊或雜誌，都要放在此一脈絡下來看。也就是說，受到日本政治小說在推動政治改革上的效果，以及原本他對於小說的「通俗適眾」「易傳行遠」的特性的理解，任公認為小說是改革的最佳工具。

　　如我們所熟悉的，小說在傳統社會中，洋溢著相當濃厚的

39　Lin Yu-sheng, *The Crisis of Chinese Consciousness: Radical Antitraditionalism in the May Fourth Era*（Madison: The University of Wisconsin Press, 1979）.

道德意識。朱光潛（1897-1986）在討論中國文學的道德觀時即清楚地指出：「就大體說，全部中國文學後面都有中國人看重實用和道德的一個偏向。在中國文學中，道德的嚴肅和藝術的嚴肅並不截然分為二事。」[40] 馬漢茂（Helmut Martin, 1949-1999）也指出梁啟超的「新道德主義」或「新載道主義」（new didacticism）「和傳統正統儒家小說批評者視小說為改變人民的工具的立場無絲毫區別。他甚至用的也是同樣的術語。」[41]

　　但是我們得注意到，小說在梁啟超的觀念裡並不只是傳統社會中維持教化，「寓懲戒」的工具而已，更不是傳統知識份子階層讀者群的「廣見聞、資考證」的作用而已。對梁而言，小說要教育讀者，要提供知識，要揭發惡習時弊（《變法通議・論幼學》）；小說是魁儒碩學表達其政治理念、政治關切，進而傳播新知、教化百姓的媒介（〈譯印政治小說序〉）；小說也是「傳播文明」的「利器」（《飲冰室自由書・傳播文明三利器》）。到了〈論小說與群治之關係〉中，梁相當誇張地凸顯了小說無所不能的功用：欲新民、新道德、新宗教、新政治新風俗、新學藝、新人心，新人格，都要新小說。也就是說，梁想要利用小說來做到的已然不再是過去社會中小說一般被賦予的功能，而是要利用小說的特殊質性，在小說中注入一些理念、營構一些理想，並藉以配合其政治改革大計，獲致效果。在形式上，梁秉持的是與他在「詩界革命」中一致的立場：「能鎔鑄新理想以入舊風格」，但在內容上他卻講究新理想，因此我們看到他在小

---

40 朱光潛，《文藝心理學》（台北：開明書店，1988 年新版），頁 102。

41 Helmut Martin, "A Transitional Concept of Chinese Literature 1899-1917: Liang Ch'i-ch'ao on Poetry-Reform, Historical Drama and the Political Novel," *Oriens Extremus* 20（1973）, pp. 189, 207.

說中所要強調的是與新思想有關的「新德行」，如：「吐露其所懷抱之政治思想」、「發明哲學及格治學」、「養成國民尚武精神」、「激勵國民遠遊冒險精神」、「發揮自由精神」、「發揚愛國心」、「開導中國文明進步」等。[42] 從此一角度來看，梁在談論小說時，有其針對性，並在建構形塑他的讀者群，尤其是灌注營造一些理念。換句話說，晚清小說的由「街談巷語」到「文學之最上乘」的過程，顯現出晚清小說的興起從來就不是一個孤立的現象，而更是一個「晚清時期重估『新民』角色、對於轉變時期舉凡政治、社會、甚至文化威權的質疑、評估及重新建構運動的一部份。」[43]

　　小說因此在晚清時不再只是如傳統社會般關注在社會教化之一面而已，現在甚且更成為養成新理想人格特質，形塑「新民」的重要管道。更有甚者，「在面臨中國前所未有的存亡危機，我們可以說任公試圖應用包括文學在內的各種方法來凸顯境況的危急，並試圖為未來的理想國民及國家畫出一個藍圖來。」[44] 這是王德威所說的「小說中國」，用小說來「記載中國現代化歷程」、「國家的建設與成長」而「國魂的召喚、國體的凝聚、國格的塑造、乃至國史的編纂，我們不能不說敘述之必要，想像之必要，小說（虛構！）之必要。」[45] 這是將小說納入到追求現代性的大藍圖之中，即是安德森（1936-2015）在《想像的共同體》中所說的印刷文化（print culture），尤其是小說與報紙，

---

42 請參看本書第二章：「晚清小說與『社會動力』」；並請參考黃錦珠，《晚清時期小說觀念的演變》（台北：文史哲出版社，1995），頁 66-116。
43 同上註。
44 請見第二章：〈梁啟超小說觀的再詮釋及重估〉。
45 王德威文字轉引自上註，頁 335。

在現代國家民族主義的追求中常扮演的重要角色。[46] 這也是巴
笆（Homi Bhabha, 1949）討論傳播民族主義時所強調的敘事的
重要性。[47] 另外在討論美國一步步朝向工業化，城市化，以及
民主化的過程之中，戴維森（Nancy Davidson）也指出印刷文
化，尤其是文字，所扮演的重要角色，以及小說在此一過程中
的重要性。[48] 筆者也引用了艾瑞克（Jonathan Arac, 1945- ）的
「社會動力」（social motion）的說法來討論梁啟超等晚清知識
份子其實是懷有一種「社會使命感」（commissioned spirit），「一
種想像的使命感，希冀利用知識的力量及其靈視，來揭發、改
變他們與讀者所居處的變遷社會中的惡劣環境。」[49]

　　梁以及晚清大部分的知識份子大致上都參與到此一「運動」
中，為了要達到此一理想而努力。而小說由於其所具有的「通
俗適眾」、「行遠易傳」的特質，成為最佳的工具，因而使得小
說由「小」的「說」，因為參與到經國濟世，躋國民於新民之列，
與「國魂」、「國體」、「國格」都有密切關聯的文類，也就成為
「大說」，成為「文學之最上乘」了！

　　此一對於小說觀念的轉變，對於讀者群的形塑當然有舉足

---

46 Benedict Anderson, *Imagined Communities: Reflections on the Origin and Spread of Nationalism* revised ed.（London: Verso, 1991）, pp. 22-36. 在討論「印刷文化」對於形塑民族主義的工用時，中國的實際情境除了與西方發展過程中有其相似點外，也有相異點，參看李仁淵，《晚清的新式傳播媒體與知識份子：以報刊出版為中心的討論》（台北：稻鄉出版社，2005），頁 260，注 92。

47 Homi Bhabha, "DissemiNation: time, narrative and margins of modern nation," in Homi Bhabha（ed.）*Nation and Narration*（London: Routledge, 1990）, pp. 291-322.

48 Nancy Davidson, *Revolution and the Word: The Rise of the Novel in America*（New York: Oxford university Press, 1986）.

49 見第二章，「晚清小說與『社會動力』」。

輕重的關係。如上所論，小說作者或是提倡者在其創作或討論理念、情感，並將之傳達予讀者的溝通傳播的過程中，其實都必然會要將讀者納入其構思及書寫過程中，因而不管是有意識或是無意識，他們都在「創造讀者」並形塑其讀者（to create a audience and shape the readership）。哈夫曼（James Huffman）在其研究日本明治時期報刊所扮演角色的專注中特別指出，報刊是敘事者（narrator）、是教育者（educator），也是意見形塑者（opinion shaper）。[50] 晚清的小說（常以報刊雜誌為媒介）所扮演的角色基本上是一樣的。我們提到了在上海地區即有大約 40 萬到 50 萬的「潛在讀者」（potential readers），雖然他們的識字讀小說的能力無法確立，但是正如同傳統社會中的「一般讀者」一樣，這些讀者是中國社會要脫離不堪的傳統，進入另一境界的新社會的可能對象，如何在小說中提出一種範型，引領他們趨前，並改變他們，因而便是提倡小說者的重要職責了！我們下面來觀察一下晚清小說的此種情況。

要看晚清文士對於讀者群的看法，最代表性的文字仍是梁啟超。〈譯印政治小說序〉中梁啟超說：「在昔歐洲各國變革之始，其魁儒碩學，仁人志士，往往以其身之所經歷，及胸中所懷，政治之議論，一寄之於小說。於是彼中綴學之子，黌塾之暇，手之口之，下而兵丁、而市儈、而農氓、而工匠，而車伕馬卒、而婦女、而童孺，靡不手之口之。往往每一書出，而全國之議論為之一變，彼美、英、德、法、奧、意、日本各國政界之日進，則政治小說，為功最高焉。」很顯然的，梁心目中

---

50 James Huffman, *To Create a Public: People and Press in Meiji Japan* （Honolulu: University of Hawai'i Press, 1997）, pp. 6-7.

的讀者群是那些無經歷、無政治觀點，且無表達能力的一般百姓，包括學生、士兵、商人、農人。只要讀了政治小說，他們可以受到啟蒙，提升政治意識，參與救國大業。在〈論小說與群智之關係〉中他認為由舊社會延伸到現社會，小說的讀者往往就是受到一些流傳於民間社會但被小說宣揚的謬誤觀念影響，因而導致社會問題甚或家國危機。言下之意，要改良此種困境，唯有面對它，以「新小說」來改良這些群眾，導之於正，「群治」方得獲致。這裡的「群眾」意涵不甚明確，但和上面所指的學生、國民、市井小民等一般民眾應是一樣的。

邱煒萲也說，「故謀開凡民智慧，比轉移士夫觀聽，須加什佰力量。其要領一在多譯淺白讀本，以資各州縣城小館塾，一在多譯政治小說，以引彼農工商販新思想。」(〈小說與民智關係〉)這裡教化的對象是學生以及農工商販。1903 年商務印書館主人在〈本館編印《繡像小說》緣起〉中指出，著述小說的用意乃在「醒齊民耳目」，借小說以「開化夫下愚」。(資料，68；69)在〈論小說與社會之關係〉一文中作者也還是在談開啟民智：「夫我社會所以沈滯而不進者，以科學上之智識，未足故也；以物質上之智識，未有經驗故也。…若提倡小說者，而能含科學之思想，物質之經驗，是則我社會之師也，我社會之受其益者當不淺。…若提倡小說者，而能啟發國家之思想，振作國家之精神，是亦我社會之指導者也，我社會之受其益，亦必不淺。」(資料，168-169)這裡的讀者指的應是缺乏科學、物質智識的百姓。小說林社在〈謹告小說林社最近之趣意〉說明「本社刊行各種小說，以稗官野史之記載，欲誘智革俗之深心」(資料，173)，所刊行者有歷史小說、地理小說、科學小說、國民小說、家庭小說、社會小說等等，其目的在以種種類型的小說灌輸讀

者史地觀念，科學理念，國民性、家庭觀念等等，以啟發智識，改良陋習。《新世界小說社報》發刊詞提出「文化日進，思潮日高，群知小說之效果，捷於演說報章，不視為遣情之具，而視為開通民智之津梁，涵養民德之要素；故政治也，科學也，實業也，寫情也，偵探也，分門別派，實為新小說之創例，此其所以絕有價值也。」（資料，201）

在《新世界小說社報》第四期（1906）〈論小說之教育〉中，作者很明白的揭示小說的對象即是「愚民」，其中的女子更需要教育：

> 有專門之教育，有普通之教育，而總之皆於愚民無與也，則必須有至淺極易之教育。天下不能盡立學堂也，即能盡立學堂，吾知天下有人亦必不能盡入學堂。語言文字不相合，一也；礙於營生，二也；正言理說，格格而不入，三也；有窟宅其筋腦之迷信，非補習半日之功所能奪也，四也；以道聽途說為習慣，見校地如囚牢，五也；然則，欲使其人不入學堂而如入學堂，使其人所居之地雖無學堂而（如）有學堂，舍小說其莫由也。…不然，以國民四萬萬之眾，而愚民居其大多數，愚民之中吳教之女子居其大多數，此故言教育者所其宜從事，而實不知所從事者也。說者謂：二十世紀之民族，必無不學而能倖存於地球之理。人則以至淺極易小說之教育，教育吾愚民，又烏可緩哉！烏可緩哉！（資料，204，206）

這裡提出了「讀者群」的性質基本上即是「愚民」，也就是未能接受教育，或是未能有足夠識見，或是有缺民德，因而容易受

到外在氛圍影響的小民。站在教化方面來看，這些文字的作者
的關懷與傳統社會中的士人沒太大不同，不過我們可以清楚看
到晚清作者對於他們心目中的讀者群的要求顯然是有其時代的
烙印在其中，如現代知識、現代德行、現代意識，而這些是在
傳統小說觀中見不到的。

　　我們上面在討論傳統小說觀時提出小說的讀者群可以分為
同儕的知識份子以及有待提升道德層次的一般百姓，在晚清時
也有類似的看法。別士（夏曾佑，1863-1924）在〈小說原理〉
相當清楚地將此看法呈現出來：

> 綜而觀之，中國人之思想嗜好，本為二派：一則學士大
> 夫，一則婦女與粗人。故中國之小說，一分兩派：一以
> 應學士大夫之用；一以應婦女與粗人之用。體裁各異，
> 而原理相同。今值學界展寬（注：西學流入），士夫正日
> 不暇給之時，不必再以小說耗其目力。惟婦女與粗人，
> 無書可讀，欲求輸入文化，除小說更無他途。其窮鄉僻
> 壤之酬神演劇，北方之打鼓書，江南之唱文書，均與小
> 說同科者。先使小說改良，而後此諸物，一例均改。必
> 使深閨之戲謔，勞侶之耶喁，均與作者之心，入而俱化。
> 而後有婦人以為男子之後勁，有苦力者以助士君子之實
> 力，而不撥亂世致太平者，無是理也。（資料，77-78）

很明顯的，小說論者所關注的讀者群仍然是一般百姓，包含婦
人與粗人。對於此處的「粗人」，我們不必太強調其「粗鄙」或
「不堪」之意涵，此處應該只是與學士大夫相對應，無知識的
一般百姓。

　　至於女性，傳統小說論者對此一讀者群並未著意，但晚清
小說論者似乎有特別的關注。除了別士在上面引文提到婦女外，
曼殊（梁啟勳，1876-1965）在《新小說》的《小說叢話》中，
留意到女性在小說中扮演的角色，因而「寄語同胞中之欲改良
社會之有心人，苟能於婦人之愛憎處以轉移之，其力量之大，
較於每日下一明詔，且以富貴導其前，鼎鑊隨其後，殆猶過之。」
（資料，96）曼殊並未針對婦女讀者群討論，但是婦人的受重
視，應與時代氛圍有關。臥虎浪士在〈《女媧石》敘〉（1904）
中也對女性在社會中的角色與予肯定，認為「婦女一變，而全
國皆變矣」。然「今我國女學未興，家庭腐敗，凡百男子，皆為
之箝制，為之束縛。⋯⋯況乎家庭教育不興，未來之腐敗國民，
又製造於婦女之手。此期間非蕩掃而廓清之，我國進化之前途
可想像乎？」（資料，147）這是「國民母」的思維，國家需要
新國民，而新國民之產生則有賴於健全的婦女。

　　較明顯以婦女為讀者群的是俞佩蘭在〈《女獄花》敘〉（1904）
的說法。她提出最近小說興盛，「至於創女權、勸女學者，好比
六月之霜，三秋之燕焉。近時之小說，思想可謂有進步矣，然
議論多而事實少，不合小說體裁，文人學士鄙之夷之。且講女
權、女學之小說，亦有碩果晨星之嘆。甚矣作小說之難也，作
女界小說之尤難矣。」《女獄花》作者王妙如不僅寫小說，而且
寫的是女界小說，更是設定以婦女為讀者群：「殷殷提倡女界革
命之事，先從破壞，後歸建立。」俞佩蘭最後訴諸女性讀者：「吾
<u>願同胞姊妹</u>香花迎奉之。」（資料，137）另一以婦女為訴求讀
者的是亞東破佛在〈《閨中劍》弁言〉（1906）中的意見。他認
為此書強調要強種，因而重德育，著意於家庭。「是書注意又重
在開通婦人、幼童之智識」，所以「側重女學」、「算學」、「胎教」、

「衛生之學」、以至「醫學」等等。（資料，216-217）

除了婦女讀者群之外，晚清小說論者關切的另一讀者群是「青年」。自樹在 1903 年《浙江潮》第五期〈《斯巴達之魂》弁言〉中描述紀元前 480 年斯巴達與波斯戰爭事。他說：「我今掇其逸事，貽我青年。嗚呼！世有不甘自下於巾幗之男子乎？必有擲筆而起者矣。」（資料，108）弁言的目的是借此一歷史事件啟發年輕學子在中國面臨國難之際，亦應效法西方歷史前例，挺身而戰的精神。〈《小說七日報）發刊詞〉（1906）的作者則在陳述小說可以「啟迪愚氓之效」等功效後，揭櫫該刊之發刊目的：「凡可以開進德智，鼓舞興趣者，以之貢獻我新少年，以之活潑其新知識，又奚不可？休沐之暇，與其溺志於嬉戲，何若縈情於楮墨？與其馳騖於情想，何若紹介以見聞？高文鴻旨，雖非可率爾操觚；綺語佻詞，亦豈敢自招筆譴？取資既廉，在作者非貪泉之爽酌，在購者亦不越碟酒之丈錢。杞人憂天，愚公移山，其或有效乎？非所敢期。若責以弋名釣利，雕蟲非壯夫所為，則坊間新著諸冊子，方汗牛而充棟焉，為本編之解鈴矣。」（資料，210）

冷血（陳景韓，1878-1965）在 1904 年〈《俠客談》敘言〉中則用了較為特殊的修辭手法來討論《俠客談》此一著作。《俠客談》表面上看來「淺近」、「率直、無趣味」、文字「生硬，無韻，不文不俗」，如此看來，處處都不符合我們一般對小說的定義或看法，然則，「作《俠客談》者，亦不為無意」，何也？冷血說：「《俠客談》之作，為改良人心、社會之腐敗也，其種類不一。《俠客談》之作，為少年而作故也。少年之耐性短，故其篇短；少年之文藝淺，見解淺，故其義、其文淺；少年之通方言者少，故不用俗語；少年之讀古書者少，故不用典語。」（資

料，143-144）這一篇文字是筆者所讀到晚清文獻中最有「讀者」
（readership）概念的文章。首先，作者先確立鎖定其預定的讀
者（intended reader）即是少年。針對「少年」此一年齡階層的
讀者，他們的背景、他們的經歷、所受的教育程度，他們對於
文字的掌握，對於文章內涵的體會，甚至於年輕人耐性不足，
定性不夠，而可能無法閱讀篇幅較長的作品等等面向，作者都
做了考量。如果「改良人心、社會之腐敗」是最重要的目標，
但是讀者根本無法閱讀或是無法達到原本的預期，所有崇高的
意圖都會是徒然的。若是不能針對讀者的特質而調整，如何可
以獲致作者或出版者原來的教化改良的意圖呢？

　　由以上有關小說論述的文字中，我們首先確立晚清小說論
者對於小說有其大致的共識，也就是承繼傳統小說的社會教化
功能的認知。但是晚清人士現在不僅談道德教化，而且因為社
會時代巨大變遷之緣故，他們更要利用小說吸引讀者的種種特
性，以之來為社會、政治服務。在這樣的考量下，小說的讀者
群也就被形塑出來。基本上，先不管實際小說功效，讀者還是
喜歡閱讀小說，不過這裡面又可以分為兩類讀者，其一是學士
大夫，另外則是一般市井小民。雖然我們在「晚清的閱讀大眾」
一節引了袁進先生以及徐念慈的意見，他們認為在晚清小說讀
者的組成份子中有相當大的比率應是由舊學轉新學者，也就是
士大夫加入了「市民」行列。不過我們此處所探討的是小說論
者對於擬想讀者群的形塑，因而士大夫這群體其實對於論者而
言並未形成問題。這也是為何只有別士提到學士大夫，但馬上
就以在國事蜩唐之際，他們沒有閒暇耗費在小說之上，就將他
們排除在外。另一方面很明顯的，對於小說論者而言，小說在

可能讀者身上所發揮的社會文化政治效應，對於學士大夫而言並不重要，因而在晚清小說論述中他們這個讀者群大致上是不須要被討論的。這種心態可以用胡適後來在討論白話的文字來理解：「二十多年以來，有提倡白話報的，有提倡白話書的，有提倡官化字母的，有提倡簡字字母的⋯這些人可以說是『有意的主張白話』，但不可以說是『有意的主張白話文學』。他們的最大缺點是把社會分成兩部分：一邊是『他們』，一邊是『我們』，一邊是應該用白話的『他們』，一邊是應該做古文詩的『我們』。我們不妨仍舊吃肉，但他們下等社會不配吃肉，只好拋塊骨頭給他們去吃罷。」[51] 換句話說，要被（而且該被）形塑的其實是另一邊的市井小民階層的讀者。這個讀者群的成員當然也不是那般的精確，大致上就是有別於知識份子的一般社會大眾，數量是相當大（40 萬到 50 萬之間），但是教育程度不高、道德層次不夠，識見不高、對於歷史理解不足，對於家國現況的掌握也缺乏，但是他們卻又是國家社會要脫離腐敗醜陋過去，免於被入侵的政治勢力所滅亡，而且是意欲走向未來光明未來的一股力量。正面來看，小說就是要來教育他們、引導他們、形塑他們，凝聚共識，傳播新的家國理念，讓他們加入救亡圖存的救國大業之中，為建設新中國而努力。若從負面來看，小說至少可以讓他們免於許多陋習、仍然可以是維繫社會秩序的道德力量。

---

51 見胡適，〈五十年來中國之文學〉，《胡適文存》第二集（台北：遠東圖書，1971），頁 246。

六、晚清小說讀者群的轉變及消解

　　當我們再仔細觀察晚清小說論述時，我們不禁會發覺，上面所描述的氛圍及看法似乎也在轉變中。我們先來看看幾則文獻。寅半生（鍾駿文，1865-?）在〈《小說閒評》敘〉（1906）對於當時小說作者及作品充溢有相當的感想：

> 十年前之世界為八股世界，近則忽變為小說世界，蓋昔之肆力於八股者，今則鬥心角智，無不以小說家自命。於是小說之書日見其多，著小說之人日見其夥，略通虛字者無不握管而著小說。循是以往，小說之書，有無不汗牛充棟者幾希？顧小說若是其盛，而求一良小說足以前小說媲美者卒鮮。何者？昔之為小說者，抱才不遇，無所表見，借小說以自娛，息心靜氣，窮十年或數十年之力，以成一巨冊，幾經鍛鍊，幾經刪削，藏之名山，不敢遽出以問世，如《水滸》、《紅樓》等書是已。今則不然，朝脫稿而夕印行，一剎那間即已無人顧問。蓋操觚之始，視為利藪，苟成一書，售諸書賈，可博數十金，於願已足，雖明知疵累百出，亦無暇修飾。甚有草創數回即印行，此後竟不復續成者，最為可恨。雖共推文豪之飲冰室主人亦蹈此習（如《新羅馬傳奇》、《新中國未來記》俱未成書），他何論焉。鄙人素好小說，于近時新出之書，所見已不下百餘種，求其結構謹嚴，可稱完璧者，故非無其書，而拉雜成篇，徒耗目力，閱之生厭者，不知凡幾。甚且有一書而異名者，幾令購者望洋生嘆，

無所適從。（資料，200）

寅半生此處抱怨的是小說風潮的隨風起舞，一種草率態度，甚且是一種商業考量。觚庵（俞明震，1860-1918）在《觚庵漫筆》（1908）中相當敏感地察覺到小說界已然有變化，他指出「吾國近年之學風，以余所見，殊覺有異」，其中有四大相異處：（1）譯書種類增多，但購書量未增多；（2）購書者未真正閱覽所購書；（3）小說譯書佔十之九，創作只佔十之一。（4）「操筆政者，賣稿以金錢為主義，買稿以得貨盡義務；握財權者，類皆大腹賈人，更不問其中原委。曾無一有心者，顧及銷行之有窒礙否。」接著，他發出「彼此以市道相衡，而乃揭其假面具，日號於眾曰：『改良小說，改良社會』。嗚呼！余欲無言」的慨嘆。（資料，270）觚庵對其中的商業性、作者率爾操筆的傾向，以及小說作者的心態有更進一步的訾議：

> 觀於今日小說界，普通之流行，吾敢謂操觚迦實鮮足取者。是何故？因艱於結構經營，運思佈局，則以譯書為便。大著數十萬言，巨且逾百萬，動經歲月，而成書後，又恐無資本家，仿雞林賈人之豪舉，則以三四萬言、二三萬言為便。不假思索，下筆成文，十日呈功，半月成冊。貨之書肆，囊金而歸，從此醉眠肆上，歌舞花叢，不需解金貂，不患乏纏頭矣。誰謂措大生計窘迫者？此所以歲出有百數也。是亦一大可異者也。（資料，270-271）

對於小說的逐漸「走樣」最憂心忡忡的，當然是梁啟超的〈告小說家〉（1915）了：

　　質言之，則十年前之舊社會，大半由舊小說之勢力所鑄
　　成也。憂世之士，賭其險狀，乃思執柯伐柯為補救之計，
　　於是提倡小說之譯著以躋諸文學之林，豈不曰移風易俗
　　之手段莫捷於是耶？今也其效不虛。…試一瀏覽書肆…
　　其什九則誨盜與誨淫而已，或則尖酸輕薄毫無取義之遊
　　戲文也，于以煽誘舉國青年子弟，使其桀黠者濡染於險
　　波鉤距作奸犯科，而摹擬某種偵探小說之主人者。其柔
　　靡者浸淫於目成魂與窬牆鑽穴，而自比於某種豔情小說
　　之主人者。於是其思想習於污見齷齪，其行誼習於邪曲
　　放蕩，其言論習於詭隨尖刻。近十年來，社會風氣，一
　　落千丈，合一非所謂新小說者階之屬？循此橫流，更閱
　　數年，中國殆不陸沈焉不止也。（資料，511）

對梁啟超而言，小說又回到了「新小說」之前的「誨盜誨淫」
的狀況，這當然是小說的逆流了。從讀者群形塑的立場來看的
話，我們反而可以得出不甚相同的結論：當知識份子試圖在小
說中推動教化改革群治，因而在論述中單方面的形塑他們心目
中的讀者，將他們視為參與贊助救國大業的成員，但是實際的
讀者卻不是他們所能完全掌控的。陳平原在他的專著中極具洞
察力的將晚清小說家分為五組討論，這五組是（1）《新小說》
的梁啟超、羅普，《中外說林》的黃小配、黃伯耀，另外加上陳
天華、張肇桐等人。他們的文學理念接近，基本上即是「以文
學為政治啟蒙的工具，立意創作政治小說。」（2）《繡像小說》
的李伯元、歐陽鉅源，《月月小說》的吳沃堯、周桂笙，以及連
夢青、王鍾麒等人。這些作者不是政治家，但是「接受新思想」，
由於他們新小說方能生根。（3）《小說林》的曾樸、徐念慈、黃

人。他們對於「糾正小說創作過度政治化的時尚甚有反撥作用」。
（4）《小說時報》、《小說月報》、《禮拜六》、《中華小說界》、《小說大觀》等包括諸如陳景韓、惲鐵樵、包天笑、周瘦鵑等作家或編輯。這些作者在小說敘事方面有新嘗試。（5）徐枕亞、吳雙熱等駢體長篇小說作家。陳平原認為：

> 這五個新小說群體中，前三個主要活動於清末，後兩個主要活動於民初，兩者之間，頗有差別。如前者多強調改良群治，以小說為啟蒙工具，以官場為主要表達對象；後者雖也說說有益世道人心之類堂而皇之的大話，可已經明顯出現「消閑」的趨向，小說多以情場為表現對象。[52]

若我們將陳平原的觀察放入到「讀者群的形塑」框架中，我們看到的是前三組作家（及論者）基本上是以改良群治為關注，強調啟蒙，為達此目標，因而他們所設定，或所欲形塑的讀者群，自然是一般民眾。但是到了民初，新小說的改良群治、啟蒙固然是知識份子的重要關懷，但很明顯的卻不是一般民眾的主要關切，他們偶而也許關心一下家國大事，但是他們要的還是消閑、娛樂。如同林培瑞所說的：「儘管這些維新人士理想主義式的呼籲與推動，傳統小說觀念對『新小說』仍然發揮出其緩慢，但是無可抗拒的影響力，並在十多年之間，將小說帶入鴛鴦蝴蝶派的時代。」[53] 林培瑞書中章節名「由國族建構到利

---

52 陳平原，《中國現代小說的起點——清末民初小說的研究》（北京：北京大學出版社，2005），頁 18-19。
53 Perry Link, *Mandarin Ducks and Butterflies: Popular Fiction in Early Twentieth-Century Chinese Cities*（Berkeley: University of California Press, 1981），p. 141.

益至上」（from nation building to profit）可以說相當傳神地將晚清小說如何發展入民初的情景描述出來。王鈍根（1888-1951）在〈《禮拜六》出版贅言〉很清楚地指出他們辦這刊物就是迎合讀者的需要：「……惟禮拜六及禮拜日，乃得休暇而讀小說也。」（強調處為引者所加）以讀小說來作為休閒活動好處多多，蓋買笑耗金錢，覓醉礙衛生，顧曲苦喧囂，不若讀小說之省儉而安樂也。且買笑、覓醉、顧曲，其為樂轉瞬即逝，不能繼續以至明日也。讀小說則以小銀元一枚，換得新奇小說數十篇，遊倦歸齋，挑燈展卷，或與良友抵掌評論，或伴愛妻並肩互讀，意興稍闌，則以其餘留於明日讀之。晴曦照窗，花香入坐，一編在手，萬慮都忘，勞瘁一週，安閒此日，不亦快哉！故人有不愛買笑、不愛覓醉、不愛顧曲，而未有不愛讀小說者。況小說之輕便有趣如《禮拜六》者乎？」（資料，484）

在此處讀者感受不到救亡圖存的氛圍，沒有沈重的改良群治、家國大業等重擔，有的只是繁忙工作後的消閒欲求。或者看看徐枕亞（1889-1937）在〈《小說叢報》發刊詞〉所說的：

原夫小說者，徘優下技，難言經世文章，茶酒餘閒，只供清談資料。滑稽諷刺，徒託寓言；說鬼談神，更滋迷信。人家兒女，何勞替訴相思；海國春秋，畢竟干卿底事？至若詩篇投贈，寄美人香草之思；劇本翻新，學依樣葫蘆之畫。嬉笑成文，蓮開舌底；見聞隨錄，珠散盤中。凡茲入選篇章，盡是虛蹈文字。吾輩佯狂自喜，本非熱心立志之徒；茲編錯雜紛陳，難免遊手好閒之誚。天胡此醉，斯人竟負蒼生；客到窮愁，知己惟留斑管。有口不談家國，任他鸚鵡前頭；寄情只在風花，尋我蠹

魚生活。……（資料，486-487，強調處為引者所加）

在某個層面上，我們不得不承認晚清新小說家們所形塑出來的讀者群的形象及概念，似乎到了民初已然改變甚或已然消解了。如王鈍根、徐枕亞等《禮拜六》《小說叢報》等雜誌的主編在思考雜誌刊物的取向時，他們心目中的「讀者群」很顯然的已經與梁啟超等人不一樣了。正如陳平原所說的，「後期新小說家不是努力去改造讀者這種相對低下的藝術趣味，反而由於金錢方面的考量而不得不去迎合這種趣味。這是辛亥革命後小說思潮急轉直下迅速回雅向俗的根本原因。」[54] 由雅回到俗是不是即是回到較為低下的藝術品味當然是可以討論的，但是很清楚的，當民初（以及某些清末）的小說家在書寫或是討論小說時，他們心目中的讀者群已經不同了。

七、小　結

本文試圖由讀者群的形塑及消解的角度來探索「新小說」的提倡者，如何在特殊歷史情境中，利用小說媒體來實施教化、來鼓動群眾，並在此一過程中試圖形塑他們心目中的「新民」。然而由清末逐步進到民初，我們看到小說呈現出一種回到消閑娛樂趨勢，書肆中充溢著「誨盜誨淫」的小說，吳趼人提出小說要能有「興趣」，當流行的小說日益朝向書寫愛情、揭發社會弊端，並樂在其中時，新小說提倡者所欲形塑的讀者群體，已然消解，一群不同的讀者群取而代之，其消閑娛樂的品味將小

54　陳平原，《中國現代小說的起點》，頁 90。

說的發展由高蹈嚴肅的「救國大業」拉回到通俗娛樂的層面來，影響相當數量的通俗作家的書寫目的及手法。這方面的進一步思索及討論，當然是另一篇文章的範疇了。

第八章　晚清現代性開展中首開風氣的先鋒：陳季同

　　前面七章，我們關注的是小說在傳統社會中，以及到了晚清時期的巨大轉變。基本上，小說的轉變是和大的社會、政治、文化的大變局密切結合一塊的，追求一種改變現況的「社會動力」（social motion）。小說因此有了新的關切，新的樣貌，新的訴求，以及不同於傳統的地位。不管是在梁啟超還是其他知識分子的表述中，這都是重要的面向。也就是說，除了小說文類自身內在的變化外，小說也受到外來因素的影響，產生變化。其中我們可以說小說在晚清民初的發展是與中國的現代性的追求（in search of modernity）是不可分的。在第三章我們已就公案／偵探／推理小說與現代性之關聯做了爬梳。在本章，筆者要由一位並非直接與小說發展有關聯，但是卻從另一面向也影響到中國小說發展的晚清文人——陳季同入手，來描摹晚清小說及思想的發展樣貌。

　　陳季同（1852-1907），一位受過傳統國學訓練，又有健全的西學素養，曾追隨郭嵩燾、李鳳苞、曾紀澤、薛福成等駐歐使節大臣，縱橫倚閭於法德等國，在中西外交交涉上扮演重要角色的外交官，在中西文化的交流折衝中以及現代性（modernity）的追求中，作出了為一般學界所忽視的重大貢獻。

早在一般士人尚未與西方有接觸之前，陳季同已然有機會接觸
到西方，爾後並在歐洲生活了 16 年，廣泛悠遊於法德社交界、
文化界。陳季同不僅以法文寫出重要的介紹中國文化的著作（如
《中國人自畫像》，1884），膾炙人口，多次再版，受到西方讀
者的歡迎，而且將西方文學觀念介紹入中國，可說是晚清時期
對於西方文學發展最瞭若指掌，並將中國文學帶入「世界文學」
的第一位文人。在此一現代性開展的過程中，陳季同這樣得風
氣之先的知識份子，到底扮演了什麼樣的角色？他的心路歷程
為何？在此一中／西、新／舊、自我／他者的矛盾中他扮演了何
種角色？而在此錯綜複雜的關係中他又如何自處？如何安身立
命？本文希望由思想史，文學史角度來探討這位在中國現代性
開展中首開風氣的重要人物，以及他對於中國小說發展的可能
貢獻。

一、晚清的歷史發展

　　中國從 1840 年與西方國家正式碰撞，發生了鴉片戰爭，訂
定了南京條約，賠款、割讓香港，並開廣州、福州、廈門、寧
波、上海等五口通商，從此進入到李鴻章所謂「三千年未有之
變局」錯綜複雜的歷史情境，不僅在外交、政治上，中國遭遇
到重大的衝擊，在思想、文化上也逐步地由「傳統中的蛻變」
（change within tradition）轉向「超出傳統的蛻變」（change
beyond tradition）。原來中國的知識份子浸淫在自給自足的中國
文化的燦爛光芒之下，基本上他們所抱持的仍是以儒家思想為
中心的世界觀（world view）及價值觀（value system），而此一
思想在中國歷千年大致並未受到挑戰，不管是佛教的傳入或是

明末清初西方傳教士所傳入的思想，均未能挑戰到原有的中國文化。因而，當中國在清朝末葉再度遭遇到西方力量的入侵時，首先是以「師夷長技以制夷」的心態來應付當前的困境，認為西方軍事武力之能打敗中國，其實只是技術方面的優勢，中國只要將此一較缺乏、不甚發達的部分補足，即可應付西方的強大力量，因而船堅砲利的技術層面的「術／器」於是焉開展。然而由英法聯軍以降，接二連三的軍事外交挫折，讓中國的士大夫瞭解到，所謂的船堅砲利背後恐怕還有更深刻的類似「道」的東西的存在，因而士大夫逐漸地轉向社會政治制度方面的關注。如此就開啟了更為廣泛的向西方學習的歷程，同治時期的自強運動由是開展，不僅要學西方的船堅炮利，更且要向西方學習他們的學問，也就是「西學」。除了總理各國事務衙門外交機構於1861年設立外，一方面造船、製砲成為自強運動的重點，其中江南製造局成為造船、製砲的重要基地；另外左宗棠、沈葆禎提議創辦的福州船政局也在自強運動中扮演了重要的角色。除了在科技方面的努力向西方學習外，西學也呈現出蓬勃發展的情形。首先值得注意的當然是新式學堂的設立。在與外人來往交涉過程中如沒有適當的語言人才，所有事物僅能委諸傳教士、買辦、通事，因而語言人才的培育乃當務之急，1862年設立的同文館即是因應此一情境而生；上海的廣方言館等語言文字學館也隨之在各地建立。學習語言、造船、製器，當然不能不逐漸觸及背後的西方文化，因而西書，尤其是所謂「格致」一類書的翻譯就勢在必行，而譯西書就必然引入「西學」，中西文化的交流也無形中展開。除此之外，派遣留學生出國學習也成為自強運動中的重要措施。在容閎的推動下，曾國藩、丁日昌、李鴻章等奏准朝廷，首度派遣留學生前往美國學習，

開啟了與西方文化接觸的重要管道。質言之，中國知識份子的心態在西方列強蠶食鯨吞的衝擊之下不得不做出回應，而在此一回應之下，中國傳統的思維模式顯然不得不變，天朝心態不得不變，中國中心主義的心態不得不變。然而此一變化雖已展開，但是歷千年賴以安身立命的世界觀及價值觀當然不是一朝即可幡然大變，此得有待更多的歷史發展來促成。

　　中西文化的碰撞經歷了半個世紀錯綜複雜的發展，整體的中國文化的發展，以一種「趨西追新」的型態出現了。

　　現在，所謂的「西方」文化，所謂的「新」，所謂的「現代」到底又是什麼呢？在未與西方接觸之前，我們說過，中國文化是一個自給自足的文化體，基本上有其自身獨力發展的環境，雖然與其他文化有所接觸，但是因為其文化特殊性，以及其高度發展的燦爛文化，而其周遭文化相較而言，又無法與中國文化相抗衡，因而是一個中國中心（china-centered; Sino-centrism）的文化，不需要也不能理解除了「自我」（self）之外還有「他者」（other）的存在。因而，如我們上面所說，中國文化的變化演進，基本上是在傳統中變化，完全是在中國文化思維範疇中調整、遞演。但是當中國在晚清時遭遇到西方已然高度發展的現代西方文化，此一情形有了極大的變化。由原來以粗淺的「術」來理解西方文化，到後來逐漸的感知到自己所理解的僅是表面的西方文化，而其背後其實有龐大的整體文化來造成現代的、新的、進步的「西方」，正是中國與西方文化碰撞的一段心路歷程，也是中國文化與西方文化中「現代性」（modernity）的碰撞。在此一過程中，中國首先是在一種被動的、無充分意識的情境下被逼迫與西方接觸，這是早期從鴉片戰爭到甲午戰爭期間的情形；等到中國日益接觸西人、西術、西學，對於西

方文化的理解日益清晰，再經過甲午戰爭的衝擊，到了 1894、5 年之後，我們看到的已是有意識的趨西追新的過程。[1] 而在此一發展的過程，扮演了對西方現代性理解的重要一環即是 1860、70、80 年代派至西方遊歷、洽約、談判，以及後來的駐外使節的人員。

在外交政治上，中國由原先的天朝心態，一步一步的做出自我調適，原本不願與夷人交往的清朝政府以及官員，在西方強有力的軍事武力及隨之而來的政治壓力下，不得不，也逐漸瞭解到中國已進入到必須逐漸脫離、改變固有與外界接觸的態度及立場的時候了。也就是在某一幅度上，晚清的中國士大夫必須調整他們的天朝心態以及世界觀，因在 1861 年清廷設立了「總理各國事物衙門」以處理「夷務」。一方面清廷逐漸感受到外人於中國虛實，無不洞悉，然而反之中國對外國卻一無所知；另一方面西人也希望促成更多合約的修訂，於是在 1866 年海關總稅務司赫德（Robert Hart,1835-1911）返英完婚之際，派遣文案斌椿率同文館學生三名，先後至巴黎、倫敦及瑞典、俄國、德國，此乃中國首度前往西方的觀光團。在赫德之後，則是 1867 年美國公使蒲安臣（Anson Burlingame, 1820-1870）辭職後，恭親王奕訢（1833-1998）、文祥（1818-1876）邀請蒲安臣擔任使臣，率隊前往歐西各國商議修約換約事宜，隨同者有總署章京記名道志剛（1818- ？）、記名知府孫家穀（生卒年未詳），以及英國使館翻譯、海關總署法員等人，赴美國、再往英國、法國、

1　有關清季民初對於「新」的追求之原委、過程，以及其對清末民初思想發展的影響，請參看羅志田的長文，〈新的崇拜：西潮衝擊下近代中國思想權勢的轉移〉，收於羅志田：《權勢轉移：近代中國的思想、社會與學術》（武漢：湖北人民出版社，1999），頁 18-81。此文是筆者所見對此一現象所做的最詳盡討論。

瑞典、丹麥、荷蘭、德國，於 1870 年底達俄國。同年 2 月，蒲
安臣病逝於俄國，志剛、孫家穀等繼續率團訪問比利時、義大
利、西班牙，最後經巴黎東返。除了這兩批人員之外，另一個
派遣出洋的則是 1878 年崇厚（1826-1893）為清廷派遣前往俄
京，就新疆伊犁事件與俄國外務大臣進行談判。這幾批派遣出
洋的人員，是中國早期有機會接觸到西方現代社會的例子。其
中斌椿等人係觀光遊歷性質，蒲安臣是臨時性質，而崇厚則是
為謝罪，但是這些出洋人員中部份留下了幾部遊記，於遊歷之
過程及感想均有記載。[2] 然而細加考察，斌椿、志剛等人出遊
出使時，不是年歲已大，便是仍然抱持天朝心態來看待西方人
民及世界，因而對於西方現代社會的觀察及記載相對而言，不
是太過夜郎自大，過度偏頗，便是過於浮面，不見得能真正深
入到西方社會底層，瞭解西方文化的特性，更遑論真正掌握到
西方現代性的本質。此一情形，有待於 1870 年至歐洲遊學的嚴
復（1854-1921）、陳季同等人方能有所改善，更深刻地理解掌
握西方文化的精髓了。

　　在這幾位遊歐的學生之中，陳季同與嚴復、馬建忠
（1845-1900）相比，顯然較少受到重視。但是如果我們注意到
陳季同在 1875 年即隨日意格（Prosper Giquel, 1835-1886）赴歐
洲採購機器，遊歷英、法、德、奧四國，再於 1877 年以文案身
份帶領學生赴歐學習，從此在歐洲擔任中國駐歐參事等職 14
年，直到 1891 年方因案被遣回國，在歐洲縱橫倚閭，以流利的
英法文，遊走於歐洲上流社會，不僅與王公貴族、社會名流相

---

2 如斌椿、志剛、張德彝等人均有遊記留下，請參看鍾叔河：《走向世界：
　近代中國知識份子考察西方的歷史》（北京：中華書局，2000），頁 60-72；
　73-86；87-105。

交往，同時也和學術界鉅子相過從，對於歐洲外交事物、社會情境，以及文學文化的瞭解掌握，在當時實在無人可以與之相抗衡，可以說是近代中國最早接觸並瞭解西方現代社會的一位知識份子。除此之外，陳季同在中西文化交流上亦扮演了極為重要的角色，以法文撰寫了八部著作，發表一位中國人對於自己的文化文學，以及對於西方文化看法；[3] 在回國後，又以歐洲文學發展的潮流啟發了晚清小說家曾樸，對於將世界文學趨勢帶入中國思想領域視野，實功不可沒。

二、陳季同其人其事

陳季同，字敬如，號三乘槎客，咸豐二年（1852）年出生於福建侯官（今福州）書香門第。[4] 年少時孱弱，無法上學，但在床上臥病之際，卻將對面學塾的課業暗自記誦，待後來上學時，基礎已奠定。《福建通志‧列傳》說其能博文強記：「時舉人王葆辰為所中文案。一日，論《漢書》某事，忘其文，季同曰：出某傳，能背誦之。」[5] 1867 年季同 16 才，至福建船政局探望叔父，得知船政局「求是堂藝局」考試招去歐洲讀書

---

3 這八部著作分別為：（1）Les Chinois peints par eux-mêmes（1884）；（2）Le theâtre des Chinois, edtude de moeurs compares（1886）；（3）Les contes Chinois（1889）；（4）Les plaisir en Chine（1890）；（5）Le roman de l'homme jaune（1890）；（6）Les Parienes peints par un Chinois（1891）；（7）Mon pays, la Chine d'aujourdi（1892）；（8）L'amour héroïque（1904）．

4 以下有關陳季同的生平傳記除參考沈慶瑜所撰的〈陳季同事略〉（見《福建通志‧略傳》卷 39，收於陳季同著，黃興濤等譯：《中國人自畫像》附錄一）外，並大量參考整理李華川：《晚清一個外交官的文化歷程》中第一章及附錄一〈陳季同編年事輯〉中的資料，謹此聲明致謝。

5 福建通志局纂修：《福建通志》，列傳卷 34。

學生，即報名，並通過考試，進入法文學堂（École française des constructions navales）。「求是堂藝局」分前後兩學堂，前學堂教授有關駕駛、設計和藝圃，用法語教授，陳季同屬之；後學堂則包括駕駛及輪機專業，以英文教授。季同原本不識法文，但在堅毅不拔的努力用功後，不僅對於法文有相當掌握，後來到了法國後，還能以法文著作，出版書籍，成為暢銷作者。季同成績在同學中「歷經甄別，皆冠其曹」。[6] 1875 年第一屆船政學堂學生共 21 人畢業，其中陳季同與同學羅豐祿（1850-1901）、魏瀚（1851-1929）、劉步蟾（1852-1895）等 8 名學生為船政局所留用。季同在船政局讀書總計 8 年，於法文、學術及專業訓練均學有成。1875 年沈葆禎奏請派日意格率學生至歐洲購置機器，並遊歷英吉利、法蘭西等處，魏瀚、陳季同、陳兆翱（1854-1999）、劉步蟾及林泰曾（1851-1894）等 5 人隨行。根據巴斯蒂（Marianne Bastid-Bruguière, 1940-），這批學生是大約 20 歲上下的年輕人，有多年的語言及專業訓練，而且充滿了朝氣及好奇心，樂於觀察及學習，而且口才便給，「與 1872 年 7 月容閎主持選派的赴美留學團不同的是，這些學生不是未成年的幼童，而是 20 歲左右的年輕人，他們懂英語或法語，既具有相當豐富的歐洲科學文化知識，又有非常扎實的中國傳統文化素養」，因而表現極為出色。[7] 其中陳季同的中文最好，常為日意格草擬發回船政局及兩江總督的電稿及信件。

　　1876 年陳季同回國向兩江總督沈葆禎（1820-1879）述職，

---

6 福建通志局纂修：《福建通志》，列傳卷 34。
7 巴斯蒂：〈清末赴歐的留學生們─福建船政局引進近代技術的前前後後〉，引自《辛亥革命史叢刊》第 8 輯，頁 193。另亦可參看郭延禮：〈福建文人與中西文化交流〉，《福建師範大學學報》（哲社科版）（2001 年第 2 期總 111 期）：90-94；99。

並向直隸總督李鴻章（1823-1901）報告，有關旅行及英法高等學校的報告獲得李鴻章好感，奠下了兩人爾後 20 年的密切關係。次年，當清廷派遣第二批福州福政局學生赴歐學習時，陳季同以文案身份隨行、羅豐祿任翻譯、馬建忠任隨員，陳季同並在出發前拜見清朝首任駐英公使郭嵩燾（1818-1891）。[8] 這次赴歐學習的船政局學生及人員較多，共有 30 人，其中包括了爾後在中國著名人物，如嚴復、馬建忠等思想人物及劉步蟾、鄧世昌（1849-1894）、薩鎮冰（1859-1952）等重要海軍將領。1877 年 2 月陳季同與船政學堂學生出發赴歐，在 4 月 5 日抵達法國馬賽，從此展開他的歐洲生涯。在四月初一日陳季同訪出使大臣郭嵩燾，確定與馬建忠同習法國法律，並於 5 月入法國政治學堂（École libre des sciences politiques）及法律學堂（École de droit）學習公法律例。1878 年除了擔任文案之外，陳季同又兼任使館翻譯，正式進入外交界，參與外交活動，廣泛地參觀，並與政界人士社會名流交往。黎庶昌（1837-1898）在《西洋雜志》中記載：「巴黎窩必納，推海內戲館第一……巴黎大會時，予素識之英國密斯盧碧者……予邀至窩必納觀劇，不意適得伯理璽天德坐廂，兼請聯春卿、馬眉叔、陳敬如陪敘。」[9] 陳季同除了觀戲、參觀萬國珍奇會（郭嵩燾日記同年 3 月 26 日），當然也參與了處理外交文件、遞任國書、觀閱兵禮，參觀巴黎名勝如榮軍院、天文館、德國克魯伯兵工廠並繪製工廠草圖，頗得郭嵩燾肯定。陳季同還廣結社會名流，於學術中人有相當掌握，郭嵩燾曾記載「陳敬如開示法國有學問者十一人」（6 月

---

8 見《郭嵩燾日記》（長沙：湖南人民出版社，1983），1876 年 9 月初 6、初 10 條。
9 黎庶昌：《西洋雜志》（湖南人民出版社，1981），頁 109-110。

13 日日記）。

　　1878 年十月，李鳳苞（1834-1887）奉旨出使德國，陳季同隨行，仍兼文案、翻譯。郭嵩燾記載，「晚為李丹崖餞行，因邀傅雅蘭〔引按：應為「傅蘭雅」〕、日意格……陳敬如……嚴又陵……一會。傅雅蘭〔蘭雅〕、陳敬如、羅稷臣〔豐祿〕皆從丹崖赴德國者也。」（10 月 6 日條）陳季同結交柏林官紳、武官，甚至與德皇弗理德里克與宰相俾斯麥（Otto von Bismarck, 1815-1898）交好。根據李鳳苞記載，郭嵩燾曾對陳季同有如下評價：「初四日與郭筠帥商定咨調兼辦英法翻譯之羅豐祿、陳季同隨同赴德。筠帥謂羅則靜默，可以討論學問，陳則活潑，可以泛應事務。再能歷練官常，中外貫通，可勝大任矣。」[10] 大致上陳季同相當幹練，不過我們應該要注意的是陳季同也與經濟學家勒普來（F. Le Play, 1806-1882）以及劇作家拉比什（E. Labiche）交往，這方面的交遊可以讓我們瞭解到陳季同與學界和文界的關係。[11] 1882 年陳季同告假回國六個月，途經越南，次年三月向李鴻章述職，受命收集有關越南問題之情報，後來在中法戰爭及事後的談判交涉中，扮演了極重要的角色，但也因為直接受命李鴻章，與法德當局進行秘密談判，因而觸怒曾紀澤。[12] 1884 年在中法關係緊張之刻，巴黎《兩個世界》（Revue des deux mondes）雜誌開始連載陳季同的《中國和中國人》（La

---

10 曾紀澤、李鳳苞：《使歐日記》（台北：黎明文化，1988），頁 132。

11 見亨利·比盧瓦：《陳季同將軍》，轉引自李華川：〈陳季同編年事輯〉《晚清一個外交官的文化歷程》，頁 172。拉比什（Eugene Labiche,1815-1888），法國劇作家，著名的通俗輕鬧劇作者，在法國第二共和時期，曾獨自或與人合寫超過 160 部劇，其作品反映了他對社會中下階層庸俗習俗的敏銳觀察及嘲諷。

12 可參見李華川：〈中法戰爭中的角色〉，《晚清一個外交官的文化歷程》，頁 18-26。

Chine et les chinois）共十八篇文章，後來這本著作以 Les Chinois peints par eux-mêmes（1884）出版。[13] 這本書以及 Le Théâtre des Chinois, étude de moeurs comparées（1886）（《中國人的戲劇》）因為與 Foucault de Mondion（1849-189?）之間的著作權問題引發了一場論戰。[14] 在 1887 年陳季同致蒙弟翁的書信中，提及《中國人的自畫像》在 1886 年月已印製第 11 次，共 17000 冊，《中國人的戲劇》則到 1886 年 1 月印刷三次，共 6000 冊。[15] 這個數字恐怕是二十世紀前中國人在西方出版書籍的紀錄，也是我們衡量陳季同中西文化交流重要性的一個指標。除了外交官的身份，陳季同現在也是一位通俗作家，常常受邀請演講，其受歡迎的情形，可從羅曼羅蘭（Romain Roland, 1866-1944）的記載看到：

> 他陳季同身著漂亮的紫色長袍，高貴地坐在椅子上。他有一副飽滿的面容，年輕而快活，面帶微笑，露出好看的牙齒。他身材健壯，聲音低沈有力又清晰明快。這是一次風趣幽默的精彩演出，出自一個男人和一個高貴種族之口，非常法國化，但更有中國味。在微笑和客氣的外表下，我感到他內心裡的輕蔑，他自知高我們一等，把法國公眾視作孩子……聽眾情緒熱烈，喝下所有的迷

---

13 英文版 *The Chinese Painted By Themselves*, trans James Millington（London, Field & Tuer, The Leadenhall Press, E.C., 1884），中文版則有黃興濤等譯：《中國人自畫像》（貴陽：貴州人民出版社，1998）及段映虹譯：《中國人自畫像》（桂林：廣西師範大學出版社，2006）。

14 有關陳季同與蒙弟翁兩人對於這兩本書的著作權問題，可參看李華川：〈兩部書的著作權〉，《晚清一個外交官的文化歷程》，頁 27-35 中的討論。

15 Foucault de Modion, Quand j'etais mandarin, p. 59，引自李華川：《晚清一個外交官的文化歷程》，頁 188。

> 魂湯，瘋狂地鼓掌……在今晚的四個演講者中，無疑，
> 伏爾泰會覺得這個中國人是最有法國味的。[16]

在 1889 年 6 月，陳季同出版了 Les Contes chinois（《中國故事集》），主要是改譯了《聊齋誌異》中的 26 篇故事。法國文豪法郎士（Anatole France, 1844-1924）曾為此書寫書評，認為「陳季同將軍最近出版的《中國故事集》，比以前的所有同類翻譯都要忠實得多。」[17] 法朗士甚至認為陳季同的風格，讓他「聯想到服爾泰的反諷及孟德斯鳩的深刻」。[18] 在 1890 年到 1891 年陳季同則為了私債問題，最後被遣送回國。[19] 陳季同一共在歐洲生活了 16 年。

三、溝通中西文化的陳季同

陳季同在回到中國之前，一方面除了作為一位外交官，對於中國與歐洲諸國之間外交事務上的折衝尊俎外，另一方面他在文化上則扮演了中國知識份子從來沒人從事過的文化傳播工作。我們前面提過他總共有八本法文著作的寫作出版。貫穿於

---

16 Le cloitre de la Rue d'Ulm, Journal de Romain Rolland a l'Ecole Normale, pp. 276-277，引自李華川：《晚清一個外交官的文化歷程》，頁 191。

17 參見 Anatole France, La vie littéraire（3）（Paris: Calmann Levy, 1925），p. 80.引自李華川：《晚清一個外交官的文化歷程》，頁 192。

18 Anatole France, La Vie littéraire（Paris: Calman Levy, 1892），pp. 79-91，引自 Catherine Vance Yeh, "The Life-Style of Four Wenren in Late Qing Shanghai," Harvard Journal of Asiatic Studies 57: 2（Dec. 1997），p. 439.

19 有關陳季同的私債問題，以及其背後的來龍去脈，到目前以李華川的討論最為詳盡。見李華川：〈私債問題本末〉，《晚清一個外交官的文化歷程》，頁 36-44。

這些作品中的主題，大致上是要藉由這些作品來矯正西方對於中國及中國文化的扭曲或錯誤觀念。因而李華川認為「破除歐洲人對中國的偏見、使西方人瞭解真正的中國，成為他寫作的最初動機和主要目的。」[20] 陳季同在《中國人自畫像》的〈序言〉中將此一意圖清楚的地表明：

> 旅居歐洲十年，我發覺中國是世上最不為人所知的國家。但人們對中國並不缺乏好奇心。一切來自中國的東西都格外吸引人。一個微不足道的的小玩藝──一只透明的小磁杯，甚至一把扇子，都被視作稀世珍品。他們只是中國貨呀！從這種好奇和驚訝來看，人們可能把我們中國人想像成一種被馴化了的類人動物，在動物園裡表演著各種滑稽動作。……他們對於中國這塊土地的瞭解僅限於此！不用說，逐漸瞭解了西方人對我們的看法之後，我驚愕不已。在歐洲，我不僅常常被問及一些極為荒繆可笑、愚不可及的問題，而且發現，甚至那些自稱要描述中國的書籍也談到了許多怪誕不經的事情。[21]

陳季同因而要從事的是要讓歐洲人更能理解中國，而最能呈現真正中國本質的則是由中國人自己刻畫描述的圖案。

> 我打算在這本書中實事求是地描述中國──按照自己的

---

20 李華川：《晚清一個外交官的文化歷程》，頁 64。

21 Tcheng ki-tong, Les Chinois Peints par Eux-memes（Paris: Calman Levi, 1884）。我採的譯文為黃興濤等譯：《中國人自畫像》（貴陽：貴州人民出版社，1998），頁 3。

親身經歷和理解來繼續中國人的風俗習慣，但卻以歐洲
人的精神和風格來寫。我希望用我先天的經驗來補助後
天的所得，總之，像一位瞭解我所知道的關於中國一切
的歐洲人那樣去思考，並願意就研究所及，指出西方文
明與遠東文明之間的異同所在。《中國人自畫像》，頁5）

因而，陳季同的書是由深刻瞭解中國文化，而且又懂得以歐洲
人熟悉的表達方式及風格來寫作的作品，在書中陳季同談中論
西，並在文中帶入了許多西方人熟悉的作家及其作品，如書中
述及了 Jules Verne（1828-1905），Jonathan Swift（1667-1745），
Francois Rabelais（1494?-1553?），Molière（1622-1673），Jean
Racine（1639-1699），Pierre de Ronsard（1524-1585），Victor Hugo
（1802-1885），Alexandre Dumas, père（1802-1870），Blaise
Pascal（1623-1662），Michel Eyquem de Montaigne（1533-1592），
Jean-Baptiste Rousseau（1671-1741），Jules Michelet（1798-1874）
等人，因而書一出，自然風靡法國及歐洲。

　　當然，我們也很明白，雖然陳季同在福州學習西方的語言
及學問，然後在歐洲生活了十數年，他對西方文明顯然會有相
當的認識，但是當他在呈現中國文化時，其實還是有中國本位，
較多地站在中國的立場上來為中國辯護，這恐怕也是縱使是陳
季同這樣熟稔西學的人很難擺脫的。在《中國人的自畫像》，比
方說，當陳季同在處理中國人的婚姻觀時，他認為「婚姻在中
國純粹被看做是家庭制度──其唯一目的就是繁衍壯大家
族」。[22] 在談中國的婦女時，陳季同提及了納妾，

---

22 《中國人自畫像》，頁 11。

「納妾」這個詞本身所帶的不良意味將妨礙我找到公正
的讀者。情婦，你可以盡情擁有，但你不能納妾。妾和
情婦之間的區別其實很難解釋清楚。中國式的情婦或者
說妾與歐洲的情婦不同，因為她得到了認可──是一種
合法的情婦。……我們的社會制度最關注的是下一代的
前途，人丁興旺本身就是家族的榮耀。在這種制度下，
非婚生的男孩散居在外便違背了傳統習俗。納妾制就是
為此而設，這樣男人就沒有藉口出外獵奇了。(《中國人
自畫像》，頁 36)

而在討論中國婦女在社會上的情境時，陳季同對於其所遭受的
綁腳等不合理不平等的處境，也只是以一種浮面而略帶輕佻的
語氣輕輕帶過，而未能深入地去作批判：

中國婦女常被人想像成可憐的生物，他們幾乎不能走路，
禁錮在家中，身邊只有佣人和丈夫的小妾。我們必須澄
清……。對中國婦女的此種描述與一本字典給龍蝦下的
權威定義有驚人的相似之處。這本字典鄭重地寫道：龍
蝦，倒退行走的小紅魚。當然，習慣了的想法很難改
變。……龍蝦不是紅色的，從來不是！中國婦女和你我
一樣走路，她們甚至能踮著小腳跑動。再補充一點，會
使講故事者更尷尬：中國婦女也出門散步或乘轎出行，
且從不戴面紗，不怕不懷好意的窺視。(《中國人自畫
像》，頁 33)

這裡我們看到陳季同的辯護姿態遠勝於思考批判，在面臨接觸

到了歐洲不同的家庭制度、婚姻觀後，陳季同似乎也無法脫離
其賴以安身立命的世界觀和價值觀。如葉凱蒂所指出的，當陳
季同在描摹中國社會時，將之呈現為一個和諧無間，沒有西方
的階級傾軋鬥爭的情景，但是卻未能指出當時滿清政府與太平
天國、捻族等的緊張情形。他的陳述「引發一種浪漫的和諧
感」，將一個後來使得中國菁英份子分歧的重大議題模糊化
了。[23]

　　當然，除了如陳季同所希望的，恰如其份地介紹中國文化
及風俗習慣外，由於他在歐洲停留的時間極長，接觸的層面也
極廣，因而在行文中我們也會看到他會針對一些中西文化異同
現象的描述及反思，在這些層面上，我們可以觀察到陳對於西
方社會現代特性的看法。比方說，報紙即是其中一例。

> 在這個我們稱之為「公眾」的廣闊無垠、延綿不絕的新
> 世界裡，製造輿論並即刻用成千上萬份報紙迅速加以擴
> 散，是一種高貴的職業。我是歐洲報紙的崇尚者，它能
> 讓你輕鬆地打發時光，是旅途中形影不離、隨時為你效
> 勞的伙伴。報刊無所不在，每個火車站都有，有了報紙
> 的陪伴，你就不會百無聊賴。這也許是給報紙的最好評
> 語。（《中國人自畫像》，頁 49）

他接著比較了中西報紙：

> 中國的報紙與歐洲報刊沒有什麼相似之處──我是指歐

---

23 Catherine Yeh, "The Life-Style of Four Wenren in Late Qing Shanghai," p. 442.

> 洲報刊是在出版完全自由的制度下運行的。……儘管我
> 們沒有出版自由和新聞自由,但卻有公眾輿論,從後文可
> 以看出它並不是徒有虛名的。……(《中國人自畫像》,
> 頁 50)

在提出「出版自由」、「新聞自由」之後,陳季同進一步討論了
「輿論」的意涵,在這兒我們看到了一位久處歐洲西方現代社
會的中國知識份子對於現代性中的「公共輿論」的思考:

> 報刊是輿論的一種匯集。當今社會是統一的整體,從這
> 個觀點出發,報刊在輿論相當多的時候會起到巨大的實
> 際作用。中國沒有新聞業,自然不易瞭解公眾輿論。不
> 過,在實際政治事務中,我們也存在著民主派和保守派。
> 一些人總是守著本朝的古老傳統,根本不願向革新精神
> 作任何讓步,和世界各地的反動勢力親如兄弟。也有很
> 多人信奉民主精神,但這種精神和西方民主精神的意向
> 不同。西方民主包羅萬象,意義範圍無限,這裡就不再
> 詳述了,但肯定不合我們的民主派的口味,我們的民主
> 派認為他們正在按照民眾可能有所收益的方式推動著人
> 民大眾的利益。(《中國人自畫像》,頁 52-53)

其實陳季同已然觸及了西方現代社會中報刊或輿論對於整
體社會推行理念,往前發展的重要角色了。不過他很快地又回
復到為中國辯護的立場上了,使得更進一步的討論沒能開展出

來。[24] 葉凱蒂對於陳季同在歐洲的作品所呈現的特質有這樣的觀察：「陳季同的作品顯現出他陷入到一個兩難的困境。他接受歐洲社會的內在運作原則，而且投入到法國文學以及拿破崙法典的研究，然而，他對中國文化遺產的強烈認同以及對中華民族的堅信，使得他從一個愛國者的立場來呈現中國，致使他未能帶批判的眼光來為與歐洲文化原則強烈對比的中國文化遺產喝采。藉由一種歐洲的感性，但卻堅持中式的原則，他試圖要來解決此一矛盾。」[25]

　　此外，還有一些西方現代社會中發展出來的現象或機制，面對這些，比方說博物館，陳季同便只有讚賞欣羨的份了。巴黎的羅浮宮便是其中的例子。身為駐英法德的外交官，陳有很多機會到訪羅浮宮，其中豐富的收藏，以及博物館整體運作，對外開放展覽的情形，讓他只能感到「非常遺憾」中國未能有類似的機構：

> 這是一個令人欽佩的機構，我非常遺憾中國沒有類似的事物。當然，我們也有極為豐富的收藏，但只限於中國，而沒有別國的藝術品，況且，這些收藏只屬於幾個特殊人物，它們不向公眾開放，人們不能像幸福的巴黎居民那樣，每天都能免費在博物館中接受教育。……法國所有機構有一個共同特點，就是都能致力於對民眾的啟蒙

---

24 有關報刊輿論在現代性的開展中所扮演的角色，可參看李歐梵：〈「批評空間」的開創—從《申報・自由談》談起〉，以及〈晚清文化、文學與現代性〉，兩文皆收於《李歐梵自選集》（上海：上海教育出版社，2002），頁 137-154，265-279。

25 Yeh, "The Life-Style of Four Wenren in Late Qing Shanghai4," p.443. 引文是筆者的翻譯。

工作。植物園、動物園、博物館、國立工廠、任何圖書館，參觀者都能免費觀賞、考察。

然後他再度對此現象作了對比：

實際上，我們沒有相似的機構。我們的皇家圖書館只向少數特權階級的人物開放，例如翰林院的翰林。而且各省圖書館幾乎只收藏中文書，不具有巴黎大圖書館國際化的特點。

確實，直到現在，這種圖書收集的需要還不存在。只要我們還守株在家，我們就會只滿足於自己的一點兒老底兒。如今，中國與世界其他部分需要更多地認識外國，吸收他們的文學和科學，研究過去，瞭解那些以前幾世紀與我們沒有一點兒聯繫的民族的歷史。[26]

其實，對西方博物館的建置，不僅陳季同有所感，其他由中國到達歐洲，接觸到西方現代社會的中國人，如斌椿（1804-1871）、張德彝（1847-1918）、王韜（1828-1897）、黎庶昌、薛福成（1838-1894）等人都有類似的經驗。除了報刊、博物館，陳季同廣泛參觀遊覽及觀賞戲劇，他也常常漫步在巴黎的拉丁區或是光顧咖啡館。這不禁讓我們聯想到班雅明（Walter Benjamin, 1892-1940）所提到的現代都市中的閒逛者

---

26 Tcheng Ki-tong, Les Parisiens peints par un Chinois, pp. 115-116，引自李華川：《晚清一個外交官的文化歷程》，頁84。

（flâneur）。[27] 這是中國人與西方現代性其中一個面向接觸的反應。

除了《中國人自畫像》、《中國人的快樂》等一類介紹中國社會風俗習慣一類的書籍外，陳季同也撰寫了 Le théâtre des chinois(1886), Les contes Chinois(1889), Les roman de l'homme jaune（1890）, L'amour héroïque（1904）。大致而言，一方面這是陳季同個人向西方「輸出」中國文化，達到讓西方人更深入理解中國文學文化的一個作為，也就是一種比較研究，更深入地對於中西兩種文化本質的探索研究，如《中國人的戲劇》及《中國故事集》即是。《中國人的戲劇》可以說是「中國人以西方方式論述中國戲劇的第一本著作」。作者認為中國戲劇與西方戲劇有本質上的不同，中國戲劇是通俗的民間藝術，而西方則是走向達官貴族的享樂藝術；中國戲劇較為抽象，或虛化（dématérialiser）；西方的戲劇則較寫實。在劇院舞台方面，中西也有出入，布景場景方面，西方力求豪華規模，中國劇場則簡單但充滿象徵意涵。[28] 陳季同對中西戲劇比較研究的看法，不禁讓我們聯想起稍後二十世紀德國劇作家 Bertolt Brecht（1898-1956）「史詩劇場」（epic theatre）中對於中國傳統戲劇寫意象徵的推崇及借鏡。另一面向，我們也可做出可能的推斷，也就是，也許也存在著陳季同個人深深理解到作為一個身份特殊的「外籍」作家，他所獨具的一種可以使用的策略，也就是以一種「異國情調」（exoticism）作為書寫的手法，來達到讓作

---

27 有關「閒逛者」，可參看 Keith Tester, ed. *The Flâneur*（London: Routeledge, 1994）.

28 請參看李華川的討論，李華川：《晚清一個外交官的文化歷程》，頁 57。

品廣為流傳的效果，如《黃衫客傳奇》、《英勇的愛》應屬於此類作品。證諸陳季同作品在歐洲的廣受歡迎，這樣的推論大約不會太離譜。

陳季同在歐洲的時光，比較多的作為是試圖矯正西方人對中國文化、風俗習慣等的扭曲觀念，同時將中國文學、文化以一種西方人較可以接受的方式帶到他們眼前。但在 1891 年被召回中國後，陳季同所採的途徑顯然與在歐洲時不一樣，他爾後較多的心思及經歷是放在如何將西方的現代思考、現代思維、以及現代文學觀念帶到國人面前。

四、陳季同與中國的現代性追求

回到中國後，陳季同基本上不再參與外交事務，不過在 1894 年中日甲午戰爭爆發，台灣巡撫唐景崧（1841-1903）調陳季同赴台，陳在四月二十日抵台，試圖以其多年來與法國的關係，與法國水師提督協議，保護台灣，事未果。日本佔據台灣後，陳季同促成台灣民主國的成立，擔任外務衙門督辦，負責台灣對外外交事務。[29] 陳季同於台灣政體多有獻策，依日人伊能嘉炬（1863-1925），「台灣民主國乃唐景崧幕僚陳季同倣法法蘭西共和國之建設所規劃者。」[30] 民主國敗亡後，陳季同率

29　連橫：《台灣詩乘》：「乙未之役，台灣自主，奉巡撫唐景崧為大總統，以禮部主事李秉端為軍務大臣，刑部主事俞明震為內務大臣、副將陳季同為外務大臣。季同字敬如，福建閩縣人，曾學歐洲，為駐法參贊。劉壯肅撫台時，延為幕客，以功至副將。」

30　見吳錫德：〈台灣民主國兩要角與法國淵源〉，《歷史月刊》（2003.10）：44。

「駕時」、「斯美」等四艦赴兩江總督張之洞處呈繳。[31] 陳季同
後來曾作《弔台灣》四律，頗能見其心態：

> 憶從海上訪仙蹤，今隔蓬山幾萬重。蜃市樓台隨水逝，
> 桃源天地看雲封。憐他鰲戴偏無力，待到狼吞又取容。
> 兩宇亢卑渾不解，邊氛後此正洶洶！

> 金錢卅兆買遼回，一島居然付劫灰？強謂彈丸等甌脫，
> 忍將鎖鑰委塵埃。傷心地竟和戎割，太息門因揖盜開。
> 似念兵勞許休息，將臺作偃伯靈臺。

> 鯨鯢吞噬到鯤身，漁父蹣跚許問津。莫保河山空守舊，
> 頓忘唇齒借維新。蓬蒿滿目囚同泣，桑梓傷心鬼與鄰。
> 寄語赤崁諸父老，朝秦暮楚亦前因。

> 臺陽非復舊衣冠，從此威儀失漢官。壺嶠而今成弱水，
> 海天何計挽狂瀾？誰云名下無虛士，不信軍中有一韓。
> 絕好湖山今已矣，故鄉遙望淚舊欄杆。[32]

---

31 《陳季同傳》，收於《中國人自畫像》，頁 293。
32 此處〈弔台灣〉採的是陳季同在《學賈吟》中的版本，見陳季同，《學賈
　吟》（上海古籍出版社，2005），頁 151-152。這組詩是所見最早版本，錢
　南秀認為比收入連橫《台灣詩乘》中的版本「更能表達季同當時的激憤。
　或許後來傳鈔者因顧忌而稍稍減緩語氣？」（見《學賈吟・前言》，頁 6）。
　沈嚴在同書〈心聲百感交集　心畫神采奕奕－陳季同《學賈吟》書藝略
　評〉中也認為此處的用語表現「感情色彩更為濃烈，愛國熱情更為凸現」
　（見頁 166）。筆者基本上同意錢氏及沈氏的看法。連橫在《台灣詩乘》
　中所引的版本較常見，茲不贅錄。

1895 年回到大陸後，陳季同「僑居上海，以文酒自娛。西人有詞獄，領事不能決。咸取質要；為發一言或書數語與之，讞無不定。其精於西律之驗如此。西人航梯之來吾國者，莫不交口稱季同。」[33] 同時又與康有為、梁啟超、馬相伯（1840-1939）、馬建忠來往，於維新事業有與焉。[34] 陳季同並非池中物，雖經挫折但仍思要有所表抒貢獻一己之力，有關季同在此面向上的經歷及心路歷程，他在《學賈吟》一些詩歌中有所描述及表懷。季同在 1896 年夏天由上海出發，經漢口入湘進黔，在黔中考察礦產三月後，於 1897 年初回到上海。在《學賈吟》詩冊中，除了對於自己在仕途上的蹇滯不得志心情的抒發外，季同也對中國豐富的物礦產及如何開發之，有一些想法，如在〈硃砂礦〉（頁 29）、〈鐵〉（頁 37）、〈煤〉（頁 37）中均有所描詠。在 1897 年陳季同又設立公司，欲修蘇寧鐵道，未成。投資湖南鉛礦，亦未成：

> 前晚坐洋車，至大馬路口，遇見妻孥猶在馬車候我，遂與之偕歸。以冷炙殘羹、酪漿羶肉，聊充飢渴，究不及魚生粥遠甚。日來腰腿作痛，步履艱難，較之卓如傷股，真有同病相憐之苦。弗克趨談，職此之故。鉛礦事，前

---

33 同上注。

34 某（不明作者）：「丙申七月，《時務報》出版，報館在英租界四馬路石路，任兄住宅在跑馬廳泥城橋西新馬路梅福里，馬相伯先生與其弟眉叔先生同居，住宅在新馬路口，相隔甚近，晨夕相過從。麥儒博於是年之冬亦由廣東到上海，與任兄及弟三人每日晚間輒過馬先生處習拉丁文。徐仲虎建寅、盛杏孫、嚴又陵、陳季同及江南製造局、漢陽鐵廠諸公，與乎當時之所謂洋務諸名公，皆因馬先生弟兄而相識。」〈時務報時代之梁任公〉，收入丁文江（編）：《梁任公年譜長編》（上）（台北：世界書局 1988 四版），頁 33。

> 途出遊未歸，容熟思一兩妥之策，無礙大局，挽救委員，
> 第夫知究能作得到否？[35]

　　陳季同和晚清文人劉鶚類似，也參與到晚清的「商戰」中去了，但看來也和劉鶚一樣，遭遇到不少挫折。[36]

　　陳季同在 1898 年 7 月與其弟陳壽彭創立《求是報》（*International Review*）於上海，以陳衍為主筆。根據《求是報》第一期的〈告白〉，

> 本館不著論議，以副實事求是之意。報首恭列上諭，其次分為內、外編。內編之目三：曰交涉類編，曰時事類編，曰附錄。外編之目五：曰西報譯編，曰西律新譯，曰製造類編，曰格致類編，曰泰西稗編。……

　　由此〈告白〉看來，內編「交涉」、「時事」等事項，顯然是與中國外交、涉外、或世界情勢有關；而外編的「西報編譯」、「西律新譯」、「製造類編」、「格致類編」、「泰西稗編」，亦是在引進介紹西方的消息、法律、實業、科學發展，以及文學等方面的消息。其背後的精神首先應是要讓中國不隔絕於外在的世界，其次則進而能參與到世界的話語中，成為其中的一份子。陳季同在在編輯此一刊物時，實際上的作為是以自己在國際公法及法律的專業知識，來翻譯法國法律及文學。在 1898 年 8

35　《汪康年師友書札》（2）（上海：上海古籍出版社，1986-89），頁 2010。
36　有關劉鶚的經商（或商戰），請參看陳俊啟：〈徘徊於傳統與現代之間—晚清文人劉鶚的一個思想史個案考察〉，《國立編譯館館刊》30：1 ＆ 2（2001.12）：305-328。收入本書第五章。

月，陳季同譯《法蘭西民主國立國律》（即《法國民法典》，又名《拿破崙法典》），並作譯序，在其中他提出：

> 溯自海禁開後四十餘年，講通商、習洋務者時繁有徒，而能不亢不卑、折衝樽俎，頗不數覯，病在於未能知己知彼也。問泰西何以強？則曰輪船槍砲。何以富，則曰通商開礦。殊不知輪船槍砲、通商開礦，若無律法以繩之，安能億萬一心以致富強哉？（《求是報》第一期，「西律新譯」）

　　在學習西學多年，又在歐洲待過十數年，陳季同相當清楚地知道其實西方之所以富強，並不在輪船槍砲或是通商開礦，而是在於其背後促使西方走向現代的制度、文化及思維，也就是一種「現代性」的追求。何謂「現代性」？根據社會學者黃瑞祺的看法：

> 「現代性」具有特定的時空屬性，可以簡單說是「近代西方文明的特性」。「現代性」在個人層次而言指一種感覺、思維、態度及行為的方式（所謂「個人現代性」），在結構層次而言是指社會制度、組織、文化以及世界秩序的一種特性。所以從歷史上來說，「現代性」是一種新的全貌（new constellation），包括生活中的重要層面，以「西方理性」為其核心……。[37]

---

37 黃瑞祺：〈現代性的省察─歷史社會學的一種詮釋〉，《台灣社會學刊》19（1996.3），頁170。

　　對於現代性的探討，首先一個歷史的瞭解與掌握是必要的。社會學家認為從社會發展的角度來看，現代性的形成與歐洲的興起和擴張有密切的關係。[38] 一般的認知中，認為現代社會的形成是由十九世紀的工業化（industrialization）肇始，但是今天社會學家則認為現代社會的形成應該可以追溯到西歐封建制度崩解後，因為社會經濟層面全面而急速發展而產生的。[39] 大致而言，從歐洲中古末期，西方的一些歷史事件及相關的運動（包括了政治、經濟、社會以及文化層面）相互糾結影響，最後形成一個我們今天所瞭解的「現代性」。[40] 通常我們討論歐洲現代性的淵源都會包含歐洲中古後期城市的興起（11-13 世紀）、文藝復興運動（14-15 世紀）、海外探險及殖民主義（15-19 世紀）、資本主義（14-29 世紀）、宗教改革（16 世紀）、民族國家（15-17 世紀）、民主革命（17 世紀）、科學革命（17 世紀）、啟蒙運動（18 世紀）、工業革命（18-19 世紀）等，而在這背後可以說是一種西方理性精神的高度發揮。[41]

　　在歷經黑暗時期（Dark Ages）之後，西方進入到另一歷史的階段，與此一歷史進程同時，人們對於他們自己的處境有另一不同的感受，認為現在已進入到另一有別於過去的「現代」階段，只要憑藉「理性」，人類可以克服一切，朝前邁進，走入

---

38 黃瑞祺：〈現代性的考察〉，頁 173-174。
39 見 Stuart Hall, "Introduction" to Stuart Hall, David Held, Don Hubert & Kenneth Thompson, eds. *Modernity: An Introduction to Modern Societies*（Cambridge: Polity Press, 1995），p. 3.
40 有關「現代性」的形成以及這幾股脈絡相互之間的糾結關係，可參看 Stuart Hall, "Introduction" To *Modernity*, pp. 3-7.
41 黃瑞祺：〈現代性的考察〉，頁 176-192。尤其頁 189、190 的表對於掌握「現代性」的形塑有相當幫助。

一「新」的、光明的、美好的、進步的的時代。[42] 在文藝復興的開展中，對於希臘羅馬文化有重新重視的趨勢，宗教文化有逐漸走向世俗化及平民化，形成以「人」為中心的「人文主義」（humanism）。[43] 由於對於人的重視，同時也強調了自希臘文化以降的人的理性，認為憑藉人的理性，人類可以克服自然，掌握一切。馬羅（Christopher Marlow，1564-1593）的 *The Tragic History of Doctor Faustus*（1604）中的浮士德博士即是一個代表性的人物，為了獲取更多的知識及權力，不惜將靈魂賣給魔鬼。此一脈絡發展到了十八世紀的啟蒙運動，更是具體形成了啟蒙論述，強調了「進步」（progress）、「科學」（science）、「理性」（reason）及「自然」（nature），也開啟了無止境地追求物質進步及繁榮，消除偏見與迷信（馬克斯·韋伯 Max Weber 的「除魅」disenchantment），並由於人類知識及理解的增進進而掌握自然。[44] 後來思想史家史華慈（Benjamin I. Schwartz）曾以普羅米修斯——浮士德精神（Promethean-Faustian spirit）來描述嚴復對於西方文化的理解。[45]

42 參看 Matei Calinescu, *Five Faces of Modernity: Modernism, Avant-garde, Decadence, Kitsch, Postmodernism*（Durham: Duke UP, 1987）；亦請參看本書中譯本，馬泰·卡林內斯基：《現代性的五副面孔：現代主義、先鋒派、頹廢、媚俗藝術、後現代主義》（北京；商務印書館，2003），頁 9-10，27-28。

43 有關「文藝復興」的界定眾說紛紜，參見 Abrams, *A Glossary of Literary Terms*, 7th ed.（Fort Worth: Harcourt Brace College Publishers, 1999），"Renaissance" 條，頁 264-268。

44 Modernity, p. 4. Peter Hamilton 在 "The Enlightenment and the Birth of Social Science," 中對於「啟蒙運動」有深入的討論，參看 *Modernity*，頁 19-54，尤其是頁 23-24 對於啟蒙理念的歸納。

45 請參看 Benjamin I. Schwartz, *In Search of Wealth and Power: Yen Fu and the West*（Cambridge: Harvard UP, 1964）。

　　由於此一特殊精神的開展，不管是在資本主義、宗教改革、民族國家、民主制度、科學革命、啟蒙運動、工業革命等面向都有長足而明顯的發展。比方說在民主制度方面，社會結構因科學理性精神的發揚，促使技術的高度發展，進而促使生產方式的改變，影響到工商業的運作結構後，產生了所謂的中產階級（the bourgeoisie），這些中產階級彼此之間因有一種休戚與共的感覺，也要為自己爭取在社會上的一種權利，與歐洲進展中的民主化過程（democratization）又合輒匯流。民主化過程一般均以英國的光榮革命（Glorious Revolution, 1688-1689）、美國獨立（1776）以及法國革命（1789）為里程碑。光榮革命中英國國會簽署了權利法案（Bill of Rights,1689），確立議員言論自由，對國王權力限制，國王不得否決國會法律及法案。國會成為最高立法機構。美國獨立戰爭則建立聯邦共和國，制訂成文憲法，採孟德斯鳩三權分立制，民主法治規模確立。法國革命則是另一波民主發展的重要過程。在巴斯底獄事件後，全國人民起而驅逐官吏，組織自治政府，成立國民軍，推翻專制體系，以國民會議掌權，封建制度因而廢除、貴族封號及特權取消。人權宣言發表，保障人民自由、平等權利等。法國革命的「自由、平等、博愛」口號成為政治體制及民主變革的重要精神，現代的民主化基本上確立。我們看到中產階級在此一波的民主化過程中扮演重要角色。他們除了在上述爭取民主化的過程中扮演了重要角色外，對於民主制度的參與與推動，他們也有舉足輕重的位置。如何更進一步藉由參與到民主運作機制中來保障自己的權利，同時在參與中（participating in）又對其運

作有一種超脫批判（detached from）的立場，可以說是今天民主的重要精神。[46]

在民主制度中極其重要的核心思想即是其法律制度。如我們上面所述，陳季同初到歐洲即與馬建忠至法國政治學堂及法律學堂學習法律公法，對於西方現代社會中法律制度所扮演的角色有相當的理解及認識，因而在《求是報》中，我們看到陳季同不遺餘力地在翻譯提倡西方的法律制度，希望能將中國帶到更現代的處境。李華川認為「我們從中隱約可以窺見陳季同試圖傳達給晚清讀者的民主、共和觀念」，大致是不錯的。[47]

除了在法律上要跟上現代的西方外，1897 年的十月、十一月，陳季同又積極地與經元善（1840-1903）、嚴信厚（1838-1907）、鄭觀應（1842-1922）、施則敬（1855-1924）、康廣仁（1867-1898）、袁梅、梁啟超等創辦「中國女學堂」。[48] 陳季同弟（壽彭）婦薛紹徽（1866-1911）在《求是報》第九期〈創設女學堂條議並敘〉中說：「丁酉冬十有一月朔，敬如兄以上海紳董創立女學堂章程來商。」又根據經元善《滬南桂墅里池上草堂會議第一集》十月二十七日：

> 本日到者；曾重伯太史、陳敬如軍門，嚴小舫、鄭陶齋軍門兩觀察，施子英、經蓮山兩太守，康幼博通守⋯⋯
> 陳敬如軍門云：弟內子外國女學堂出身，現囑擬日課章

---

46 黃瑞祺：〈現代性的考察〉，頁 182-185。並參考余英時：《近代文明的新趨勢──十九世紀以來的民主發展》（無出版年月地點，1953 年自序）頁 57-78。
47 李華川：《晚清一個外交官的文化歷程》，頁 115。
48 關於中國女學堂，可參看夏曉虹：《晚清文人婦女觀》（北京；作家出版社，1995）。

程、日內可脫稿呈鑒。他們之意，第一年先習語言女紅，
第二年起，察看材質，再進習他種學問，如醫學、算學、
史學、輿地、樂律等學是也。放學之期，西例每禮拜二
日，今中國女學堂如何辦理，請公會商示遵。經對曰：「嫂
夫人所擬，大約全是西國學派。今中國創辦女學不能不
中西合參者，地勢然也。放學之期，俟開堂後酌定。」
陳又曰：「課程擬出，再送呈參酌。先堂中華洋文字並行
教導，自不宜全用西法。泰西女學亦有烹飪一門，中國
女子似亦宜習此，方能洗手作羹也。」[49]

其中陳季同夫人賴媽懿（Marie Adèle Lardanchet,
1848-1921）為法國女子，係元配劉氏於 1888 卒後，於 1891 年
再娶。賴媽懿以及陳季同元配所生的兩位女兒陳騫（槎仙）、陳
超（班仙）都在此一中國第一所女學堂的創立過程中扮演了舉
足輕重的角色。晚清興女學的重要人物大致屬維新派人物，他
們重視教育的功用，將興辦學校、培養人才視作是國家脫離困
境，走向富強的一個重要途徑。[50] 其中最是代表人物的就是梁
啟超，其「新民說」提倡現代的公民除要能具備有原本中國固
有的德行外（梁稱為「私德」），更應該具備有現代社會中不可
或缺的質性（梁稱之為「公德」），而此一公德基本上即是以西
方現代社會運作中公民所應具備有的德行為模範。[51] 由公民質

---

49 收入經元善輯錄：《女學集議初編》，轉引自李華川：《晚清一個外交官的
　　文化歷程》，頁 219。
50 有關這方面的討論可參看栗洪武：《西學東漸與中國近代教育思潮》（北
　　京：高等教育出版社，2002），尤其是頁 85-102 的討論。
51 有關梁啟超在「新民說」中的思想，請參看 Hao Chang [張灝], *Liang
　　Ch'i-ch'ao and Intellectual Transition in China, 1890-1907*（Cambridge:

性的討論進一步則推衍到女性國民、公民在整體國家走向現代的過程所應扮演的角色，以及為達到此一目的所應具有的德行。此正是提倡女學的重要精神。從梁啟超夫人李蕙仙（1869-1924）在中國女學的創立及章程課業的設立上扮演的角色，我們可以看到諸如梁啟超等人的立場。而陳季同的大力參與其中，可看出在女學方面，陳季同也不遺餘力在引領進西方現代的女性教育概念，希望培育出新女性，以符合社會及時代的需求。

1900年陳季同為其弟壽彭所譯的《中國江海險要圖志》作序，在其中討論到翻譯的理念，可以說是與其好友嚴又陵有相互輝映之光：

> 夫譯之為道也小而難，西音聱牙詰屈，西文顛倒錯綜，雖細心體會，以意出之，要亦視其原書之文理深淺、詳簡為何如耳。原文之淺者必使之奧，簡者必使之備，則衲鑿敷會、怪誕離奇，是其自撰之書，與譯也何涉？原文之深者、備者，使無奧博之筆以賅括之，則失原書之真，於譯也何資？此外脫略掛漏、揚屬鋪張、是謂不實。其去譯也亦遠，又何足道哉？余之於譯雖歷三十年，未嘗索意妄作，亦未敢輕視乎人之譯也。蓋深知其難耳。[52]

與此大約同時，陳季同結識了晚清小說家曾樸（1872-1935），帶領後者深入西方文學，尤其是法國文學的領

Cambridge: Harvard University Press, 1971），pp.149-219 以及黃克武：《一個被放棄的選擇》（台北；中央研究院近代史研究所，1994），頁41-61。.

52 陳季同：《中國江海險要圖志・序》。引自李華川：《晚清一個外交官的文化歷程》，頁 225。

域。曾樸曾敘述他與陳季同相識的經過：

> 直到戊戌變法的那年，我和江靈鶼（引案：即江標，
> 1860-1899）先生在上海浪遊。有一天，他替譚復生先生
> 餞行北上，請我作陪，作客中有個陳季同將軍，是福建
> 船廠的老學生，精熟法國文學，他替我們介紹了。我們
> 第一次的談話，彼此就十分契合，從此便成了朋友，成
> 了我法國文學的導師。[53]

曾樸子嗣曾虛白（1895-1994）的敘述雖略有出入，大致相
似，但更詳細：

> 林暾谷（引案：即戊戌六君子之一的林旭，1875-1898）
> 在滬時給先生介紹了一位深通法國文學的朋友，名叫陳
> 季同，他那時做著福建造船廠的廠長；在法僑居多年，
> 與法國第一流的文學家如佛朗士等，常相往還，故深得
> 箇中真諦，並且還用法文編過許多中國的戲曲，曾經轟
> 動過巴黎。先生跟陳季同面晤的一席談，真像發現了寶
> 藏似的，窺見了真正法國文學的光輝，從此才像著了迷
> 似的研究法文起來了。……他起初學法文，原只想學一
> 些應世的工具，直到遇見了陳季同先生之後，這才引起
> 了他對法國文學的愛好，確認這是他靈魂所飢渴的期望

---

[53] 曾樸，〈曾先生答書〉，收入胡適：《胡適文存》三集卷八，見胡適：《胡
適作品集》14（台北：遠流出版，1986），頁206。

著的食糧。因此他就竭全力去追求了。[54]

陳季同對曾樸在法國文學方面的啟發為何呢？曾樸說：

> 我自從認識了他，天天不斷地去請教，他也娓娓不倦地
> 指示我；他指示我文藝復興的關係，古典和浪漫的區別，
> 自然派，象徵派，和近代各派自由進展的趨勢；古典派
> 中，他教我讀拉勃來的《巨人傳》，龍沙爾的詩，拉星和
> 莫理哀的悲喜劇，白羅尼的《詩法》，巴斯卡的《思想》，
> 孟丹尼的小論；浪漫派中，他教我讀服爾德的歷史，盧
> 梭的論文，囂俄的小說，威尼的詩，大仲馬的戲劇，米
> 顯雷的歷史；自然派裡，他教我讀佛勞貝、佐拉、莫泊
> 三的小說，李爾的詩，小仲馬的戲劇，泰恩的批評；一
> 直到近代的白倫內甸《文學史》，和杜丹、蒲爾善、佛朗
> 士、陸悌的作品；又指點我法譯本的意、西、英、德各
> 國的作家名著。[55]

在這裡，如果曾樸的敘述沒有太誇張的話，我們不得不為
陳季同的博學及識見而嘆服。[56] 陳季同所談及到的這些法國
文學家，從較早的拉勃來（Francois Rabelais, 1494-1553）到較

---

54 曾虛白：〈曾孟樸年譜〉，收入魏紹昌編：《孽海花資料》（上海：上海古
　籍出版社，1982），頁 162-163。
55 曾樸：〈曾先生答書〉，《胡適作品集》14（台北：遠流出版，1986），頁
　206-207。
56 曾樸此文寫於 1928 年，而且陳季同並未留下一手的資料。我們對陳季同
　的文學觀念大約來自（1）其八本著作中所提及的作家及作品；以及（2）
　來自曾樸較有系統的呈現。

近的蒲爾善（Paul Bourget, 1852-1935）幾乎含括了法國文學中的重要大家，也涵蓋了整體法國文學的重要流派（如古典派、浪漫派、自然派、現代派等）。在清末時期，對於西方文學的理解也許沒有人能比陳季同來的更全面了。縱使以今天的標準來看，陳季同對於法國文學的周詳瞭解，也是相當令人驚佩的。[57]不過，陳季同在法國文學上的瞭解及造詣，除了對於曾樸產生了重大影響力外，似乎對中國的法國文學研究沒有實質的事例產生，這是相當可惜的。

　　曾樸的文章也指出陳季同的另一重大的貢獻，值得我們注意。這是有關晚清時期一種新文學觀念的產生。曾樸在〈曾先生答書〉中是這樣說的：

> 我文學狂的主因，固然是我的一種癖好，大半還是被陳季同先生的幾句話挑激起來。他常和我說：我們在這個時代，不但科學，非奮力前進，不能競存，就是文學，也不可妄自尊大，自命為獨一無二文學之邦；殊不知人家的進步，和別的學問一樣的一日千里，論到文學的統系來，就沒有拿我們算在數內，比日本都不如哩。我在法國最久，法國人也接觸得罪多，往往聽到他們對中國的論調，活活把你氣死。除外幾個特別的：如阿陪爾樓密沙（Abel Remust），是專門研究中國文學的學者，他

---

57 參看幾本法國文學史所含括討論的作家及作品即可有相當清楚的概念：（1）Geoffrey Brerton, *A Short History of French Literature*, 2nd Ed（Harmondsworth, Middlesex: Penguin Books, 1976）；（2）David Coward, *A History of French Literature: From Chanson de Geste to Cinema*（Malden, MA: Blackwell Publishing, 2002）；（3）Denis Hollier, ed. *A New History of French Literature*（Cambridge: Harvard University Press, 1989）.

作的《支那語言及文學論》，態度還算公平……其餘大部分，不是輕蔑，便是厭惡。就是和中國最表同情的服爾德（Voltaire）……卻詫怪我們進步的遲，至今還守著三千年前的態度；至於現代文豪佛朗士就老實不客氣的謾罵了。他批評我們的小說，說：不論散文或是韻文，總歸是滿面禮文滿腹兇惡一種可惡民族的思想；批評神話又道：大半叫人讀了不喜歡，笨重而不像真，描寫悲慘，使我們覺到是一種扮鬼臉，總而言之，支那的文學是不堪的；這種神話都是在報紙上公表的。我想弄成這種現狀，實出於兩種原因：一是我們不太注意宣傳，文學的作品，譯出去的很少，譯的又未必是好的。好的或譯的不好，因此生出種種隔閡；二是我們文學注重的範圍，和他們的不同，我們只守定詩古文詞的幾種体格，作發抒思想情緒的正鵠，領域很狹，而他們重視的如小說戲曲，我們又鄙夷不屑，所以彼此易生誤會。我們現在要勉力的，第一不要局於一國的文學，囂然自足，該推廣而參加世界的文學；既要參加世界的文學，入手方法，先要去隔膜，免誤會。要去隔膜，非提倡大規模的翻譯不可，不但他們的名作要多譯進來，我們的重要作品也需全譯出去。要免誤會，非把我們文學上相傳的習慣改革不可，不但成見要破除，連方式都要變換，以求一致。然要實現這兩種主意的總關鍵，卻全在乎多讀他們的書。[58]

---

[58]　曾樸:〈曾先生答書〉，收入《胡適作品集》14（台北：遠流出版，1986），頁 207-208。有關曾樸與法國文學之關係，可參見袁荻涌〈曾樸對法國

　　根據曾樸的說法，他和陳季同是在 1898 年認識的，若是曾樸上面的話沒有太大出入的話，那麼我們恐怕得重新思考陳季同在晚清小說，或是近現代文學的發展中所扮演的重要角色了。在我們對於晚清小說觀念的研究中，除了早期傳教士如傅蘭雅（John Fryer, 1839-1928）的等人所扮演的角色外，我們通常是以梁啟超、嚴復、夏曾佑等人為關鍵性的人物。[59] 大致而言，晚清小說的提倡者所偏重的較大幅度是在小說的政治社會功能，他們的小說理念，也因為與社會政治時代的需求相符合，因而蔚為風氣，將中國傳統小說由道聽途說、誨盜誨淫的不入流地位，一舉而提升到「文學之最上乘」的重要地位。[60] 但是梁任公等人一方面所提倡的是西方的政治小說，另一方面，他們對於小說的理解大致是由日本引進的西方的小說觀念，對於西方小說的發展及源流，其實是有所隔閡的。曾樸轉述的陳季同，對於西方小說、西方文學的掌握顯然是相當全面的。梁啟超等人固然對於中國小說地位的提升有舉足輕重的關鍵性地位，但是若由另一面向來看，正是因為過度強調小說的政治社會性，因而對於小說的藝術美學方面的關注，相對就減少。這不可不謂是梁啟超等人在小說整體發展上的負面作用了。在晚清時期，對於小說的藝術美學性較有著力關注者大約只有徐念

　　文學的接受與翻譯〉《貴州師範大學學報》（社科版）（2001 年第 4 期總 113 期）：79-83；錢林森：〈新舊文學交替時代的一道大橋樑—曾樸與法國文學〉，《中國文化研究》（1997 年夏之卷總 16 期）：103-109。

59　嚴復與夏曾佑對於小說的看法見，《天津國聞報附印說部緣起》，收於陳平原、夏曉虹編：《二十世紀中國小說理論資料》（北京：北京大學出版社，1989）。

60　有關梁啟超的小說觀以及晚清小說的大致發展，請參看陳俊啟在本書中諸章節的討論；黃錦珠：《晚清時期小說觀念之轉變》（台北：國立編譯館，1995）。

慈（1875-1908）、黃摩西（1866-1913）以及王國維（1877-1927）
了。[61] 陳季同除了在言論上提出對小說戲曲的重視外，他自己
所創作的八本書中實際上有四本是和小說戲曲有關的，由此看
來，陳季同的小說觀、文學觀可說是走在時代前端了。[62]

　　另外陳季同也指出了中西文學對於文類的等級秩序
（hierarchical order）的不同。在中國，「我們只守定詩古文詞
的幾種体格，作發抒思想情緒的正鵠，領域很狹，而他們重視
的如小說戲曲，我們又鄙夷不屑」。在中國，從來文學的等級就
是詩、古文、史傳文為最尚，小說戲曲從來就是不入流，只能
居於文學系統的最下一層。在梁啟超等人為求救亡圖存的政治
改革的努力之下，小說因為恰如其時地扮演了重要角色，而變
為「文學之最上乘」。此一過程是一步步的在中國本土發展而出，
而成形，是晚清小說與現代性追求密切結合的例子。因而筆者
曾提出：

> 一個「新」的中國是任公努力的最終目標。任公相信，
> 為了要達到此一目標，小說——因為其通俗適眾的性質
> ——是最佳的工具。作為傳播維新思想的管道，小說首
> 先就要把維新思想作為其內容，而此恰是傳統小說所最
> 缺乏的內容層面。因此「小說界」革命的最重要題綱，
> 當然就是要強調新內容和新思想。何謂「新思想」？當
> 然就是有關改革的思想，或是所謂「新民」的思想。更

61　參看柯慶明：《現代中國文學批評述論》（台北：大安出版社，1987）。
62　有關晚清時期新文學觀念的發展，可參看 Theodore Huters, "A New Way
　　of Writing: The Possibilities for Literature in Late Qing China, 1895-1908,"
　　Modern China 14:3（July, 1988）: 243-276 以及 Huters, "From Writing to
　　Literature" HJAS vol.47, no.1（June 1987）: 51-96.

具體的說，就是：「關切於今日中國時局者」、「發揮自由精神」、「發揚愛國心」、「寓愛國之義」、「描寫現今社會情狀、藉以警醒時流、矯正弊俗」、「借小說家言以發起國民政治思想，激勵其愛國精神」、「吐露其所懷抱之政治思想」、「發明哲學及格治學」、「養成國民尚武精神」、「激勵國民遠遊冒險精神」、「言今日社會問題之學理而歸結於政治上關係」等。總而言之，小說的內容應該是有關社會、政治改革的思想。這些思想即筆者所謂的「小說之政治層面」，在傳統小說中可以說是未曾見的，經由任公的提倡才被引入所謂的新小說中，希望經由它們來開啟民智。[63]

　　但是陳季同則是由其在西方的親身體驗而感受到小說戲曲在西方社會、西方的文學中的地位，進而提出我們在認識上的保守不足，應該要更廣泛的瞭解西方現代社會對於文學的看法及定位，進而調整我們的文學視野，如此方能與西方現代文學接軌，讓中國文學成為現代的文學，而且是「世界的文學」。

　　陳季同所謂的「世界文學」的理念為何？他指出，如果中國人仍然保守，仍然如曾樸所描述的情景：

　　　那時候，大家很興奮的崇拜西洋人，但只崇拜他們的聲光電化，船堅炮利，我有時候談到外國詩，大家無不瞠目撟舌，以為詩是中國的專有品，蟹行蚓書，如何能扶輪大雅認為神話罷了；有時講到小說戲劇的地位，大家

63　見本書第二章〈重估的再詮釋及重估〉。

另有一番見解，以為西洋人的程度低，沒有別種文章好推崇，只好推崇小說戲劇，講到聖西門和孚利愛〔傅立葉〕的社會學，以為擾亂治安；講到尼采的超人哲理，以為離經叛道。最好笑有一次，我為辦學校和本地老紳士發生衝突，他們要禁止我干預學務，聯名上書督撫，說某某不過一造作小說淫詞之浮薄少年耳，安知教育，竟把研究小說，當一種罪案。

也就是說在當時的中國，大部分的人包括知識份子在內，連西方都不瞭解，又如何談到躋身世界文學呢？根據陳季同自己的記載，在他還未出國之前，已經廣泛閱讀過蒙田（Montaigne）、帕斯卡爾（Pascal）、莫里哀（Moliere）和高乃依（Corneille, 1601-1684）等人的作品。[64] 其中他特別喜愛莫里哀：

當我首次讀到莫里哀時，我不知道最應該讚美的是他的勇氣還是天才。但我覺得當他想到單槍匹馬投入這樣一場戰鬥時，一定產生了一種恐懼。人們從未見過這種場面：一群喜劇演員膽敢直接攻擊路易十四的寵臣！一切虛榮都從他們的地位上拋開！一切偽學者都被套上了驢耳紙帽！一切虛偽的虔誠者都被揭露出來，並永遠與答爾丟夫同流合污！難道我還沒有理由說莫里哀是膽大者的班頭嗎？

---

64 Tcheng Ki-tong, "Preface," Le Théâtre des Chinois, p. v. 引自李華川，頁137。

> 這個轉變是強烈的：這是一個中國人在向莫里哀致敬，
> 並且自稱是他的弟子——請大家原諒我大膽的想法。[65]

此一描述讓我們聯想到濟慈（John Keats, 1795-1821）在詩中描述他初次讀到 Chapman 翻譯的荷馬時的那種震撼心情！[66] 這是一位早年即接觸到西方文學，並為西方文學作品中的特殊質性所感動，願意向西方文豪致敬的中國學生！中國文學固然有其獨到的特質，但是西方文學也有其震撼人心的一面。東海西海，心理固然可以攸同，但是卻又是各擅勝場，因而，我們不能自限、不能自大，而要加入到世界文學之林。要去除隔閡，不要有誤會，重要的是要有互相交流，不僅要將中國優秀作品向外翻譯介紹，而且也要將西方作品譯入中國。更重要的是要改變我們的文學觀念！改變我們表達文學的方法！誠哉是言！文學視野（perspective）得調整，文學技巧可參照加強！這是今天我們文學從事者仍在努力的方向。

五、結　語

從小時候接受傳統中國的教育，到 1867 年進入福州船政學堂，陳季同即已踏上與西方不可切割的個人及歷史情境中。我們看到他初次接觸西方文學的震撼，我們也看到他隨行出使歐洲諸國，一一接觸西方社會所呈現的現代性的種種層面。在此一氛圍中，陳季同思考、比較、寫出他矯正西方錯誤視聽的著作，也試圖將中國文學、文化介紹引領進西方的努力。1891 年

---

65 Tcheng Ki-tong, Le Théâtre des Chinois, pp. 2-3. 引自李華川，頁 137。
66 John Keats, "On First Looking Into Chapman's Homer"（1884）.

回中國後，不管是在政治、法律、教育、以及文學方面，我們看到他更是不遺餘力地在促使中國的走向現代、走向世界。與康有為、梁啟超、孫中山、甚至他的同學好友如嚴復、馬建忠相比，陳季同的名氣不大，但是在中西、新舊、傳統現代的轉折取捨之間，陳季同卻是一位先鋒，不管是在思想史上或是文學史其重要性質都是值得我們肯定的。

參考書目

一、中文書（按作者姓氏漢語拼音排列）

阿　英，《晚清小說史》。台北：商務印書館，1996 台二版。

＿＿＿＿，《晚清戲曲小說目》。上海：上海文藝出版社，1954。

＿＿＿＿，《晚清文學叢鈔：小說卷》。北京：中華書局，1960。

＿＿＿＿，《晚清文學叢鈔：小說戲曲研究卷》。台北：新文豐出版社，1989。

巴斯蒂（Marianne Bastid-Bruguière），〈福建傳政學堂派遣學生赴歐洲留學〉，收於陳學恂、田正平（編），《中國近代教育史資料匯編：留學教育》。上海：上海教育出版社，1991，頁 225-272。

＿＿＿＿，〈清末赴歐的留學生們——福建船政局引進近代技術的前前後後〉，收入《辛亥革命史叢刊》第 8 輯。

蔡源煌，《從浪漫主義到後現代主義》（修訂版）。台北：雅典出版社，1998。

曹雪芹著，其庸等校注，《紅樓夢校注》。台北：里仁出版社，1984。

曹亦冰，《俠義公案小說史》。杭州：浙江古籍出版社，1998。

陳大康，《明代小說史》。上海：上海文藝出版社，2000。

陳季同，黃興濤等譯：《中國人自畫像》。貴陽：貴州人民出版

社，1998。

陳季同，段映紅譯，《中國人自畫像》。桂林：廣西師範大學出版社，2006。

陳季同，李華川、凌敏譯：《中國人的戲劇》。桂林：廣西師範大學出版社，2006。

陳季同，段映虹譯：《巴黎印象記》。桂林：廣西師範大學出版社，2006。

陳季同，錢南秀整理，〈學賈吟〉。上海：上海古籍出版社，2005。

陳平原，《20 世紀中國小說史第一卷，1897-1916》。北京：北京大學出版社，1989。

＿＿＿，《中國小說敘事模式的轉變》。台北：久大文化，1990。

＿＿＿，《陳平原小說史論集》3 冊（石家莊：河北人民出版社，1997）。

＿＿＿，《中國現代小說的起點──清末民初小說研究》。北京：北京大學出版社，2005。

陳平原等編，《二十世紀中國小說理論資料》第一卷。北京：北京大學出版社，1989。

陳平原、王德威、商偉（編），《晚明與晚清：歷史傳承與文化創新》。武漢：湖北教育出版社，2002。

陳其欣（編），《名家解讀〈三國演義〉》。濟南：山東人民出版社，1998。

陳世驤，〈中國的抒情傳統〉《陳世驤文存》。瀋陽：遼寧教育出版社，1998。

陳子展，《中國近代文學之變遷・最近三十年中國文學史》。上海：上海古籍出版社，2000。

陳曉明（主編），《現代性與中國當代文學轉型》。昆明：雲南人

民出版社，2003。

程小青，《程小青代表作》。北京：華夏出版社，1998。

程小青，范伯群編，《偵探泰斗程小青》。台北：業強出版社，1993。

丁文江，《梁任公先生年譜長篇初稿》。台北：世界書局，1988。

范伯群（主編），《中國近現代通俗文學史》2 冊。南京：江蘇教育出版社，1999。

馮友蘭，《中國哲學史》。香港：三聯書店，1992。

福斯特（E. M. Forster），李文彬譯，《小說面面觀》。台北：志文出版社，1973。

戈公振，《中國報學史》。上海：上海古籍出版社，2003。

龔鵬程，〈從夢幻與神話看老殘遊記的內在精神〉，《幼獅月刊》48 卷 5 期（1978 年 11 月）：36-40。

高力克，《求索現代性》。杭州：浙江大學出版社，1999。

高辛勇，《形名學與敘事理論：結構主義的小說分析法》。台北：聯經出版，1987。

高友工，〈文學研究的美學問題：美感經驗的定義與結構〉《中外文學》7 卷 12 期（1979 年 5 月）。

＿＿＿＿，〈試論中國藝術精神〉《九州學刊》2 卷 2 & 3 期（1988）：1-12；1-8。

高遠東，〈未完成的現代性——論啟蒙的當代意義並紀念「五四」〉《魯迅研究月刊》（1995.6-8）： 12-18；4-10； 10-18。

郭伯恭，《四庫全書纂修考》。台北：商務印書館，1957。

郭紹虞（主編），《中國歷代文論選》。上海：上海古籍出版社，1979-1980。

郭嵩燾：《郭嵩燾日記》。湖南人民出版社，1982。

郭廷以：《近代中國史綱》。香港：中文大學出版社，1980。

郭延禮，《中國近代文學發展史》。濟南：山東教育出版社，1990。

＿＿＿，《中國近代翻譯文學概論》。漢口：湖北教育出版社，1998。

＿＿＿，《中西文化碰撞與近代文學》。濟南：山東教育出版社，1999。

＿＿＿，《近代西學與中國文學》。南昌：百花洲出版社，2000。

韓洪舉，《林譯小說研究 —— 兼論林紓自傳小說與傳奇》。北京：中國社會科學出版社，2005。

韓南，〈早期的中國短篇小說〉，收於韓南，《韓南中國古典小說論集》（台北：聯經，1979）。

賀蕭（Gail Hershatter），《危險的愉悅：二十世紀上海的娼妓問題與現代性》。南京：江蘇人民出版社，2003。

胡　適，〈五十年來中國之文學〉，收於胡適，《胡適文存》第二集。台北：遠東圖書公司，1971。

胡經之、王岳川（主編），《文藝學美學方法論》。北京：北京大學出版社，1994。

華萊士・馬丁，《當代敘事學》。北京：北京大學出版社，2005。

黃錦珠，《晚清時期小說觀念之轉變》（台北：文史哲出版社，1995）。

＿＿＿，〈論吳趼人寫情小說的演變〉，《國立中正大學學報：人文分冊》八卷一期（1997）：139-164。

黃克武，《一個被放棄的選擇：梁啟超調適思想之研究》。台北：中央研究院，1994。

黃　霖，《近代文學批評史》。上海：上海古籍出版社，1993。

黃　霖、韓同文（編），《中國歷代小說論著選》。南昌：江西人
　　民出版社，1990。

黃瑞祺，〈現代性的省察——歷史社會學的一種詮釋〉《台灣社
　　會學刊》19（1996年3月）：169-211。

＿＿＿，〈現代或後現代——紀登斯論現代性〉《東吳社會學報》
　　6（1997年3月）：287-311。

——，《現代與後現代》。台北：巨流圖書，2001。

黃開發，〈文學現代性與啟蒙現代性的同途與岐路——論五四
　　文學革命前期的文學觀念〉《江淮論壇》（2000.3）：94-101。

黃岩柏，《公案小說史話》。瀋陽：遼寧教育出版社，1992。

黃澤新、宋安娜，《偵探小說學》。天津：百花文藝出版社，1996。

紀　昀，《四庫全書總目提要》。台北：藝文印書館，1979。

蔣瑞雪，《劉鶚年譜》。濟南：齊魯書社，1980。

江蘇社會科學院明清小說研究中心（編），《中國通俗小說總目
　　提要》。北京：文聯出版社，1991再版。

金耀基，〈儒家學說中的個體與群體〉《中國社會與文化》。香港：
　　牛津大學出版社，1992。

康來新，《晚清小說理論研究》。台北：大安出版社，1986。

康有為，《康有為先生口說》。廣州：中山大學，1985。

柯慶明，《現代中國文學批評述論》。台北：大安出版社，1987。

孔慧怡，〈以通俗小說為教化工具——福爾摩斯在中國〉，《清末
　　小說》19（1996.10）。

＿＿＿，〈還以背景，還以公道——論晚清民初英語偵探小說
　　中譯〉，收於王宏志（編），《翻譯與創作：中國近代翻譯
　　小說論》。北京：北京大學出版社，2000。

＿＿＿，《翻譯・文學・文化》。北京：北京大學出版社，1999。

孔祥吉，《晚清軼聞叢考》。成都：巴蜀書社，1998。

曠新年，《現代文學與現代性》。上海：上海遠東出版社，1998。

賴芳伶，《清末小說與社會政治變遷（1895-1911）》。台北：大安出版社，1994。

李陳順妍，〈晚清的重商主義〉，收於張灝等著，《近代中國思想人物論——晚清思想》：331-351。

李定一，《中國近代史》台北；中華書局，1964。

李長莉，《晚清上海社會的變遷——生活與倫理的近代化》。天津：天津人民出版社，2002。

李德超、鄧靜，〈清末民初偵探小說翻譯熱潮探源〉，《天津外國語學院學報》10：2 （2003.2）：1-6。

李豐楙，〈罪罰與解放：《鏡花緣》的謫仙結構研究〉《中國文哲研究集刊》第 7 期（1995 年 9 月）：107-156。

李華川：《晚清一個外交官的文化歷程》。北京：北京大學出版社，2004。

＿＿＿＿：〈陳季同生平史事考〉，《清史論叢》（2002）。

李弘祺，〈「現代性」的歷史意義——西方世界形成的一些省思〉，《歷史月刊》第六卷（1988.7）：65-73。

李歐梵，〈心路歷程上的三本書〉，收於李歐梵，《西潮的彼岸》。台北：時報文化，1975。

＿＿＿＿，〈五四文人的浪漫精神〉，收於周策縱等著，《五四與中國》。台北：時報出版，1979。

＿＿＿＿，〈追求現代性（1895-1927）〉收於李歐梵，《現代性的追求——李歐梵文化評論精選集》。台北；麥田，1996。

＿＿＿＿，《上海摩登》。香港：牛津大學出版社，2000。

＿＿＿＿，〈晚清文化、文學與現代性〉，收於李歐梵，《中國現代

文學與現代性》。上海；復旦大學出版社 2002。

＿＿＿＿，〈「批評空間」的開創——從《申報‧自由談》談起〉，收入李歐梵《李歐梵自選集》。

＿＿＿＿，《李歐梵自選集》。上海：上海教育出版社，2002。

李培德，陳孟堅譯：《曾孟樸的文學旅程》。台北：傳記文學出版社，1978。

李仁淵，《晚清的新式傳播媒體與知識份子》。台北：稻鄉出版社，2005。

李瑞騰，〈老殘遊記的水意象〉，收於《近現代中國文學與文化傳播》。台北：學生書局，1996，頁 241-256。

＿＿＿＿，《老殘夢與愛——《老殘遊記》的意象研究》。台北：九歌文化，2001。

李世新、高建青，〈中國近代偵探小說發生的意義及其現代性思考〉，《湖北省社會主義學院學報》（2002.3）：72-73。

李　岫、秦林芳（主編），〈外來文學對中國近代文學的影響〉《二十世紀中外文學交流史》。石家莊：河北教育出版社，2001。

黎庶昌，《西洋雜志》。長沙：湖南人民出版社，1981。

栗洪武，《西學東漸與中國近代教育思潮》。北京：高等教育出版社，2002。

連燕堂，《梁啟超與晚清文學革命》。桂林：灕江出版社，1991。

梁啟超，《飲冰室合集》。台北：中華書局，1960。

＿＿＿＿，《飲冰室詩話》。北京：人民文學出版社，1982。

＿＿＿＿，《清代學術概論》。台北：五南圖書，2012。

林鴻鈞，〈新民與新國的追求：《新小說》研究〉。台中：東海大學歷史研究所碩士論文，2004。

林明德，《梁啟超與晚清文學革命》。台北：國立政治大學中文所博士論文，1988。

林明德（編），《晚清小說研究》。台北：聯經出版事業，1988。

柳存仁，〈明儒與道教〉，收於柳存仁，《和風堂文集》。上海：上海古籍出版社，1991。

劉若愚，《中國文學理論》。台北：聯經出版，1981。

劉　鶚，《老殘遊記》。台北：聯經出版，1976。

劉德隆，《劉鶚散論》。昆明：雲南人民出版社，1996。

劉德隆、朱禧、劉德平，《劉鶚及老殘遊記資料》。成都：四川人民出版社，1984。

_____，《劉鶚小傳》。天津：天津人民出版社，1987。

劉　禾，《跨語際實踐——文學、民族文化與被譯介的現代性中國，1900-1937》。北京：三聯書店，2002。

劉惠蓀，《鐵雲先生年譜長編》。濟南：齊魯書社，1982。

劉苑如，〈雜傳體志怪與史傳的關係——從文類觀念所做的考察〉《中國文哲研究集刊》第八期（1996 年 3 月）：365-400。

魯　迅，《中國小說史略》（魯迅全集 9）。北京：人民文學出版社，1981。

羅志田，〈新的崇拜：西潮衝擊下近代中國思想權勢的轉移，收於羅志田，《權勢轉移：近代中國的思想、社會與學術》。武漢：湖北人民出版社，1999。

呂小蓬，《古代小說公案文化研究》。北京：中央編譯出版社，2004。

呂正惠，〈物色論與緣情說——中國抒情美學在六朝的開展〉、〈中國文學形式與抒情傳統〉，收於呂正惠，《抒情傳統與政治現實》。台北：大安出版社，1989。

馬立安・高力克（Marion Galik），《中西文學關係的里程碑》。
　　北京：北京大學出版社，1990。

馬泰・卡林內斯基，《現代性的五副面孔：現代主義、先鋒派、
　　頹廢、媚俗藝術、後現代主義》。北京：商務印書館，2003。

馬幼垣，《中國小說史稿》。台北：時報文化，1980。

梅家玲，〈發現少年，想像中國──梁啟超《少年中國說》的現
　　代性、啟蒙論述與國族想像〉《漢學研究》19：1（2001.6）：
　　249-276。

米琳娜（Milena Dolezelová-Velingerová）著，伍曉明譯，《從傳
　　統到現代──19 至 20 世紀轉折時期的中國小說》。北京：
　　北京大學出版社，1991。

　　　　，〈創造嶄新的小說世界──中國短篇小說 1906-1916〉，
　　收於陳平原等編，《晚明與晚清：歷史傳承與文化創新》，
　　頁 482-502。

苗懷明，〈二十世紀中國古代公案小說研究的回顧與前瞻〉，《社
　　會科學戰線》（2000.4）：120-127。

　　　　，〈從公案到偵探──論晚清公案小說的終結與近代偵探
　　小說的生成〉，《明清小說研究》（2001.2）：47-66。

歐陽楨，〈食桃者不費杏：小說的研究途徑〉，收於王秋桂，頁
　　1-22。

　　　　，〈現場聽眾：中國小說裡的口述傳統〉，收於王秋桂，頁
　　23-40。

　　　　，〈中國小說的口語性〉，收於王秋桂，頁 41-53。

蒲松齡著，任篤行輯校，《聊齋誌異》（全校匯註集評本）。濟南：
　　齊魯書社，2000。

錢理群、溫儒敏、吳福輝，《中國現代小說三十年》（修訂版）。

北京：北京大學出版社，1998。

錢林森：〈中西交通的一道橋樑：法國文化圈內的華人作家〉,《法國研究》（2004 年第 2 期）：98-104。

_____，〈新舊文學交替時代的一道大橋樑——曾樸與法國文學〉,《中國文化研究》（1997 年夏之卷總 16 期）：103-109。

邱茂生，《晚清小說理論發展試論》。台北：文化大學中文所碩論，1987。

桑　兵：〈溝通歐洲漢學的先進——陳季同述論〉,收於桑兵:《國學與漢學——近代中外學界交往錄》杭州：浙江人民出版社，1999。

瞿同祖，《中國法律與中國社會》。香港：龍門書局，1967。

佘碧平，《現代性的意義與侷限》。上海：上海三聯，2000。

松　岑,〈論寫情小說與新社會之關係〉,收於阿英,《研究卷》。

宋建華（主編）,《現代性與中國文學》（濟南：山東教育出版社，1999）。

宋偉杰,〈晚清俠義公案小說的身體想像〉,收於陳平原等（編）,《晚明與晚清：歷史傳承與文化創新》,頁 441-451。

譚嗣同,《仁學》。上海：上海古籍出版社，1958。

唐小兵,〈漫話「現代性」:《我看鴛鴦蝴蝶派》〉,《英雄與凡人的時代——解讀 20 世紀》。上海：上海文藝出版社，2001。

湯志鈞,《戊戌變法人物傳稿》（增訂本）。北京：中華書局，1992。

陶祐曾,〈論小說之勢力及其影響〉,收於阿英,《研究卷》。

王爾敏,〈清代公案小說之撰著風格〉,《中國文哲研究集刊》4（1994.3）：121-159。

王汎森,〈中國近代思想文化史研究的若干思考〉,《新史學》14

卷 4 期（2003 年 12 月）。

_____，〈道咸年間民間性儒家學派──太谷學派研究的回顧〉，《新史學》5 卷 4 期（1994 年 12 月），亦收於王汎森《中國近代思想與學術的系譜》。

_____，《中國近代思想與學術的系譜》。台北：聯經出版，2003。

王宏志，《翻譯與創作：中國近代翻譯小說論》。北京：北京大學出版社，2000。

王繼權、夏生元（編），《中國近代小說大系：中國近代小說目錄》南昌：百花洲出版社，1998。

王國櫻，〈個體意識的自覺──兩漢文學中之個體意識〉《漢學研究》21 卷 2 期（2003 年 12 月）：45-76。

王利器，《元明清三代禁燬小說戲曲史料》。上海：上海古籍出版社，1981。

王　寧，〈翻譯文學與中國文化現代性〉《清華大學學報（哲學社會科學版）》17（2002.1）：84-89。

王祖獻，裔耀華，〈近代翻譯小說目錄〉。復旦大學中文系近代文學研究室編，《中國近代文學研究》。上海：百花洲出版社，1991。

王德威，〈老殘遊記與公案小說〉，收於《從劉鶚到王禎和──中國現代寫實小說散論》。

_____，〈「說話」與中國中國白話小說敘述模式的關係〉，收於王德威，《從劉鶚到王禎和──中國現代寫實小說散論》。

_____，《從劉鶚到王禎和──中國現代寫實小說散論》。台北：時報文化，1986。

＿＿＿，〈重讀《蕩寇誌》〉，收於陳平原等（編），《晚明與晚清：歷史傳承與文化創新》，頁 423-440。

＿＿＿，〈百年來中國文學的鉅變與不變——被壓抑的現代性〉《中國現代文學理論》第九卷（1993）：97-105。

＿＿＿，《小說中國：晚清到當代的中文小說》。台北：麥田，1993。

＿＿＿，〈沒有晚清，何來五四？被壓抑的現代性〉，〈翻譯現代性〉，收於王德威，《如何現代，怎樣文學？——十九、二十世紀中文小說新論》。台北：麥田，1998。頁 22-42；43-76。

＿＿＿，《被壓抑的現代性：晚清小說新論》。台北：麥田，2003。

王爾敏，〈商戰觀念與重商思想〉《中央研究院近代史研究集刊》第 5 輯（1967 年 6 月）：1-91。

王秋桂（編），《中國文學論著譯叢》上下冊（台北：學生書局，1985）。

王珊萍，〈西學東漸與晚清小說讀者的變化〉《西安外事學院學報》2：1（2006.3）：63-67。

王曉平，《近代中日文學交流史稿》。北京：文藝出版社，1987。

王學鈞，《劉鶚與老殘遊記》。瀋陽；遼寧教育出版社，1992。

王　燕，〈近代中國原創偵探小說〉，《齊魯學刊》173（2003.2）：114-118。

王一川，《中國現代性體驗的發生》。北京：北京師範大學出版社，2001。

汪　暉、余國良（編），《上海：城市、社會與文化》。香港：香港中文大學，1998。

汪榮祖，《晚清變法思想論叢》。台北：聯經出版，1983。

汪康年，《汪康年師友札》。上海：上海古籍出版社，1986-89。

魏紹昌，《老殘遊記資料》。北京；中華書局，1962。

＿＿＿，《孽海花資料》。上海：上海古籍出版社，1982。

武潤婷，〈中國近代小說創作的三次高潮〉，《文史哲》（1999.2）：
　　16-22。

＿＿＿，〈試論俠義公案小說的形成和演變〉，《山東大學學報
　　（哲學社會科學版）》（2000.1）：6-12。

吳志達，《中國文言小說史》。濟南：齊魯書社，1994。

夏曉虹，《覺世與傳世——梁啟超的文學道路》。上海：上海
　　人民出版社，1991。

＿＿＿，《晚清社會與文化》。武漢：湖北教育出版社，2001。

夏志清，〈新小說的提倡者：嚴復與梁啟超〉，收於林明德（編）
　　《晚清小說研究》。台北：聯經出版，1986。

＿＿＿，《人的文學》。台北：純文學出版社，1977。

狹間直樹（編），《梁啟超·明治日本·西方——日本京都大學人文
　　科學研究所共同研究報告》。北京：社會科學文獻出版社，
　　2001。

蕭　馳，《中國抒情傳統》。台北：允晨文化，1999。

蕭公權，《中國政治思想史》。台北：聯經出版，1982。

謝　華，〈梁啟超的小說理論與新中國未來記〉《中國近代文學
　　評林》第 1 期）。

徐靜嫻，〈老殘遊記的深層結構〉《輔大中文學刊》第一輯
　　（1991）：57-69。

徐振燕，〈試析《繡像小說》的讀者定位〉《明清小說研究總 62
　　期（2001 年第 4 期）：157-161。

徐松榮，《維新派與近代報刊》。太原：山西古籍出版社，1998。

楊聯芬，《晚清至五四：中國文學現代性的發生》。北京：北京大學出版社，2003。

楊曉明，〈啟蒙現代性與文學現代性的衝突與調適──梁啟超文論再評析〉《廈門大學學報（哲學社會科學版）》145（2001.）：67-74。

葉慶炳，〈從我國古代小說觀念的演變談古代小說的歸屬問題〉，收於葉慶炳，《晚鳴軒論文集》。台北：大安出版社，1996。

葉文心等，《上海百年風華》。台北：躍昇文化，2001。

余國藩，《余國藩西遊記論集》。台北：聯經出版，1989。

余　虹，〈五四新文學理論的雙重現代性追求〉《文藝研究》（2000.1）： 14-30。

＿＿＿，《革命‧審美‧解構──20 世紀中國文學理論的現代性與後現代性》。桂林：廣西師範大學出版社，2001。

余英時，《近代文明的趨勢──十九世紀以來的民主發展》。無出版時間、地點。

＿＿＿，〈漢代循吏與文化傳播〉，收於余英時，《中國思想傳統與現代詮釋》。

＿＿＿，〈清代學術思想是重要觀念通釋〉，收於《中國思想傳統與現代詮釋》。

＿＿＿，《中國思想傳統的現代詮釋》。台北：聯經出版事業，1987。

＿＿＿，《中國近代思想史上的胡適〉。台北：聯經出版，1984。

俞兆平，《現代性與五四文學思潮》。廈門：廈門大學出版社，

2002。

袁　進，〈試論晚清小說讀者的變化〉《明清小說研究》總 59
　　期（2001 年第 1 期）：18-28。

＿＿＿，《中國文學的近代變革》。桂林：廣西師範大學出版
　　社，2006。

袁　健，《吳趼人的小說》。瀋陽：遼寧教育出版社，1992。

袁世碩、徐仲偉，《蒲松齡評傳》。南京：南京大學出版社，2000。

袁荻涌，〈曾樸對法國文學的接受與翻譯〉，《貴州師範大學學
　　報》（社科版）（2001 年第 4 期）：79-83。

趙樂甡，《中日文學比較研究》。吉林：吉林大學出版社，1990。

趙孝萱，〈論《老殘遊記》的敘述觀點〉《輔大中文學刊》1 輯
　　（1991）：97-107。

曾紀澤、李鳳苞：《使歐日記》。台北：黎明文化，1988。

張俊才，《林紓評傳》。北京：中華書局，2007。

張　灝，〈晚清思想發展試論：幾個基本論點的提出與檢討〉《中
　　央研究院近代史研究所集刊》第七卷（1978）：475-484。

＿＿＿，〈宋明以來儒家經世思想試論〉，收於《近世中國經世思
　　想研討會論文集》。台北：中央研究院，1984。

＿＿＿，《烈士精神與批判意識——譚嗣同思想的分析》。台北：
　　聯經出版，1988。

張灝等：《晚清思想—近代中國思想人物論》。台北：時報文化，
　　1985。

張立文，《中國近代新學的開展》。台北：東大圖書公司，1991。

張朋園，《梁啟超與清季革命》。台北：中央研究院，1964。

張啟雄：《二十世紀的中國與世界：論文選集》。台北：中央研
　　究院近代史研究所，2001。

張　法，《文藝與中國現代性》。武漢：湖北教育出版社，2002。

張國風，《公案小說漫話》。上海：江蘇古籍出版社，1992。

張淑香，《抒情傳統的省思與探索》。台北：大安出版社，1992。

張新穎，《二十世紀上半期中國文學的現代意識》。北京：三聯書店，2001。

政治大學中文系（編），《漢學論文集第三集（晚清小說討論會專號）》。台北：文史哲出版社，1984。

鄭家建，《中國文學現代性的起源語境》。上海：上海三聯，2002。

鄭明娳，〈老殘遊記的帆船夢境〉，《珊瑚撐月——古典小說新向量》。台北：漢光文化出版社，1986。

＿＿＿＿＿，〈老殘遊記楔子論〉，《古典小說藝術新論》。台北：時報文化，1986。

中村忠行，〈《新中國未來記》論考——日本文藝對中國文藝學的影響之一例〉，《明清小說研究》1994 年第 2 期，頁 99-110。

＿＿＿＿＿，〈清末偵探小說史稿〉，《清末小說研究》2-4（1978.12，1979.12，1980.12）。

鍾叔河，《走向世界：近代中國知識分子考察西方的歷史》。北京：中華書局，2000。

周　武、吳桂龍，《上海通史 V：晚清社會》。上海：上海人民出版社，1999。

周英雄，〈中國現當代自我意識初探〉《文學與閱讀之間》。台北：時報文化，1994。

周志煌，〈《老殘遊記》與「太谷學派」——論近代民間思想的傳播形態及其意涵〉，《輔大中文學刊》第 3 輯（1994），303-314。

朱光潛，《文藝心理學》。台北：開明書店，1988 新版。

鄒振環，《20 世紀上海翻譯出版與文化變遷》。南寧：廣西教育
　　出版社，2000。

樽本照雄，《新編增補清末民初小說目錄》。急難：齊魯書社，
　　2002）。

二、英文書

Abrams, M. H. *The Mirror and the Lamp: Romantic Theory and Critical Tradition*. New York: W. W. Norton, 1953.

_____. *A Glossary of Literary Terms*, 7th ed. Fort Worth: Harcourt Brace College Publishers, 1999.

Alter, Robert. *Motives for Fiction*. Cambridge : Harvard University Press, 1984.

Althusser, Louis. tr. Ben Brewster, "Ideology and Ideological State Apparatuses," in his *Lenin and Philosophy and Other Essays*. London: Verso, 1971.

_____. *Lenin and Philosophy and Other Essays*. London: Verso, 1971.

Anchor, Robert. *The Enlightenment Tradition*. Berkeley: University of California Press, 1967.

Anderson, Benedict. *Imagined Communities*. Rev. ed. London: Verso, 1991.

Arac, Jonathan. *Commissioned Spirit: The Shaping of Social Motion in Dickens, Carlyle, Melville and Hawthorne*. New York: Columbia University Press, 1989.

Arnold, Matthew. "Dover Beach" in *Poems*, 2nd ed. ed. by Kenneth and Mariam Allott. London: Longman, 1979.

Bakhtin, M. M. *The Dialogic Imagination: Four Essays*. Austin, TX: University of Texas Press, 1981.

Bernal, Martin. *Chinese Socialism to 1907*. Ithaca: Cornell University Press, 1976.

Beach, Joseph Warren. *The Twentieth-Century Novel: Studies in Techniques*. New York: Appleton-Century-Crofts, 1960, orig, 1932.

Bhabha, Homi. "DessiniNation: Time, narrative and margins of modern nation." In Homi Bhabha, ed. *Nation and Narration*. London: Routledge, 1990: 291-322..

Bishop, John. "Some Limitations of Chinese Fiction." In John Bishop, ed. *Studies in Chinese Literature*. Cambridge: Harvard University Press, 1956.

Black, Joel. *The Aesthetics of Murder: A Study in Romantic Literature and Contemporary Culture*. Baltimore; The Johns Hopkins University Press, 1991.

Blotner, Joseph. *The Political Novel*. Garden City, NJ: Doubleday & Company, Inc., 1955.

Booth, Wayne. *The Rhetoric of Fiction*, 2nd ed. Chicago: The University of Chicago Press, 1983.

Bowra, C. M. *The Romantic Imagination*. Oxford: Oxford University Press, 1961.

Brereton, Geoffrey. *A Short History of French Literature*, 2nd Ed. Harmondsworth, Middlesex: Penguin Books, Ltd., 1976.

Brown, Marshall. *All That Is Solid Melts into Air: The Experience of Modernity*. NY: Penguin Books, 1982.

Calinescu, Matei. *Five Faces of Modernity: Modernism, Avant-Garde, Decadence, Kitsch, Postmodernism*. Durham, NC: Duke UP, 1987.

Cascardi, Anthony. *Consequences of Enlightenment*. Cambridge: Cambridge UP, 1999.

_____. *The Subject of Modernity*. Cambridge: Cambridge UP, 1992.

Cawelti, John. *Adventure, Mystery and Romance*. Chicago: University of Chicago Press, 1976.

Chang, Hao. *Liang Ch'i-ch'ao and Intellectual Transition in China, 1890-1907*. Cambridge: Harvard University Press, 1971.

_____. *Chinese Intellectual in Crisis: Search for Order and Meaning, 1890-1911*. Berkeley: University of California Press, 1987.

Ch'en, Ch'i-yun. "Liang Ch'i-ch'ao's Missionary Education: A Case Study of Missionary Influence on the Reformers," *Papers on China* 16（1962）.

Cheng, Te-kun. *The World of the Chinese—Struggle for Human Unity*. Hong Kong: The Chinese University of Hong Kong, 1980.

Cohen, Paul. "The Asymmetry in Intellectual Relations Between China and the West in the Twentieth-Century," in 張啟雄（編），《二十世紀的中國與世界：論文選集》(*China and the World in the Twentieth-Century: Selected Essays*)。台北：中央研究

院近代史研究所，2001。

Cohen, Paul and Merle Goldman, ed. *Ideas Across Cultures: Essays on Chinese Thought in Honor of Benjamin I. Schwartz.* Cambridge: Harvard University Press, 1990.

Cordier, Henri. "Half a Decade of Chinese Studies（1886-1891）," *T'oung Pao* 3（1892）: 532-563.

Coward, David. *A History of French Literature: From Chanson de Geste to Cinema.* Malden, MA: Blackwell Publishing,2002.

Davis, Lennard. *Resisting Novels: Ideology and Fiction.* New York: Methuen, 1987.

Davidson, Nancy. *Revolution and the Word: The Rise of the Novel in America.* New York: Oxford University Press, 1986.

Denton, Kirk. *The Problematic of Self in Modern Chinese Literature.* Stanford: Stanford University Press, 1998.

Dolezelová-Velingerov, Milena. ed. *Chinese Novel at the Turn of the Century.* Toronto: Toronto University Press, 1980.

Eberhard, Wilfram. *Moral and Social Values of the Chinese: Collected Essays.* Taipei: Cheng-Wen Publishing Company, 1971.

Eco, Umberto. *The Role of the Reader: Explorations in the Semiotics of Text.* Bloomington: Indiana University Press, 1984.

Eliott, Emory et al eds. *The Columbia History of the American Novel.* New York: Columbia University Press, 1991.

Feldman, Horace. "The Meiji Political Novel: A Brief Survey." *Far Eastern Quarterly*, ix（May 1950）.

Freeman, Ralph. *The Lyrical Novel: Studies in Herman Hesse, André Gide, and Virginia Woolf.* Princeton: Princeton University Press, 1963.

Fish, Stanley. *Self-Consuming Artifacts: The Experience of Seventeenth-Century Literature.* Berkeley: University of California Press, 1972.

_____. *Is There a Text in This Class? The Authority of Interpreting Communities.* Cambridge: Harvard University Press, 1980.

Freud, Sigmund. *The Dynamics of Transference* in *The Standard Edition of the Complete Psychological Works of Sigmund Freud,* vol. xll. Ed. and trans. James Strachey. London: Hogarth Press, 1958.

Freund, Elizabeth. *The Return of the Reader: Reader-Response Criticism* (London and New York: Methuen, 1987) .

Gans, J. Herbert. *Popular Culture and High Culture: An Analysis and Evaluation of Taste.* New York: Basics Books, Inc., 1974.

Gay, Peter. *The Enlightenment: An Interpretation,* 2 Vols. New York: Alfred Knopf, 1966.

_____. *The Bourgeois Experience: Victorian to Freud,* 2 vols. New York: Oxford University Press, 1984;1986.

Geertz, Clifford. *The Interpretation of Culture.* New York: Basics Books, 1973.

Gibson, Walker. "Authors, Speakers, Readers, and Mock Readers," in Jane Tompkins, pp. 1-6.

Giddens, Anthony. *General Problems in Social Theory: Action, Structure And Contradiction in Social Analysis.* Berkey:

University of California Press, 1979.

_____. *The Consequences of Modernity*. Stanford: Stanford UP, 1990.

Goodrich, Luther Carrington. *The Literary Inquisition of Ch'ien-lung*. New York: Paragon, 1966.

Greenfeld, Liah. *Nationalism: Five Roads to Modernity*. Cambridge: Harvard University Press, 1992.

Guibemau, Montserrat, John Hutchson, ed. *Understanding Nationalism*. Cambridge: Polity Press, 2001.

Habermas, Jürgen. *The Philosophical Discourse of Modernity: Twelve Lectures*. Cambridge: MIT Press, 1987.

Hall, Stuart, David Held, Don Hubert, Kenneth Thompson. eds., *Modernity: An Introduction to Modern Societies*. Cambridge: Polity, 1995.

Hanan, Patrick. "Sources of Ch'in P'ing Mei." *Asia Major*（n. s.）10:1:23-67.

_____. "The Nature of Ling Meng-ch'u's Fiction," in Andrew Plaks（ed.）, *Chinese Narrative: Critical and Theoretical Essays*. Princeton: Princeton University press, 1977.

_____. "The Early Chinese Short Stories: A Critical Theory in Outline," *Harvard Journal of Asiatic Studies* 27（1967）.

Hawthorn, Jeremy. *A Glossary of Contemporary Literary Theory*. London: Edward Arnold, 1992.

Hegel, Robert. *Novel in the Seventeenth-Century China*. New York: Columbia University Press, 1981.

Hegel, Robert, and Richard Hessney, eds. *Expressions of Self in*

Chinese Literature. New York: Columbia University Press, 1985.

Held, David. *Introduction to Critical Theory: Horkheimer to Habermas.* Berkeley: University of California Press, 1980.

Heller, Agnes. *A Theory of Modernity.* Malden, MA: Blackwell, 1999.

Hernadi, Paul. *Beyond Genre : New Directions in Literary Classification.* Ithaca: Cornell University Press, 1972.

Hirsch, E. D. *The Validity of Interpretation.* New Haven: Yale University Press, 1967.

Hobsbawm, Eric. *Nations and Nationalism Since 1870: Programme, Myth, Reality.* Cambridge: Cambridge University Press, 1990.

Holub, Robert. *Reception Theory: A Critical Introduction.* London: Routledge, 2003.

Holland, Norman. *The Dynamics of Literary Responses.* New York: W. W. Norton, 1968; 1975.

Hollier, Denis. ed. *A New History of French Literature.* Cambridge: Harvard University Press, 1909.

Howe, Irving. *Politics and the Novel.* New York: Meridian Books, 1957.

Hsia, C. T. "The Travel of Lao Ts'an: An Exploration of Its Arts and Meaning." *Tsing Hua Journal of Chinese Studies*, n.s. 7:2 （August 1969）:40-68.

_____. "Obsession With China: The Moral Burden of Modern Chinese Literature," Appendix to C. T. Hsia, *A History of*

Modern Chinese Fiction,.2nd ed. New Haven: Yale University Press, 1971.

_____. "Yen Fu and Liang Ch'i-ch'ao as Advocates of New Fiction," in Adele Rickett. Ed. *Chinese Approaches to Literature from Confucius to Liang Ch'i-ch'ao.*

_____. "The Scholar-Novelist and Chinese Culture: A Reappraisal of Ching-hua yuan." In *Chinese Narrative*, ed. Andrew Plaks: 266-305.

Hsia, T. A. "Twenty Years after the Yanan Forum," in his *Gate of Darkness: Studies on the Leftist Literary Movement in China.* Seattle: University of Washington Press, 1980.

Huang, Philip. *Liang Ch'i-Ch'ao and Modern Chinese Liberalism.* Seattle: University of Washington Press, 1972.

_____. "Liang Ch'i-ch'ao: The Idea of the New Citizen and the Influence of Meiji Japan," in *Transition and Permanence: Chinese History and Culture: A Festschrift in Honor of Dr. Hsiao Kung-ch'uan*, ed. David Baxbaum & Frederick W. Mote. Hong Kong: Cathay Press, Ltd., 1972.

Huang, Martin. *Literati and Self-Representation: Autobiographical Sensibilities in the Eighteenth-Century Chinese Novel.* Stanford: Stanford University Press, 1995.

Huffman, James. *To Create a Public: People and Press in Meiji Japan.* Honolulu: University of Hawai'i Press, 1997.

Huters, Theodore. "A New Way of Writing: The Possibilities for Literature in Late Qing China, 1895-1908," *Modern China* 14: 3（July 1987）: 243-276.

＿＿＿. "From Writing to Literature." *Harvard Journal of Asiatic Studies* 47:1（June 1987）: 51-96.

Iser, Wolfgang. "The Reading Process: A Phenomenological Approach," in Tompkins, pp. 50-69.

＿＿＿. *The Act of Reading: A Theory of Aesthetic Response.* Baltimore: The Johns Hopkins University Press, 1978.

James, Henry. *The Art of the Novel: Critical Prefaces by Henry James.* New York: Charles Scribners, Sons, 1934.

Jauss, Hans Robert. "Interaction Patterns of Identification with the Hero," in *Aesthetic Experience and Literary Hermeneutics.* Minneapolis: The University of Minnesota Press, 1982.

＿＿＿. *Toward an Aesthetic of Reception.* Minneapolis: University of Minnesota Press, 1982.

＿＿＿. *Aesthetic Experience and Literary Hermeneutics.* Minneapolis: The University of Minnesota Press, 1982.

Jay, Martin. *A History of the Frankfurt School and the Institute of Social Research, 1923-1950.* Boston: Little Brown, 1973.

Johnson, W. R. *The Idea of the Lyric: Lyric Modes in Ancient and Modern Poetry.* Berkeley: University of California Press, 1982.

Kahler, Erich. *The Inward Turn of the Novel.* Princeton: Princeton University Press, 1973.

Kao Yu-kung. "Chinese Lyric Aesthetic" in *Words and Images: Chinese Poetry, Calligraphy, and Painting,* ed. Murck Alfveda and Wen C. Fong. Princeton: Princeton University Press, 1991: 47-90.

Keene, Donald. *Dawn to the West: Japanese Literature in the Modern Era*. New York: Henry Holt Company, 1984.

Komicki, P. F. "The Survival of Tokugawa Fiction in the Meiji Period." *Harvard Journal of Asiatic Studies* 41: 2（1981）: 461-482.

Kumar, Krishan. *Utopia & Anti-Utopia in Modern Times*. Oxford: Basil Blackwell, 1987.

_____. *Utopianism*. Minneapolis: University of Minnesota Press, 1991.

LaCapra, Dominick. *History, Politics, and the Novel*. Ithaca: Cornell University Press, 1987.

Lefebvre, Henri. *Introduction to Modernity*. London: Verso, 1995.

Lee, Ou-fan. "Lin Shu and His Translations: Western Fiction in Chinese Perspective," *Papers on China*（Dec., 1965）.

_____. "The Solitary Traveler: Images of the Self in Modern Chinese Literature." In Robert Hegel and Richard Hessney, ed. *Expressions of Self in Chinese Literature*.

Lee, Leo-ou-fan and Andrew J. Nathan. "The Beginning of Mass Culture: Journalism and Fiction in the Late Ch'ing and Beyond," in David Johnson, Andrew and Evelyn Rawski. eds. *Popular Culture in Late Imperial China*. Berkeley: University of California Press, 1985.

Lesser, Simon O. *Fiction and the Unconscious*. Boston: Beacon Press, 1957.

Lin, Shun-fu. "Ritual and Narrative Structure in Ju-lin wai-shih." In Andrew Plask, ed. *Chinese Narrative*.

Lin Yu-sheng. *The Crisis of Chinese Consciousness: Radical Antitraditionalism in the May Fourth Era.* Madison: University of Wisconsin Press, 1979.

Link, Perry. *Mandarin Ducks and Butterflies: Popular Fiction in Early Twentieth-Century Chinese Cities.* Berkeley: University of California Press, 1981.

Liu, Lydia. "Translingual Practice: The Discourse of Individualism Between China and The West." *Positions* 1:1（1993）.

＿＿＿. *Translingual Practice: Literature, National Culture, Translated Modernity. China 1900-1937.* Stanford: Stanford University Press, 1995.

Lu, Sheldon Hsiao-peng. *Historicity to Fictionality: The Chinese Poetics of Narrative.* Stanford: Stanford University Press, 1994.

Mann, Peter. *From Author to Reader: A Social Study of Books.* London: Routlege & Kegan Paul, 1982.

Manuel, Frank, and Fritzie Manuel. *Utopian Thought in the Western World.* Cambridge: The Belknap Press of Harvard University Press, 1979.

Martin, Helmut. "A Transitional Concept of Chinese Literature 1899-1917: Liang Ch'i-ch'ao on Poetry-Reform, Historical Drama and the Political Novel," *Oriens Extremus* 20（1973）.

Martin, Wallace. *Recent Theories of Narrative.* Ithaca: Cornell University Press, 1986.

Mathewson, Rufus. *The Positive Hero in Russian Literature*, 2nd ed.

Stanford: Stanford University Press, 1975.

McDougall, Bonnie. *Mao Zedong's Talk at the Yan'an Conference on Literature and Art: A Translation of the 1943 Text with Commentary*. Michigan: Center for Chinese Studies, 1980.

Mitsuo, Nakamura. *Modern Japanese Fiction 1868-1926*. Tokyo: Kokusai Bunka Shinkokai, 1968.

Most, Glenn W. & William W. Stowe. eds. *The Poetics of Murder: Detective Fiction & Literary Theory*. New York: Harcourt Brace, Jovanovich, 1983.

Murch, A. E. *The Development of the Detective Novel*. New York: Greenwood Press, 1968.

Olney, James. *Metaphors of Self: The Meaning of Autobiography*. Princeton: Princeton University Press, 1972.

Plaks, Andrew. "Toward a Critical Theory of Chinese Narrative." In *Chinese Narrative: Critical and Theoretical Essays*, ed. Andrew Plaks. Princeton: Princeton University Press, 1977.

Plaks, Andrew, ed. *Chinese Narrative: Critical and Theoretical Essays*. Princeton: Princeton University Press, 1977.

Porter, Dennis. *The Pursuit pf Crime: Art and Ideology in Detective Fictions*. New Haven: Yale University Press, 1981.

Průšek, Jaroslav. *The Lyrical and the Epic: Studies in Modern Chinese Literature*. Bloomington: Indianan University Press, 1980.

Purves, Alan & Richard Beach. *Literature and the Reader: Research in Response to Literature, Reading Interests, and the Teaching of Literature*. Urbana, Il.: National Council of

National Council of Teachers of English, 1972.

Radway, Janice. *Reading the Romance: Women, Patriarchy, and Popular Literature*. Chapel Hill: University of North Carolina, 1984.

Rawski, Evelyn Sakakida. *Education and Popular Literacy in Ch'ing China*. Ann Arbor: The University of Michigan Press, 1979.

Redfield, Robert. *Peasant Society and Culture*. Chicago: University Chicago Press, 1956.

Rickett, Adele. ed. *Chinese Approaches to Literature from Confucius to Liang Ch'i-ch'ao*. Princeton: Princeton University Press, 1978.

Rogers, Mary. *Novels, Novelists, and Readers: Toward a Phenomenological Sociology of Literature*. Albany: State University of New York Press, 1991.

_____. "Taken-for-grantedness," in *Cultural Perspectives in Social Theory: A Research Annual*, 2（1981）.

Roddy, Stephen. *Literati Identity and Its Fictional Representations in Late Imperial China*. Stanford: Stanford University Press, 1998.

Ruhlman, Robert. "Traditional Heroes in Chinese Popular Fiction." In *The Confucian Persuasion*, ed. Arthur Wright. Stanford University Press, 1960.

Sayers, Dorothy L. *The Omnibus of Crime*. New York: Payson and Clarke, 1929.

Schwartz, Benjamin I. "The Intellectual History of China:

Preliminary Reflections." In John Fairbank, ed. *Chinese Thought and Institutions*. Chicago: The University of Chicago Press, 1957.

_____. *In Search of Wealth and Power: Yen Fu and the West*. Cambridge: Harvard University Press, 1964.

Scott, Sutherland. *Blood in Their Ink: The March of the Modern Mystery Novel*. London: S. Paul, 1953.

Speare, Morris Edmund. *The Political Novel: It Development in England and in America*. New York: Oxford University Press, 1924.

Steward, Garrett. *Dear Reader: The Conscripted Audience in Nineteenth-Century British Fiction*. Baltimore: The Johns Hopkins University Press, 1996.

Suleiman, Susan & Inge Crosman, eds. *The Reader in the Text: Essay on Audience and Interpretation*. Baltimore: The Johns Hopkins University Press, 1980.

Suzuki, D. T. *Studies in the Lakavatara Sutra*. London: George Routledge & Sons, Ltd., 1930.

Symons, Julian. *Mortal Consequences*. New York: Harper & Row, 1972.

_____. *Bloody Murder: From the Detective Story to the Crime Novel*. Revised and updated 3rd edition. London: Papermac, 1991

Tcheng, Ki-tong（Chen Jitong）, trans. James Millington. *The Chinese Painted By Themselves*. London: Field & Tuer, The Leadenhall Press, n.d.

Test, Keith, ed. *The Flâneur*. London: Routeledge, 1994.

Tillman, Hoyt Cleveland. "Yan Fu's Utilitarianism in Chinese Perspective." In *Ideas Across Cultures: Essays on Chinese Thought in Honor of Benjamin I. Schwartz*. Eds. Paul Cohen & Merle Goldman. Cambridge: Harvard University Press, 1990.

Tompkins, Jane. *Reader-Response Criticism: From Formalism to Post-Structuralism*. Baltimore: The Johns Hopkins University Press, 1980.

Tsau, Shu-ying. "The Rise of New Fiction," in Dolezelová-Velingerová, ed. *Chinese Novel at the Turn of the Century*.

Tu, Wei-ming. "Selfhood and Otherness in Confucian Thought." In *Culture and Self: Asian and Western Perspective*, ed. Anthony Marsekka, ed. al. New York: Tavistock Publishers, 1985.

Vattimo, Gianni. *The End of Modernity*. Baltimore: The Johns Hopkins UP, 1985.

Wang, David Der-wei. *Fin-de-siècle Splendor: Repressed Modernity of Late Qing Fiction, 1849-1911*. Stanford: Stanford University Press, 1997.

Watson, Burton. *Chinese Lyricism: Shih Poetry from the Second to the Twelfth Century*. New York: Columbia University Press, 1971.

Watt, Ian. *The Rise of the Novel: Studies in Defoe, Richardson and Fielding*. Berkeley: University of California Press, 1963.

Weber, Max. *The Protestant Ethic and the Spirit of Capitalism*. New York: Charles Scribner, 1958.

Williams, Raymond. *Keywords: A Vocabulary of Culture and Society*. New York: Oxford University Press, 1976.

Winks, Robin W. *Detective Fiction: A Collection of Critical Essays*. Revised edition. Woodstock, Vermont: The Countryman Press, 1988.

Wong, Timothy. "Notes on the Textual History of Lao Ts'an yu-chi." *T'oung Pao* LXIX, i-3: 23-32.

Wright, Arthur. "Values, Role, and Personalities." In *Confucian Personalities*, ed. Arthur Wright and Denis Twitchett. Stanford: Stanford University Press, 1962.

Wu, Pei-yi. *The Confucian's Progress: Autobiographical Writings in Traditional China*. Princeton: Princeton University Press, 1990.

Yeh, Catherine Vance. "The Life-Style of Four Wenren in Late Qing Shanghai," *Harvard Journal of Asiatic Studies* 57:2 （Dec., 1997）: 419-470.

Yoshie, Okazaki. *Japanese Literature in the Meiji Era: Fiction*. Trans. & adapted, V. H. Viglielmo. n.p., Obunsha, 1955.

Zarrow, Peter, Joshua A. Fogel. eds. *Imagining the People: Chinese Intellectuals and the Concept of Citizenship, 1890-1920*. Armonk, NY: M. C. Sharpe, 1997.

Zeitlin, Judith. *Historian of the Strange: Pu Songling and the Chinese Classical Tale*. Stanford: Stanford University Press, 1993.

Zhao, Yi-heng, "The Uneasy Narrator, Fiction and Culture in Early Twentieth-Century China." Ph. D. dissertation, University of California, Berkley, 1988.